혼자 공부하는 R 데이터분석

혼자 공부하는 R 데이터 분석

1:1 과외하듯 배우는 데이터 분석 자습서

초판 1쇄 발행 2022년 1월 17일
초판 3쇄 발행 2023년 6월 5일

지은이 강전희, 엄동란 / **펴낸이** 김태헌
펴낸곳 한빛미디어(주) / **주소** 서울시 서대문구 연희로2길 62 한빛미디어(주) IT출판1부
전화 02-325-5544 / **팩스** 02-336-7124
등록 1999년 6월 24일 제25100-2017-000058호
ISBN 979-11-6224-501-9 94000 / 979-11-6224-194-3(세트)

총괄 배윤미 / **책임편집** 이미향 / **기획 · 편집** 김선우
디자인 박정화 / **일러스트** 이진숙 / **전산편집** 이경숙 / **용어노트** 김선우, 윤진호
영업 김형진, 장경환, 조유미 / **마케팅** 박상용, 한종진, 이행은, 김선아, 고광일, 성화정, 김한솔 / **제작** 박성우, 김정우

이 책에 대한 의견이나 오탈자 및 잘못된 내용에 대한 수정 정보는 한빛미디어(주)의 홈페이지나 아래 이메일로 알려주십시오. 잘못된 책은 구입하신 서점에서 교환해 드립니다. 책값은 뒤표지에 표시되어 있습니다.

한빛미디어 홈페이지 www.hanbit.co.kr / 이메일 ask@hanbit.co.kr
소스 코드 www.hanbit.co.kr/src/10501 / 학습 사이트 hongong.hanbit.co.kr
이 책은 〈처음 시작하는 R 데이터 분석〉을 재구성하여 만들었습니다.

혼자 공부하는 R 데이터분석

강전희, 엄동란 지음

혼자 공부하는 시리즈 소개

누구나 혼자 할 수 있습니다! 야심 찬 시작이 작심삼일이 되지 않도록 돕기 위해서 〈혼자 공부하는〉 시리즈를 만들었습니다. 낯선 용어와 친해져서 책장을 술술 넘기며 이해하는 것, 그래서 완독의 기쁨을 경험하고 다음 단계를 스스로 선택할 수 있게 되는 것이 목표입니다.
지금 시작하세요. 〈혼자 공부하는〉 사람들이 '때론 혼자, 때론 같이' 하며 힘이 되겠습니다.

한빛미디어 Hanbit Media, Inc.

첫 독자가 전하는 말

'어떻게 하면 R 데이터 분석을 배우기 시작한 학습자가 더 쉽고 빠르게 익힐 수 있을까'라는 고민에서 시작한 이 책은 독자 30명의 실제 학습 결과를 기반으로 만들어졌습니다. 독자의 의견을 적극적으로 반영하여 한 단계 더 업그레이드한 R 데이터 분석 입문서를 지금 만나보세요.

자세한 개발 환경 설치 설명은 초보자가 시작하기도 전에 좌절하지 않도록 배려하였고, 용어 및 코드 설명도 상세합니다. 또 클라우드에서 R을 실행해 보는 내용을 담아 최신 기술 트렌드도 자연스럽게 경험할 수 있습니다. 데이터 분석은 하고 싶지만, 프로그래밍이 두려운 분들이 이 책을 읽으면 데이터 분석도 프로그래밍도 재미있어지리라 확신합니다.

_ 베타리더 임혁 님

좀 더 큰 데이터, 좀 더 다양한 데이터를 다루다 보면 엑셀 등과 같은 도구로는 한계를 느낍니다. 특히 데이터를 다양한 측면에서 접근하고자 할 때는 R이나 파이썬의 도움이 절실합니다. 데이터 분석을 물어볼 곳도 마땅치 않고 어떻게 시작해야 할지 난감할 때 이 책이 좋은 가이드가 될 것입니다.

_ 베타리더 박조은 님

자세한 설명과 주석 등으로 입문자의 이해를 돕는 책입니다. 코드를 작성할 때 해당 코드가 왜 사용되었는지 다른 코드와 비교하며 어떤 차이점이 있는지를 자세하게 알려주고, 왜 안 되는지를 입문자 관점에서 전달하여 초보자가 자칫 실수할 수도 있는 부분을 바로잡아줍니다. 이 책을 모두 읽었을 때 데이터 분석 관련한 전 과정을 경험할 수 있어서 실무에 나가서도 해당 책에서 읽고 배운 것을 토대로 적용할 수 있을 것 같습니다.

_ 베타리더 손지민 님

통계학을 전공하면서 R 프로그램을 사용해 보았지만, 한동안 사용을 안 하다보니 사용법을 잊어버렸습니다. 이 책은 이미 백지가 된 머릿속에 차근차근 지식을 다시 쌓아주는 책이었습니다. 설명을 읽고 바로 코딩하며 익히고 매 절 마지막에 나오는 마무리로 개념을 제대로 이해했는지 확인하며 공부하다 보면 어느덧 데이터라는 거대한 파도를 R이라는 보드를 타고 자유자재로 다룰 수 있게 될 것입니다.

_ 베타리더 이동희 님

R 개념 및 기초에 대한 설명이 충실하면서 입문자가 끝까지 완주할 수 있도록 배려심이 느껴지는 책입니다. 입문자에게는 프로그래밍 과정에서 발생하는 오류 처리가 큰 벽인데 이 책에서는 실습 도중에 발생하는 오류 해결 방법을 친절하게 설명하고 있어 오로지 학습에만 집중할 수 있었습니다. R도 프로그래밍도 처음 배우는 분에게 추천합니다.

_ 베타리더 양민혁 님

빠르게 학습하고 다양하게 활용하기 위한 첫걸음 도서로 좋습니다. 가볍게 훑어보아도 이해하기 쉽고 따라하기로 내용을 충분히 숙지할 수 있어 한 권으로 데이터 분석에 다가가기 좋은 '데이터 분석의 알파벳' 같은 도서입니다.

_ 베타리더 곽경태 님

『혼자 공부하는 R 데이터 분석』 책이 만들어지기까지

강상진, 곽경태, 권순범, 권원상, 김경식, 김미수, 김민규, 김은비, 김재훈, 김종열, 김한영, 김현진, 노승헌, 박상덕, 박조은, 박찬웅, 박해인, 백재연, 손지민, 양민혁, 양희경, 이대형, 이동훈, 이동희, 이석곤, 이은빈, 이호철, 임혁, 조현석, 홍준용

30명의 독자가 함께 수고해 주셨습니다. 감사합니다.

"통계도 프로그래밍도 익숙하지 않다고요?"

Q 〈혼자 공부하는 R 데이터 분석〉은 '어떤 책이다'라고 설명해 주세요.

A 〈혼자 공부하는 R 데이터 분석〉은 통계와 컴퓨터 프로그래밍을 잘 모르고 시작하는 독자분들을 위해 아주 기초부터 실습하며 R 언어를 익힐 수 있는 입문서입니다. R 언어와 통합 개발 환경인 R 스튜디오 설치 및 환경 설정부터 공공 데이터를 활용하여 기초적인 데이터 분석을 해보며 실제 데이터 분석 과정에 맞춰 스스로 공부할 수 있도록 구성하였습니다.

Q 이 책을 보려면 어떤 선행 지식이 필요할까요?

A 전공자를 막론하고 초보자가 쉽게 이해하고 스스로 R 언어를 코딩해볼 수 있도록 상세하게 설명하고 있습니다. 컴퓨터를 사용하는 정도만 되어도 책에서 설명하고 있는 프로그래밍 코드를 차근차근 따라 하면서 데이터 분석과 시각화를 할 수 있습니다. R 언어 역시 프로그래밍 언어이나, 다양한 사용자들을 위해 오픈 소스로 개발되었기 때문에 어렵지 않습니다. 물론 이 책은 R 데이터 분석에 대한 기초적인 도움과 흥미를 도와줄 뿐만 아니라 데이터 분석가나 데이터 과학자를 꿈꾸는 분이라면 더욱 난도 높은 R 프로그래밍 및 다양한 언어에 대해 단계적으로 실습해 보기를 권합니다.

Q 〈혼자 공부하는 R 데이터 분석〉을 공부하고 나면 무엇을 할 수 있을까요?

A R 언어로 기본적인 데이터 분석을 알 수 있습니다. 또한 〈혼자 공부하는 R 데이터 분석〉은 입문자가 스스로 학습해 가는 방법을 익힐 수 있도록 도와주는 책입니다. R 언어는 통계 분석을 위한 언어라고 흔히들 알고 있지만, 데이터 시각화에도 강점이 있는 언어이므로 데이터 분석 보고서를 위한 대시보드도 만들 수 있습니다. R 마크다운 기능을 활용하면 여러분의 기술 블로그를 작성해 볼 수도 있습니다. 또한 최근에 주목받고 있는 인공지능에도 흥미가 있다면 패키지를 활용하여 데이터마이닝이나 머신러닝 등을 더 공부해 볼 수도 있습니다.

"누구나 시작할 수 있습니다."

Q 독자로부터 가장 많이 받는 질문이 뭔가요? 그 질문에 대한 대답을 말씀해 주세요.

A 프로그래밍 오류와 결괏값이 책에 나와 있는 것과 다르다는 문의입니다. 이 책은 가장 보편적으로 사용하는 Windows 10을 바탕으로 여러 차례 테스트를 진행했습니다. 그렇다고 macOS나 클라우드에서 실행이 안 되는 것은 아닙니다. 다만, 독자분의 컴퓨터 사용 환경이 저마다 다르므로 질문할 때 반드시 코드와 함께 어떠한 오류가 나오는지 알려주셔야 더욱 정확하게 답변을 드릴 수 있습니다.

그리고 다른 질문은 엑셀 사용에 대한 부분입니다. 엑셀도 이미 훌륭한 데이터 분석 도구입니다. 함수나 매크로를 사용하기 어려운 점이 있지만, 엑셀에 익숙하다면 전처리 과정은 R 언어로 하는 것보다도 더욱 간단하게 할 수 있습니다. 어떤 도구를 사용해도 그저 분석을 위한 도구일 뿐입니다. 다른 도구를 사용하는 데 주저하지 마세요.

Q 〈혼자 공부하는〉 독자 여러분에게 꼭 당부하고 싶은 말이 있다면?

A 프로그래밍을 공부한다는 것은 문제를 해결하기 위한 도구 사용법을 익히는 것에 지나지 않습니다. 마치 새로운 스마트폰을 익히는 것과 같습니다. 프로그래밍 언어를 공부하는 것을 두려워하지 마세요. 프로그래밍 언어는 단지 어떤 문제를 해결하기 위한 도구일 뿐입니다. 용도에 맞게, 내가 편한 것을 이용하면 됩니다.

물론 프로그래밍 과정이 쉽진 않습니다. 문제를 해결하는 방법을 꼭 거창하고 어려운 것부터 하지 않아도 좋습니다. 내가 업무나 생활에 적용 가능한 것부터, 쉽고 간단한 것부터 시도해 자신감이 올라가면 학습에 더욱 동기부여가 되고 재미있게 프로그래밍을 공부할 수 있으리라 생각합니다. 즐거운 여정에 길라잡이가 되어 드리겠습니다.

『혼자 공부하는 R 데이터 분석』 7단계 길잡이

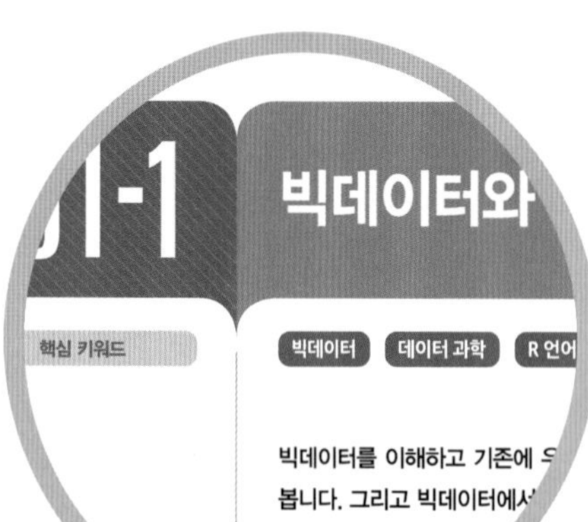

filter() 함수를 사용하려면 논리 연산자와 조건문을 제대로 숙지해야 합니다.

Start

1 핵심 키워드

해당 절에서 중점적으로 볼 내용을 확인합니다.

2 시작하기 전에

해당 절에서 배울 주제 및 주요 개념을 짚어 줍니다.

3 말풍선

지나치기 쉬운 내용 혹은 꼭 기억해두어야 할 내용을 짚어 줍니다.

4 손코딩

코드를 직접 손으로 입력하고 실행하세요! 코드 이해가 어려우면 지시선, 실행 결과, 앞뒤의 코드 설명을 참고하세요.

```
ex_vector1 <- c(-1, 0, 1)
ex_vector1
```

```
[1] -1  0  1
```

5가지 키워드로 정리하는 핵심 포인트

- **벡터**는 1차원 데이터로 구성된 단일형 데이터입니
- **행렬**은 행과 열로 구성된 2차원 단일형 데이터
- **배열**은 행렬을 n차원으로 확대한 단일형 데

좀 더 알아보기

쉬운 내용, 핵심 내용도 좋지만, 때론 깊이 있는 학습이 필요할 때도 있습니다. 더 알고 싶은 갈증을 풀 수 있는 내용으로 담았습니다.

확인 문제

지금까지 학습한 내용을 문제를 풀면서 확인합니다.

5 6 7 Finish

핵심 포인트

절이 끝나면 마무리의 핵심 포인트에서 핵심 키워드의 내용을 리마인드하세요.

좀 더 알아보기 **return( ) 함수**

사용자 정의 함수를 만들 때는 return( ) 함수
인 cat( ) 함수로 숫자 3개 곱하기 예제를 만들

```
# return()을 사용하여 사용자 정의 함수 생
> multi_three_return <- function(x,y
   res <- x*y*z
   (res)
```

▶ **확인문제**

1. 패키지를 사용하는 명령어를 올바르

① intall.packages("패키지명")
② remove.packages("패키지명")
③ library(패키지명)

2. 다음 중 패키지에 대한 내용 중 옳

① 패키지는 여러 함수를 기

『혼자 공부하는 R 데이터 분석』 100% 활용하기

때론 혼자, 때론 같이 공부하기!
학습을 시작하기 전부터 책 한 권을 완독할 때까지, 곁에서 든든한 러닝 메이트Learning Mate가 되어 드리겠습니다.

본격적으로 학습을 시작하기 전에

R 설치하기

R 언어로 데이터 분석을 학습하기 위해 최신 R 버전을 설치합니다. R 공식 홈페이지에 접속하여 프로그램을 다운로드한 후 설치해 주세요. 033쪽

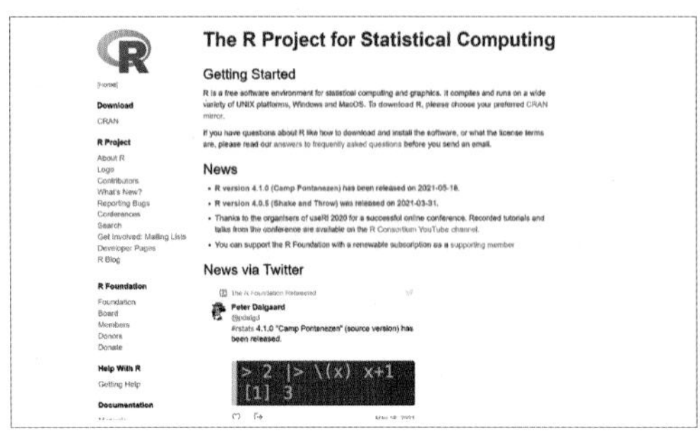

https://www.r-project.org

R 스튜디오 코드 설치하기

R 언어만 설치하여 코딩할 수도 있지만, R 스튜디오를 사용하면 R 언어를 보다 효과적으로 편리하게 사용할 수 있습니다. 이 책에서는 R 스튜디오에서 실습을 진행합니다. 041쪽

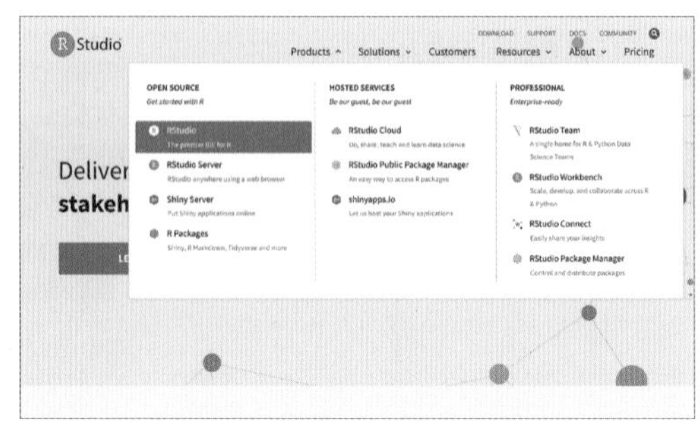

https://www.rstudio.com

학습 사이트 100% 활용하기

예제 파일 다운로드,
동영상 강의 보기, 저자에게 질문하기를 **한번에!**

hongong.hanbit.co.kr go

사이트 바로가기

동영상&학습자료　읽을거리　혼공 캘린더　혼공학습단

혼자 공부하는 R 데이터 분석

강전희, 엄동란 저 | 2022-1-17 출간

📌프로그래밍도 통계도 처음일 때
📌R 언어로 데이터 분석을 시작할 때
📌데이터를 시각화하고 싶을 때

누구나 혼자 할 수 있습니다!

야심 찬 시작이 작심삼일이 되지 않도록 돕기 위해서 <혼자 공부하는> 시리즈를 만들었습니다. 낯선 용어와 친해져서 책장을 술술 넘기며 이해하는 것, 그래서 완독의 기쁨을 경험하고 다음 단계를 스스로 선택할 수 있게 되는 것이 목표입니다.

지금 시작하세요.

<혼자 공부하는> 사람들이 '때론 혼자, 때론 같이' 하며 힘이 되겠습니다.

자세히 보기　실습예제　용어노트
미리보기　질문하기　동영상 강의

동영상&학습자료
메뉴를 클릭해 책 주제 제목을 선택하세요.

용어 노트
혼자 공부할 때 필요한 용어 노트를 다운로드하여 나만의 용어 노트를 만들어 보세요.

동영상 강의
무료 동영상 강의와 함께 보다 빠르고 정확하게 R 데이터 분석을 익히세요.

실습 예제
소스 코드를 다운로드하여 〈손코딩〉과 〈확인문제〉의 실행 결과를 확인하세요.

github.com/newstars/hongongR

저자에게 질문하기
공부하다가 막힐 땐 저자가 직접 답변해 드립니다!

때론 혼자, 때론 같이! '혼공 학습단'과 함께 하세요.

한빛미디어에서는 '혼공 학습단'을 모집합니다.
혼공 학습자들과 함께 학습 일정표에 따라 공부하며 완주의 기쁨을 느껴보세요.

✉ 한빛미디어 홈페이지에서 '메일 수신'에 동의하면 학습단 모집 일정을 안내받으실 수 있습니다.

학습 로드맵

일러두기

기본편 01~05장

R 언어의 기본 문법을 활용하여 데이터를 수집하고 가공하는 방법을 알아봅니다. 데이터의 특성을 파악하여 분석에 알맞는 데이터로 만들 수 있습니다.

고급편 06~08장

프로젝트를 통해 실제 데이터 분석 과정에 기반한 데이터 추출, 가공, 분석, 시각화 등의 기본기를 다지고 실제로 자주 사용하는 분석 기법을 배웁니다.

난이도 ●●●●●

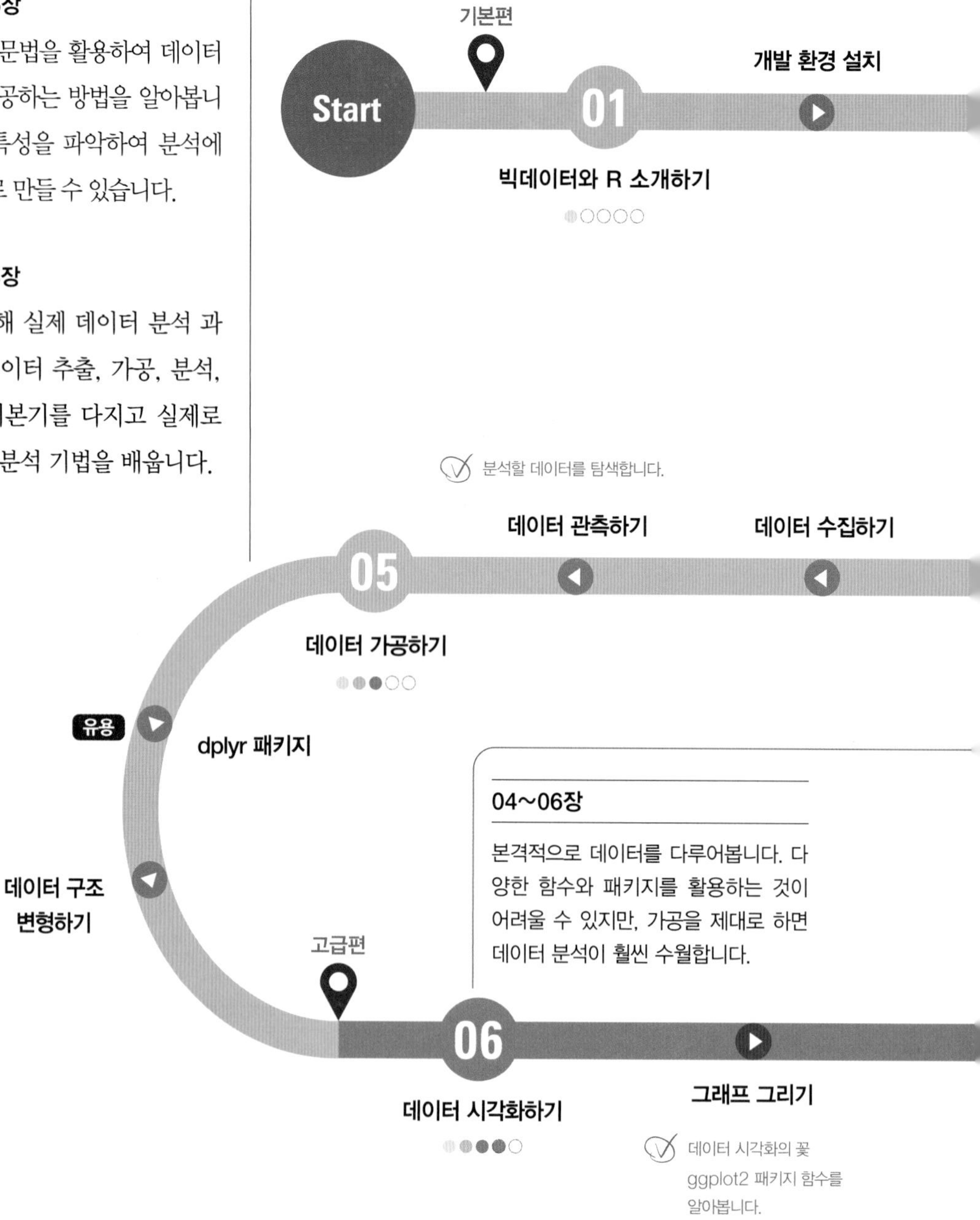

기본편

Start

01 빅데이터와 R 소개하기 ●○○○○

개발 환경 설치

데이터 수집하기

데이터 관측하기

분석할 데이터를 탐색합니다.

05 데이터 가공하기 ●●●○○

유용 dplyr 패키지

데이터 구조 변형하기

04~06장

본격적으로 데이터를 다루어봅니다. 다양한 함수와 패키지를 활용하는 것이 어려울 수 있지만, 가공을 제대로 하면 데이터 분석이 훨씬 수월합니다.

고급편

06 데이터 시각화하기 ●●●●○

그래프 그리기

데이터 시각화의 꽃 ggplot2 패키지 함수를 알아봅니다.

01~03장

분석하려는 데이터가 어떤 데이터인지 알아야 데이터를 다룰 수 있습니다. 데이터 분석에 필요한 가장 기본적인 문법을 다룹니다.

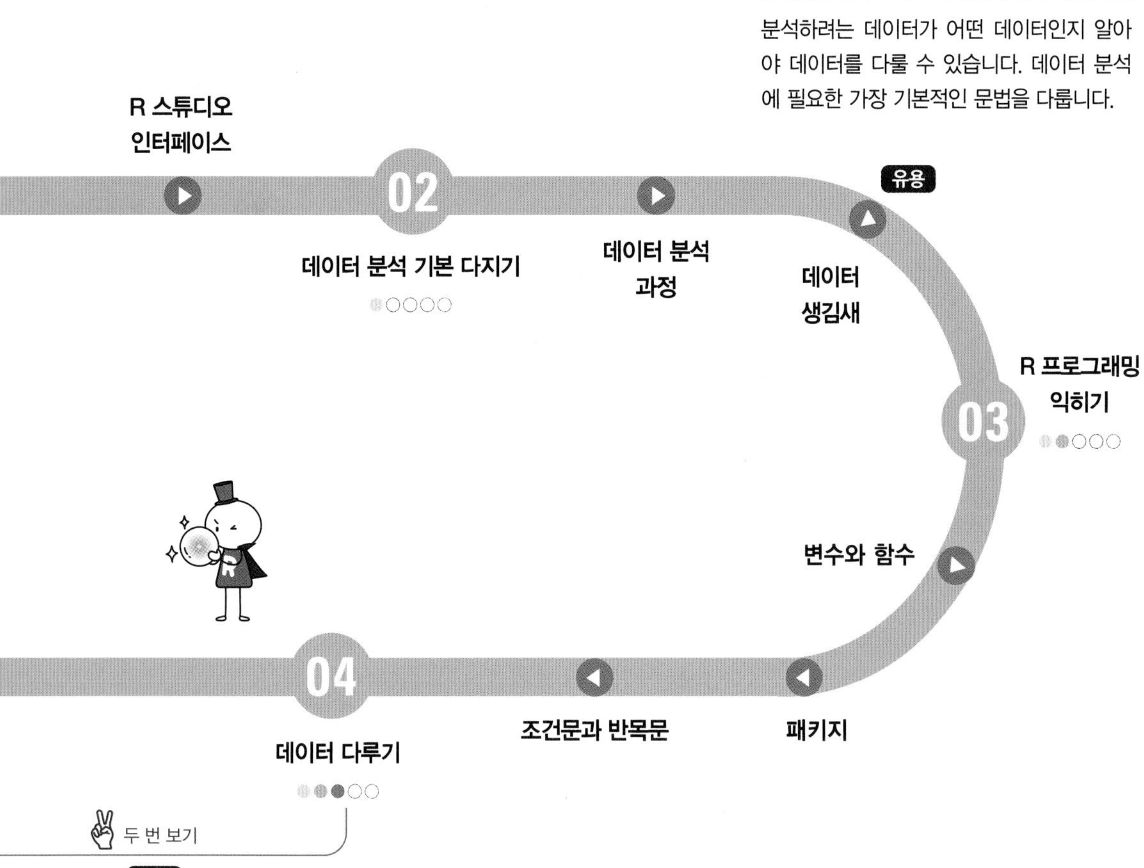

앞에서 배운 내용을 바탕으로
데이터 수집부터 분석까지 해 봅니다.

지도 그리기

07 프로젝트로 실력 다지기

08 데이터 분석 보고서 공유하기

Goal

07~08장

데이터 분석의 전 과정을 실습하여 흐름을 익히고, 분석 결과를 외부에 공유합니다.

목차

Chapter 01 빅데이터와 R

Chapter 03 R 프로그래밍 익히기

Chapter 06 데이터 시각화: ggplot2 패키지

Chapter 08 데이터 분석 보고서 공유하기

Chapter 01

최근 수년간 '빅데이터'와 '데이터 과학'은 각종 미디어나 다양한 분야에서 흔하게 사용하는 단어입니다. 인터넷을 기반으로 사물을 연결해 각종 데이터를 수집하는 사물인터넷(IoT; Internet of Things)의 보편화로 일상 생활에서도 데이터 수집이 쉬워지면서 많은 데이터를 다루는 빅데이터의 중요성이 대두되고 있습니다. 이 장에서는 빅데이터와 이를 활용하는 방법론인 데이터 과학, 그리고 데이터 분석 도구인 R 언어를 알아보겠습니다.

빅데이터와 R

학습목표

- R 언어란 무엇인지 알아봅니다.
- R 언어를 설치하고 개발 환경을 구성하여 코드를 실행해 봅니다.
- R 스튜디오로 코드를 작성하고 실행해 봅니다.

01-1 빅데이터와 R 언어

핵심 키워드

빅데이터 | 데이터 과학 | R 언어

빅데이터를 이해하고 기존에 우리가 알던 데이터와는 어떤 차이점이 있는지 알아봅니다. 그리고 빅데이터에서 R은 어떠한 역할을 할 수 있는지 알아보겠습니다.

시작하기 전에

빅데이터big data는 IT 기술이 발전하면서 등장한 개념으로 기존에 처리하던 데이터보다 더 많은 양의 대규모 데이터를 의미합니다. 빅데이터는 여러 종류의 데이터가 결합한 대규모의 데이터여서 전통적인 방법으로는 데이터 처리가 힘듭니다. **데이터 과학**data science은 이러한 빅데이터를 가공하여 데이터에서 지식과 인사이트 등의 의미를 찾기 위한 다양한 방법을 의미하며, 이러한 활동을 하는 사람을 **데이터 과학자**data scientist라고 합니다.

2001년에 미국의 유명 IT 컨설팅 업체인 가트너Gartner Inc.의 애널리스트인 더그 레이니Doug Laney는 빅데이터의 특징을 3V, 즉 대용량의 데이터 규모Volume, 빠른 입출력 속도Velocity, 다양성Variety으로 정의하였습니다. 이는 가장 널리 알려진 빅데이터의 특징입니다.

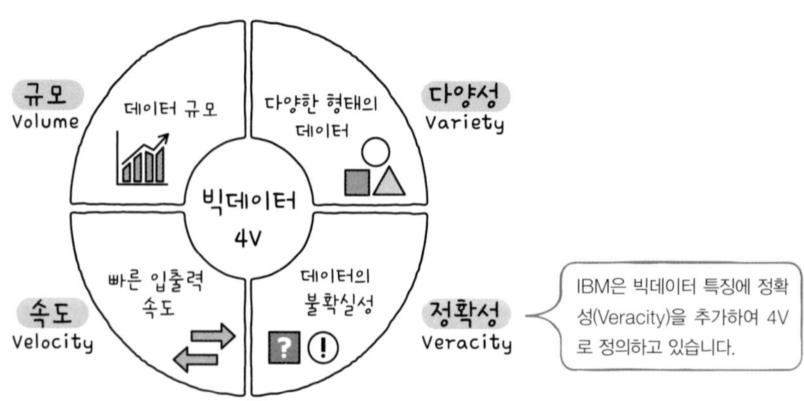

빅데이터 시대

기존에는 대용량 데이터를 처리하기 위해서 많은 시간과 사람, 이를 뒷받침하기 위한 비용이 필요했지만, 기술 발전으로 그러한 한계들이 없어지면서 빅데이터 시대가 시작되었습니다.

다음 인포그래픽은 각 온라인 서비스가 1분 동안 처리하는 데이터의 양을 나타냅니다. 여기에는 우리가 늘 하고 있는 문자 전송, 앱 다운로드, 이메일 전송, 음악 스트리밍, 구글 검색, 트윗, 포스팅, 댓글, 블로깅, 동영상 보기 등이 포함되어 있습니다.

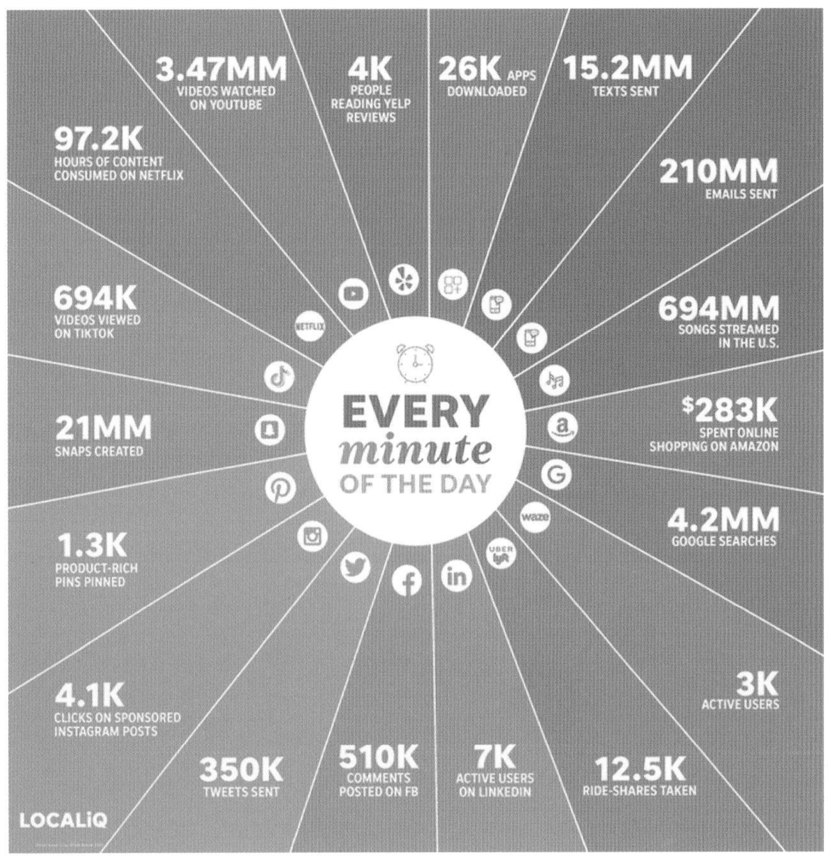

note 온라인에서 매분마다 일어나는 일

URL https://localiq.com/blog/what-happens-in-an-internet-minute-2021

구글은 검색 서비스를 위해 엄청나게 많은 데이터를 보유하고 처리해야 했기 때문에 분산 파일 시스템인 구글 파일 시스템GFS; Google File System, 분산 스토리지 시스템인 빅테이블Bigtable, 그리고 분산 데이터 처리를 위한 맵리듀스MapReduce를 개발했습니다. 이 시스템은 하나의 하드웨어에 데이터 처리를 집중

시키지 않고 대량의 하드웨어에 분산시켜 처리하므로 하드웨어에 고장이 발생하더라도 데이터 손실 염려 없이 복구할 수 있습니다. 야후 또한 하둡Hadoop이라는 대용량 데이터를 처리할 수 있는 분산 처리 프레임워크를 개발하여 빅데이터 처리 비용을 줄이는 데 노력합니다.

그렇다면 이와 같은 빅데이터를 처리하기 위해서는 어떤 것들이 필요할까요? 빅데이터나 데이터 과학에 관심이 있는 분들이라면 SPSS, SAS, R 등을 들어봤을 것입니다. 특히 R은 SPSS, SAS와는 달리 오픈 소스로 무료 사용이 가능하며 C, 자바Java, 파이썬Python 등과 같은 범용 프로그래밍 언어와 달리 통계 분석에 특화되어 있는 언어입니다.

R 언어를 소개합니다

R 언어(이후 R)는 뉴질랜드 오클랜드 대학의 로버트 젠틀맨Robert Gentleman과 로스 이하카Ross Ihaka에 의해 시작되었습니다. 벨 연구소에서 만든 S 프로그래밍 언어를 참고하여 누구나 사용할 수 있도록 만든 것이 현재의 R입니다. 처음에는 일부 통계학자들만 사용하는 언어였는데, 빅데이터 시대가 도래한 이후 구글, 페이스북, 야후, 아마존 등에서 기본 **데이터 분석 도구**로 널리 사용하면서 주목받게 되었습니다.

데이터 분석에 사용할 수 있는 프로그래밍 언어가 R만 있는 것은 아닙니다. 요즘 대중적으로 사용되고 있는 **파이썬** 역시 많은 사람이 데이터 분석에 활용하고 있습니다.

R
R
python
파이썬과 R 어느 쪽이 우월하다고 할 수 없을 정도로 둘 다 두루 사용합니다.

다만 파이썬은 범용 프로그래밍 언어이므로 프로그래밍을 배운 적 없는 사람들은 데이터 분석 방법보다 언어를 익히는 데 더 많은 시간을 할애할 수도 있습니다. 그러므로 프로그래밍에 익숙하지 않고 데이터 분석에 처음 도전하는 사용자라면 통계 분석과 그래프 형태의 시각화가 강점인 R로 데이터 분석을 시작하는 것을 추천합니다.

통계학을 전공한 사람들은 분석 도구인 SAS, SPSS와 더불어 R을 주로 사용합니다.

다음은 R과 파이썬의 특징을 비교한 것입니다.

특징	R	파이썬
비용	무료(오픈 소스)	무료(오픈 소스)
유연성	통계 분석에 특화	범용 프로그래밍 언어
데이터 처리 속도	느림	R에 비해 빠름
시각화	강력한 시각화	R에 비해 난해한 시각화
학습 난이도	쉬움	쉬움
개발 도구	RGui, R 스튜디오 등	파이참, 비주얼 스튜디오 코드

R의 장단점

그렇다면 R은 왜 인기가 많은 것일까요? 그리고 R을 사용하는 데 불편함은 없을까요? R을 사용하기에 앞서 R이 데이터 분석에서 각광을 받는 대표적인 이유와 어떤 불편함이 있는지 미리 파악해 놓는 것이 좋습니다.

R은 다음과 같은 장점을 가지고 있습니다.

첫째, 통계 분석 등에 활용할 수 있는 패키지 수가 많습니다.

패키지란 R의 편리한 사용을 위해 만들어 놓은 함수들의 묶음으로 설치만 하면 다양한 기능을 편리하게 사용할 수 있습니다.

패키지는 114쪽
에서 자세히 소
개합니다.

둘째, 사용자 간에 다양한 정보를 공유할 수 있습니다.

커뮤니티가 활성화되어 있어 사용자 간에 다양한 정보를 공유할 수 있습니다.

- **R Tutorial** www.r-tutor.com
- **R-bloggers** www.r-bloggers.com
- **R-statistics** www.r-statistics.com
- **Quick-R** www.statmethods.net
- **R Korea** www.facebook.com/groups/KoreaRUsers

셋째, R은 무료입니다.

데이터 분석에 흔히 사용하는 SPSS나 SAS는 유료이지만, R은 무료로 이용할 수 있습니다.

넷째, 다양한 운영체제에서 동작합니다.

윈도우, 맥, 리눅스 등 다양한 운영체제에서 동작하며, 설치와 사용 환경 구축이 쉽습니다.

R은 다음과 같은 단점을 가지고 있습니다.

첫째, 쉬워도 프로그래밍 언어입니다.

R도 프로그래밍 언어이기 때문에 프로그래밍에 대한 기초 지식이 전혀 없다면 다소 어려움을 느낄 수 있지만, 범용 프로그래밍 언어보다는 쉬워 데이터 분석에 처음 도전할 때 시작하기 좋은 언어입니다.

둘째, 처리 속도가 느립니다.

범용 프로그래밍 언어(C, 파이썬, 자바 등)와 비교했을 때 처리 속도가 느립니다. 특히 데이터 분석에만 특화되어 있어 대규모 IT 서비스 개발에 접목하기 쉬운 프로그래밍 언어는 아닙니다. 그럼에도 강력한 시각화 기능이 있어 통계 분석을 하는 많은 데이터 분석가들이 R을 사용합니다.

셋째, 문제를 스스로 해결해야 합니다.

R 사용 중에 문제가 발생했을 때 스스로 해결해야 합니다. 이러한 이유로 커뮤니티는 더욱 발전할 수 있었습니다.

마무리

▶ 3가지 키워드로 정리하는 핵심 포인트

- **빅데이터**는 기존에 처리하던 데이터보다 더 많은 양의 대규모 데이터를 의미합니다.
- **데이터 과학**은 데이터를 수집하고 가공하여 데이터에서 의미를 찾는 다양한 방법을 말합니다.
- **R 언어**는 뉴질랜드 오클랜드 대학의 로버트 젠틀맨과 로스 이하카가 만든 통계 분석을 위한 프로그래밍 언어입니다.

▶ 확인문제

1. 다음 중 R 언어의 특징이 아닌 것은 무엇일까요?

① 처리 속도가 느리다.
② 통계 분석을 위한 패키지가 다양하다.
③ 다양한 운영체제에서 동작한다.
④ 구매해서 사용해야 한다.
⑤ 커뮤니티가 활성화되어 있다.

2. 빅데이터의 4V 정의가 아닌 것은 무엇일까요?

① Variable(변수)
② Veracity(정확성)
③ Variety(다양성)
④ Velocity(속도)
⑤ Volume(규모)

01-2 개발 환경 설치

핵심 키워드

통합 개발 환경 RGui R 스튜디오 R 스튜디오 클라우드

R을 편하게 사용할 수 있도록 개발 환경을 설치해 보겠습니다. 무엇이든 시작이 중요합니다. 이번 절에서는 기본 환경부터 제대로 갖출 수 있도록 R과 R 스튜디오 설치를 다룹니다.

시작하기 전에

R은 통계 분석에 특화된 프로그래밍 언어로, 데이터 분석 시 많이 사용합니다. 프로그래밍 언어는 사용자가 직접 모든 걸 명령어로 입력하고 실행해야 하므로 상당히 불편합니다. 이때 필요한 것이 **통합 개발 환경**IDE; Integrated Development Environment입니다. R은 **RGui**라는 프로그램으로 작동합니다. 그리고 **R 스튜디오**RStudio는 R을 보다 효과적이고 편리하게 사용할 수 있도록 돕는 별도의 GUI 프로그램으로 RGui보다 편하게 데이터 분석을 할 수 있습니다.

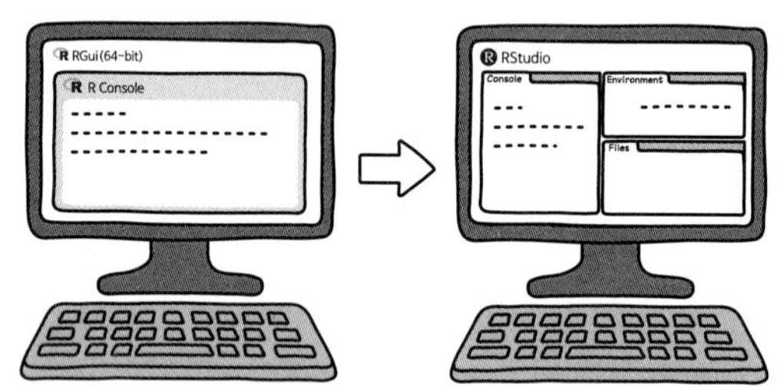

R	RGui	R 스튜디오
프로그래밍 언어	R을 실행할 수 있는 통합 개발 환경	R을 보다 효과적이고 편리하게 사용할 수 있도록 돕는 GUI 프로그램

R 설치 파일 다운로드하기

R을 설치하기 전에 제일 먼저 R 설치 파일을 다운로드하겠습니다.

이미 R이 설치되어 있다면 40쪽으로 넘어가도 좋습니다.

01 R 공식 홈페이지에 접속한 후 왼쪽 메뉴 목록 중 Download 항목에 있는 [CRAN]을 클릭하여 CRAN Mirrors 페이지로 이동합니다.

R 공식 홈페이지
URL https://www.r-project.org

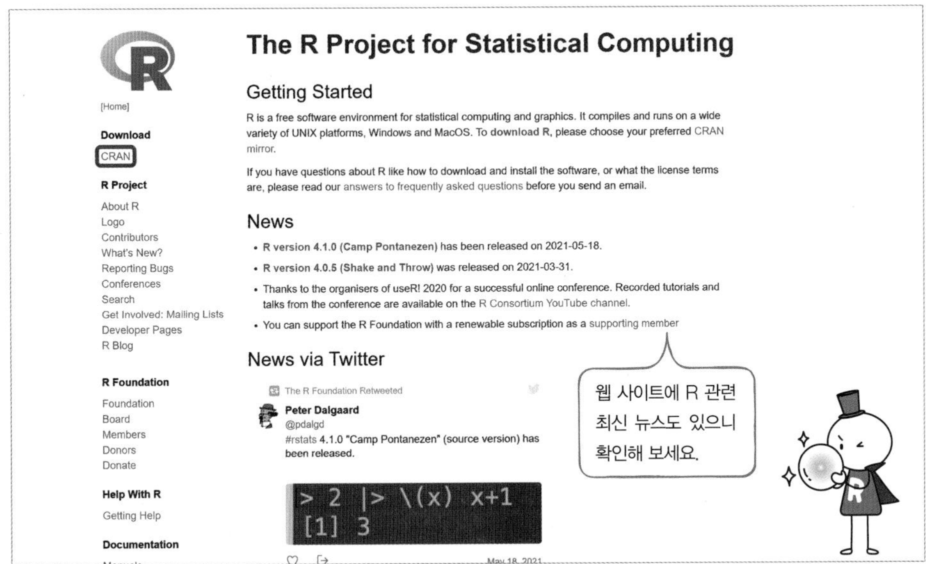

02 CRAN Mirrors 페이지에서 스크롤을 아래로 내려 Korea 항목에 있는 링크 중 아무거나 하나를 클릭합니다.

https://ftp.harukasan.org/CRAN/	Information and Database Systems Laboratory, Pukyong National University
https://cran.yu.ac.kr/	Yeungnam University
https://cran.seoul.go.kr/	Bigdata Campus, Seoul Metropolitan Govermment
http://healthstat.snu.ac.kr/CRAN/	Graduate School of Public Health, Seoul National University, Seoul
https://cran.biodisk.org/	The Genome Institute of UNIST (Ulsan National Institute of Science and Technology)

note 단축키 Ctrl + F를 눌러서 나오는 검색 창에서 [Korea]를 검색하면 쉽게 찾을 수 있습니다.

note CRAN Mirrors 페이지에는 나라별로 동일한 R 설치 파일을 다운로드할 수 있게 정리되어 있습니다. 위 과정을 생략하고 바로 CRAN 사이트에 접속해도 됩니다. URL https://cran.r-project.org

03 선택한 국가의 미러 사이트가 열리면 Download and Install R 영역에서 사용자의 운영체제에 맞게 해당 링크를 클릭합니다. 여기서는 윈도우 운영체제를 기본으로 설명하므로 [Download R for Windows]를 클릭합니다.

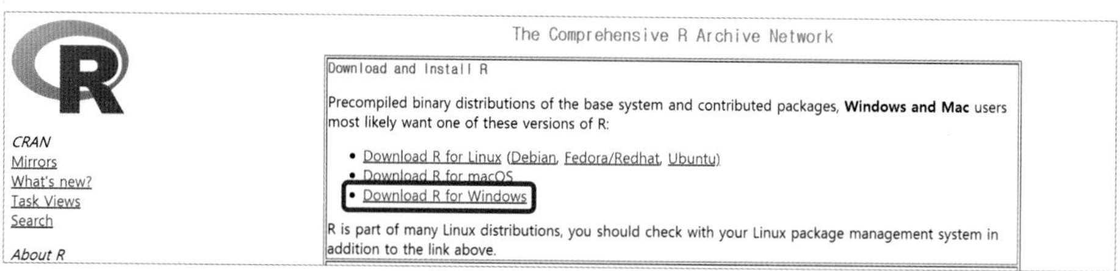

04 R for Windows 페이지가 열리면 [install R for the first time]을 클릭합니다.

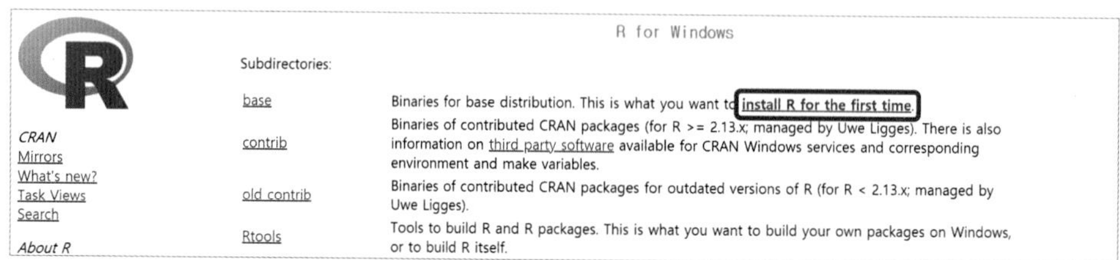

05 다운로드 마지막 단계입니다. R 버전과 함께 다운로드 링크가 표시됩니다. [Download R 4.1.x for Windows]를 클릭하여 설치 파일 다운로드를 시작합니다.

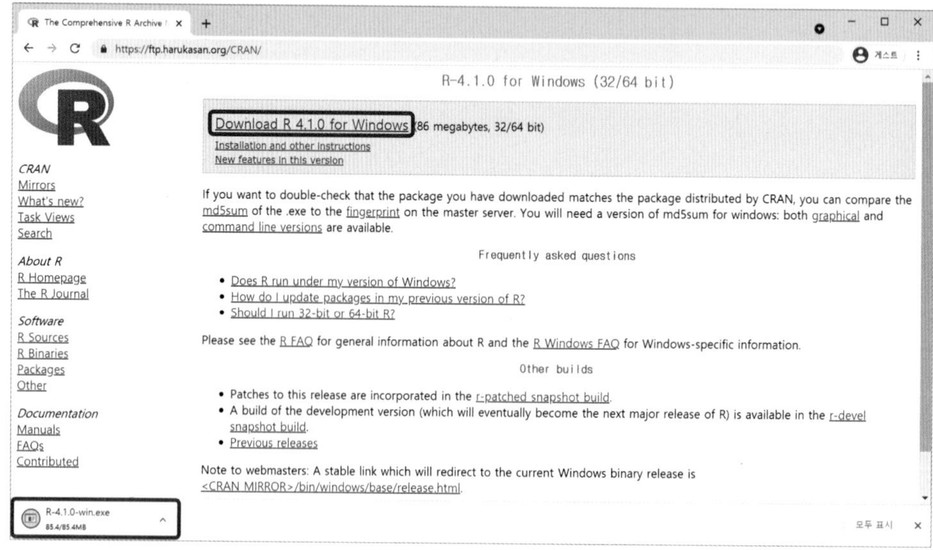

note R은 계속 업데이트되므로 버전이 다를 수 있습니다. 가장 최신 버전으로 다운로드하여 설치하세요.

✚ 여기서 잠깐 macOS 환경에서 R 설치하기

macOS 환경에서 R을 설치하려면 선택한 국가의 미러 사이트에서 [Download R for macOS] 링크를 클릭합니다.

The Comprehensive R Archive Network

CRAN
Mirrors
What's new?
Task Views
Search

About R

Download and Install R

Precompiled binary distributions of the base system and contributed packages, **Windows and Mac** users most likely want one of these versions of R:

- Download R for Linux (Debian, Fedora/Redhat, Ubuntu)
- Download R for macOS
- Download R for Windows

R is part of many Linux distributions, you should check with your Linux package management system in addition to the link above.

R for macOS 페이지로 이동하면 최신 버전 [R-4.1.x..pkg]를 클릭해서 설치 파일을 다운로드합니다. 단, 사용하는 macOS 버전에 맞는 R 버전을 선택해야 합니다. macOS 10.13(High Sierra) 이상이고 Intel 64-bit 기반이면 [R-4.1.x.pkg]를, macOS 11(Big Sur) 이상이고 Apple Silicon arm64(M1) 기반이면 [R-4.1.x-arm64.pkg]를 선택합니다.

Latest release:

CRAN
Mirrors
What's new?
Task Views
Search

About R
R Homepage
The R Journal

Software
R Sources
R Binaries
Packages
Other

Documentation
Manuals
FAQs
Contributed

R-4.1.1.pkg (notarized and signed)
SHA1-hash: d0eed7d0755bc80911acb616508d41e1396f810e
(ca. 86MB)

R 4.1.1 binary for macOS 10.13 (**High Sierra**) and higher, **Intel 64-bit** build, signed and notarized package.
Contains R 4.1.1 framework, R.app GUI 1.77 in 64-bit for Intel Macs, Tcl/Tk 8.6.6 X11 libraries and Texinfo 6.7. The latter two components are optional and can be ommitted when choosing "custom install", they are only needed if you want to use the tcltk R package or build package documentation from sources.

Note: the use of X11 (including tcltk) requires XQuartz to be installed since it is no longer part of OS X. Always re-install XQuartz when upgrading your macOS to a new major version.

This release supports Intel Macs, but it is also known to work using Rosetta2 on M1-based Macs. For native Apple silicon arm64 binary see below.

Important: this release uses Xcode 12.4 and GNU Fortran 8.2. If you wish to compile R packages from sources, you may need to download GNU Fortran 8.2 - see the tools directory.

R-4.1.1-arm64.pkg (notarized and signed)
SHA1-hash: e58f4b78f9e4d347a12cc9160ee69d3d23e69f3b
(ca. 87MB)

R 4.1.1 binary for macOS 11 (**Big Sur**) and higher, **Apple silicon arm64** build, signed and notarized package.
Contains R 4.1.1 framework, R.app GUI 1.77 for Apple silicon Macs (M1 and higher), Tcl/Tk 8.6.11 X11 libraries and Texinfo 6.7.
Important: this version does NOT work on older Intel-based Macs.

R 설치하기

01 다운로드한 설치 프로그램을 실행합니다. 설치 언어 선택 대화상자가 나타나면 [한국어]를 선택하고 [확인] 버튼을 클릭해서 설치를 진행합니다.

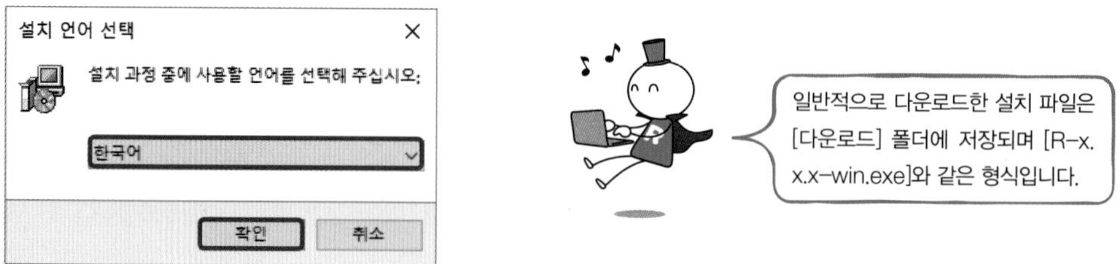

02 설치 대화상자가 나타나면 정보 내용을 확인하고 [다음] 버튼을 클릭합니다.

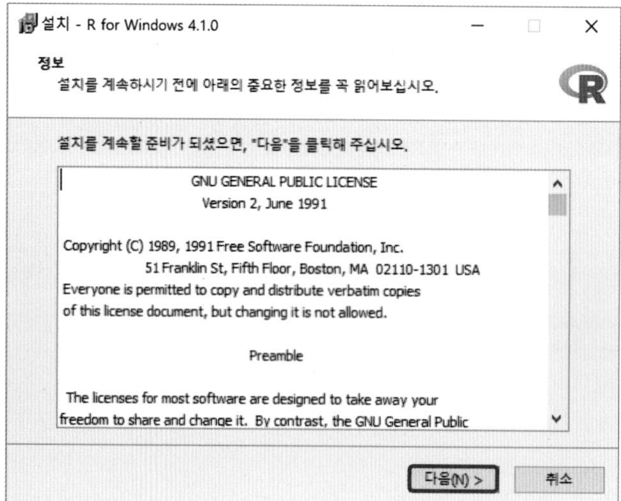

03 설치할 위치가 표시됩니다. 설치 경로를 변경하려면 [찾아보기] 버튼을 클릭하여 폴더를 변경하고, 그렇지 않으면 [다음] 버튼을 클릭합니다.

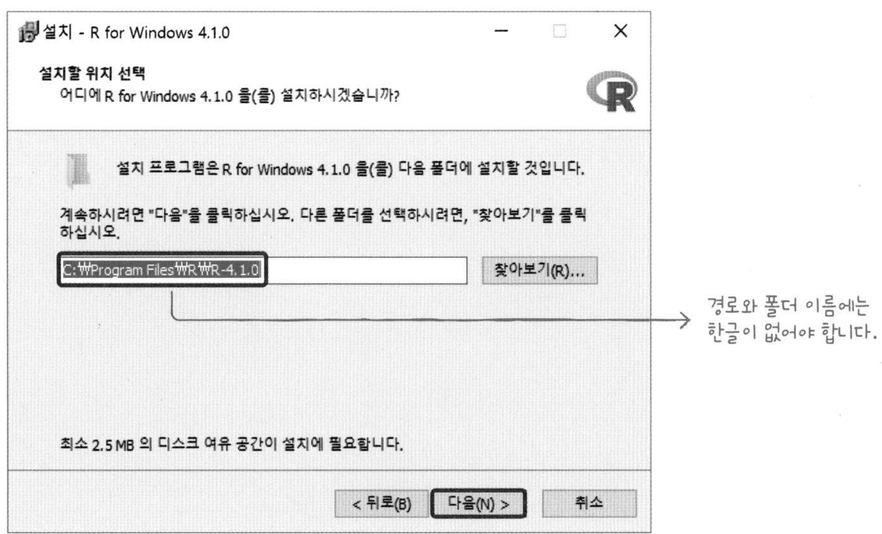

04 계속해서 구성 요소 설치는 사용자에 따라 필요한 항목만 체크하고 [다음] 버튼을 클릭합니다. 일반적으로 기본 체크를 유지합니다.

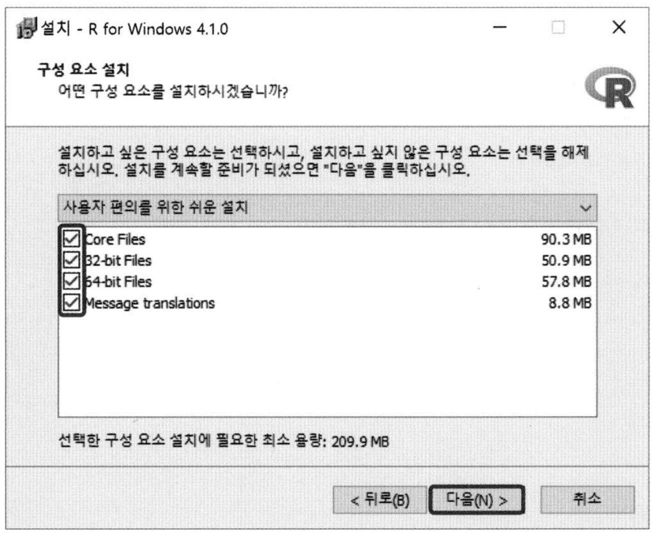

note 기본 설정은 모든 요소에 체크되어 있습니다. Windows10 64bit를 사용한다면 [32-bit Files] 체크를 해제한 후 설치를 진행합니다.

05 스타트업 옵션은 R 환경에서 help() 함수를 사용할 수 있게 해주는 옵션입니다. R 스튜디오를 활용할 예정이므로 기본값 사용을 [No] 상태로 선택하고 [다음] 버튼을 클릭합니다.

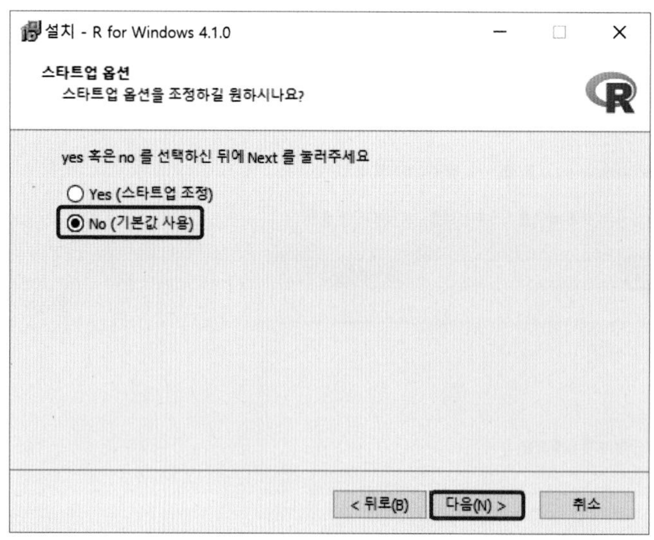

note help() 함수는 괄호 사이에 궁금한 함수나 키워드를 입력하여 실행하면 사용법을 알 수 있는 도움말 함수입니다. R 스튜디오를 사용하면 함수나 키워드에 대한 설명이 직관적으로 표시되기 때문에 추가로 설치할 필요가 없습니다.

06 시작 메뉴 폴더 설정은 기본값을 유지한 채 [다음] 버튼을 클릭하여 설치를 진행합니다.

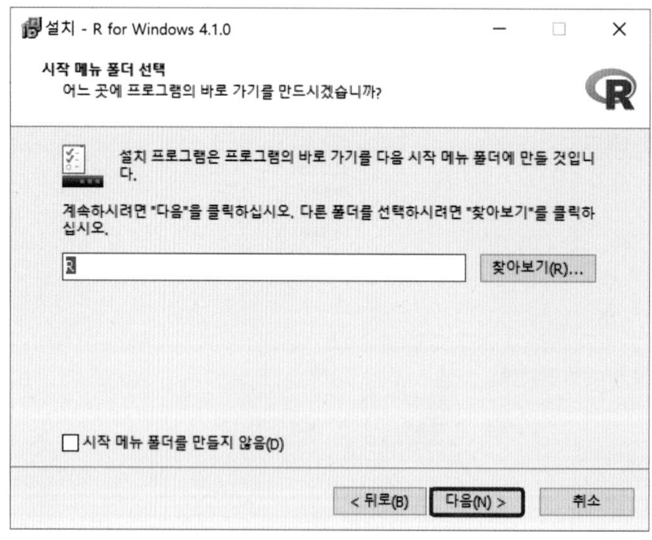

07 추가 사항 적용 옵션을 모두 체크한 후 [다음] 버튼을 클릭하면 설치가 진행됩니다.

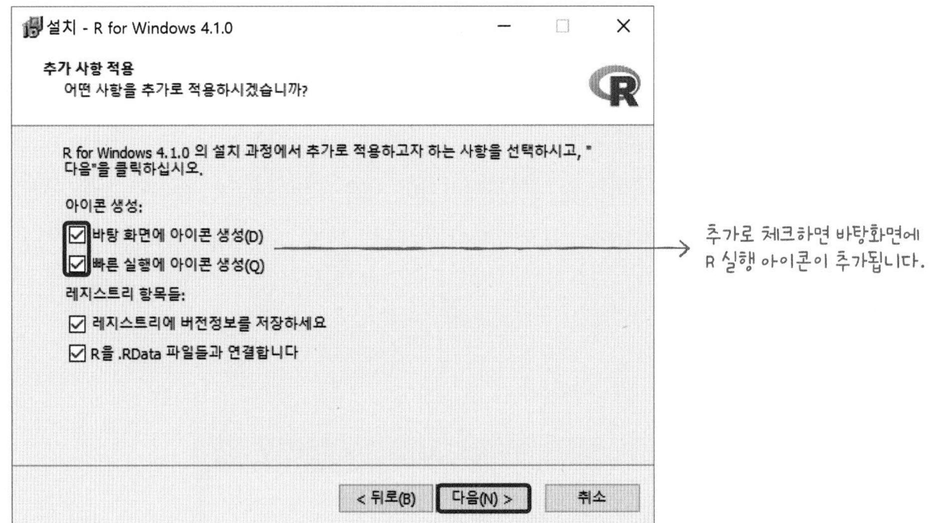

08 다음과 같이 설치가 완료되었습니다. [완료] 버튼을 클릭하여 설치를 종료합니다.

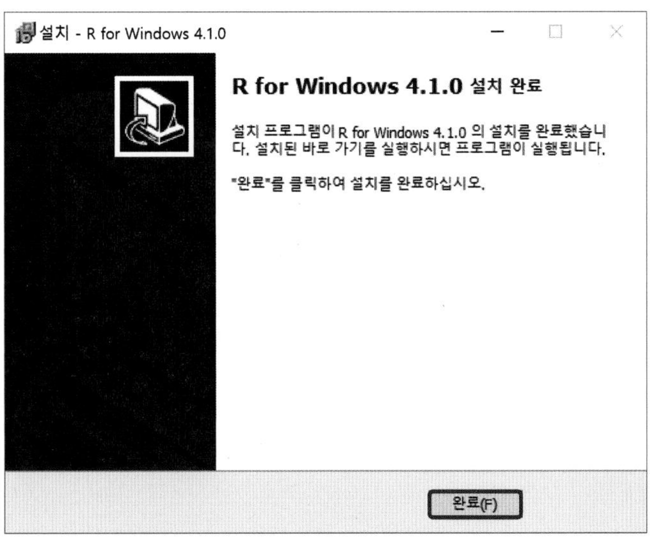

R 실행하기

R을 설치하면 기본으로 설치되는 **RGui**를 이용해 함수를 입력하고 실행할 수 있습니다. 이 책에서는 R 스튜디오를 설치하여 실습할 것이므로 RGui를 실행할 일이 거의 없지만, 간단히 실행 및 사용 방법을 살펴보겠습니다.

01 바탕화면에 추가된 [R] 아이콘을 더블클릭하거나 시작 메뉴에서 [R] 폴더를 찾아 실행 파일을 클릭합니다. 다음과 같은 RGui 프로그램이 실행되면서 R Console 창이 열리면 정상적으로 설치된 것입니다.

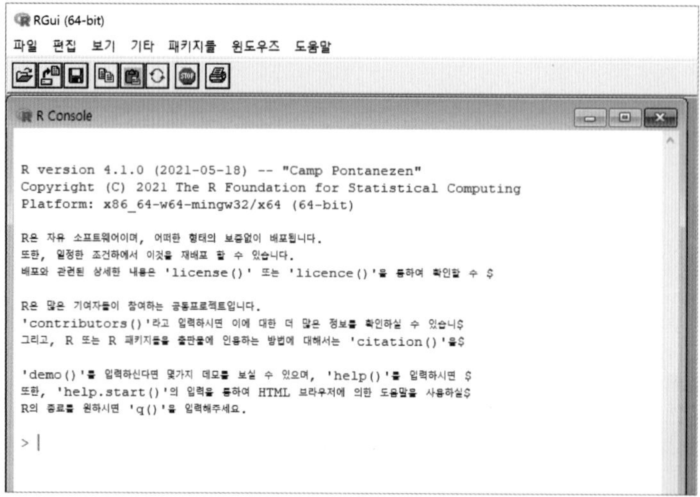

note [R i386]는 32비트용이고, [R x64]는 64비트용 실행 아이콘입니다.

02 설치가 잘 되었는지 확인하기 위해 R Console의 제일 마지막 줄 〉 기호 옆에 다음 코드를 입력하고 [Enter] 키를 눌러 코드를 실행합니다.

```
> print("Hello World") Enter
```

03 print() 함수는 () 안에 있는 값을 출력해 주는 함수로 다음과 같은 결과를 출력합니다.

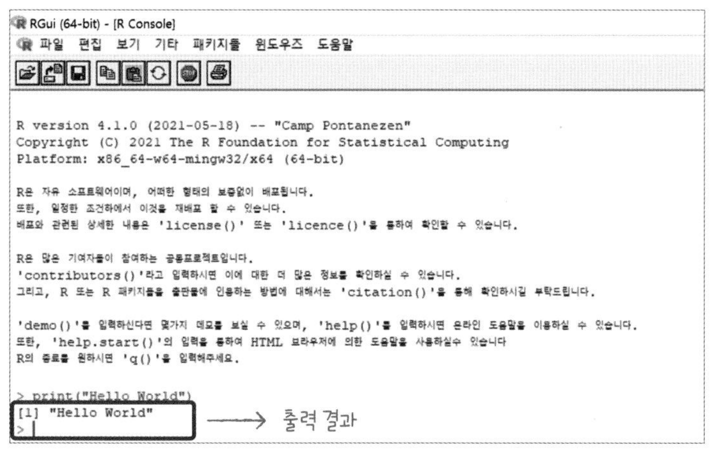

note RGui는 창 오른쪽 위에 있는 [x] 버튼을 클릭하거나 q() 함수를 실행하여 종료합니다.

R 스튜디오 설치 파일 다운로드하기

R 스튜디오는 무료로 사용할 수 있는 Open Source Edition과 매년 일정 비용을 지불해야 하는 RStudio Desktop Pro가 있습니다. 두 버전의 가장 큰 차이는 문제가 발생했을 때 유지보수 지원을 받을 수 있느냐 없느냐 정도입니다. R은 커뮤니티가 활성화되어 있어서 지원을 받지 않고도 사용할 수 있으므로 무료 버전을 사용해도 충분합니다.

이 책에서는 무료로 사용할 수 있는 Open Source Edition을 사용합니다.

01 R 스튜디오 웹 사이트 상단 메뉴에서 [Products]에 위치한 [RStudio]를 클릭합니다.

R 스튜디오 홈페이지
URL https://www.rstudio.com

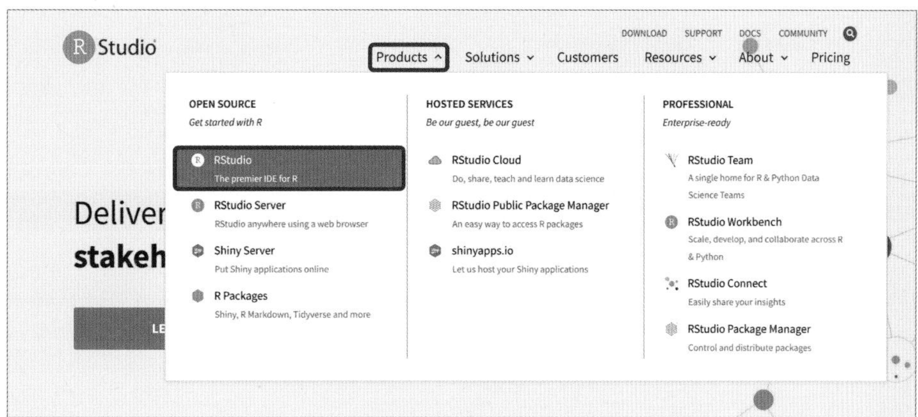

02 페이지가 바뀌면 화면을 아래로 조금 내려 [RStudio Desktop]을 클릭합니다.

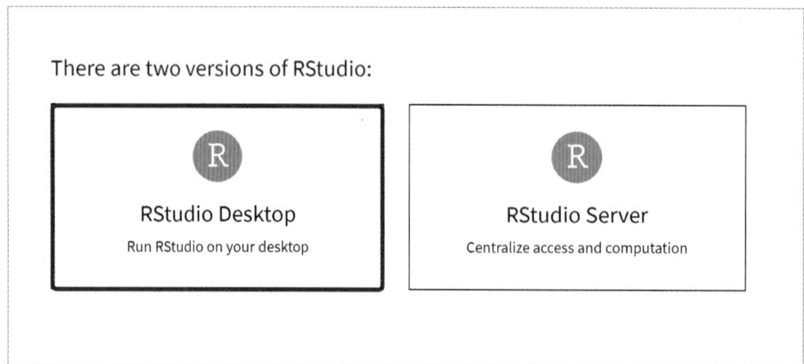

note RStudio Server는 R 스튜디오 서버를 구축한 후 웹에서 R을 사용할 수 있도록 해 줍니다. 서버 프로그램이므로 리눅스 운영체제에서 작동하며 R의 모든 기능, 특히 병렬 연산이나 GPU를 이용한 가속화 등을 이용할 때 필요하지만, 이 책에서는 다루지 않습니다.

03 Open Source Edition과 RStudio Desktop Pro 선택 페이지로 이동하면 Open Source Edition의 [DOWNLOAD RSTUDIO DESKTOP] 버튼을 클릭합니다.

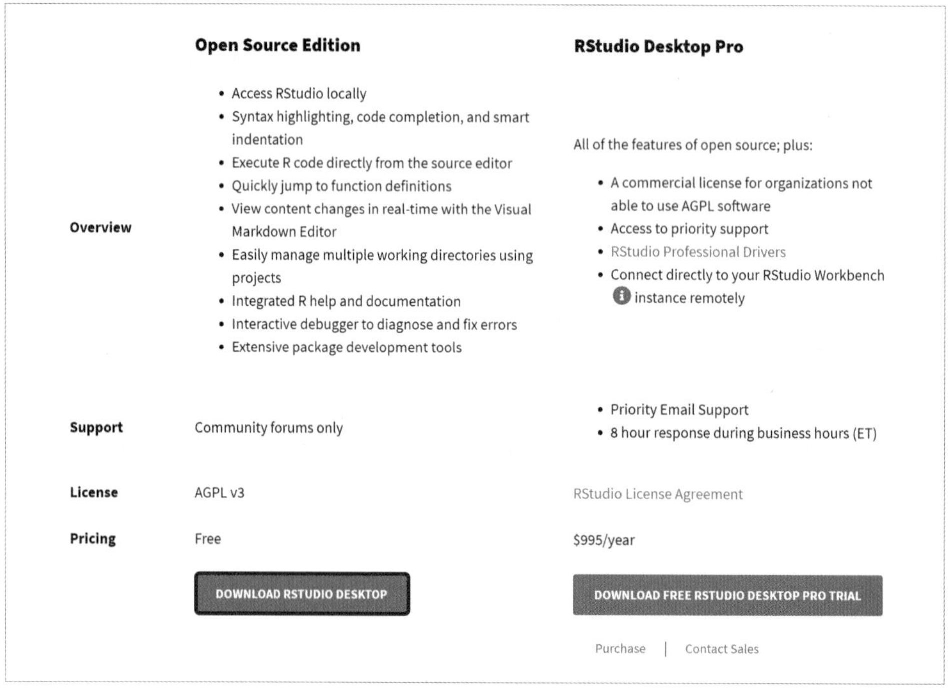

04 Download the RStudio IDE 페이지에서 화면을 내려 다시 한번 무료 버전을 선택합니다. RStudio Desktop의 [DOWNLOAD] 버튼을 클릭합니다.

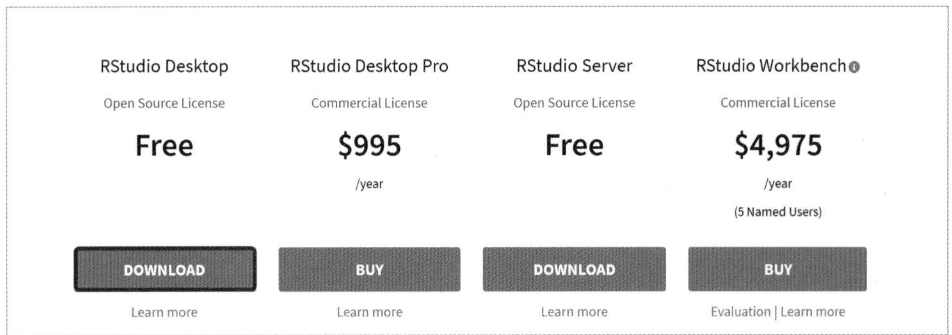

note 01~04번 과정을 생략하고 바로 다운로드 페이지에 접속해 버전을 선택할 수 있습니다.
URL https://www.rstudio.com/products/rstudio/download

05 운영체제별 설치 파일 다운로드 목록이 표시됩니다. 사용자 환경에 맞는 링크를 클릭하여 설치 파일을 다운로드합니다. R 스튜디오 역시 윈도우용으로 설치를 진행하겠습니다.

All Installers

Linux users may need to import RStudio's public code-signing key prior to installation, depending on the operating system's security policy.

RStudio requires a 64-bit operating system. If you are on a 32 bit system, you can use an older version of RStudio.

OS	Download	Size	SHA-256
Windows 10	RStudio-1.4.1717.exe	156.18 MB	71b36e64
macOS 10.14+	RStudio-1.4.1717.dmg	203.06 MB	2c12549d
Ubuntu 18/Debian 10	rstudio-1.4.1717-amd64.deb	122.51 MB	e27b2645
Fedora 19/Red Hat 7	rstudio-1.4.1717-x86_64.rpm	138.42 MB	648e2be0
Fedora 28/Red Hat 8	rstudio-1.4.1717-x86_64.rpm	138.39 MB	c761620a
Debian 9	rstudio-1.4.1717-amd64.deb	123.29 MB	e4ea3a60
OpenSUSE 15	rstudio-1.4.1717-x86_64.rpm	123.15 MB	e69d55db

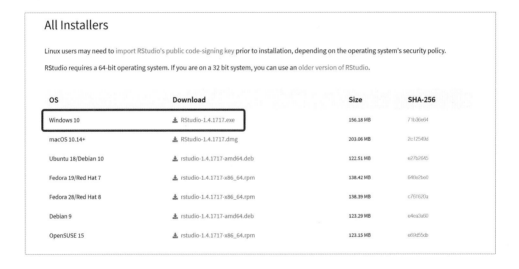

note 맥 사용자는 masOS 전용 버전을 다운로드합니다.

R 스튜디오 설치하기

01 다운로드한 R 스튜디오 설치 파일을 실행합니다. 설치가 시작되면 [다음] 버튼을 클릭합니다.

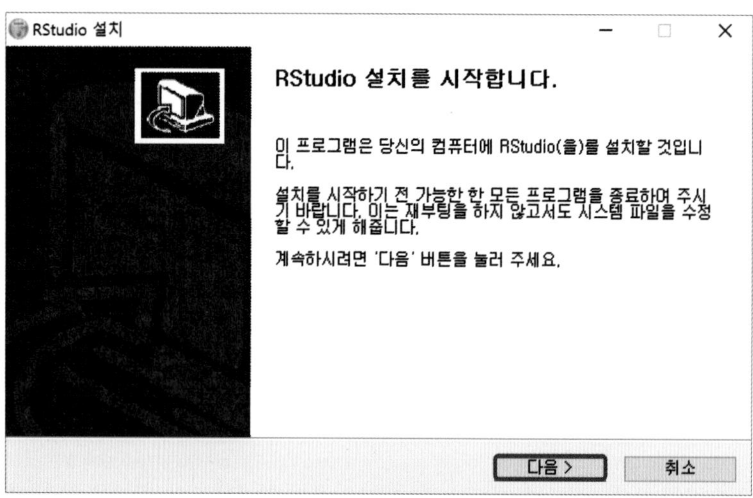

02 설치 위치를 선택합니다. 위치를 변경하고 싶으면 [찾아보기] 버튼을 클릭해 변경하고 그렇지 않으면 그대로 [다음] 버튼을 클릭합니다.

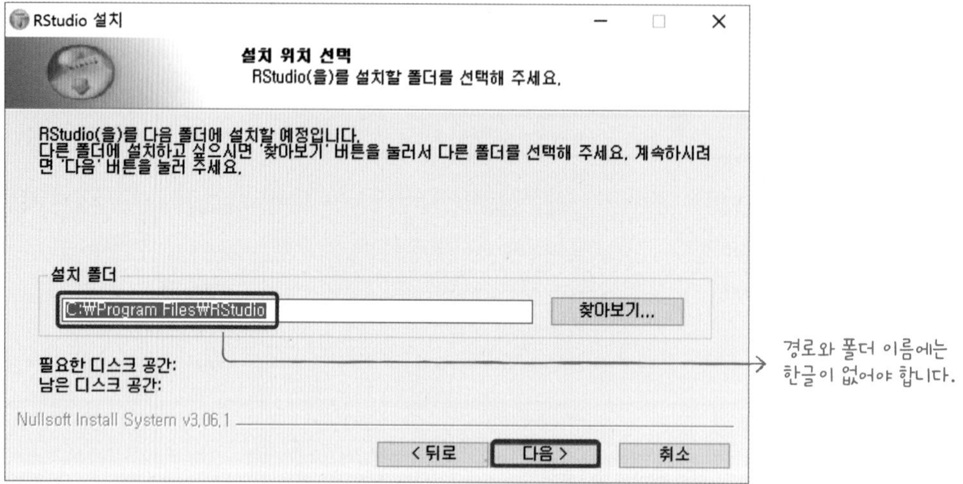

03 시작 메뉴 폴더를 선택합니다. [설치] 버튼을 클릭합니다.

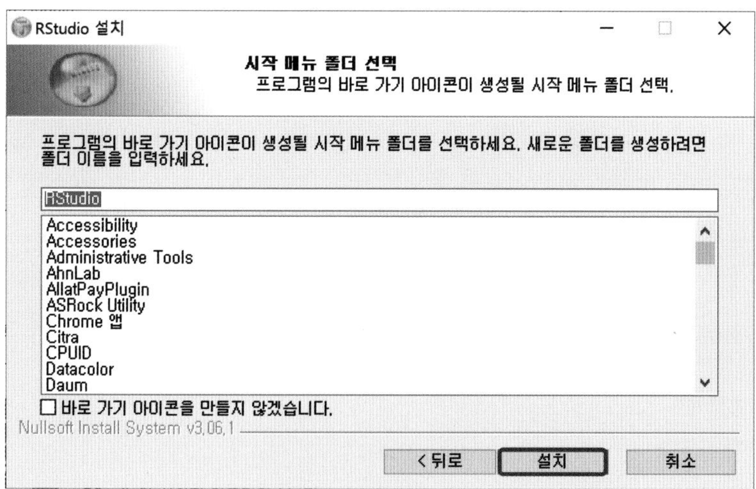

04 R 스튜디오 설치가 완료되었습니다. [마침] 버튼을 클릭하여 설치를 종료합니다.

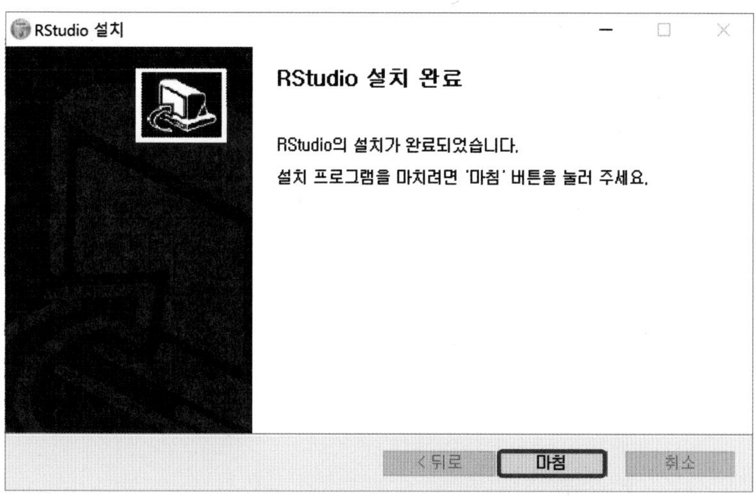

좀 더 알아보기

R 스튜디오 클라우드

R 스튜디오를 설치하지 않아도 사용할 수 있는 클라우드 버전의 R 스튜디오가 있습니다. 설치형 R 스튜디오와 마찬가지로 무료 버전과 유료 버전이 존재합니다. 무료 버전은 프로젝트 개수 및 자원의 제한이 있지만, 실습을 하기에는 충분합니다.

01 홈페이지에 접속하여 [Sign Up]을 클릭하고 계정을 생성합니다.

RStudio Cloud 홈페이지
URL https://rstudio.cloud

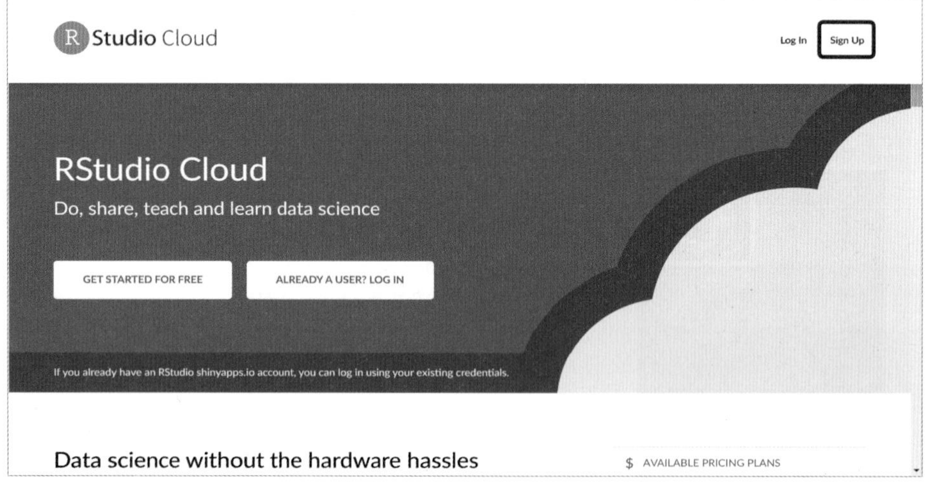

note 만약 계정을 갖고 있다면 01~03번 과정은 생략해도 됩니다.

02 계정 생성 전에 무료, 프리미엄, 강사, 조직 계정을 생성하게 되어 있지만, 우리는 무료 계정을 생성하겠습니다. [Cloud Free] 탭에서 [Sign Up] 버튼을 클릭합니다.

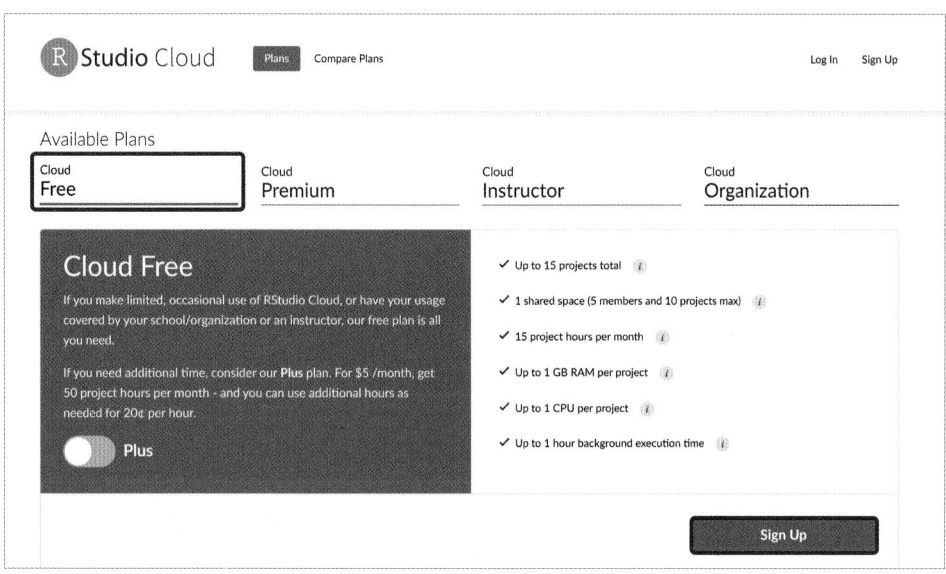

03 다음 화면에서 이메일, 비밀번호, 성과 이름을 입력한 후 [Sign up] 버튼을 클릭하거나, 구글이나 깃허브 계정으로 계정을 생성합니다.

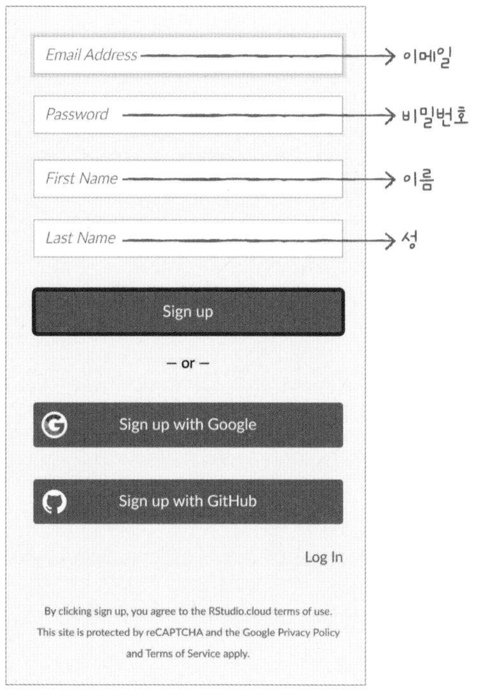

04 로그인하면 다음과 같은 워크스페이스 화면을 볼 수 있습니다. Your Projects에서 [New Project] 버튼을 클릭한 후 [New RStudio Project]를 선택해 새로운 R 스튜디오 프로젝트를 만들면 클라우드가 실행됩니다.

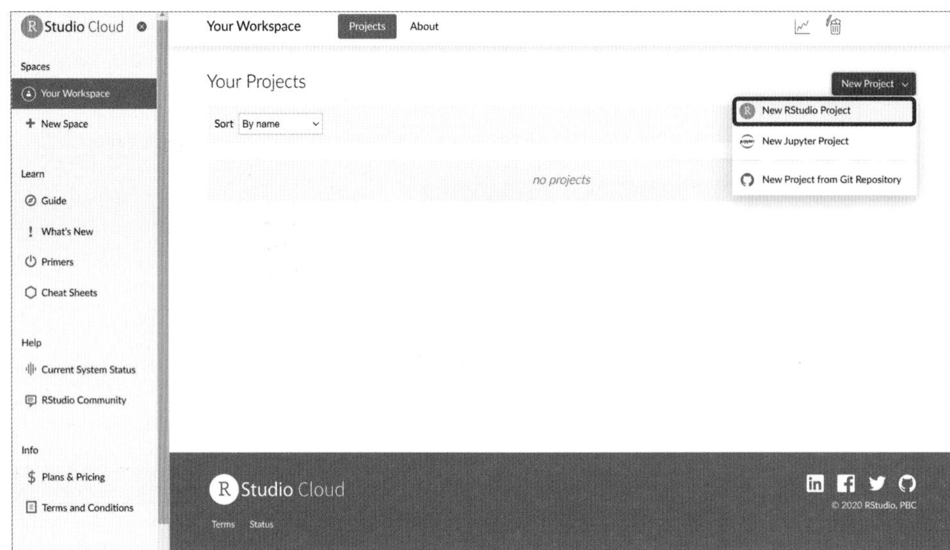

05 R 스튜디오 클라우드 화면이 실행되었습니다. 이제 R과 R 스튜디오를 PC에 설치하지 않아도 인터넷에 접속할 수 있는 곳이라면 어디서든 R 스튜디오를 사용할 수 있습니다.

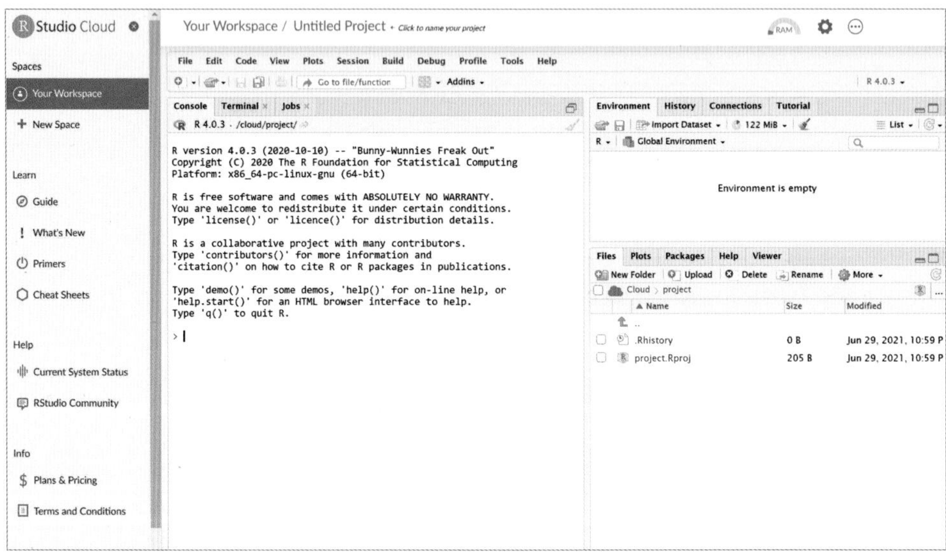

마무리

▶ 4가지 키워드로 정리하는 핵심 포인트

- **통합 개발 환경**은 개발을 편하게 도와주는 개발 도구입니다.
- **RGui**는 R 언어를 실행할 수 있는 통합 개발 환경입니다.
- **R 스튜디오**는 R 언어를 효과적이고 편리하게 사용할 수 있는 별도의 GUI 프로그램입니다.
- **R 스튜디오 클라우드**는 R 스튜디오를 설치하지 않아도 인터넷 환경에서 사용 할 수 있는 클라우드 버전의 R 스튜디오입니다.

▶ 확인문제

1. 다음 중 R 프로그래밍을 도와주는 IDE로 옳지 않은 것을 고르세요.

① R 스튜디오
② R 스튜디오 클라우드
③ RGui
④ R

2. 다음 빈칸을 채워 문장을 완성해 보세요.

① R Console에서 코드를 출력하려면 ____ 기호 옆에 코드를 입력하고 ____ 키를 눌러 실행하면 됩니다.

② RGui와 R 스튜디오는 R 언어를 실행할 수 있는 ________ 입니다.

01-3 R 스튜디오 인터페이스와 환경 설정

핵심 키워드

Script Console Plots Packages Help

R 스튜디오를 사용하려면 먼저 인터페이스를 알아보는 과정이 필요합니다. R 프로그래밍을 위해 환경 설정을 진행해 보겠습니다.

시작하기 전에

R 스튜디오는 크게 네 개의 영역으로 나뉩니다. 각 영역에는 탭들이 그룹으로 묶여 있고, 각 탭을 클릭하면 해당 영역에서 필요한 기능을 실행할 수 있습니다. 다만, R 스튜디오를 실행하면 처음에는 가장 왼쪽에 **Console**, 오른쪽 위에 **Environment**, 오른쪽 아래에 **Files**가 선택된 상태로 세 개의 영역이 보이는데, Console 영역 오른쪽 위에 있는 아이콘을 클릭하면 위쪽으로 **Script** 영역이 나타나 네 개의 영역이 됩니다. 각 영역의 탭들이 어떤 기능을 하는지 살펴보겠습니다.

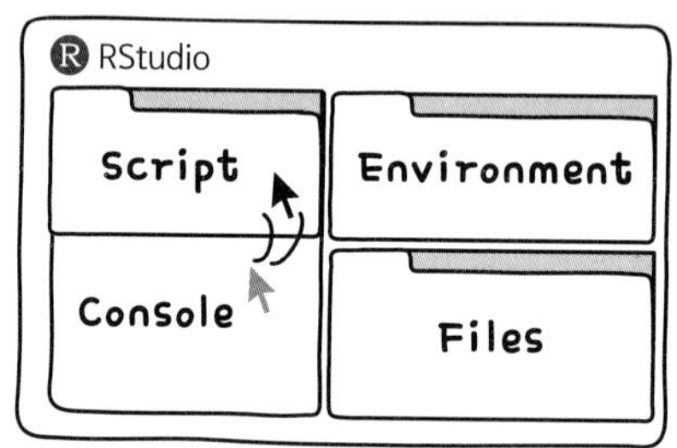

R 스튜디오 클라우드를 실행해도 동일한 환경에서 작업이 가능합니다.

R 스튜디오 인터페이스

R 스튜디오 설치가 끝났으니 이제 실행할 차례입니다. 윈도우 시작 메뉴에서 [RStudio] – [RStudio]를 찾아 선택하거나 바탕화면에 있는 아이콘으로 실행합니다.

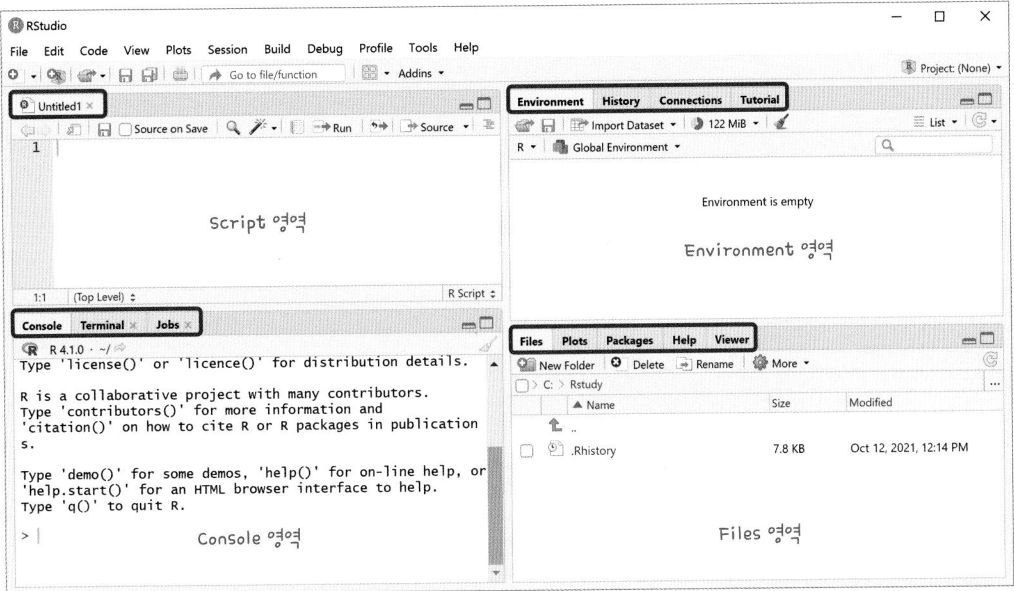

Script 탭

Script 탭은 R 스튜디오를 처음 실행했을 때는 보이지 않지만, **Console** 탭 오른쪽 위에 있는 아이콘을 클릭하면 나타납니다. 코드를 한 줄씩 입력하고 실행하는 RGui와 달리 실행할 코드를 모두 입력해 놓을 수 있고, 입력한 코드를 일부만 선택하여 실행할 수도 있습니다. 즉 R 프로그래밍을 편하게 할 수 있도록 도와주는 에디터 역할을 합니다.

Script 탭에 코드를 작성하고 저장한 문서를 **스크립트**script라고 합니다. 스크립트를 실행하는 순서는 다음과 같습니다.

1. 먼저 실행할 코드를 드래그하여 블록으로 지정합니다.
2. 단축키 Ctrl + Enter 를 누르거나 Script 탭 도구 바에서 [Run( )]을 클릭합니다.
3. 실행 결과는 Console 탭에서 확인합니다.

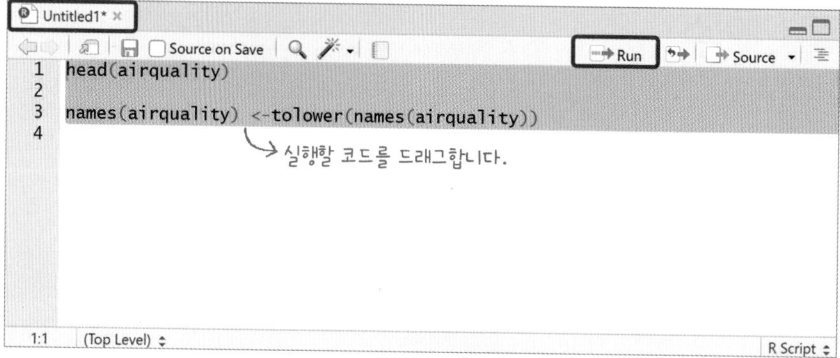

note 코드를 블록으로 지정하지 않으면 커서가 있는 줄이 실행됩니다. 자세한 실행 방법은 64쪽에서 소개합니다.

Console 탭

가장 첫 번째에 위치한 **Console** 탭은 나란히 있는 Terminal 탭과 Jobs 탭 중 가장 많이 사용하는 탭입니다. Script 탭을 이용하지 않고 코드를 직접 입력해서 R 함수를 실행하거나 패키지를 설치할 때 사용합니다.

Script 탭에서 작성하고 실행한 코드의 결과는 모두 Console 탭에 표시됩니다. 실행한 코드 오류 메시지도 Console 탭에 표시되므로 코드를 수정하는 동안 활용도가 높은 중요한 기능입니다.

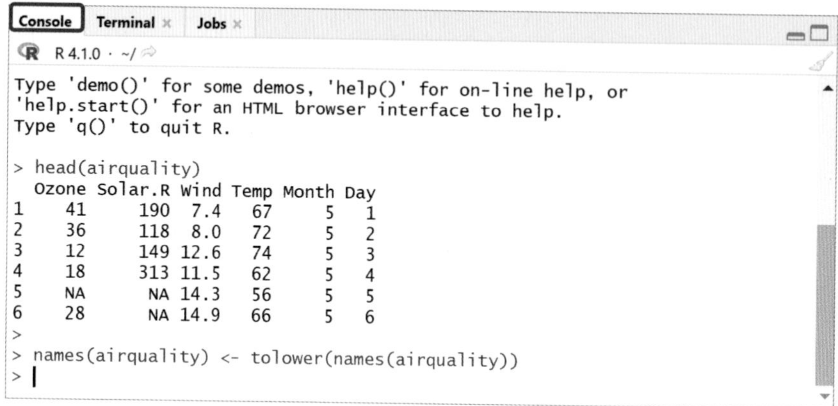

Console 탭은
RGui Console과
같은 기능입니다.

Terminal 탭

Console 탭 옆의 **Terminal** 탭을 클릭하면 명령어를 입력하는 화면이 나타납니다. 이 탭은 윈도우와 같은 운영체제를 직접 다룰 수 있는 화면으로 사용할 일이 많지는 않습니다.

사용하지 않는 탭은 탭 이름 옆의 [x]를 클릭해서 닫아도 됩니다.

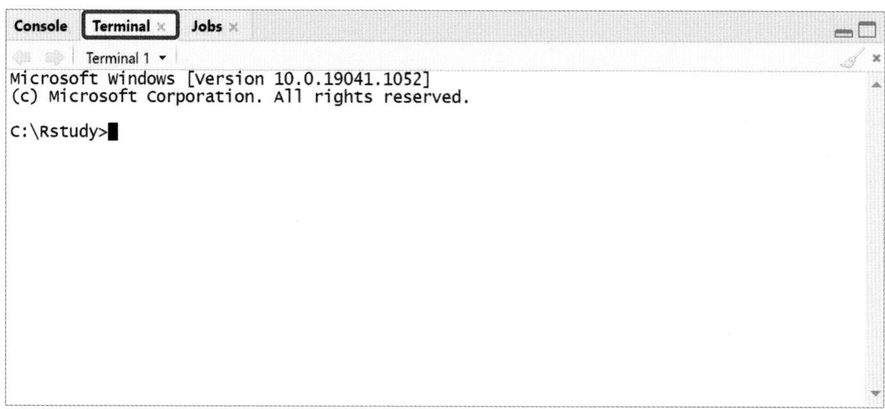

note Terminal 탭을 닫은 후 다시 표시하려면 R 스튜디오의 메뉴에서 [Tools] - [Terminal] - [New Terminal]을 선택하거나 단축키 Alt + Shift + R을 누릅니다.

Jobs 탭

Terminal 탭 옆에 있는 **Jobs** 탭은 작성한 스크립트가 완료되기까지 오래 걸리는 작업들을 백그라운드로 실행하고, IDE는 계속 사용할 수 있도록 도와줍니다. 저장한 R 스크립트를 등록하고 작업을 시작하면 상태 바와 함께 소요 시간이 표시됩니다.

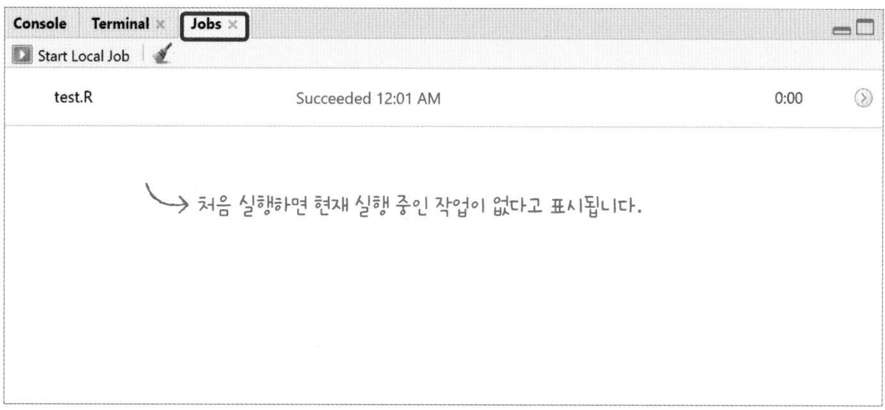

Environment 탭

R 스튜디오 오른쪽 상단에 있는 Environment 탭에서는 데이터 분석을 하면서 사용한 **데이터 세트**data set를 볼 수 있습니다. 데이터 세트는 데이터를 처리할 때 하나의 단위로 취급하는 데이터 집합을 의미하며, Environment 탭에서 사용한 데이터 세트 이름과 해당 데이터 세트에 포함된 데이터를 확인할 수 있습니다. 이처럼 쉽게 데이터 세트를 확인할 수 있는 것도 R 스튜디오의 장점 중 하나입니다.

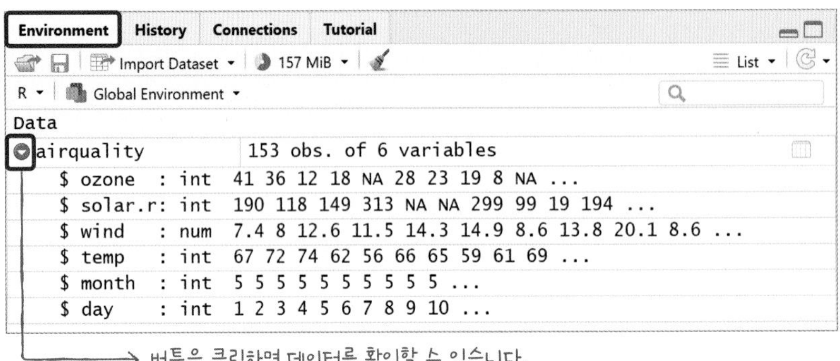

버튼을 클릭하면 데이터를 확인할 수 있습니다.

History 탭

History 탭에서는 R 스튜디오에서 실행한 코드, 결과, 패키지 설치, 오류 등 거의 모든 작업 과정을 확인할 수 있습니다.

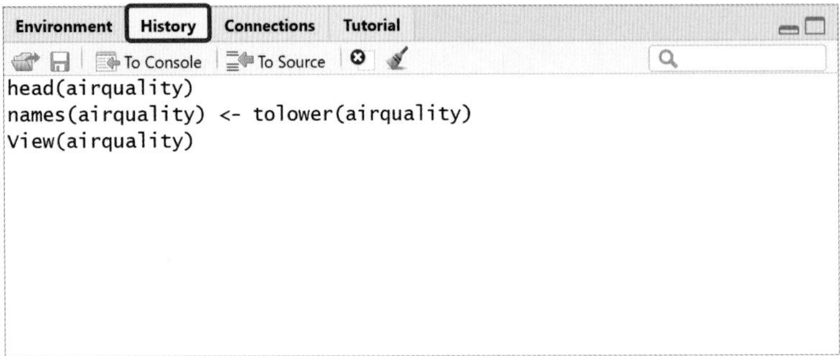

Connections 탭

Connections 탭에서는 R과 데이터베이스 서버를 연결할 수 있습니다. 데이터가 커지면 모든 정보를 파일 하나에 담기 어려워집니다. 데이터 관리를 위해 데이터베이스 서버를 둘 때 사용하므로 이 책에서는 다루지 않습니다.

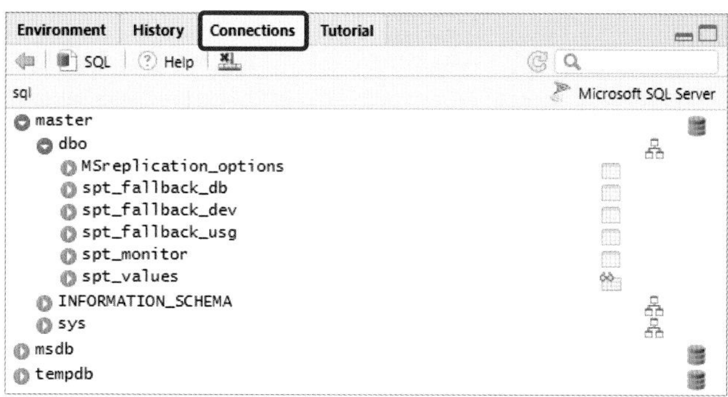

Tutorial 탭

Tutorial 탭에서는 그림, 수식, 코드 등 다양한 R 스튜디오 사용법을 익힐 수 있습니다. 튜토리얼은 learnr 패키지를 설치해야 사용할 수 있습니다. 이 책에서는 다루지 않습니다.

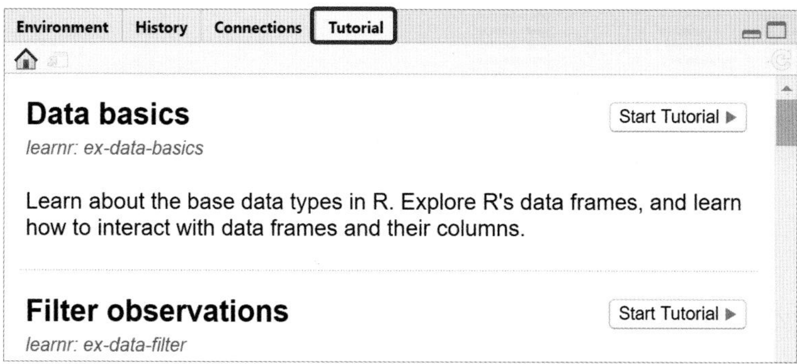

Files 탭

R 스튜디오 오른쪽 하단의 Files 탭은 윈도우의 파일 탐색기와 비슷합니다. 용도 및 사용 방법도 유사합니다.

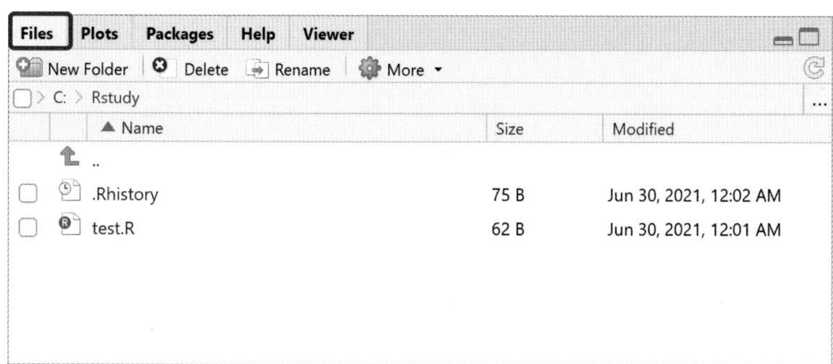

Plots 탭

Plots 탭은 R 코드로 작성한 그래프를 확인할 때 사용합니다. Zoom 기능을 이용해 화면을 확대할 수 있고, 그래프를 이미지 파일이나 PDF 파일로 내보낼 수도 있습니다.

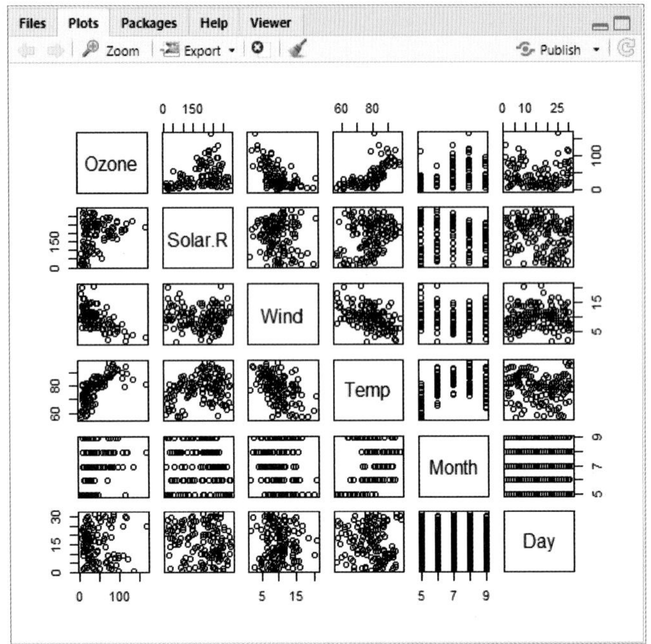

note 위 그래프는 예시입니다. 처음 실행하면 Plots 탭은 비어 있습니다.

Packages 탭

Packages 탭은 패키지를 설치하거나 관리하는 탭입니다. 설치한 패키지 목록을 확인하고 업데이트할 수 있습니다. 패키지는 여러 함수를 하나의 꾸러미에 묶어 놓은 것입니다. 패키지에 포함된 함수를 사용하려면 설치 및 로드 과정이 필요한데 Packages 탭에서 쉽게 사용할 수 있습니다. 패키지에 대한 자세한 설명은 114쪽에서 상세하게 다루겠습니다.

Files | Plots | **Packages** | Help | Viewer

Install | Update

	Name	Description	Version
User Library			
☐	backports	Reimplementations of Functions Introduced Since R-3.0.0	1.2.1
☐	base64enc	Tools for base64 encoding	0.1-3
☐	bit	Classes and Methods for Fast Memory-Efficient Boolean Selections	4.0.4
☐	bit64	A S3 Class for Vectors of 64bit Integers	4.0.5
☐	blob	A Simple S3 Class for Representing Vectors of Binary Data ('BLOBS')	1.2.1
☐	bslib	Custom 'Bootstrap' 'Sass' Themes for 'shiny' and 'rmarkdown'	0.2.5.1
☐	cachem	Cache R Objects with Automatic Pruning	1.0.5
☐	checkmate	Fast and Versatile Argument Checks	2.0.0
☐	commonmark	High Performance CommonMark and Github Markdown Rendering in R	1.7
☐	crayon	Colored Terminal Output	1.4.1

Help 탭

Help 탭은 도움말을 확인할 수 있는 탭입니다. R을 설치할 때 스타트업 옵션을 [No]로 설정한 가장 큰 이유가 바로 R 스튜디오에 Help 탭이 있기 때문입니다. Help 탭 오른쪽 위 검색 필드에 궁금한 함수를 입력해서 결과를 확인해 보세요.

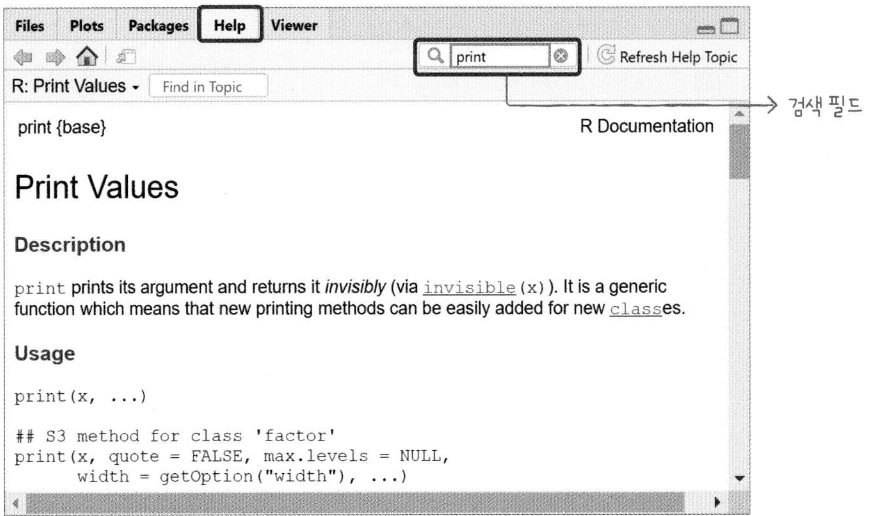

도움말을 찾아보는 방법은 68쪽에서 소개합니다.

Viewer 탭

Viewer 탭은 R 코드를 웹 브라우저로 출력했을 때 결과를 확인할 수 있는 탭입니다.

note 위 지도는 예시입니다. 처음 실행하면 Viewer 탭은 비어 있습니다.

환경 설정하기

R 스튜디오 설치부터 기본 인터페이스까지 파악했다면 원활한 실습 진행을 위해 실습 폴더를 만들고 이를 기본 폴더로 지정해 보겠습니다.

실습 폴더 만들기

연습 단계에서는 크게 사용할 일이 없지만 본격적인 프로젝트를 진행한다면 데이터 관리가 매우 중요합니다. 그 시작이 바로 작업 폴더 생성입니다. 앞으로 진행할 실습 폴더를 미리 만들고 관련 파일을 모두 해당 폴더에 저장한 후 실습을 진행하겠습니다. 예제 파일 다운로드는 10쪽을 참고하세요.

01 Files 탭에서 실습 폴더를 생성할 위치를 선택합니다. C:/ 경로에 새로운 폴더를 생성하기 위해 [New Folder]를 클릭합니다.

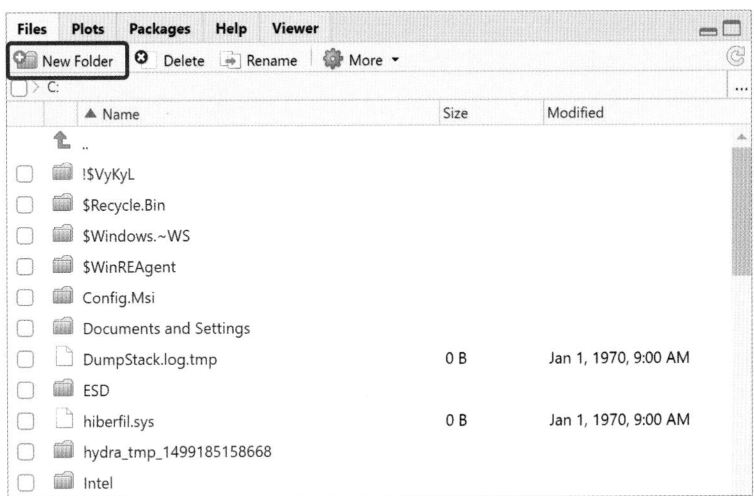

note 원하는 경로로 빠르게 이동하려면 Files 탭 오른쪽 위에 있는 [...]을 클릭하면 나타나는 Go to Folder 대화상자를 이용합니다.

02 New Folder 대화상자가 나타납니다. 앞으로 실습에 사용할 폴더 이름으로 [Rstudy]를 입력한 후 [OK] 버튼을 클릭합니다. C:/ 경로에 Rstudy 폴더가 생성됩니다.

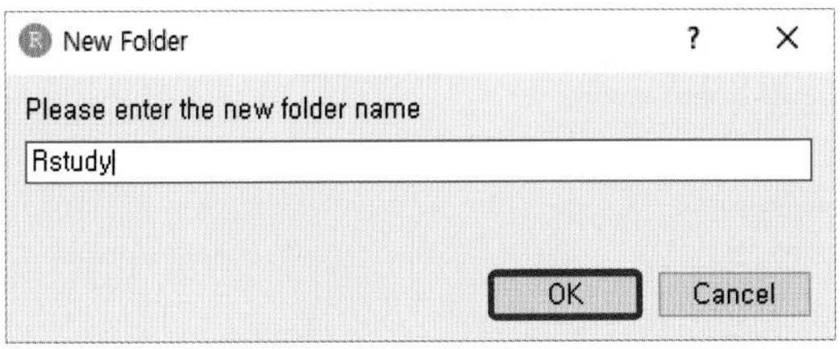

note 여기서는 가장 쉽게 접근할 수 있는 경로인 C:/를 선택했지만 다른 경로를 선택해도 됩니다. 폴더 이름 역시 임의로 작성한 것이므로 여러분은 자유롭게 지정해도 좋습니다. 단, 경로에 한글이 들어가면 제대로 동작하지 않습니다. 특히 윈도우 로그인 계정이 한글이라면 꼭 영어로 경로를 설정하세요.

시작 폴더 설정하기

새로운 실습 폴더를 만들었으니 R 스튜디오가 실행될 때마다 실습 폴더를 자동으로 불러올 수 있도록 설정하여 편의성을 높여 보겠습니다.

01 R 스튜디오 기본 작업 경로를 변경하기 위해 메뉴에서 [Tools] – [Global Options]를 선택합니다.

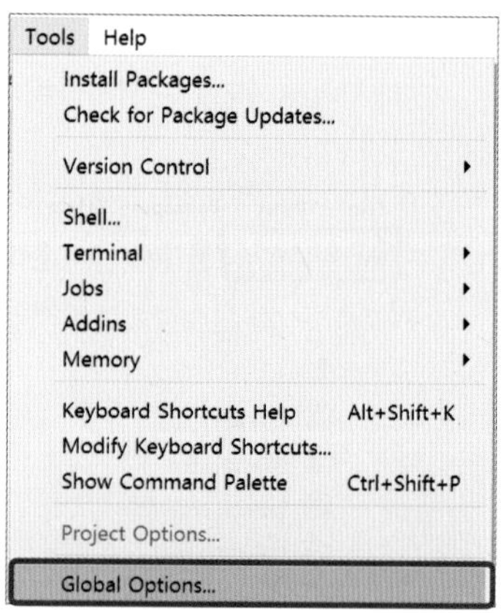

note [Tools] 메뉴의 하위 메뉴 중 [Project Options]는 현재 작업 중인 프로젝트에만 적용할 환경 설정, [Global Options]는 R 스튜디오 전반에 걸친 환경 설정을 할 때 선택합니다.

02 Options 대화상자가 열리면 왼쪽에 대분류가 있고 오른쪽에 세부 옵션이 표시됩니다. 대분류 [General]의 세부 옵션 중 Default working directory 항목의 [Browse] 버튼을 클릭합니다. 기본 작업 공간을 설정하는 옵션이므로 앞에서 만든 실습 폴더인 [C:/Rstudy] 경로를 지정하고 [OK] 버튼을 클릭합니다.

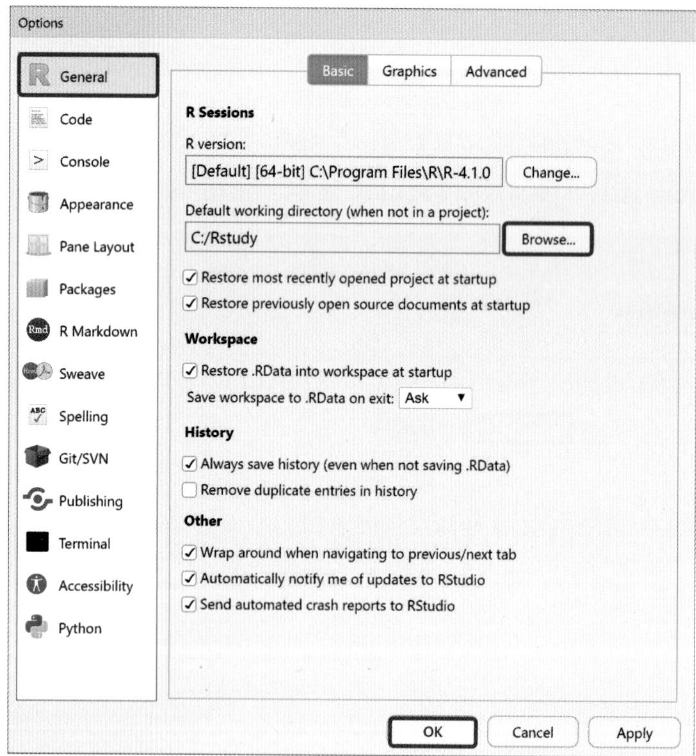

note [General] 세부 옵션에서 가장 위에 있는 R version 항목에는 R이 설치된 위치가 표시됩니다. 혹시 R을 설치한 경로나 버전이 다르면 [Change] 버튼을 클릭해서 변경합니다.

필수 작업 환경 설정하기

실습 폴더를 지정할 때 살펴본 Options 대화상자에는 다양한 대분류와 많은 세부 옵션이 포함되어 있습니다. 그 중에서 가장 기본적이면서 이후 효과적인 실습을 위해 알아두면 좋을 몇 가지 환경 설정에 대해 살펴보겠습니다.

인코딩 설정: UTF-8

R 스튜디오에서 작성한 스크립트에 한글이 제대로 표시되지 않는 경우가 있습니다. 한글은 영문과 달리 ASCII라는 방식으로 저장되지 않기 때문에 생기는 문제입니다. 이럴 때는 **인코딩 설정을 UTF-8** 방식으로 변경해야 합니다.

01 메뉴에서 [Tools] – [Global Options]를 선택합니다. Options 대화상자가 열리면 대분류 목록에서 [Code]를 클릭합니다. [Saving] 탭을 클릭하고 Default text encoding 항목의 [Change] 버튼을 클릭합니다.

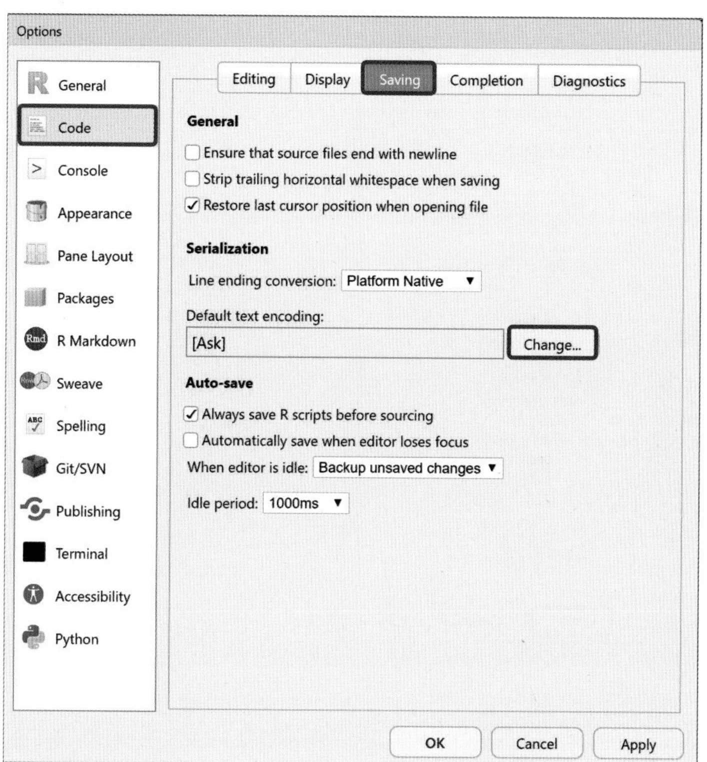

02 Choose Encoding 대화상자가 열리면 [UTF-8]을 선택하고 [OK] 버튼을 클릭해서 설정을 완료합니다.

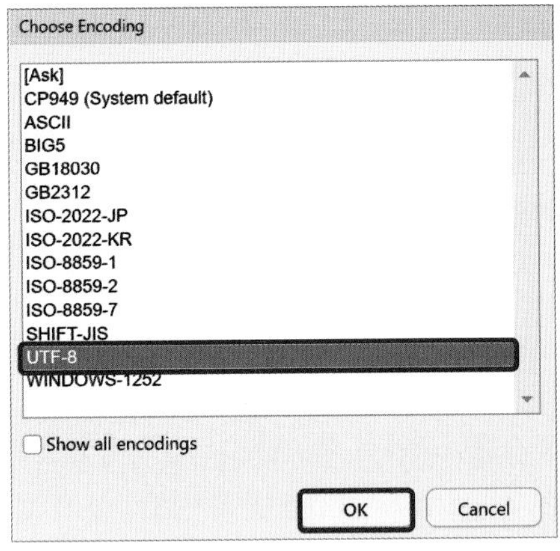

폰트 및 테마 설정

사용할 폰트 및 배경 테마를 설정합니다. Options 대화상자에서 [Appearance] 대분류를 클릭합니다. 여기서 Editor font는 사용할 폰트 종류, Editor font size는 폰트 크기, Editor theme는 배경 테마입니다. 이 설정은 취향에 따라, 편의에 따라 자유롭게 선택해서 사용하면 됩니다.

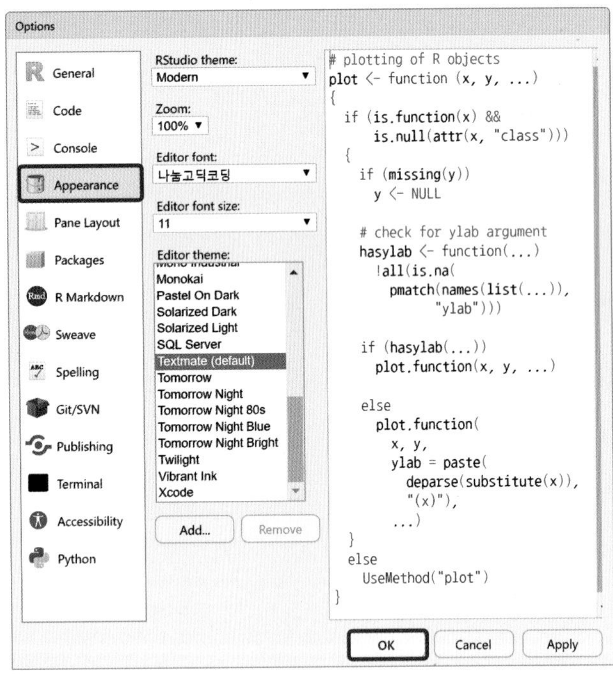

기본적인 설정이 끝난 후 Options 대화상자에서 [OK] 버튼을 클릭하면 변경한 설정이 저장되면서 대화상자가 닫힙니다. 대화상자를 유지한 채 설정만 저장하려면 [Apply] 버튼을 클릭합니다.

✚ 여기서 잠깐 **코딩 전용 폰트 설치하기**

코딩할 때는 문자를 쉽게 구분할 수 있는 코딩 전용 폰트를 사용하는 것이 좋습니다. 나눔고딕코딩 글꼴은 네이버에서 무료로 다운로드할 수 있습니다. URL https://github.com/naver/nanumfont

일반 폰트를 사용할 때

```
# plotting of R objects
plot <- function (x, y, ...)
{
  if (is.function(x) &&
      is.null(attr(x, "class")))
  {
    if (missing(y))
      y <- NULL

    # check for ylab argument
    hasylab <- function(...)
      !all(is.na(
        pmatch(names(list(...)),
               "ylab")))
```

코딩 전용 폰트를 사용할 때

```
# plotting of R objects
plot <- function (x, y, ...)
{
  if (is.function(x) &&
      is.null(attr(x, "class")))
  {
    if (missing(y))
      y <- NULL

    # check for ylab argument
    hasylab <- function(...)
      !all(is.na(
        pmatch(names(list(...)),
               "ylab")))
```

스크립트 생성 및 저장하기

코드를 작성하기 위해 새로운 스크립트 파일을 생성하고 저장해 보겠습니다.

01 새로운 스크립트 파일을 생성하려면 메뉴에서 [File] – [New File] – [R Script]를 선택합니다. 간편하게는 단축키 Ctrl+Shift+N을 이용합니다.

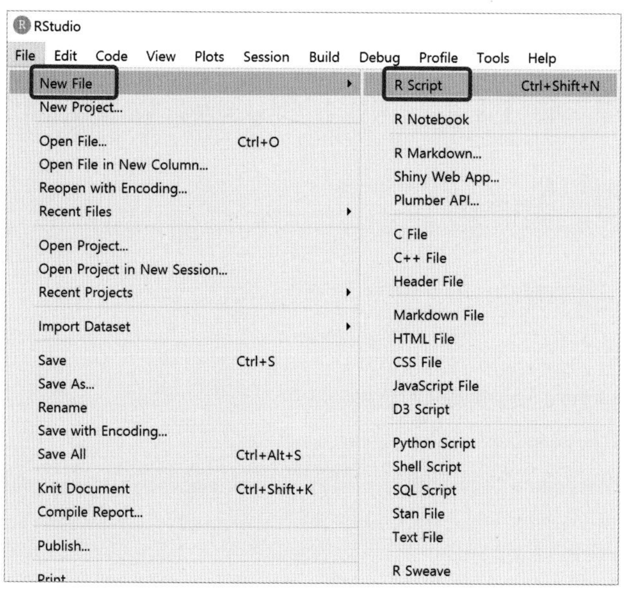

R 스튜디오 클라우드에서는 단축키 Ctrl+Alt+Shift+H를 누릅니다.

02 스크립트 파일을 생성하면 탭 이름에 Untitled라는 문구가 보입니다. 해당 스크립트가 아직 저장되지 않았다는 의미입니다. [File] - [Save] 메뉴를 선택하거나 단축키 Ctrl+S를 눌러 파일명을 입력한 후 저장합니다.

스크립트를 저장하면 *.R 확장자로 저장됩니다.

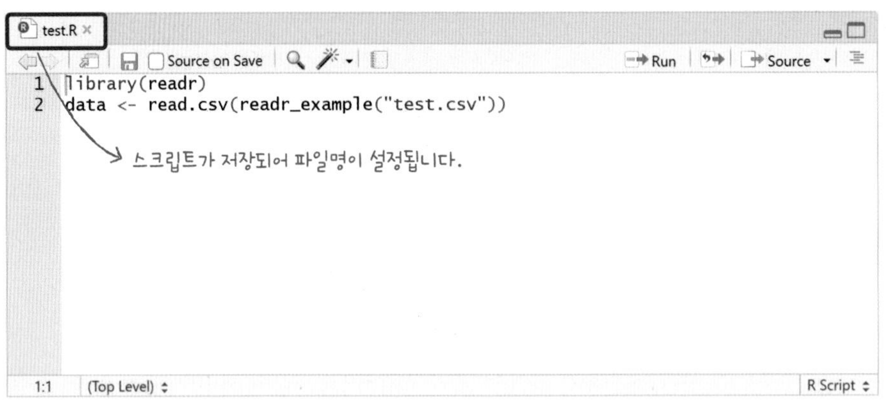

코드 실행하기

R 스튜디오에서는 Script 탭에서 스크립트를 입력하고 Enter 키를 누르면 Console 탭과 달리 코드가 실행되는 것이 아니라 행 번호가 추가되면서 커서가 다음 행으로 이동합니다. 코드를 실행하려면 Ctrl+Enter 키를 누르거나 [Run] 버튼을 클릭합니다.

RGui에서 실행해 본 예제인 "Hello World!"를 Script 탭에서 실행해 보겠습니다.

01 새로운 스크립트 파일을 생성하여 다음과 같이 입력한 후 Ctrl+Enter 키를 눌러 실행합니다.

```
print("Hello World!")  Ctrl+Enter
```

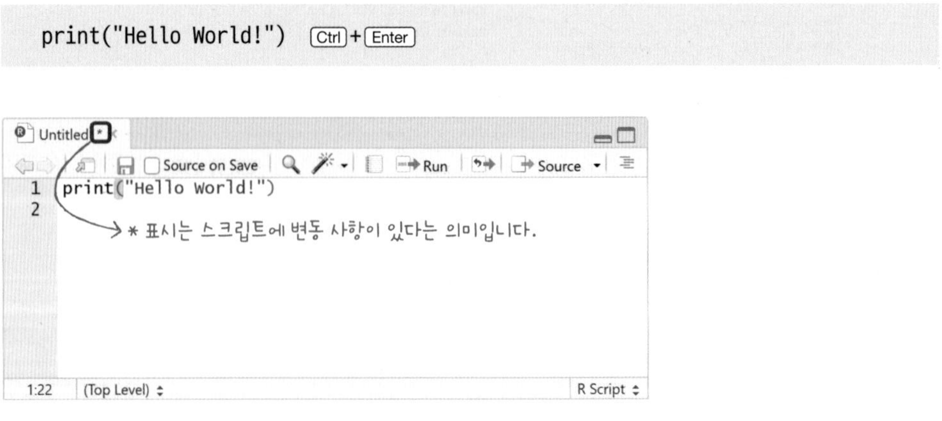

02 그러면 Script 탭에서 입력한 코드가 아래 Console 탭에 출력되어 바로 실행 결과를 확인할 수 있습니다.

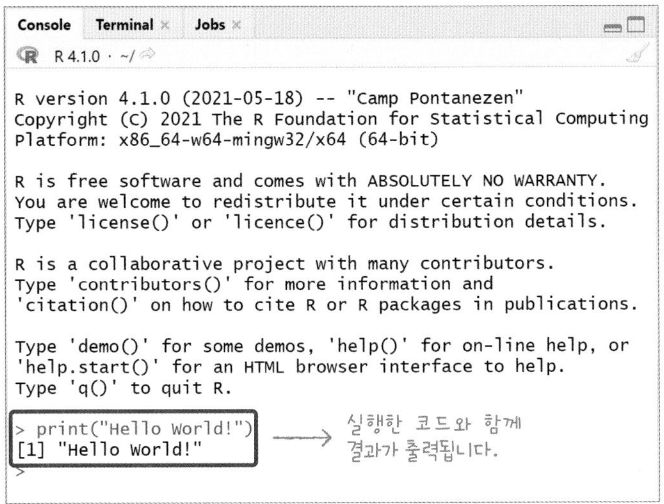

03 실행할 코드가 여러 줄이라면 실행 방법이 약간 다릅니다. Script 탭에 각 코드 줄마다 Enter 키를 누르면서 여러 줄을 입력합니다.

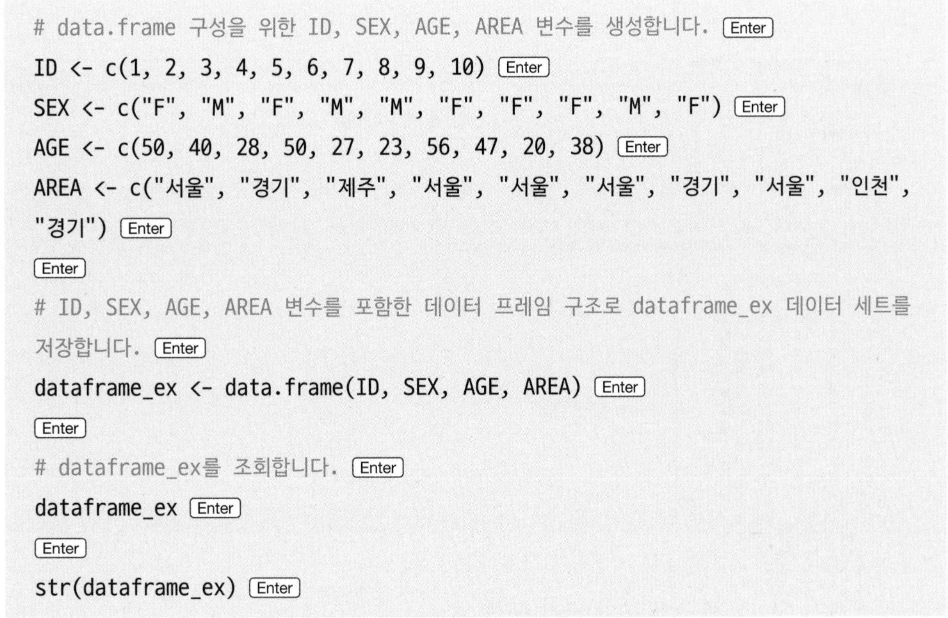

```
# data.frame 구성을 위한 ID, SEX, AGE, AREA 변수를 생성합니다. Enter
ID <- c(1, 2, 3, 4, 5, 6, 7, 8, 9, 10) Enter
SEX <- c("F", "M", "F", "M", "M", "F", "F", "F", "M", "F") Enter
AGE <- c(50, 40, 28, 50, 27, 23, 56, 47, 20, 38) Enter
AREA <- c("서울", "경기", "제주", "서울", "서울", "서울", "경기", "서울", "인천",
"경기") Enter
Enter
# ID, SEX, AGE, AREA 변수를 포함한 데이터 프레임 구조로 dataframe_ex 데이터 세트를
저장합니다. Enter
dataframe_ex <- data.frame(ID, SEX, AGE, AREA) Enter
Enter
# dataframe_ex를 조회합니다. Enter
dataframe_ex Enter
Enter
str(dataframe_ex) Enter
```

note #은 주석을 의미합니다. 주석은 코드를 설명할 때 사용하며 코드 실행에는 영향을 주지 않습니다.

04 실행할 코드를 드래그해서 모두 블록으로 지정합니다.

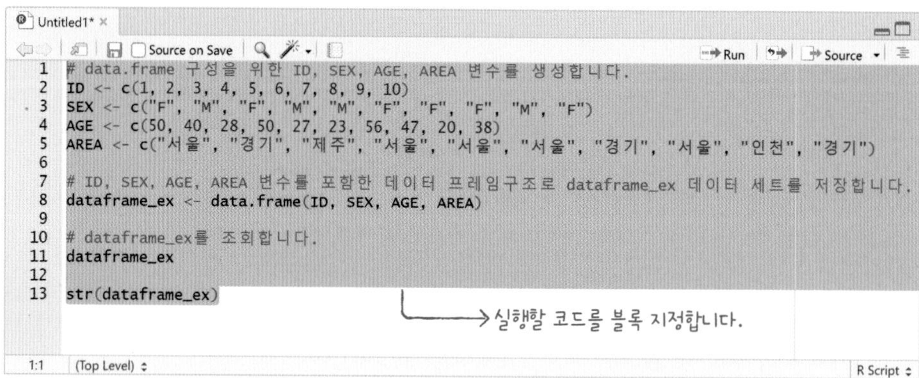
Untitled1*
Source on Save
Run
Source
# data.frame 구성을 위한 ID, SEX, AGE, AREA 변수를 생성합니다.
ID <- c(1, 2, 3, 4, 5, 6, 7, 8, 9, 10)
SEX <- c("F", "M", "F", "M", "M", "F", "F", "F", "M", "F")
AGE <- c(50, 40, 28, 50, 27, 23, 56, 47, 20, 38)
AREA <- c("서울", "경기", "제주", "서울", "서울", "서울", "경기", "서울", "인천", "경기")
# ID, SEX, AGE, AREA 변수를 포함한 데이터 프레임구조로 dataframe_ex 데이터 세트를 저장합니다.
dataframe_ex <- data.frame(ID, SEX, AGE, AREA)
# dataframe_ex를 조회합니다.
dataframe_ex
str(dataframe_ex)
실행할 코드를 블록 지정합니다.
1:1
(Top Level)
R Script

+ 여기서 잠깐 | R 스튜디오 테마

R 스튜디오 테마에 따라 포인트 색상의 차이가 있습니다. 코드를 작성할 때 자동으로 변경되는 색상이 위 이미지와 다르다고 잘못된 것은 아닙니다. 테마 설정 방법은 62쪽을 참고하세요.

05 그리고나서 Ctrl + Enter 키를 누르면 Console 탭에서 다음과 같은 실행 결과를 확인할 수 있습니다. Script 탭에서 실행한 코드와 실행 결과가 함께 출력됩니다.

```
Console  Terminal ×  Jobs ×
R 4.1.0 · ~/
> # data.frame 구성을 위한 ID, SEX, AGE, AREA 변수를 생성합니다.
> ID <- c(1, 2, 3, 4, 5, 6, 7, 8, 9, 10)
> SEX <- c("F", "M", "F", "M", "M", "F", "F", "F", "M", "F")
> AGE <- c(50, 40, 28, 50, 27, 23, 56, 47, 20, 38)
> AREA <- c("서울", "경기", "제주", "서울", "서울", "서울", "경기", "서울", "인천", "경기")
>
> # ID, SEX, AGE, AREA 변수를 포함한 데이터 프레임구조로 dataframe_ex 데이터 세트를 저장합니다.
> dataframe_ex <- data.frame(ID, SEX, AGE, AREA)
>
> # dataframe_ex를 조회합니다.
> dataframe_ex
   ID SEX AGE AREA
1   1   F  50 서울
2   2   M  40 경기
3   3   F  28 제주
4   4   M  50 서울
5   5   M  27 서울      ──→ 실행 결과
6   6   F  23 서울
7   7   F  56 경기
8   8   F  47 서울
9   9   M  20 인천
10 10   F  38 경기
>
> str(dataframe_ex)
'data.frame':   10 obs. of  4 variables:
 $ ID  : num  1 2 3 4 5 6 7 8 9 10
 $ SEX : chr  "F" "M" "F" "M" ...          ──→ 실행 결과
 $ AGE : num  50 40 28 50 27 23 56 47 20 38
 $ AREA: chr  "서울" "경기" "제주" "서울" ...
>
```

+ 여기서 잠깐 **여러 줄 중 특정 코드만 실행할 때**

작성한 코드가 여러 줄일 때 특정 코드만 실행하고 싶다면 아래 이미지와 같이 실행할 코드만 블록으로 지정해서 해당 코드만 실행할 수도 있습니다. 실행할 코드를 블록 지정한 후 Ctrl + Enter 키를 누르거나 [Run] 버튼을 클릭합니다.

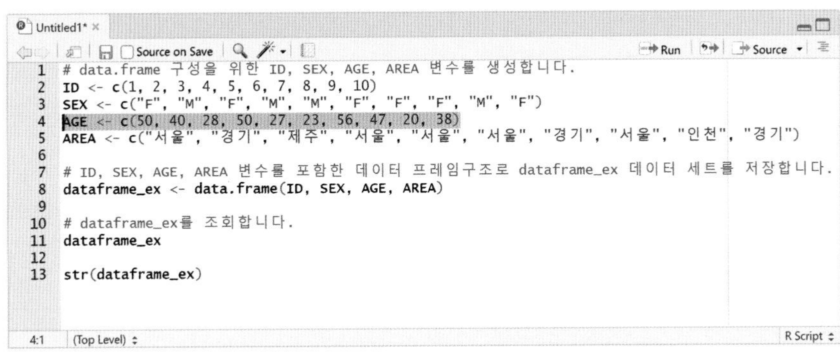
Untitled1*
Source on Save
Run
Source
# data.frame 구성을 위한 ID, SEX, AGE, AREA 변수를 생성합니다.
ID <- c(1, 2, 3, 4, 5, 6, 7, 8, 9, 10)
SEX <- c("F", "M", "F", "M", "M", "F", "F", "F", "M", "F")
AGE <- c(50, 40, 28, 50, 27, 23, 56, 47, 20, 38)
AREA <- c("서울", "경기", "제주", "서울", "서울", "서울", "경기", "서울", "인천", "경기")
# ID, SEX, AGE, AREA 변수를 포함한 데이터 프레임구조로 dataframe_ex 데이터 세트를 저장합니다.
dataframe_ex <- data.frame(ID, SEX, AGE, AREA)
# dataframe_ex를 조회합니다.
dataframe_ex
str(dataframe_ex)
4:1
(Top Level)
R Script

지금까지 R 데이터 분석을 위한 기본 환경 설정과 도구 사용 방법을 알아보았습니다. R과 R 스튜디오에 대해 조금은 알 것 같나요? 새로운 것을 배우는 여러분을 응원하며 이후 본격적인 과정도 잘 따라올 거라 믿습니다.

좀 더 알아보기

도움말 사용하기

도움말help은 R을 사용하면서 잊을 만하면 한 번씩 사용하게 되는 유용한 기능입니다. 우리는 앞에서 R을 설치하면서 Help 기능은 주로 R 스튜디오에서 이용하기 때문에 스타트업 옵션을 기본 옵션 [No]로 설치했습니다. R 스튜디오에서는 기본 RGui보다 도움말 기능을 편리하게 사용할 수 있습니다. RGui의 기본 Console 창과 R 스튜디오의 Console 탭에서 각각 도움말 기능을 실행해 보고 어떻게 다른지 살펴보겠습니다.

도움말 열기

도움말을 사용할 때는 **help() 함수**로 괄호 안에 궁금한 함수를 입력하여 실행합니다. 가장 처음 접했던 print() 함수 도움말을 ❶ RGui와 ❷ R 스튜디오에서 각각 실행해 보겠습니다.

> 도움말 첫 페이지를 보고 싶다면 help.start() 함수를 실행하면 됩니다.

RGui의 Console 창에서 help() 함수를 실행하면 별도의 웹 브라우저가 실행되면서 도움말이 표시됩니다.

```
# RGui에서 help() 함수로 print() 함수 도움말 확인하기
> help(print) Enter
```

RGui 실행 결과

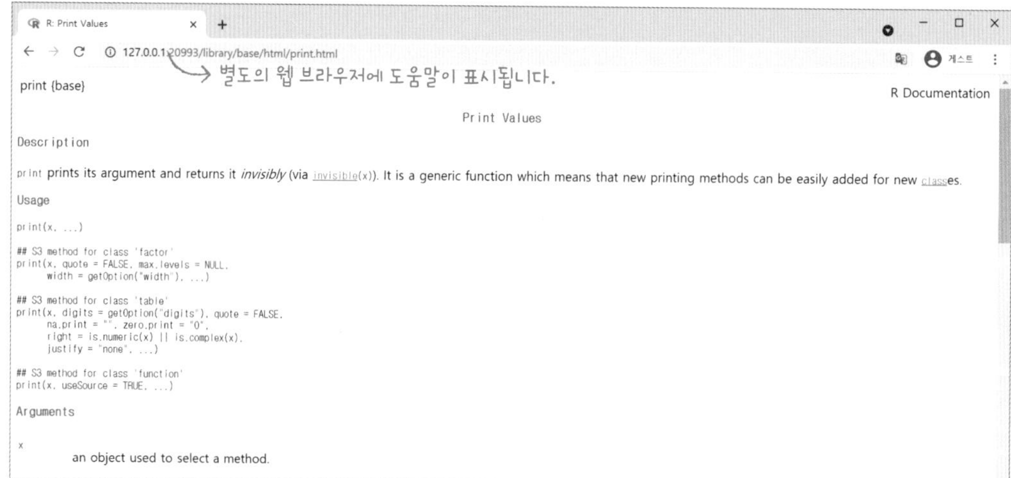

R 스튜디오는 어떨까요? R 스튜디오 Console 탭에서 help() 함수를 실행하면 Console 탭 오른쪽에 있는 Help 탭에 도움말이 표시됩니다.

```
# R 스튜디오에서 help() 함수로 print() 함수 도움말 확인하기
> help(print)  Enter
```

R 스튜디오 실행 결과

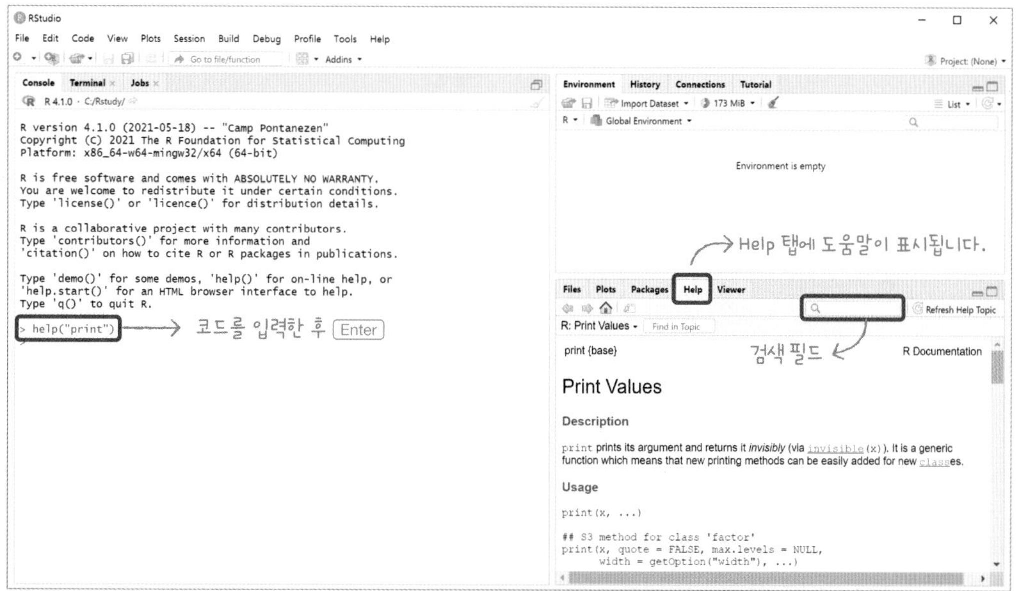

표시되는 도움말 내용은 동일하지만, 별도의 창으로 보는 것과 하나의 프로그램에서 바로 보는 것은 큰 차이라고 할 수 있습니다. 또한 R 스튜디오 Help 탭에서는 help() 함수를 사용하지 않아도 Help 탭 메뉴의 검색 필드를 이용해 궁금한 내용을 찾아볼 수 있습니다.

사용할 함수를 정확하게 모를 때

어떤 결과를 출력하기 위해 print() 함수를 사용해야 하는데 print의 정확한 철자를 모를 수도 있습니다. RGui에서 help()를 이용해 어렴풋이 기억나는 철자를 입력하고 실행했더니 다음과 같이 표시됩니다.

```
# RGui에서 help() 함수로 prin 도움말 확인하기
> help(prin)  Enter
No documentation for 'prin' in specified packages and libraries:
you could try '??prin'
```

prin에 대한 도움말이 없다는 것을 알려주며 '??prin'을 실행해 보라는 메시지가 출력됩니다. 계속해서 RGui의 Console 창에 다음과 같이 입력하고 실행합니다.

```
> ??prin Enter
```

RGui 실행 결과

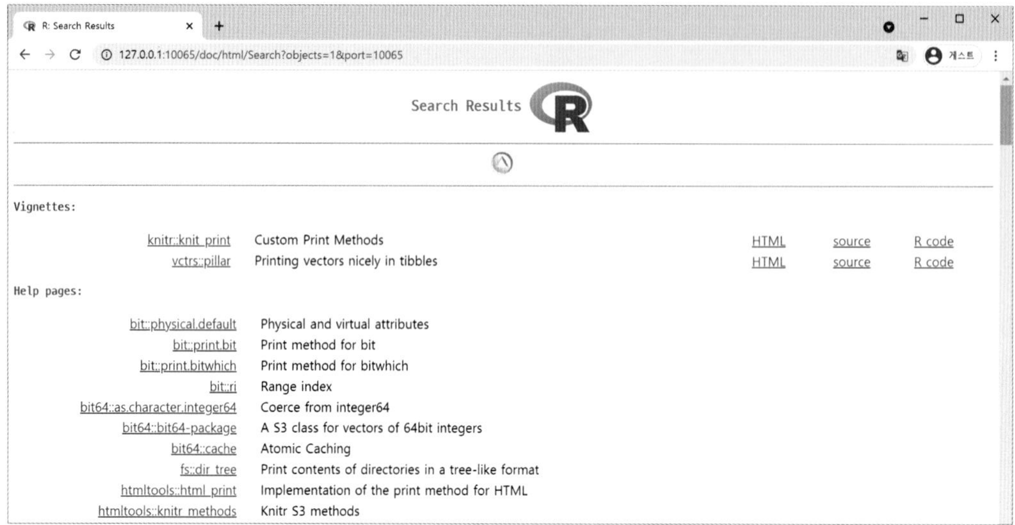

도움말이 표시될 때와 동일하게 별도의 웹 브라우저가 표시되며 유사한 함수 목록이 표시됩니다. 이 중에서 사용할 함수를 찾을 수 있습니다.

R 스튜디오에서는 더욱 간단합니다. Help 탭의 검색 필드에 기억나는 철자만 입력해 보세요. 함수를 몰라도 간단하게 동일한 정보를 얻을 수 있습니다.

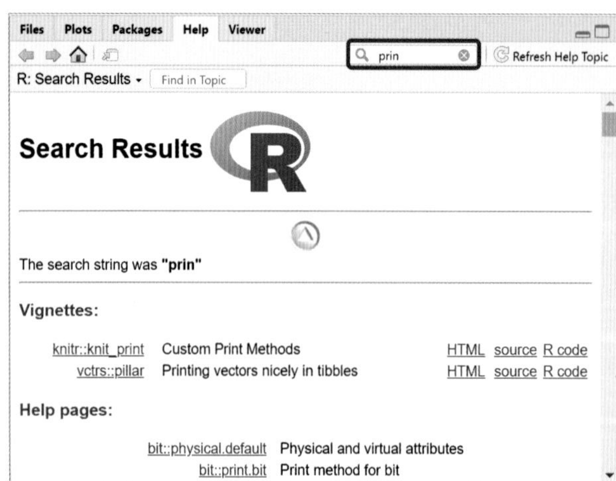

마무리

▶ 5가지 키워드로 정리하는 핵심 포인트

- **Script** 탭은 실행할 코드를 작성하는 영역입니다.
- Script 탭을 실행하면 **Console** 탭에 실행한 코드 결과가 표시됩니다. Console 탭에서 바로 코드를 실행할 수도 있습니다.
- R 함수로 실행한 그래프는 **Plots** 탭에서 확인할 수 있습니다.
- **Packages** 탭에서 패키지를 설치하거나 관리할 수 있습니다.
- **Help** 탭은 궁금한 함수를 검색해서 기능과 사용법을 확인할 수 있습니다.

▶ 확인문제

1. RGui 또는 R 스튜디오를 사용하는 도중에 도움말이 필요할 때 사용할 수 있는 방법 2가지를 적어보세요.

①

②

2. R 스튜디오에서 주로 코드를 작성하는 탭은 무엇일까요?

① History 탭
② Console 탭
③ Script 탭
④ Environment 탭

Chapter 02

다양한 정보 속에서 적절한 의사 결정을 하기 위해 고민한 적이 있을 것입니다. 이럴 때 데이터를 활용하여 수치적으로 검증하고 의사 결정을 합리적으로 하기 위해 전달하는 정보를 만드는 과정을 '데이터 분석'이라고 합니다. 데이터 분석은 데이터 과학자가 아닌 일반인에게도 꼭 필요한 일입니다. 물론 일상에서 활용하기에는 시간과 노력이 많이 들어 쉽지 않습니다. 그래서 이 책은 R을 이용하여 쉽게 데이터를 분석하고 가공하는 방법을 알아보고자 합니다.

데이터 분석을 위한 기본 다지기

학습목표

- 데이터 분석 과정을 알아봅니다.
- 데이터 구조를 알아봅니다.
- 데이터 종류를 알아봅니다.

02-1 데이터 분석 과정

핵심 키워드

데이터 분석 설계 / 데이터 준비 / 데이터 가공 / 데이터 분석 / 결론 도출

데이터 분석의 필요성은 알아도 데이터 분석이 정확하게 어떤 일이고 어떻게 해야 하는지 제대로 아는 사람은 드뭅니다. 아마 이 책을 선택한 독자 여러분도 비슷할 것입니다. 그 궁금증을 어느 정도 해소할 수 있도록 데이터 분석 과정을 살펴보겠습니다.

시작하기 전에

데이터 분석은 과거 및 현재에 일어난 상황을 활용하여 현황을 파악하고, 앞으로 다가올 상황을 예측하거나 일어날 상황에 대해 타당한 근거 자료를 제시할 수 있도록 준비하는 과정입니다.

아래의 데이터 분석 흐름도를 보면 모든 과정이 한 번의 주기로 끝나는 것처럼 보이지만, 실상은 전체 과정이 계속 반복되는 **순환 구조**라고 볼 수 있습니다. 물론 데이터 분석 설계 및 이후 과정이 완벽하면 한 번에 끝날 수도 있습니다. 하지만 대부분은 시행착오를 여러 번 거치고 전체 과정을 수없이 반복해야만 원하는 결과를 얻을 수 있습니다. 이번 절에서는 데이터 분석 과정에 대해 단계별로 알아보겠습니다.

데이터 분석 설계		데이터 준비		데이터 가공		데이터 분석		결론 도출
• 방향성 기획 • 방법론 검토 • 가설 설정	▶	• 데이터 확보 및 준비 • 데이터 파악	▶	• 추출 및 정제 • 파생 변수 생성 • 데이터 병합	▶	• 통계 분석 • 그래프 및 시각화	▶	• 분석 결과 해석 • 분석 결과 정리

데이터 분석 흐름도는 계속 반복되는 순환 구조를 가지는 구나!

데이터 분석은 데이터 분석 설계 → 데이터 준비 → 데이터 가공 → 데이터 분석 → 결론 도출 과정으로 총 5단계의 과정을 거칩니다.

1단계: 데이터 분석 설계하기

데이터 분석 설계는 데이터 분석 흐름의 첫 단계로 가장 중요한 부분입니다. 어떤 주제를 어떤 분석 방법으로 어떻게 시행할지 계획을 세우는 단계입니다.

❶ 분석하려는 **주제**를 명확하고 구체적으로 설정하고, 주제 내 용어를 이해하기 쉽게 정의합니다.

❷ 브레인스토밍 등을 활용하여 주제와 연관된 내용의 가설을 다양하게 설정합니다. **가설 설정** 단계에서는 최대한 가설을 많이 세운 후 데이터 확보 가능 여부를 판단하는 것이 좋습니다. 데이터 확보 가능 여부를 먼저 고민하면 시각이 지나치게 좁아질 수 있으므로 주의합니다.

❸ 이어서 가설에 따른 **분석 가능 변수**를 구성합니다. 분석 가능 변수를 구성할 때는 각 가설에 따라 필요한 변수를 선정해야 합니다. **파생 변수**도 함께 고려하면 좋습니다.

❹ 마지막으로 **분석 항목**을 결정합니다.

예를 들어 자녀의 키 성장에 영향을 미치는 요인을 분석한다면 다음과 같이 진행할 수 있습니다.

주제 선정

- 키 성장에 영향을 미치는 요인은 무엇인가?

가설 설정

- 가설1: 성별에 따라 자녀의 키가 다를 것이다.
- 가설2: 연령에 따라 자녀의 키가 다를 것이다.
- 가설3: 부모(아버지, 어머니)의 키가 클수록 자녀의 키가 클 것이다.
- 가설4: 우유를 마신 기간이 길수록 키가 클 것이다.

분석 가능 변수 구성

구분	종속 변수[y]	분석 변수(독립 변수[x])	파생 변수(독립 변수[x])
가설1	자녀의 키	성별	-
가설2	자녀의 키	연령	5세 단위 연령, 10세 단위 연령
가설3	자녀의 키	아버지의 키	아버지의 키 (10cm 단위, 5cm 단위)
가설3	자녀의 키	어머니의 키	어머니의 키 (10cm 단위, 5cm 단위)
가설4	자녀의 키	우유 섭취 여부	-
가설4	자녀의 키	우유 섭취 기간	우유 섭취 기간(5년 단위, 10년 단위)

분석 항목

- 빈도분석: 응답에 대한 개수 및 비율을 나타내는 분석
- 상관관계 분석: 변수 간의 상호 연관성을 파악하기 위한 분석
- 기타 변수에 따른 검정

2단계: 데이터 준비하기

전반적인 분석 방향을 계획했다면 **데이터 준비** 단계에서는 분석에 필요한 데이터를 준비합니다. 필요 데이터 항목 및 데이터 존재 위치에 따라 데이터를 준비하는 방법은 다양합니다.

데이터 준비는 크게 두 가지 방식으로 나눌 수 있습니다.

❶ 필요한 데이터를 찾아 직접 입력하여 생성합니다.

❷ 기존에 누군가 구성해 둔 데이터를 찾아 활용합니다.

필요한 정보의 양이 적다면 직접 입력하여 생성하는 ❶번 방식을 사용합니다. 데이터를 직접 입력할 때는 작성에 오류를 범하지 않도록 합니다.

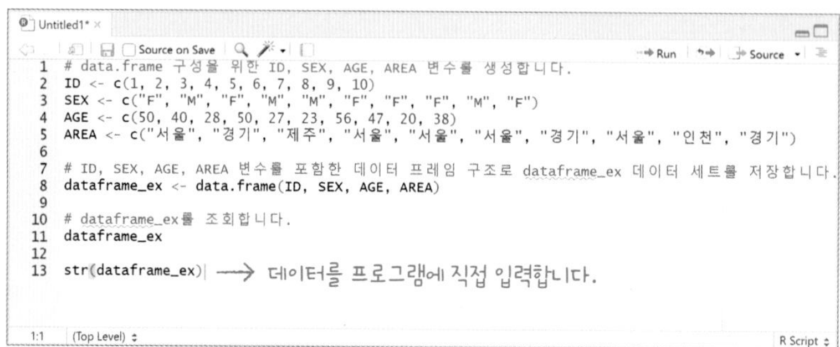

일반적으로는 필요한 데이터를 찾아서 활용하는 ❷번 방법을 사용합니다. 대개는 엑셀이나 TXT, CSV 파일 등을 이용하거나 서버 내에 저장되어 있는 데이터를 불러와 사용합니다. 또한, **웹 크롤링**web crawling 방식을 이용하여 데이터를 확보하기도 합니다.

> 웹 크롤링은 프로그램으로 웹 사이트에서 원하는 정보를 가져오는 행위를 의미합니다.

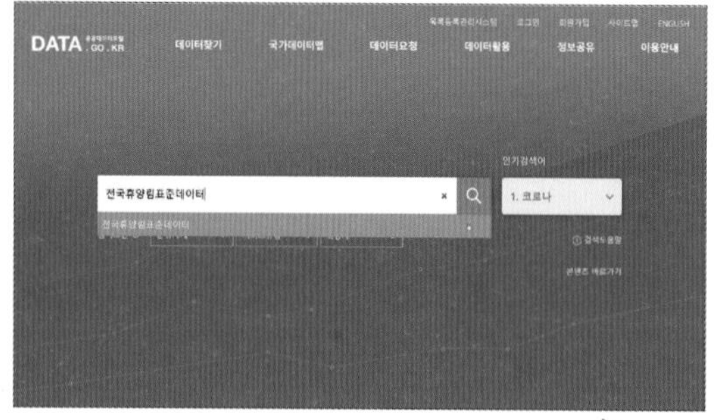

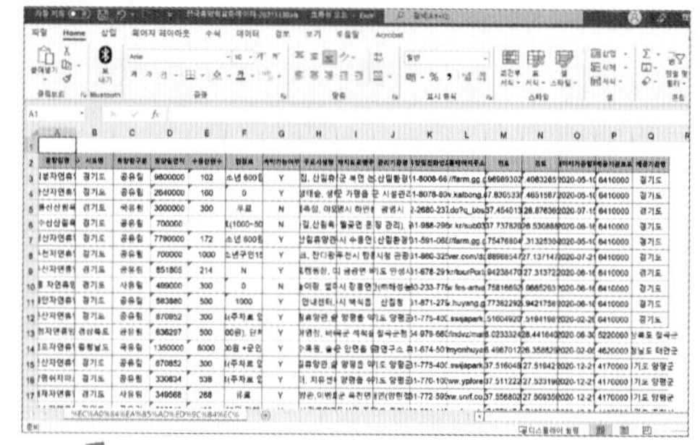

분석할 데이터를 가져옵니다.

데이터 준비 단계에서는 데이터 형태를 파악하는 것도 중요합니다. **데이터 형태**는 구조 및 구성 변수의 형태, 데이터 값 특성을 중심으로 파악합니다. 이러한 과정은 분석하기 쉽게 데이터를 변형하기 위한 사전 작업입니다. 분석할 데이터가 어떻게 생겼는지 제대로 알아야 가공도 할 수 있기 때문입니다.

note 데이터 형태와 구조는 82쪽에서 자세히 다룹니다.

3단계: 데이터 가공하기

데이터 가공은 **원시 데이터**raw data를 원하는 형태의 데이터로 처리하는 일련의 과정입니다. 준비한 데이터를 바탕으로 가설을 검정하는 데 도움이 되는 데이터로 가공합니다. 예를 들어 불필요한 변수를 제거하고 필요한 변수의 데이터만 따로 추출하거나 기존 변수의 데이터 간 연산을 통해 조건에 맞는 데이터를 구성합니다. 또한 데이터 값에 따라 그룹화하여 새로운 변수를 생성할 수도 있습니다.

원시 데이터란 가공하지 않은 처음의 데이터를 말합니다.

다음은 전체 변수 중 필요한 변수(도서명, 가격)만 추출하여 데이터를 가공한 예입니다.

순위	도서명	출판사	가격
1	Hello Coding 파이썬	미디어	18,800
2	한번에 통과하는 논문	아카데미	23,000
3	반경 5미터의 행복	비즈	14,500
4	파이썬 정복	미디어	22,000
5	대학물리학	아카데미	33,000

추출 →

도서명	가격
Hello Coding 파이썬	18,800
한번에 통과하는 논문	23,000
반경 5미터의 행복	14,500
파이썬 정복	22,000
대학물리학	33,000

이 단계에서는 하나의 데이터 세트로만 가공을 진행할 수도 있지만, 여러 데이터 세트를 병합 혹은 추출하여 새로운 **데이터 세트**data set를 생성할 수도 있습니다.

도서명 변수를 기준으로 출판사 정보와 저자 정보를 병합하여 데이터를 가공하면 다음과 같습니다.

도서명	출판사
Hello Coding 파이썬	미디어
한번에 통과하는 논문	아카데미
반경 5미터의 행복	비즈
파이썬 정복	미디어
대학물리학	아카데미

도서명	저자
Hello Coding 파이썬	윤인성
한번에 통과하는 논문	히든그레이스
반경 5미터의 행복	다카시마
파이썬 정복	김상형
대학물리학	잠바티스타

↓

도서명	출판사	저자
Hello Coding 파이썬	미디어	윤인성
한번에 통과하는 논문	아카데미	히든그레이스
반경 5미터의 행복	비즈	다카시마
파이썬 정복	미디어	김상형
대학물리학	아카데미	잠바티스타

4단계: 데이터 분석하기

데이터 분석은 데이터 가공을 거쳐 준비한 데이터를 이용하여 다양한 분석을 시행하는 단계입니다. 주로 선행하는 방식은 데이터 분포를 확인하기 위해 **기술통계량**(빈도, 평균, 최댓값, 이상치 등)으로 데이터를 파악하고, 다양한 그래프를 그려 보면서 패턴 및 분포를 확인하는 **시각화** 방법입니다. 데이터 분포 확인은 사전 단계인 데이터 준비 단계에서도 진행하기도 합니다. 이런 과정을 거치며 가설에 따라 적용할 수 있는 분석 방법론을 실제로 적용합니다.

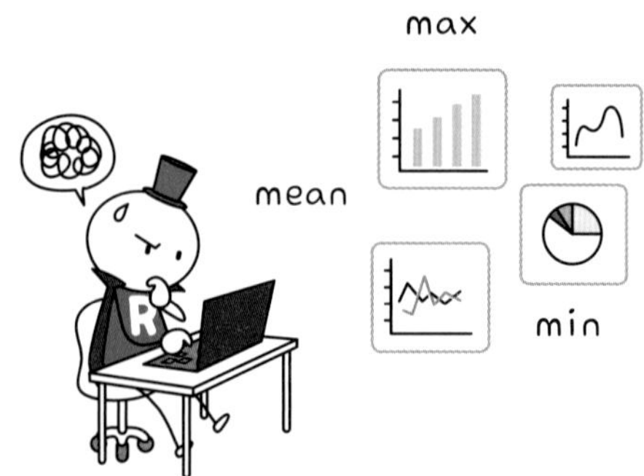

5단계: 결론 도출하기

다양한 통계량을 통해 가설을 검정하고 의미 있는 결과를 정리하여 최종 결과를 도출하면 데이터 분석을 위한 일련의 과정이 마무리됩니다.

마무리

▶ 5가지 키워드로 정리하는 핵심 포인트

- **데이터 분석 설계** 단계에서는 어떤 주제에 대해 분석을 어떻게 할지 계획을 세웁니다.
- **데이터 준비** 단계에서는 분석에 필요한 데이터를 수집하고 파악합니다.
- **데이터 가공** 단계에서는 불필요한 변수를 제거하고 분석에 필요한 데이터로 변환합니다.
- **데이터 분석** 단계에서는 통계와 시각화 등 다양한 분석 방법을 적용합니다.
- **결론 도출** 단계에서는 가설을 검정하고 결과를 정리합니다.

▶ 확인문제

1. 다음 중 데이터 분석 과정에 대해 올바르게 설명한 것은 무엇일까요?

① 데이터 분석 과정은 한 번의 주기로 끝난다.
② 데이터 분석은 시각화로만 표현해야 한다.
③ 수집한 데이터를 제거하거나 추출해서 사용해서는 안 된다.
④ 설정한 가설을 검정하는 과정은 생략해도 된다.
⑤ 데이터 분석은 데이터로 예측하거나 일어날 상황에 대한 근거 자료를 준비하는 과정이다.

2. 데이터 분석 과정과 설명을 올바르게 연결해 보세요.

① 데이터 준비 •	• 불필요한 변수를 제거합니다.
② 데이터 가공 •	• 분석할 데이터를 수집합니다.
③ 데이터 분석 •	• 가설을 검정하고 결과를 도출합니다.
④ 결론 도출 •	• 통계와 시각화 등 다양한 분석 방법을 적용합니다.

3. 공공 데이터 사이트에서 데이터 분석에 필요한 데이터를 가져와 다음과 같은 단계로 데이터 분석 설계를 해 보세요.

주제 선정	
가설 설정	
분석 가능 변수 구성	
분석 항목	

hint 3. 공공 데이터는 공공데이터포털에서 구할 수 있습니다. URL https://www.data.go.kr

02-2 데이터의 생김새

핵심 키워드

데이터 세트 · 벡터 · 행렬 · 배열 · 리스트 · 데이터 프레임

데이터 세트는 행, 열, 데이터 값 등 다양한 구성 요소를 포함하고 있습니다. 데이터를 자유자재로 다루려면 각 요소와 명칭을 확실하게 알아 두어야 합니다.

시작하기 전에

데이터는 어떻게 생겼을까요? 앞으로 우리가 분석하게 될 데이터는 **행**row과 **열**column로 이루어진 n×m 형태의 **데이터 세트**data set가 주를 이룹니다. 여기서 각 행은 데이터의 **관측치**observations, 열 이름은 **변수**variable, 행과 열에 들어가는 데이터는 **값**value이라고 부릅니다. 우리는 흔히 이러한 데이터 세트를 **테이블**table이라고도 부릅니다. 이번 절에서는 데이터 세트와 데이터 구조에 대해 자세히 살펴보겠습니다.

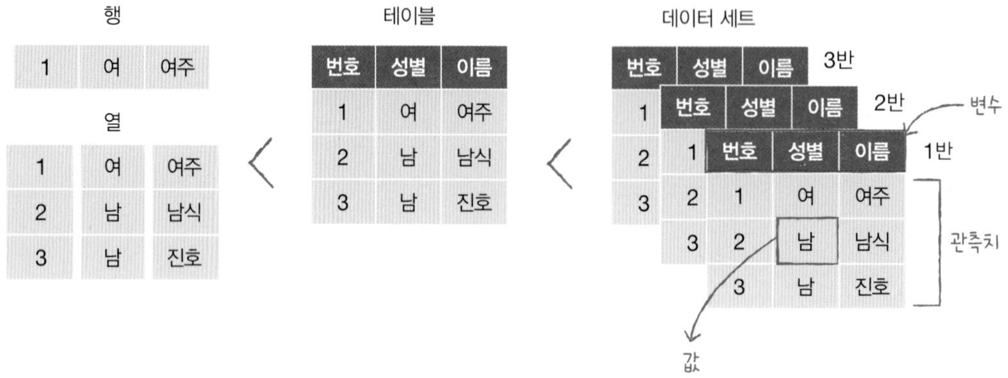

데이터 구조 간 관계 및 데이터 유형

데이터 집합이라고 할 수 있는 데이터 세트에는 다양한 형태의 데이터가 존재합니다. 이러한 데이터는 구조와 형태에 따라 **벡터**vector, **행렬**matrix, **배열**array, **리스트**list, **데이터 프레임**data frame으로 이름을 다르게 구분합니다. 데이터는 구조가 비슷해도 속성이 다르기 때문입니다. 데이터의 종류를 본격적으로 살펴보기 전에 데이터 종류 간 관계를 파악하면 좀 더 쉽게 이해할 수 있습니다.

- **벡터**: 한 가지 데이터 유형으로 구성된 1차원 구조의 데이터입니다.
- **행렬**: 한 가지 데이터 유형으로 구성된 2차원 구조의 데이터입니다.
- **배열**: 행렬을 n차원으로 확대한 구조의 데이터입니다.
- **리스트**: 숫자형 벡터, 문자형 벡터 등 여러 데이터 유형이 포함된 1차원 구조의 데이터입니다.
- **데이터 프레임**: 리스트를 2차원으로 확대한 구조의 데이터입니다.

데이터를 이해하기 위해서는 데이터 유형도 알아야 합니다. **데이터 유형**은 **숫자형**numeric, **문자형**character, **논리형**logical으로 나눕니다.

- **숫자형**: 숫자로만 이루어진 데이터입니다.
- **문자형**: 문자로만 이루어진 데이터입니다.
- **논리형**: TRUE 혹은 FALSE로 이루어진 데이터입니다.

데이터 유형에 따른 분류

데이터는 유형에 따라 크게 단일형과 다중형으로 나눕니다. 데이터가 한 가지 유형으로 구성되면 **단일형 데이터**이고, 여러 가지 유형으로 구성되면 **다중형 데이터**입니다.

- **단일형**: 숫자형 또는 문자형과 같이 한 가지 데이터 유형으로만 구성된 데이터입니다. 벡터, 행렬, 배열이 단일형 데이터 구조에 속합니다.
- **다중형**: 숫자 데이터 또는 문자 데이터 등 여러 가지 데이터 유형으로 구성된 데이터입니다. 리스트와 데이터 프레임이 다중형 데이터 구조에 속합니다.

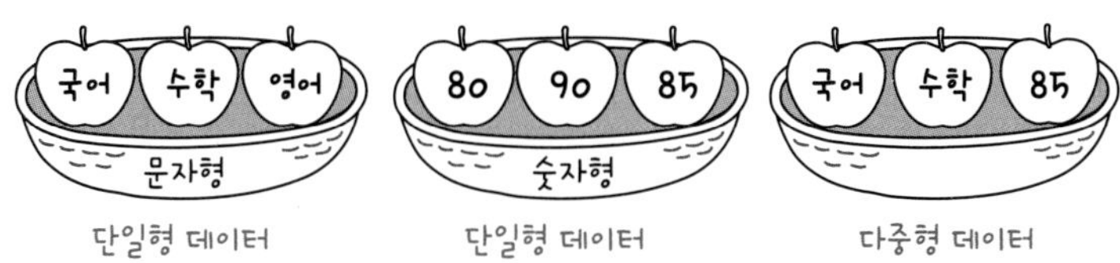

차원에 따른 분류

차원은 데이터 내에서 특정 데이터 값을 찾을 때 필요한 정보의 개수라고 생각하면 쉽습니다.

1차원 데이터는 직선 위에 데이터 값이 나열되어 있으므로 찾고자 하는 값이 기준점을 중심으로 얼마만큼 떨어져 있는지(몇 번째인지)만 알면 됩니다.

2차원 데이터는 두 가지 정보, **n차원 데이터**는 n가지 정보를 알아야 원하는 값을 찾을 수 있습니다. 좀 더 쉽게 표현하면 다음과 같이 1차원에서는 x 값, 2차원에서는 x 값과 y 값, 3차원에서는 x 값과 y 값과 z 값을 알아야 원하는 값을 찾을 수 있습니다.

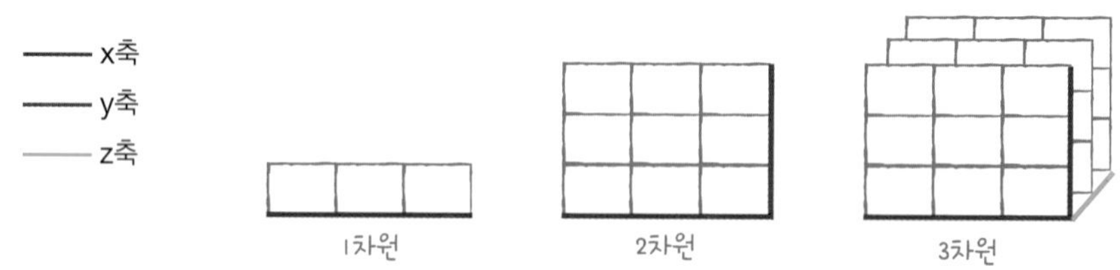

즉 우리가 앞으로 배울 벡터, 행렬, 배열, 리스트, 데이터 프레임은 차원과 유형에 따라 다음과 같이 분류할 수 있습니다.

차원에 따라 / 유형에 따라	1차원	2차원	n차원
단일형	벡터	행렬	배열
다중형	리스트	데이터 프레임	–

각 데이터 구조를 직접 실습해 보며 하나하나 살펴보겠습니다.

벡터

벡터는 데이터 구조의 가장 기본 형태입니다. 벡터는 1차원이며 한 가지 데이터 유형으로 구성됩니다. 할당 연산자인 **<-** 기호와 **c() 함수**를 이용해 다음과 같은 형식으로 생성합니다.

```
변수명 <- c(값)
```

c() 함수는 같은 유형의 데이터를 결합하여 벡터를 생성하는 가장 기본적인 함수로, 변수명에 값을 할당하면 벡터를 만들 수 있습니다.

벡터는 한 가지 유형으로만 구성되므로 데이터형을 **숫자형**numeric, **정수형**integer, **문자형**character, **논리형**logical으로 나눕니다.

note 할당 연산자는 변수에 값을 저장할 때 사용하는 연산자입니다.

숫자형 벡터

숫자형 벡터numeric vector는 중학교 수학 시간에 배운 실수 범위에 해당하는 모든 숫자를 말합니다. **실수형 벡터**double vector라고도 부릅니다. 정수(양수, 0, 음수), 유리수, 무리수를 모두 포함하는 숫자를 데이터화하면 숫자형 벡터가 되며 연산이 가능합니다.

정수형 벡터integer vector는 정수만으로 구성되므로 정수형 벡터는 숫자형 벡터에 포함됩니다. 따라서 실제 코드에서는 정수형 벡터보다 숫자형 벡터를 더 많이 활용합니다.

다음과 같이 Script 탭에 벡터를 생성하는 코드를 작성한 후 블록으로 지정하고 실행해 보겠습니다. 데이터 −1, 0, 1을 ex_vector1 변수에 할당하여 데이터를 생성합니다.

변수는 102쪽에서 배웁니다. 일단 손코딩을 따라 해 보세요.

숫자형 벡터 생성하기

```
ex_vector1 <- c(-1, 0, 1)   → 데이터를 생성합니다.
ex_vector1                  → 변수를 조회합니다.
```

```
> [1] -1  0  1
```

note 구성 인자가 1개, 즉 값이 1개로 이루어진 벡터는 스칼라(scala)라고 합니다.

실행 결과에 표시되는 [1]은 데이터 위치를 표시한 것입니다. 출력한 벡터 중 첫 번째 요소부터 표시했다는 의미입니다.

예를 들어 벡터의 요소가 많아 한 줄에 모두 표시되지 않고 다음과 같은 실행 결과가 나오면 [1] 바로 뒤에 오는 1은 1번째 요소이며, [6] 바로 뒤에 오는 6은 6번째 요소라는 의미로 이해하면 됩니다.

```
[1] 1 2 3 4 5     → 1번째 요소부터 표시됩니다.
[6] 6 7 8 9 10    → 6번째 요소부터 표시됩니다.
```

그럼 생성한 벡터가 어떠한 데이터 유형으로 이루어져 있는지 살펴보겠습니다. mode() 함수, str() 함수와 length() 함수를 이용하여 데이터 유형과 길이를 확인합니다.

note 함수는 특정한 기능을 수행하기 위해 사전에 프로그래밍 구문을 묶어놓은 것입니다. 함수는 105쪽에서 소개합니다.

손코딩

숫자형 벡터 속성과 길이 확인하기

```
mode(ex_vector1)
str(ex_vector1)
length(ex_vector1)
```

```
[1] "numeric"
num [1:3] -1 0 1
[1] 3
```

mode() 함수는 데이터 유형을 확인하는 함수입니다. 첫 번째 실행 결과에서 "numeric"은 벡터가 숫자형이라는 의미입니다.

str() 함수는 데이터 유형과 값을 전체적으로 확인할 수 있는 함수입니다. 두 번째 실행 결과에서 변수 속성은 num(숫자형)이라는 것과 변수에 포함된 데이터 값 전체를 출력합니다.

length() 함수는 데이터 길이를 확인하는 함수입니다. 벡터 길이가 3, 즉 3개의 값을 가진 벡터라는 것을 알 수 있습니다.

오류

```
Error in mode(ex_vector1): object 'ex_vector1' not found
```

만약 위와 같은 오류가 발생하였다면 ex_vector1 변수가 생성되지 않아 발생한 오류입니다. 85쪽의 예제를 실행하여 실행 결과를 확인한 후 이번 예제를 다시 실행해 보세요.

+ 여기서 잠깐 **str() 함수 / mode() 함수 / typeof() 함수**

str() 함수는 데이터형(숫자형, 문자형, 논리형), 데이터 길이, 데이터 값을 총체적으로 확인할 수 있는 함수입니다. 단순하게 데이터형만 확인한다면 **mode() 함수** 또는 **typeof() 함수**를 사용합니다. 각 함수를 데이터형별로 실행한 후 실행 결과의 차이점을 살펴보세요.

```
#정수형
> str(12345)
num 12345
> mode(12345)
[1] "numeric"
> typeof(12345)
[1] "double"
```

```
#문자형
> str("helloworld")
chr "helloworld"
> mode("helloworld")
[1] "character"
> typeof("helloworld")
[1] "character"
```

```
#논리형
> str(TRUE)
logi TRUE
> mode(TRUE)
[1] "logical"
> typeof(TRUE)
[1] "logical"
```

위 실행 결과에서 mode() 함수와 typeof() 함수는 데이터형만 출력하지만, str() 함수는 데이터형과 값을 같이 출력하는 것을 알 수 있습니다. 또한, typeof() 함수는 정수와 실수를 구분합니다. mode() 함수는 정수와 실수 모두 숫자형을 numeric으로 표시하는 반면, typeof() 함수는 실수라면 숫자형을 double, 정수라면 integer로 표시합니다.

문자형 벡터

문자형 벡터character vector는 문자로 이루어진 데이터입니다. 변수를 생성할 때와 마찬가지로 할당할 문자 데이터를 따옴표(" " 또는 ' ')로 감싼 형식으로 작성합니다.

문자 데이터 "Hello"와 "Hi~!"를 ex_vector2 변수에 할당해 조회한 후, 다시 문자 데이터 "1", "2", "3"을 ex_vector3 변수에 할당하고 조회하여 그 결과를 비교해 보겠습니다.

손코딩

문자형 벡터 생성하기

```
ex_vector2 <- c("Hello", "Hi~!")
ex_vector2
ex_vector3 <- c("1", "2", "3")
ex_vector3
```

```
[1] "Hello" "Hi~!"
[1] "1" "2" "3"
```

결과에서 눈여겨볼 부분은 ex_vector3 데이터입니다. 숫자이지만 큰따옴표로 감싼 것을 기억하세요.

생성한 변수 속성을 자세히 확인해 보겠습니다. 다음과 같이 코드를 작성하고 실행합니다.

손코딩

문자형 데이터 속성과 길이 확인하기

```
mode(ex_vector2)
str(ex_vector2)
mode(ex_vector3)
str(ex_vector3)
```

```
[1] "character"
chr [1:2] "Hello" "Hi~!"
[1] "character"
chr [1:3] "1" "2" "3"
```

ex_vector2와 ex_vector3 둘 다 문자형(chr) 데이터임을 알 수 있습니다. 이처럼 데이터에 큰따옴표를 사용하면 데이터 값을 문자형으로 인식하여 문자형 벡터가 생성됩니다.

논리형 벡터

논리형 벡터logical vector는 **TRUE**와 **FALSE**라는 진릿값으로 이루어진 데이터로, 주로 데이터 값을 비교할 때 사용합니다.

다음과 같이 코드를 작성하고 실행하여 생성한 변수 속성을 확인해 보겠습니다. TRUE, FALSE, TRUE, FALSE를 ex_vector4 변수에 할당하여 데이터를 생성합니다.

note 진릿값 TRUE, FALSE는 따옴표를 사용할 수 없고 대문자로 작성해야 합니다.

논리형 벡터 생성하고 속성 확인하기

```
ex_vector4 <- c(TRUE, FALSE, TRUE, FALSE)
ex_vector4
```

```
mode(ex_vector4)
str(ex_vector4)
```

```
[1] TRUE FALSE TRUE FALSE
[1] "logical"
logi [1:4] TRUE FALSE TRUE FALSE
```

ex_vector4가 논리형 데이터(logi)라는 것과 벡터의 길이, 데이터 값을 확인할 수 있습니다.

+ 여기서 잠깐 **데이터 세트 삭제하기**

직접 생성했거나 불러오기로 가져온 데이터 세트가 더 이상 필요 없어지면 깨끗하게 삭제할 수 있습니다. 다음과 같이 remove( ) 함수 또는 rm( ) 함수를 사용하면 삭제됩니다.

```
remove(ex_vector2)          # ex_vector2 벡터 삭제
rm(ex_vector3)              # ex_vector3 벡터 삭제
```

범주형 자료

범주형 자료categorical data는 특수한 형태의 벡터로 이루어져 있으며, **명목형 자료**를 바탕으로 범주화한 데이터입니다. 예를 들면 '과일', '나라명', '도서명', '저자명', '월' 등과 같이 종류를 나타내는 데이터는 모두 범주형 자료입니다. 범주형 자료에 상반되는 개념은 **수치형 자료**입니다. 다만, '월'의 경우 1월, 2월, 3월처럼 순서가 있고, 숫자를 포함하지만 계산할 수 없는 데이터이므로 범주형 자료입니다.

명목형 자료란 순서가 없는 자료를 의미합니다. 수치형 자료는 정수형, 실수형을 의미합니다.

- 과일: Apple, Banana, Cherry…
- 나라명: Korea, Japan, China…
- 도서명: Python, C, Java…
- 저자명: 홍길동, 강전희, 엄동란…
- 월: 1월, 2월, 3월…

범주형 자료는 **factor() 함수**를 사용하여 생성합니다.

```
factor(범주화할 자료, labels = c("범주1", "범주2"))
```

범주화할 자료에는 범주로 구성할 데이터 값인 벡터를 입력하고, labels 옵션으로 각 범주에 순서대로 이름을 지정합니다.

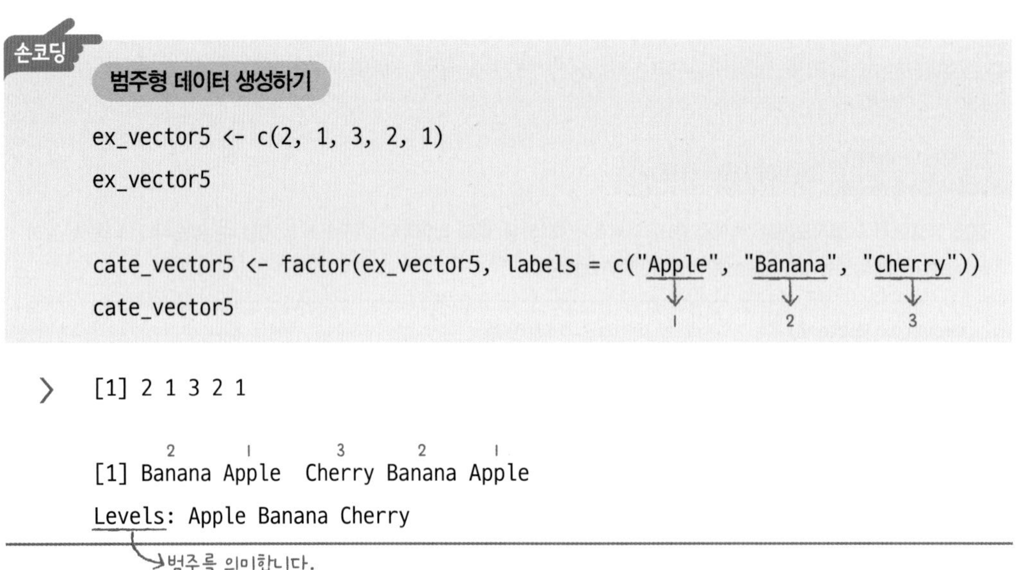
손코딩

범주형 데이터 생성하기

```
ex_vector5 <- c(2, 1, 3, 2, 1)
ex_vector5

cate_vector5 <- factor(ex_vector5, labels = c("Apple", "Banana", "Cherry"))
cate_vector5
```

```
[1] 2 1 3 2 1

[1] Banana Apple  Cherry Banana Apple
Levels: Apple Banana Cherry
```


범주형 데이터 생성은 위처럼 순서가 없는 데이터를 범주화할 때 사용합니다. ex_vector5 변수는 첫 번째 그룹을 1, 두 번째 그룹을 2, 세 번째 그룹을 3으로 표기하고자 생성한 숫자형 벡터입니다. 이 데이터를 factor() 함수로 범주화하여 이름을 지정하면 3가지 값을 가진 범주형 데이터가 생성됩니다.

행렬과 배열

행렬은 행과 열로 구성된 2차원 단일형 데이터이며, **배열**array은 행렬을 n차원으로 확대한 구조의 단일형 데이터입니다.

행렬

행렬은 **matrix() 함수**를 이용하며 다음과 같은 형식으로 생성할 수 있습니다.

```
matrix(벡터, nrow = 행 개수, ncol = 열 개수)
```

matrix() 함수 내에 행렬로 배치할 데이터 값인 벡터를 구성하고, nrow 인수와 ncol 인수를 사용하여 행과 열의 개수를 지정합니다.

다음과 같이 코드를 작성한 후 실행하고, 인수에 따라 벡터가 어떻게 구성되는지 살펴보겠습니다. 변수 x를 2×3 행렬과 3×2 행렬로 구성합니다.

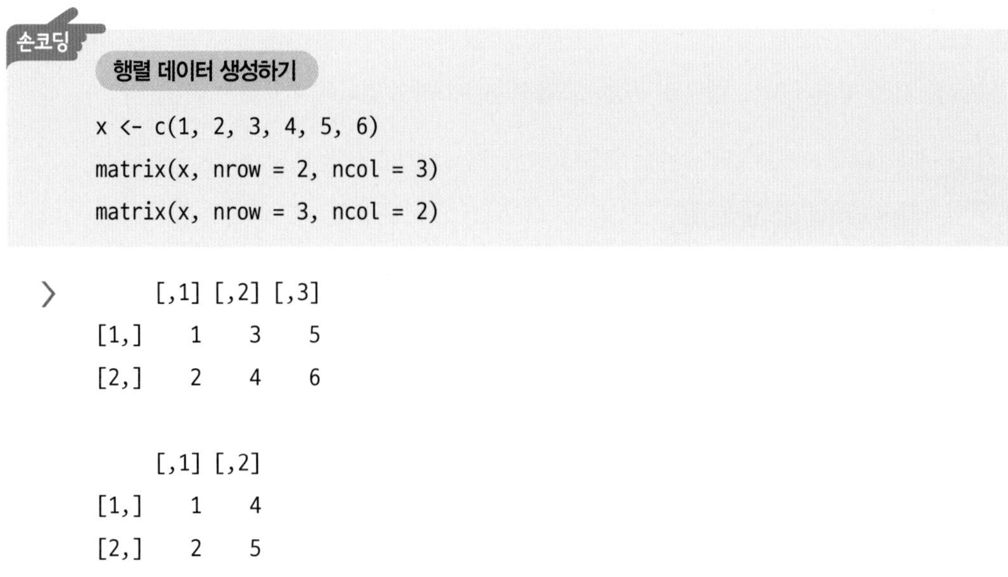

손코딩

행렬 데이터 생성하기

```
x <- c(1, 2, 3, 4, 5, 6)
matrix(x, nrow = 2, ncol = 3)
matrix(x, nrow = 3, ncol = 2)
```

```
     [,1] [,2] [,3]
[1,]    1    3    5
[2,]    2    4    6

     [,1] [,2]
[1,]    1    4
[2,]    2    5
[3,]    3    6
```

실행 결과에서 뒤에 쉼표(,)가 있는 [1,]은 1행 데이터를, 앞에 쉼표가 있는 [,1]은 1열 데이터를 의미합니다. 지정한 인수에 따라 2행 3열과 3행 2열의 행렬 데이터가 생성된 것을 알 수 있습니다.

1	3	5
2	4	6

2행 3열

1	4
2	5
3	6

3행 2열

note x 변수에 데이터를 할당하는 코드를 작성하지 않고, 곧바로 x 변수 자리에 c(1, 2, 3, 4, 5, 6)을 입력하여 matrix(c(1, 2, 3, 4, 5, 6), nrow = 2, ncol = 3) 형태로 작성해도 결과는 같습니다.

행렬 개수에 따라 벡터 데이터가 위에서 아래로(행 기준), 순서대로 배치됩니다. 배치를 바꾸고 싶다면 **byrow = T** 옵션을 추가하여 배치 순서를 변경합니다.

byrow는 데이터를 왼쪽에서 오른쪽으로, 열부터 채우겠다는 옵션으로, T는 TRUE라는 의미입니다. 기본값(생략 가능)은 byrow = F(F는 FALSE)입니다.

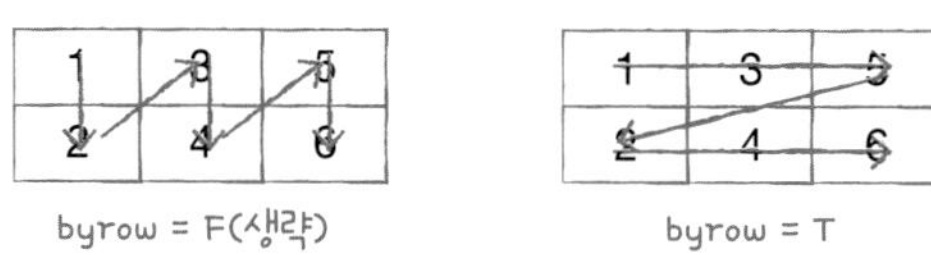

변수 x를 2×3 행렬과 3×2 행렬로 구성하고 옵션을 추가하여 결과를 비교해 보겠습니다.

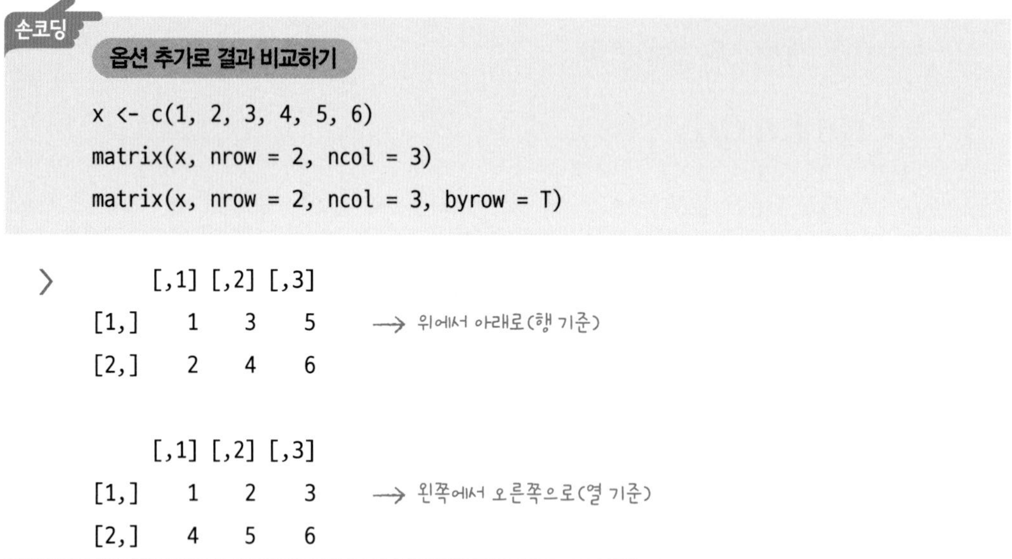

손코딩

옵션 추가로 결과 비교하기

```
x <- c(1, 2, 3, 4, 5, 6)
matrix(x, nrow = 2, ncol = 3)
matrix(x, nrow = 2, ncol = 3, byrow = T)
```

```
>      [,1] [,2] [,3]
[1,]    1    3    5     → 위에서 아래로(행 기준)
[2,]    2    4    6

     [,1] [,2] [,3]
[1,]    1    2    3     → 왼쪽에서 오른쪽으로(열 기준)
[2,]    4    5    6
```

byrow = T 옵션을 추가했더니 같은 2×3 행렬이지만 배치되는 데이터 값의 순서가 왼쪽에서 오른쪽으로 바뀐 것을 알 수 있습니다.

note byrow 옵션의 T와 F는 대문자로 써야 합니다. 주의하세요.

배열

배열은 array( ) 함수를 이용하여 다음과 같은 형식으로 생성합니다.

```
array (변수명, dim = c(행 수, 열 수, 차원 수))
```

변수 y에 데이터를 할당한 후 2행 2열의 3차원 배열을 생성해 보겠습니다.

손코딩

배열 생성하기

```
y <- c(1, 2, 3, 4, 5, 6)
array(y, dim = c(2, 2, 3))
```

```
, , 1
     [,1]  [,2]
[1,]    1     3
[2,]    2     4
, , 2
     [,1]  [,2]
[1,]    5     1
[2,]    6     2
, , 3
     [,1]  [,2]
[1,]    3     5
[2,]    4     6
```

행렬 실행 결과와 달리 ,,1 ,,2 ,,3이 출력됩니다. 이는 차원을 의미하는 것으로, 순서대로 1차원, 2차원, 3차원 데이터를 행과 열로 구분하여 표현합니다. 차원 수를 3으로 지정하였기 때문에 오른쪽과 같이 행렬이 3차원으로 확대된 배열로 구성됩니다.

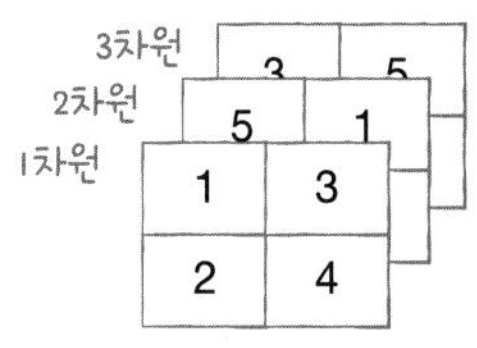

리스트와 데이터 프레임

리스트는 1차원 데이터인 벡터나 서로 다른 구조의 데이터를 그룹으로 묶은 **데이터 세트**를 말합니다. 이러한 리스트를 2차원으로 확대한 것이 **데이터 프레임**data frame입니다.

리스트

리스트는 1차원이며 다중형 데이터로 숫자형과 문자형 등 여러 가지 데이터형을 동시에 포함할 수 있는 데이터 세트입니다. 다음과 같이 숫자형과 문자형을 모두 포함하는 리스트를 생성해 보겠습니다. 리스트는 list( ) **함수**를 사용하여 생성합니다.

손코딩

리스트 생성하기

```
list1 <- list(c(1, 2, 3), "Hello")
list1
```

```
> [[1]]
  [1] 1 2 3
  [[2]]
  [1] "Hello"
```

리스트는 실행 결과가 [[1]], [[2]]와 같이 출력됩니다. 해당 리스트에 포함된 값을 데이터형별로 구분해서 출력하기 때문입니다. 이것으로 리스트에 포함된 데이터 유형을 몇 가지 데이터형으로 묶은 것인지 파악할 수 있습니다. 실습에서 생성한 list1은 숫자형 벡터 1, 2, 3과 문자형 벡터 "Hello"라는 두 가지 데이터형으로 구성된 것을 알 수 있습니다.

좀 더 확실하게 변수 속성을 확인해 보겠습니다. 다음과 같이 코드를 작성한 후 실행합니다.

변수 속성 확인하기

```
str(list1)
```

```
> List of 2
   $ : num [1:3] 1 2 3
   $ : chr "Hello"
```

'List of 2'는 두 가지 변수로 구성된 리스트라는 의미입니다. 그 중 첫 번째는 숫자형(num)에 데이터 길이가 3인 데이터 1, 2, 3이고, 두 번째는 문자형(chr) 데이터 "Hello"라는 것을 확인할 수 있습니다.

✚ 여기서 잠깐 | 인덱스

R에서 대괄호는 인덱스(index)를 의미합니다. 인덱스는 데이터를 가리킬 때 사용하며 이를 인덱싱이라고 합니다. 리스트에서는 대괄호를 겹쳐서 데이터의 위치를 표현하며, 위에서 생성한 list1 변수의 결과 [[1]]은 첫 번째 변수라는 의미입니다. 따라서 리스트의 첫 번째 변수를 호출하고 싶다면 다음과 같이 작성합니다.

```
> list1[[1]]
[1] 123
```

데이터 프레임

데이터 프레임은 실제 업무에서 가장 많이 사용하는 **데이터 세트**로 숫자형 벡터, 문자형 벡터 등 서로 다른 형태의 데이터를 묶을 수 있는 다중형 데이터 세트입니다. 얼핏 보면 행렬과 유사해 보이지만, 데이터 프레임의 각 열에는 변수명이 있어야 합니다. 엑셀의 데이터 구조와 매우 유사합니다.

ID	SEX	AGE	AREA
1	F	30	제주
2	F	23	서울
3	M	25	서울
4	M	56	경기
5	F	54	제주
6	F	43	인천
7	M	37	경기
8	F	43	인천
9	F	34	제주
10	M	34	제주

변수명을 이용하면 데이터를 가공할 때 용이합니다.
데이터값 (Value)
행(Row)
열(Column)

- **행**: 데이터 세트의 가로 영역으로 데이터의 **관측치**라고 부릅니다.

  예시 관측치가 10개입니다. ID 1번은 성별(SEX)이 F, 연령(AGE)이 30, 지역(AREA)이 제주인 데이터로 구성되어 있으며, ID별로 데이터를 수집해 놓은 것입니다.

- **열**: 데이터 세트의 세로 영역으로 **변수**라고 부릅니다.

  예시 열이 4개이며, ID, SEX, AGE, AREA 변수로 구성되어 있습니다.

- **데이터값**: 관측된 값입니다.

  예시 ID 5번의 관측치 중 성별(SEX)의 데이터값은 F입니다.

데이터 프레임은 **data.frame() 함수**를 이용하여 다음과 같은 형식으로 생성합니다.

```
data.frame (변수명1, 변수명2, ... ,변수명n)
```

코드를 작성해보며 구체적인 생성 방법과 구성을 살펴보겠습니다. 데이터 프레임 구성을 위해 ID, SEX, AGE, AREA 변수를 생성하고 데이터 프레임으로 저장합니다.

손코딩

데이터 프레임 생성하기

```
ID <- c(1, 2, 3, 4, 5, 6, 7, 8, 9, 10)
SEX <- c("F", "M", "F", "M", "M", "F", "F", "F", "M", "F")
AGE <- c(50, 40, 28, 50, 27, 23, 56, 47, 20, 38)
AREA <- c("서울", "경기", "제주", "서울", "서울", "서울", "경기", "서울",
          "인천", "경기")
dataframe_ex <- data.frame(ID, SEX, AGE, AREA)
dataframe_ex
```

```
     ID SEX AGE  AREA
1     1   F  50  서울
2     2   M  40  경기
3     3   F  28  제주
4     4   M  50  서울
5     5   M  27  서울
6     6   F  23  서울
7     7   F  56  경기
8     8   F  47  서울
9     9   M  20  인천
10   10   F  38  경기
```

위처럼 데이터 프레임은 숫자형 벡터나 문자형 벡터 등 서로 다른 형태의 데이터를 묶을 수 있습니다. 변수를 각각 벡터로 만든 후 data.frame() 함수로 묶어 주면 관측치가 10개이고 변수가 4개인 데이터 프레임이 생성된 것을 확인할 수 있습니다.

str( ) 함수를 이용해 좀 더 자세하게 변수 속성을 파악해 보겠습니다.

변수 속성 확인하기

```
str(dataframe_ex)
```

```
'data.frame':   10 obs. of  4 variables:          → ①
 $ ID  : num  1 2 3 4 5 6 7 8 9 10
 $ SEX : chr  "F" "M" "F" "M" ...
 $ AGE : num  50 40 28 50 27 23 56 47 20 38
 $ AREA: chr  "서울" "경기" "제주" "서울" ...
```

①은 변수가 4개(4 variables)이고 관측치가 10개(10 obs.)인 데이터 프레임이라는 의미입니다. 다음과 같이 변수별로 구체적인 정보도 파악할 수 있습니다.

obs.는 관측치(observations)의 줄임말입니다.

- **ID**: 숫자형(num) 데이터 10개(1 2 3 4 5 6 7 8 9 10)를 포함합니다.
- **SEX**: 요소 2개("F" "M")를 데이터 값으로 포함합니다.
- **AGE**: 숫자형(num) 데이터 10개(50 40 28 50 27 23 56 47 20 38)를 포함합니다.
- **AREA**: 요소 4개("서울" "경기" ...)를 데이터 값으로 포함합니다.

데이터 프레임으로 데이터 세트를 구성할 때는 각 변수에 들어 있는 관측치의 개수가 동일해야만 data.frame( ) 함수를 적용할 수 있습니다. 예를 들어 ID 변수에 관측치가 10개 있으면 SEX에도 관측치가 10개 있어야 합니다. SEX 관측치가 9개면 ID와 SEX 변수에 data.frame( ) 함수를 적용할 때 오류가 발생합니다.

마무리

▶ 6가지 키워드로 정리하는 핵심 포인트

- **데이터 세트**는 행과 열로 이루어진 테이블 형태의 데이터 집합을 말합니다.
- **벡터**는 1차원 데이터로 구성된 단일형 데이터입니다.
- **행렬**은 행과 열로 구성된 2차원 단일형 데이터입니다.
- **배열**은 행렬을 n차원으로 확대한 단일형 데이터입니다.
- **리스트**는 1차원 데이터인 벡터나 서로 다른 구조의 데이터를 그룹으로 묶은 다중형 데이터 세트입니다.
- **데이터 프레임**은 리스트를 2차원으로 확대한 것으로 숫자형 벡터, 문자형 벡터 등 서로 다른 형태의 데이터를 묶을 수 있는 다중형 데이터 세트입니다.

▶ 확인문제

1. 데이터 세트는 행과 열로 구성된 데이터입니다. 각 요소의 명칭과 정의를 연결해 보세요.

① 행 •	• 가로 영역, 관측치
② 열 •	• 관측된 값
③ 데이터 값 •	• 세로 영역, 변수

2. 데이터 종류를 유형과 차원에 따라 구분하여 정리한 표입니다. 괄호 안에 알맞은 내용을 넣어 보세요.

유형에 따라 \ 차원에 따라	1차원	2차원	n차원
단일형		행렬	배열
다중형	리스트		–

3. 문자형으로 이루어진 데이터 1, 2, 3, 4, 5는 ID 변수로, 숫자형으로 이루어진 데이터 10, 25, 100, 75, 30은 MID_EXAM 변수로, 문자형으로 이루어진 데이터 1반, 2반, 3반, 1반, 2반은 CLASS 변수로 구성해 보세요.

```
ID
MID_EXAM
CLASS
```

4. data.frame( ) 함수와 3번 문항에서 구성한 ID, MID_EXAM, CLASS 변수를 사용하여 example_test 데이터 세트를 저장해 보세요.

```
example_test
example_test
```

실행 결과

```
  ID MID_EXAM CLASS
1  1       10   1반
2  2       25   2반
3  3      100   3반
4  4       75   1반
5  5       30   2반
```

hint 3. 여러 개의 데이터 값을 변수로 구성할 때는 벡터를 생성하는 함수를 사용합니다.

4. data.frame() 함수 사용법은 96쪽을 참고하세요.

Chapter

03

데이터를 분석하기 전에는 분석을 수월하게 하기 위해 조건에 맞는 데이터를 추출하거나 변경하고, 데이터를 정렬하고 병합하는 '데이터 가공'을 진행합니다. 데이터를 가공하는 과정은 실제 데이터를 분석하는 과정보다 어렵고 시간도 많이 소요되며, 실제 분석 업무를 수행할 때도 많은 시간이 할애될 정도로 중요한 부분입니다. 이번 장에서는 데이터 가공 시 유용하게 사용하는 R 프로그래밍에 필요한 기본 개념을 알아보겠습니다.

R 프로그래밍 익히기

학습목표

- 변수를 알아봅니다.
- 함수를 알아봅니다.
- 조건문과 반복문을 알아봅니다.

03-1 변수와 함수

핵심 키워드

변수 | 할당 연산자 | 함수 | 내장 함수 | 사용자 정의 함수

데이터 가공에서 중요한 것들이 프로그래밍 요소 활용입니다. 데이터가 많을수록 사람이 일일이 손으로 하는 것에 한계가 있기 때문에 더욱 더 프로그래밍을 통한 처리가 중요합니다. 프로그래밍의 가장 기본 개념인 변수와 함수를 알아보겠습니다.

시작하기 전에

데이터 분석을 위한 기본 개념으로 변수와 함수를 알아야 합니다. **변수**variable는 특정 범위 안에서 다양하게 변하는 값을 의미합니다. 예를 들어 '나이'라는 변수는 1부터 시작하여 다양한 값을 가질 수 있습니다. 이러한 변수의 값들이 모여 데이터 세트가 되고 분석의 대상이 되므로 변수의 개념을 명확하게 알고 있어야 합니다.

함수function는 특정한 기능을 수행하기 위해 사전에 설계된 프로그래밍 구문을 묶어 놓은 것입니다. 함수는 데이터를 분석하는 데 꼭 필요한 요소로 특정 결과를 도출하는 기능 외에도 변수를 변형하거나 그래프를 그릴 수도 있습니다. 함수는 무궁무진한 기능을 포함하므로 함수를 잘 다룰수록 원하는 분석을 빠르고 쉽게 할 수 있습니다.

변수와 함수는 프로그래밍 기본 중의 기본입니다. 잘 따라 해 보세요.

변수 만들기

변수는 이름 그대로 '변하는 수'입니다. 변수는 어떠한 값이라도 될 수 있기 때문에 무엇이든 담을 수 있는 그릇 같은 것이고, 이 그릇에 숫자, 문자 등이 담겨 있다고 생각하면 됩니다.

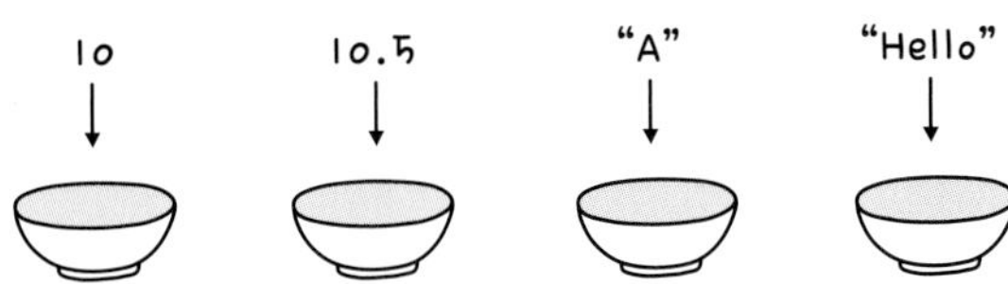

변수를 만들 때 변수명은 자유롭게 사용할 수 있습니다. 다만, 다음과 같은 몇 가지 규칙은 반드시 지켜야 합니다.

- 첫 문자는 반드시 영문자(알파벳) 또는 마침표(.)를 사용합니다.
- 첫 문자에는 숫자, 밑줄 문자(_)를 사용할 수 없습니다.
- 마침표(.)와 밑줄 문자(_)를 제외한 특수 문자는 사용할 수 없습니다.
- 대문자와 소문자를 구분합니다.
- 변수명 중간에 빈칸을 넣을 수 없습니다. 빈칸은 밑줄 문자(_)를 활용하여 표현합니다.

변수 이름으로 사용 가능한 단어	변수 이름으로 사용 불가능한 단어
exam .exam e1axm e_xam e1_am Exam	1exam _exam $exam ex a

note 첫 문자로 마침표(.)를 사용할 수 있지만, 실제로 마침표를 첫 문자로 사용하는 경우는 거의 없습니다. 마침표로 시작한다면 바로 뒤에는 영문자가 와야 합니다.

변수명은 위와 같은 규칙을 지키면서 기억하기 쉽고 일정한 규칙을 가지도록 생성하는 것이 좋습니다. 또한 R은 대문자와 소문자를 구별하는 프로그래밍 언어이므로 가급적이면 소문자로 작성하는 것을 추천합니다.

R에서 변수를 생성할 때는 <와 -를 결합해서 입력합니다.

```
변수명 <- 값
```

예를 들어 x 〈– 10 형태로 작성한다면 이는 '데이터 10을 변수 x에 할당합니다'라는 의미입니다. 여기서 〈–는 **할당 연산자**assignment operator입니다. 연산자에 대한 자세한 내용은 125쪽에서 살펴보고 먼저 변수를 직접 만들어 보겠습니다.

할당 연산자로 코드를 작성한 후 코드를 모두 드래그해서 블록으로 지정합니다. 단축키 Ctrl+Enter를 눌러 코드를 실행하고 Console 탭에서 실행 결과를 확인해 보겠습니다.

단축키 대신 Script 탭에서 [Run]을 클릭해도 실행할 수 있습니다.

손코딩

숫자와 문자 변수 생성하기

```
x <- 10
x

y <- "HI"
y
```

```
> [1] 10
  [1] "HI"
```

아주 간단하게 변수가 생성되었습니다. 변수 x의 값은 10, y의 값은 "HI"가 출력됩니다. 앞에서 배운 숫자형, 문자형 벡터를 생성할 때와 마찬가지로 변수에 값을 할당할 때 숫자인지 문자인지에 따라 작성 방법이 다릅니다. 숫자를 할당할 때는 특별한 규칙 없이 할당할 숫자를 입력하면 되지만, 문자를 할당할 때는 큰따옴표("") 또는 작은따옴표('')로 감싸야 합니다.

note 윈도우 R 스튜디오에서는 할당 연산자 〈–의 단축키로 Alt+-를 사용할 수 있습니다. 맥에서는 Option+-를 사용합니다.

함수 호출하기

함수는 특정한 기능을 수행하기 위해 사전에 만들어진 프로그래밍 구문을 묶어 놓은 것입니다. 쉽게 설명하자면 함수는 자판기 버튼이라고 할 수 있습니다. 콜라 버튼을 누르면 콜라가 나오고 주스 버튼을 누르면 주스가 나오는 것처럼 이미 정해진 기능을 수행합니다.

함수는 다음과 같은 형식으로 사용하며 이를 '함수를 호출한다'라고 합니다.

```
함수명(인자)
```

평균을 구하는 함수를 이용하면 평균이 구해지고, 값을 내림차순으로 정렬하는 함수를 사용하면 내림차순으로 정렬됩니다.

예를 들어 변수 x에 1부터 10까지 숫자가 있습니다. 최댓값을 구하고 싶을 때는 max() 함수를 사용하여 max(x) 형태로 작성한 후 실행합니다. 이처럼 사용할 함수의 괄호 안에 변수를 입력하면 원하는 결괏값을 얻을 수 있습니다.

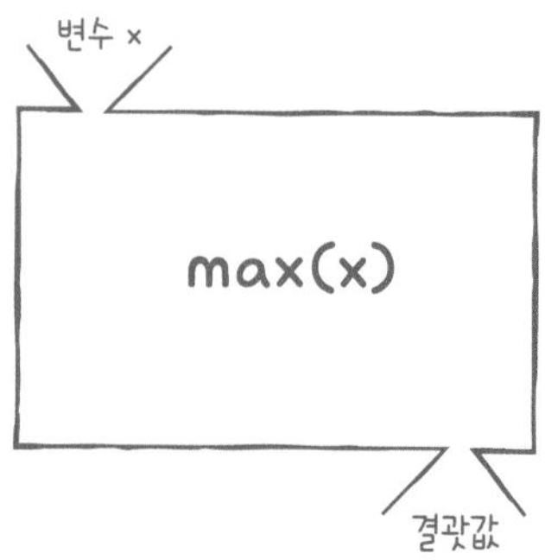

10과 20을 더하고 싶다면 sum() 함수를 이용하여 다음과 같은 형태로 사용할 수 있습니다.

```
sum(10, 20)
```

sum() 부분을 min()으로 바꾼다면 최솟값, max()로 바꾼다면 최댓값으로 구할 수 있습니다. 자판기 버튼을 바꿔 누르는 것처럼 말입니다. 물론 함수의 결과를 변수에 저장할 수도 있습니다.

```
x <- sum(10, 20)
```

내장 함수 사용하기

별도의 패키지를 설치하지 않고 사용할 수 있는 함수는 **내장 함수**라고 합니다. 우리는 이미 print() 라는 내장 함수를 사용해본 적이 있습니다. 내장 함수는 R을 설치하면 기본으로 포함되어 있어 별도의 구문 작성 없이 바로 호출할 수 있습니다.

내장 함수 호출할 때는 다음과 같이 사용합니다. Hello World를 출력합니다.

손코딩

Hello World 문자 출력하기

```
print("Hello World")
```

```
> [1] "Hello World"
```

sum() 함수도 내장 함수입니다. 1부터 100까지 더한 값을 변수 a에 저장하고 출력해 보겠습니다.

손코딩
1부터 100까지 더한 값을 출력하기
a <- sum(1:100)
a
1부터 100까지라는 의미입니다.


```
> [1] 5050
```

오늘 날짜를 출력할 수도 있습니다. **Sys.Date() 함수**를 사용하면 함수를 실행하는 날짜를 결괏값으로 확인할 수 있습니다.

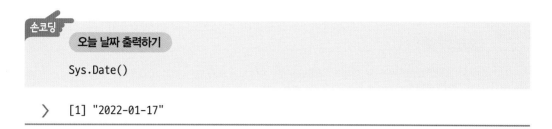

note Sys.Date() 함수의 대문자, 소문자를 지켜서 작성하세요.

사용자 정의 함수 만들기

R에서는 사전에 정의된 내장 함수 이외에도 사용자가 임의로 함수를 만들 수 있습니다. 이러한 함수를 **사용자 정의 함수**라고 합니다. 사용자 정의 함수는 사용자가 원하는 기능을 만들기 위해 작성하며, 함수가 생성된 후에는 내장 함수처럼 호출됩니다. 여러 작업이 반복될 때 함수를 생성하면 자동화할 때 유용합니다.

사용자 정의 함수를 만들 때는 다음과 같은 구성요소가 필요합니다.

```
함수명 <- function(매개변수1, 매개변수2, ....) {
  함수가 구현할 내용
  ...
  return(결괏값)
}
```

- **함수명**: 함수의 이름. R 환경에 저장되며, 함수를 호출할 때 사용합니다.
- **매개변수**: 함수의 변수. 함수가 호출될 때 전달되는 어떠한 값입니다. 매개변수는 없을 수도 있고, 여러 개가 있을 수도 있습니다. 같은 의미로 **파라미터**parameter라고도 합니다.
- **함수가 구현할 내용**: 사용자가 함수의 기능을 프로그램 언어로 정의한 구문입니다.
- **결괏값**: 함수의 기능이 수행된 결과로 함수 본문의 마지막 표현식입니다.

코드를 작성해 보겠습니다. 매개변수 x, y, z를 넣고, 중괄호 안에 함수 내용을 적어 함수를 생성합니다.

손코딩

숫자 3개 곱하기

```
multi_three_return <- function(x, y, z) {
  res <- x*y*z
  return(res)
}
multi_three_return(3, 5, 6)
```

```
> [1] 90
```

multi_three_return() 함수는 숫자 인자 3개를 받아 모두 곱한 값을 결과로 반환하는 사용자 정의 함수입니다. 사용자 정의 함수를 만드는 function() 함수에 3개 인자 x, y, z를 곱한 값을 변수 res에 저장하고 그 값을 return() 함수로 반환하도록 작성하였습니다.

사용자 정의 함수는 프로그래밍을 처음 배우는 입문자에게는 어려울 수 있습니다. R에는 이러한 어려움을 이해한다는 듯이 다양한 함수를 포함한 수많은 패키지가 있으므로 주요 함수와 패키지 사용법만 알아도 R 프로그래밍은 크게 어려울 것이 없습니다. 걱정하지 마세요.

좀 더 알아보기 return() 함수를 사용하는 이유

사용자 정의 함수를 만들 때는 return() 함수가 반드시 필요합니다. 이를 확인하기 위해 출력 함수인 cat() 함수로 숫자 3개 곱하기 예제를 만들어 return() 함수와 비교해 보겠습니다.

```
# return()을 사용하여 사용자 정의 함수 생성
> multi_three_return <- function(x,y,z) {
    res <- x*y*z
    return(res)
  }

# 함수 호출
> multi_three_return(3, 5, 6)
[1] 90    → 함수의 결괏값

# 변수에 저장한 후 출력
> a <- multi_three_return(3, 5, 6)
> a
[1] 90
```

```
# cat()을 사용하여 사용자 정의 함수 생성
> multi_three_cat <- function(x,y,z) {
    res <- x*y*z
    cat(res)
  }

# 함수 호출
> multi_three_cat(3, 5, 6)
90    → 함수의 결괏값

# 변수에 저장한 후 출력
> b <- multi_three_cat(3, 5, 6)
90    → 변수를 호출하지 않았는데 값이 출력됩니다.
> b
NULL
```

함수를 호출하여 출력했을 때는 값이 90으로 결과가 동일해보입니다. 차이점은 결괏값을 변수에 저장해보면 알 수 있습니다. return()으로 만든 함수는 변수를 따로 출력하기 전에는 값이 출력되지 않습니다. 하지만 cat()으로 만든 함수는 변수에 저장해도 함수를 호출한 것처럼 바로 값이 출력됩니다. cat() 함수는 단순히 결괏값을 출력할 뿐 값을 함수 인자에 반환해주지 않기 때문입니다. 따라서 함수가 구현한 값을 인자에 반환하여 변수에 저장하기 위해서는 return() 함수가 반드시 필요합니다.

note NULL은 변수가 초기화되지 않았을 때, 즉 값이 존재하지 않음을 표시합니다.

+ 여기서 잠깐 **print() 함수 / cat() 함수**

print() 함수와 cat() 함수는 둘 다 출력 함수이지만, 쓰임새가 약간 다릅니다. 어떻게 다른지 간단한 예시로 살펴보겠습니다.

```
# 여러 숫자 출력
> print(1, 2, 3)
[1] 1                  → 첫 번째 숫자만 출력됩니다.
> cat(1, 2, 3)
1 2 3                  → 모든 숫자가 출력됩니다.

# 숫자, 문자열 출력
> print(1, 2, 3, "hello")
[1] 1                  → 첫 번째 숫자만 출력됩니다.
> cat(1, 2, 3, "hello")
1 2 3 hello            → 모든 숫자와 문자열이 출력됩니다.
```

```
# 여러개 변수 출력
> x <- 4:6
> y <-"hello world"
>
> print(x, y)
Error in print.default(x, y) : invalid printing digits -2147483648 ─┐
In addition: Warning message:                                       ├→ 오류가 발생합니다.
In print.default(x, y) : NAs introduced by coercion                ─┘
> cat(x, y)
4 5 6 hello world      → 모든 변수가 출력됩니다.
```

cat() 함수의 가장 큰 특징은 여러 숫자, 문자를 구분없이 모두 출력합니다. 반면 print() 함수는 입력된 첫 번째 숫자 또는 문자(열)만 출력합니다. 변수도 마찬가지입니다. cat() 함수는 여러 변수를 출력할 수 있지만 print() 함수는 변수 하나만 출력할 수 있습니다.

마무리

▶ 5가지 키워드로 정리하는 핵심 포인트

- **변수**는 '변하는 값'을 의미합니다. 분석 편의를 위해 임시 값을 저장하기도 합니다.
- 변수를 생성할 때는 **할당 연산자** <- 기호를 사용합니다.
- **함수**는 특정 기능을 하도록 만들어진 프로그래밍 구문을 묶어 놓은 것을 의미합니다.
- **내장 함수**는 R에서 별도의 패키지를 설치하지 않고 사용할 수 있는 함수입니다.
- **사용자 정의 함수**는 원하는 연산을 위해 사용자가 임의로 만든 함수입니다.

▶ 확인문제

1. 함수의 특징에 대해 틀린 것은 무엇일까요?

① 특정 작업을 수행하기 위해 만들어졌습니다.
② 함수는 반드시 매개변수가 있어야 합니다.
③ 패키지 불러오기 없이 내장 함수를 사용할 수 있습니다.
④ 사용자가 임의로 함수를 만들 수 있습니다.
⑤ 함수를 변수에 할당할 수 있습니다.

2. 변수명을 생성할 때 사용 가능한 규칙이면 O표, 아니면 X표 하세요.

① 첫 문자로 영문자를 표기할 수 있습니다. (   )
② 첫 문자로 숫자를 표기할 수 있습니다. (   )
③ 변수명 중간에 빈칸을 사용할 수 있습니다. (   )
④ 변수명에 마침표와 밑줄 문자를 제외한 특수 문자를 사용할 수 있습니다. (   )

3. 다음 빈칸을 채워서 구문을 완성해 보세요.

① 변수를 생성합니다.

```
      <- c(값)
```

② 내장 함수를 호출합니다.

```
      (인자)
```

③ 사용자 정의 함수를 생성합니다.

```
      <-        (매개변수1, 매개변수2, ...) {
  
  ...
        (결괏값)
}
```

hint 2. 변수를 생성하는 방법은 103쪽을 참고하세요.
3. 내장 함수와 사용자 정의 함수가 어떻게 다른지 106쪽과 107쪽을 참고하세요.

4. x 변수에 1부터 10이하의 홀수로 구성된 숫자형 변수를 생성하는 코드를 작성하여 실행 결과처럼 출력해 보세요.

x
x
실행 결과
[1] 1 3 5 7 9

5. 문자형 변수를 생성하는 코드를 작성하여 실행 결과처럼 출력해 보세요.

y
y
실행 결과
[1] "Hello"

6. 숫자 3개를 더하는 코드를 작성하여 실행 결과처럼 출력해 보세요.

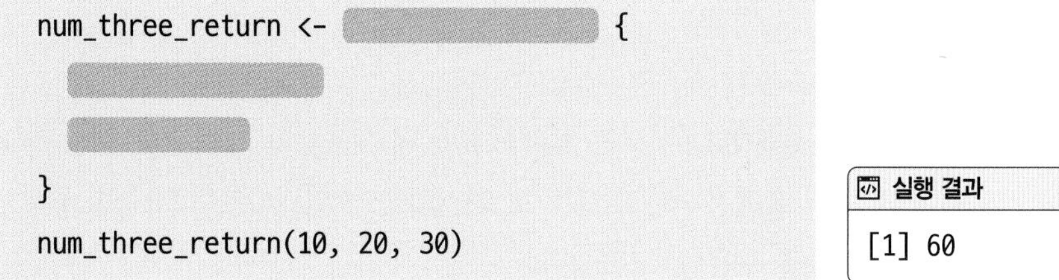
num_three_return <- {
}
num_three_return(10, 20, 30)

실행 결과

```
[1] 60
```

03-2 패키지

핵심 키워드

패키지 | 패키지 설치 | 패키지 로드 | 패키지 삭제

R에는 수많은 함수가 있으며 다른 사람들이 만들어 놓은 함수들을 '패키지'라는 함수들의 묶음에서 가져와 사용할 수 있습니다. 함수와 패키지를 잘 안다면 그만큼 데이터 분석이 수월해집니다.

시작하기 전에

함수는 앞에서 실습한 것처럼 **함수명( )**과 같은 형태로 만들어 사용한다고 배웠습니다. 이렇게 만든 여러 함수를 기능에 따라 묶어서 제공하는 것이 바로 **패키지**package입니다. 즉 하나의 패키지를 설치하면 그 안에 포함된 여러 함수를 사용할 수 있습니다.

예를 들어 문자열 처리 관련 패키지인 stringr 패키지를 이용하면 문자열 결합을 위한 str_c( ) 함수, 문자열 치환 삭제를 위한 str_replace( ) 함수, 문자열에서 일부 문자만 추출하는 str_sub( ) 등을 사용할 수 있습니다.

이렇듯 우리는 R을 사용하는 목적에 따라 결괏값을 그래프로 표현하거나 데이터를 원하는 형태로 재가공하기 위해 여러 함수가 필요합니다. 이러한 함수를 모두 만들어서 사용하기에는 많은 시간과 노력이 필요하므로 다른 사용자가 만들어서 무료로 배포하는 패키지를 설치하면 다양한 함수를 편리하게 사용할 수 있습니다.

패키지 설치하기

패키지 설치는 ❶ 함수를 이용해서 설치하는 방법과 ❷ R 스튜디오의 인터페이스를 이용하는 방법이 있습니다. 이번 절에서는 이 두 가지 방법으로 패키지를 설치해 보고, 패키지를 로드하고 삭제하는 과정까지 진행해 보겠습니다.

패키지 설치하기(1): 함수

Script 탭에 **install.packages() 함수**를 이용하여 패키지를 설치합니다. 함수를 이용하여 패키지를 설치하는 형식은 다음과 같습니다.

```
install.packages("패키지명")
```

데이터를 재가공할 때 자주 사용하는 **reshape2 패키지**를 설치해 보겠습니다.

reshape2 패키지 설치하기

```
install.packages("reshape2")
```

```
WARNING: Rtools is required to build R packages but is not currently
installed. Please download and install the appropriate version of Rtools
before proceeding:

https://cran.rstudio.com/bin/windows/Rtools/
Installing package into 'C:/Users/newstars/Documents/R/win-library/4.0'
(as 'lib' is unspecified)
also installing the dependency 'plyr'

...(중략)...

package 'plyr' successfully unpacked and MD5 sums checked
package 'reshape2' successfully unpacked and MD5 sums checked

The downloaded binary packages are in
   C:\Users\newstars\AppData\Local\Temp\RtmpkNKlIa\downloaded_packages
```

plyr 패키지로 함께 설치됩니다.

패키지가 성공적으로 설치됩니다.

실행 결과가 Console 탭에 표시되는 데 시간이 약간 걸리지만, 간단하게 패키지가 설치되었습니다. 설치 결과 내역을 자세히 보면 reshape2 패키지뿐만 아니라 추가로 필요한 plyr 패키지도 함께 설치된 것을 알 수 있습니다.

패키지 설치하기(2): R 스튜디오 Packages 탭

이번에는 R 스튜디오 인터페이스로 패키지를 설치해 보겠습니다. 패키지를 Packages 탭에서 직접 선택하여 설치하는 방법입니다.

Packages 탭은 R 스튜디오 우측하단 Files 탭에 있습니다.

01 [Packages] 탭에서 [Install]( ) 버튼을 클릭합니다.

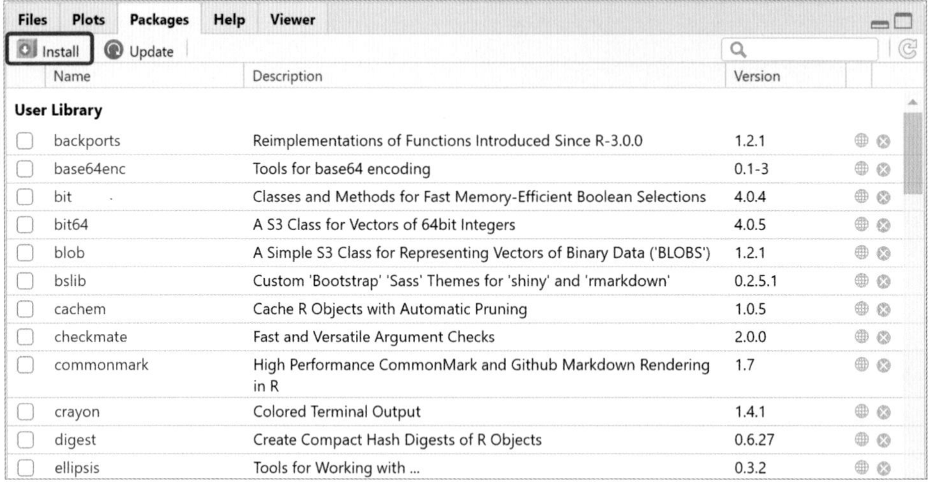

02 Packages 입력란에 [reshape2] 패키지명을 입력한 후 [Install] 버튼을 클릭합니다. Console 탭을 보면 Script 탭을 이용할 때와 동일하게 설치가 진행되는 것을 확인할 수 있습니다.

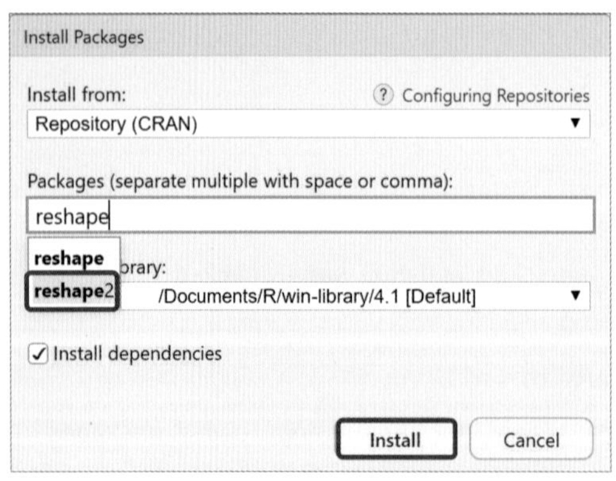

note 패키지명을 입력하면 유사한 이름의 패키지명이 드롭다운 목록으로 나타나는데 여기서 선택해도 됩니다.

설치한 패키지 확인하기

설치한 패키지를 불러오기 전에 먼저 library() 함수를 사용하여 R 스튜디오에 설치되어 있는 전체 패키지 목록을 확인해 보겠습니다. Script 탭에 패키지명 없이 다음과 같이 입력한 후 실행합니다.

```
> library()
```

실행 결과

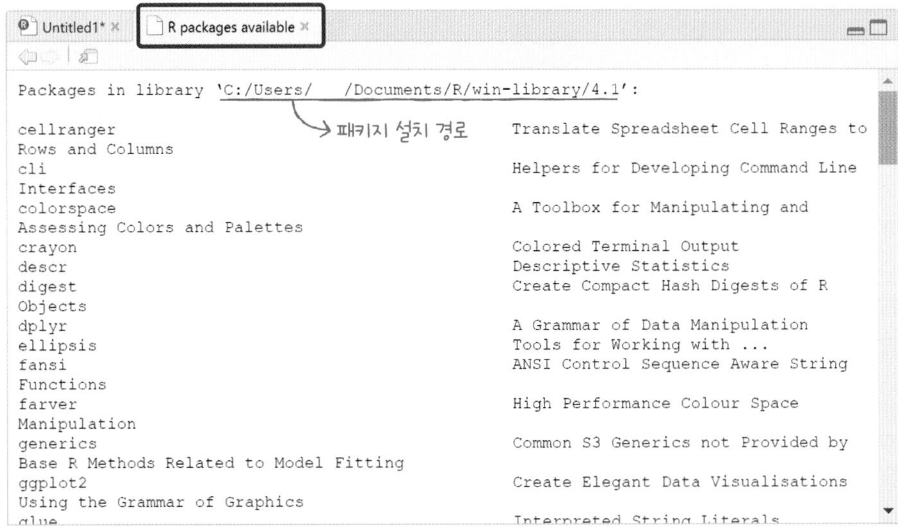

library() 함수를 실행하면 Script 탭에 [R packages available]이라는 새로운 탭을 확인할 수 있습니다. 이 문서에서 각 패키지 설치 경로와 현재 설치되어 있는 패키지 목록을 확인할 수 있습니다.

여기서 잠깐 R packages available 탭의 글자가 제대로 보이지 않을 때

운영체제 버전과 시스템 언어에 따라서 다음과 같이 R 스튜디오 시스템 언어 중 일부가 제대로 표시되지 않을 수 있습니다.

일부 언어가 제대로 표시되지 않은 상태의 R packages available 탭

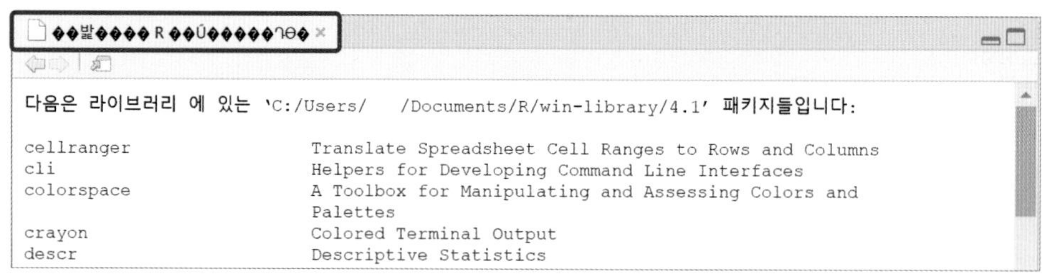

이때는 Script 탭이나 Console 탭에 **Sys.setlocale( ) 함수**를 입력한 후 실행하여 시스템 언어를 영어로 바꿔줍니다.

```
# 시스템 언어를 영어로 변경하기
Sys.setlocale("LC_ALL", "English_United States.1252")
```

만약 위 코드로 해결되지 않으면 Script 탭에 다음과 같이 작성하여 실행합니다. 아래 코드도 오류가 발생하면 도서 깃허브를 참고하세요. URL https://github.com/newstars/hongongR

```
install.packages("extrafont")   → 패키지를 설치합니다.
library(extrafont)   → 패키지를 로드합니다.
font_import()   → 설치한 폰트를 적용합니다.
```

패키지 로드하기

패키지 사용을 위해서는 패키지를 설치한 후 **library( ) 함수**를 사용해 불러오는 로드 과정을 거쳐야 합니다. 패키지 로드 과정은 R 스튜디오를 시작할 때마다 다시 실행해야 하는 일회성입니다. 이제 설치한 reshape2 패키지를 불러오겠습니다. 다음과 같이 코드를 작성한 후 실행합니다.

```
library(패키지명)
```

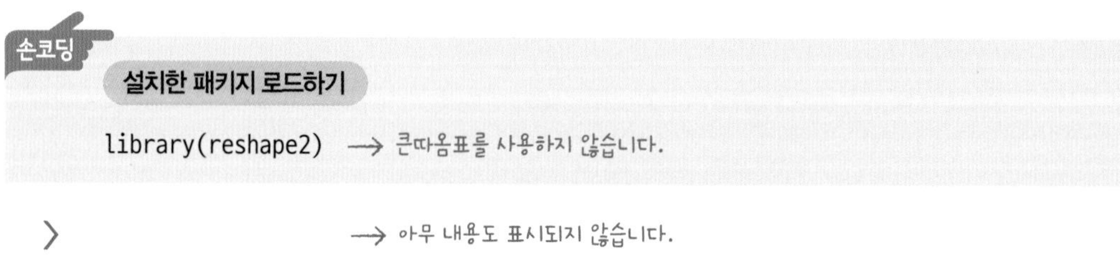

손코딩 **설치한 패키지 로드하기**

```
library(reshape2)   → 큰따옴표를 사용하지 않습니다.
```

```
>   → 아무 내용도 표시되지 않습니다.
```

설치할 때 문제가 없었다면 불러온 패키지를 사용할 준비가 되었다는 의미로 Console 탭에 아무 내용없이 프롬프트 기호(>)가 표시됩니다.

note 설치한 R 버전보다 불러온 패키지 버전이 높다는 경고 메시지가 나타날 때는 R 버전을 업데이트하면 해결됩니다. R 설치 방법(36쪽)을 참고하여 최신 버전으로 설치하세요.

패키지 삭제하기

패키지 삭제는 remove.packages() 함수를 사용합니다.

```
remove.packages("패키지명")
```

함수에 삭제하고자 하는 패키지명을 입력하여 사용하면 됩니다. 다음과 같이 코드를 작성하여 실행합니다.

손코딩 **설치한 패키지 삭제하기**

```
remove.packages("reshape2")
```

```
> 패키지(들)을 'C:/Users/newstars/Documents/R/win-library/4.1'으로부터 제거합니다
  (왜냐하면 'lib'가 지정되지 않았기 때문입니다)
```

note 실행 결과의 경로는 R 설치 경로에 따라 다르게 나올 수 있으며, 시스템 언어에 따라 출력 언어가 다를 수 있습니다.

+ 여기서 잠깐 Packages 탭에서 패키지 로드하고 삭제하기

R 스튜디오에서는 함수를 사용하지 않고 Packages 탭에서 패키지 로드와 삭제가 가능합니다. 패키지명 앞에 체크 상자를 체크하면 패키지를 불러올 수 있고, 패키지명 제일 뒤의 x 버튼을 클릭하면 패키지를 삭제할 수 있습니다.

Files Plots Packages Help Viewer

Install Update

	Name	Description	Version
☐	rematch	Match Regular Expressions with a Nicer 'API'	1.0.1
☑	reshape2	Flexibly Reshape Data: A Reboot of the Reshape Package	1.4.4
☐	rlang	Functions for Base Types and Core R and 'Tidyverse' Features	0.4.11

주요 패키지 활용하기

패키지를 설치하려면 우선은 어떤 패키지가 있는지, 그리고 사용하려는 기능은 어떤 패키지에 포함되어 있는지를 파악해야 합니다. 데이터 분석에서 사용하는 통계 용어와 패키지 기능은 이 지면에서 모두 설명할 수 없으므로 여기서는 가볍게 어떤 기능에 어떤 패키지를 쓰는지 정도만 훑어보고 넘어갑니다.

분류	기능	패키지명
로드	DB 처리	RMySQL, RPostgresSQL, RSQLite
	엑셀 처리	XLConnect, xlsx
핸들링	데이터 조작	dplyr
	데이터 레이아웃 변환	reshape2
	문자열 처리	stringr
시각화	그래프	ggplot2
	워드클라우드	wordcloud
	구글 차트	googleVis
모델링	선형 혼합 효과 모형	lme4
	비선형 혼합 효과 모형	nlme
	머신러닝 랜덤 포레스트	randomForest
	범주형 데이터 시각화	vcd
	Lasso, elastic-net회귀분석	glmnet
	생존분석	survival
	회귀분석 및 분류 모델의 트레이닝	caret
리포트	웹 대시보드	shiny
공간	지리 지도	maps
	Google map	ggmap
기타	대용량 text 데이터 처리	data.table
	멀티코어 사용으로 병렬 프로세싱 처리	parallel
	XML 문서 처리	XML
	JSON 데이터 처리	jsonlite
	HTTP Connection	httr

좀 더 알아보기 필요한 패키지 찾아보기

주요 패키지 외에 필요한 패키지는 CRAN 웹 사이트의 패키지 목록 페이지에서 찾을 수 있습니다.

R 패키지 목록

URL https//cran.r-project.org/web/packages/available_packages_by_name.html

이 페이지에는 현재 R에서 사용할 수 있는 거의 모든 패키지가 알파벳 순서로 정리되어 있으며, 상단에 있는 알파벳 링크를 클릭해서 해당 알파벳으로 시작하는 패키지로 이동할 수도 있습니다.

Available CRAN Packages By Name

A B C D E F G H I J K L M N O P Q R S T U V W X Y Z

A3	Accurate, Adaptable, and Accessible Error Metrics for Predictive Models
aaSEA	Amino Acid Substitution Effect Analyser
AATtools	Reliability and Scoring Routines for the Approach-Avoidance Task
ABACUS	Apps Based Activities for Communicating and Understanding Statistics
abbyyR	Access to Abbyy Optical Character Recognition (OCR) API
abc	Tools for Approximate Bayesian Computation (ABC)
abc.data	Data Only: Tools for Approximate Bayesian Computation (ABC)
ABC.RAP	Array Based CpG Region Analysis Pipeline
abcADM	Fit Accumulated Damage Models and Estimate Reliability using ABC
ABCanalysis	Computed ABC Analysis

위와 같은 패키지 목록 페이지는 사용할 패키지명을 알고 있고 상세 사용 방법이나 버전 등의 정보를 알고 싶을 때 이용하면 편리합니다. 예를 들어 앞서 설치해 보았던 reshape2 패키지를 찾아보겠습니다. 상단 목차에서 [R]을 클릭한 후 reshape2를 찾습니다.

reshape2: Flexibly Reshape Data: A Reboot of the Reshape Package

Flexibly restructure and aggregate data using just two functions: melt and 'dcast' (or 'acast').

Version:	1.4.4
Depends:	R (≥ 3.1)
Imports:	plyr (≥ 1.8.1), Rcpp, stringr
LinkingTo:	Rcpp
Suggests:	covr, lattice, testthat (≥ 0.8.0)
Published:	2020-04-09
Author:	Hadley Wickham
Maintainer:	Hadley Wickham <h.wickham at gmail.com>
BugReports:	https://github.com/hadley/reshape/issues
License:	MIT + file LICENSE

패키지 상세 정보 페이지에서는 해당 패키지 버전(Version)부터 만든 사람(Author), 배포 날짜(Published) 등에 대한 세부 정보 확인은 물론이고, Reference manual에 있는 링크를 클릭해서 패키지 사용법이 정리된 reshape2.pdf 문서를 다운로드할 수도 있습니다.

마무리

▶ 4가지 키워드로 정리하는 핵심 포인트

- 특정 기능을 수행하는 함수를 목적에 따라 여러 개를 묶어서 제공하는 것을 **패키지**라고 합니다.
- **패키지 설치**를 하면 삭제하기 전까지 다시 설치할 필요가 없습니다.
- R이나 R 스튜디오를 다시 켰다면 패키지를 사용하기 전에 패키지를 불러오는 **패키지 로드**를 실행해야 합니다.
- 필요하지 않은 패키지는 함수나 R 스튜디오 Packages 탭에서 **패키지 삭제**를 할 수 있습니다.

▶ 표로 정리하는 핵심 함수

함수	기능
install.packages()	패키지를 설치합니다.
library()	설치한 패키지 전체 목록을 확인하거나 특정 패키지를 로드합니다.
remove.packages()	설치한 패키지를 삭제합니다.

▶ 확인문제

1. 패키지를 사용하는 함수를 올바르게 연결해 보세요.

① install.packages("패키지명") •		• 패키지 불러오기
② remove.packages("패키지명") •		• 패키지 설치하기
③ library(패키지명) •		• 패키지 삭제하기

2. 다음 중 패키지에 대한 내용 중 옳지 않은 것은 무엇일까요?

① 패키지는 여러 함수를 기능에 따라 묶어 놓은 것을 말합니다.
② 패키지는 R 스튜디오 Packages 탭에서도 설치할 수 있습니다.
③ 패키지를 한번 설치하면 로드하지 않아도 함수를 사용할 수 있습니다.
④ 패키지를 설치하면 삭제하기 전까지 다시 설치할 필요가 없습니다.
⑤ library() 함수만 사용하면 설치된 모든 패키지를 확인할 수 있습니다.

3. reshape2에 있는 함수를 사용하려면 패키지를 설치해야 합니다. 다음 빈칸을 채워 코드를 완성해 보세요.

```
                ("reshape2")
```

4. reshape2 패키지를 설치했다면 함수를 실행하기 전에 패키지를 로드해야 합니다. 다음 코드의 빈칸을 채워서 코드를 완성해 보세요.

```
        (reshape2)
```

03-3 조건문과 반복문

핵심 키워드

할당 연산자 · 산술 연산자 · 관계 연산자 · 논리 연산자 · if-else 문 · 반복문

프로그래밍에서는 작성한 프로그램을 제어 흐름 기법을 통해 함수가 호출되는 순서를 조정할 수 있습니다. 이번 절에서는 코드를 조건에 맞춰서 수행하거나 반복 수행하게 하는 조건문과 반복문을 알아보겠습니다.

시작하기 전에

프로그래밍에서는 함수가 호출되는 순서를 **제어 흐름**control flow이라고 합니다. 코드는 보통 위에서 아래로 실행되지만, 이 흐름을 변경하기 위해 **조건문**과 **반복문**을 사용합니다. 조건문은 말 그대로 조건과 일치할 때 코드를 수행하고, 반복문은 주어진 조건에 맞게 코드를 반복 수행합니다.

이러한 조건문과 반복문의 조건을 만들기 위해서는 연산자를 알아야 합니다. **연산자**operator는 프로그램에서 데이터를 처리하는 연산 기호입니다. 우리가 이미 잘 알고 있는 더하기(+), 빼기(−), 곱하기(*), 나누기(/)가 그렇습니다. 프로그래밍에 필요한 다양한 연산자를 먼저 살펴보고 조건에 따라 프로그램을 수행하는 조건문과 반복문을 알아보겠습니다.

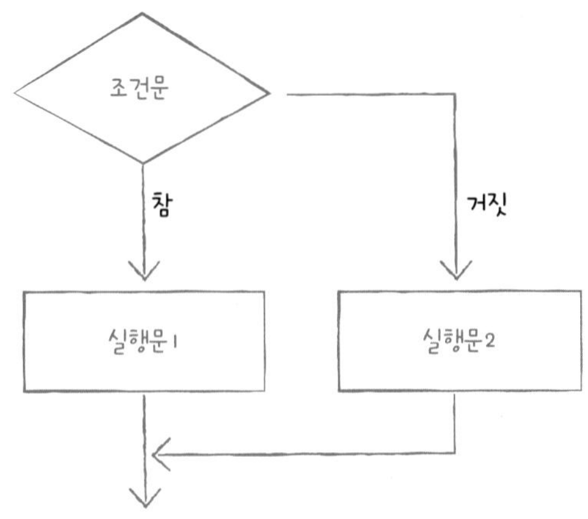

연산자

연산자는 프로그래밍의 시작입니다. 연산자에는 **할당 연산자**assignment operator, **산술 연산자**arithmetic operator, **관계 연산자**relational operator, **논리 연산자**logical operator 네 가지가 있습니다. 이러한 연산자는 우리가 이미 어릴 때부터 배워왔던 사칙 연산 등을 기호로 표시한 것입니다. R을 이용해 데이터 분석을 할 때도 연산자를 이용해서 변수를 연산하거나 변수와 변수를 비교할 수 있습니다.

할당 연산자

할당 연산자는 **대입 연산자**라고도 부릅니다. 할당 연산자는 특정 값을 변수에 저장하며 우항에 있는 값이 좌항에 할당됩니다.

할당 연산자	기능
<-	변수에 값을 저장

혹시 다른 프로그래밍 언어를 해본 적이 있다면 변수를 선언할 때 A = 2와 같이 연산자 등호(=)를 사용했을 겁니다. R에서도 =를 사용할 수 있지만, <-를 주로 사용합니다. 왜 그럴까요? 간단하게 코드를 살펴보며 두 연산자의 차이점을 알아보겠습니다.

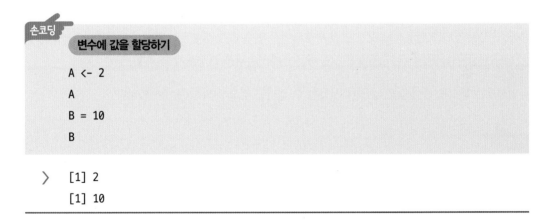

변수에 값을 할당하기

```
A <- 2
A
B = 10
B
```

```
> [1] 2
  [1] 10
```

두 연산자 모두 문제없이 변수가 생성됩니다. 만약 둘을 동시에 쓰면 어떨까요? <-와 =의 차이점은 우선순위에 있습니다. R에서는 <-가 =보다 우선순위가 높습니다.

손코딩
```
C = D <- 5
C
D
```

```
[1] 5
[1] 5
```

위 코드는 정상적으로 동작합니다. D의 값을 C에 할당하는 것보다 5를 D에 할당하는 것을 먼저 수행했기 때문입니다.

그러나 반대의 경우에는 오류가 발생합니다. 이번에는 =보다 <-를 먼저 사용해 보겠습니다.

손코딩
```
G <- E = 10
```

```
Error in G <- E = 10 : object 'G' not found
```

위 코드는 객체 G를 찾을 수 없다는 오류입니다. 10이 아직 변수 E에 할당되지 않아 변수가 비어있는데, E의 값을 G로 할당하는 것이 먼저 수행되어서 변수 G가 생성되지 않았기 때문입니다. 이럴 때는 할당 연산자를 통일하든지, 괄호를 사용하든지 우선순위를 조정해야 합니다.

= 연산자는 함수 인자에 값을 넣을 때 사용할 수 없다는 점도 기억해 두어야 합니다.

손코딩
```
sum(x <- 1)
x
sum(y = 1)
y
```

```
[1] 1
[1] 1                          --> x 변수에 1이 할당됩니다.
[1] 1
Error: object 'y' not found    --> 오류가 발생합니다.
```

어느 연산자를 사용해도 sum() 함수는 실행됩니다. 그러나 생성한 변수를 조회해보면 변수 x는 생성되었지만, 변수 y는 생성되지 않고 오류가 발생하는 것을 볼 수 있습니다.

이러한 이유로 R에서는 변수를 생성할 때 =를 잘 사용하지 않고 일반적으로 <-를 사용합니다.

산술 연산자

산술 연산자는 숫자를 계산하는 연산자입니다. 이미 익숙한 연산자도 있을 것이며 생소한 연산자도 있을 겁니다. 산술 연산자는 실습 중에 자주 사용하므로 반드시 기억하세요. 눈으로만 보는 것보다 간단한 실습을 해보며 연산 결과를 확인하세요.

산술 연산자	기능
+	더하기
–	빼기
*	곱하기
/	나누기
%/%	몫
%%	나머지
** 또는 ^	제곱수

```
> 1 + 2        # 더하기
[1] 3

> 5 - 3        # 빼기
[1] 2

> 3 * 7        # 곱하기
[1] 21

> 20 / 4       # 나누기
[1] 5

> - 1 + 3      # 음수와 양수 더하기
[1] 2
```

```
> 20 %/% 7     # 몫
[1] 2

> 20 %% 7     # 나머지
[1] 6

> 6 ^ 2        # 제곱
[1] 36

> 6 ** 2       # 제곱
[1] 36
```

관계 연산자

관계 연산자는 **비교 연산자**라고도 하며, 변수 간의 혹은 변수와 값을 비교하여 관계를 **TRUE**(참), **FALSE**(거짓)의 진릿값으로 알려주는 연산을 수행하는 연산자입니다.

관계 연산자는 우리에게 익숙한 부등호를 사용합니다.

관계 연산자	기능
>	크다
>=	크거나 같다
<	작다
<=	작거나 같다
==	같다
!=	같지 않다
!	아니다

관계 연산자는 결괏값이 TRUE 혹은 FALSE로 출력됩니다.
R


```
> 5 > 3        # 5는 3보다 크다
[1] TRUE

> 5 >= 6       # 5는 6보다 크거나 같다
[1] FALSE
```

```
> 5 < 3          # 5는 3보다 작다
[1] FALSE

> 5 <= 6         # 5는 6보다 작거나 같다
[1] TRUE

> 5 == 5         # 5는 5와 같다
[1] TRUE

> 5 != 5         # 5는 5와 같지 않다
[1] FALSE

> !5             # 5가 아니다
[1] FALSE
```

논리 연산자

논리 연산자는 관계 연산자로 얻은 **진릿값**truth value을 다시 연산할 때 사용합니다. & 연산자를 사용하면 양쪽의 조건이 모두 충족될 때에만 TRUE를 반환하고, ¦ 연산자를 사용하면 한쪽의 조건이 충족되는 경우에도 TRUE를 반환합니다.

진릿값이란 참 혹은 거짓으로 표현하는 값을 말합니다.

논리 연산자	기능
&	그리고 (and)
¦	또는 (or)

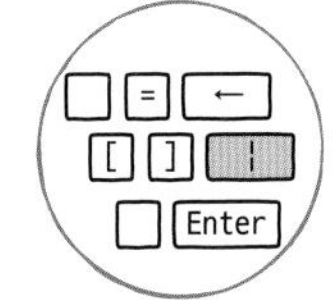

다양한 비교를 위해 우선 변수 x, y를 생성한 후 각각 3개의 숫자 데이터를 할당하고 관계 연산자와 논리 연산자를 이용하여 그 결과를 확인해 보겠습니다.

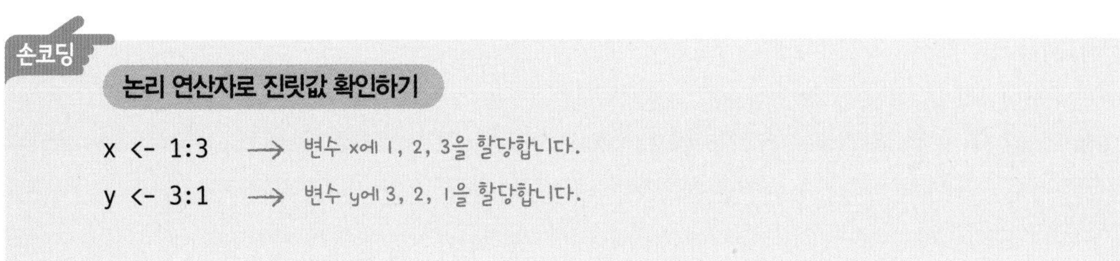

손코딩
논리 연산자로 진릿값 확인하기
x <- 1:3 → 변수 x에 1, 2, 3을 할당합니다.
y <- 3:1 → 변수 y에 3, 2, 1을 할당합니다.

```
(x > 0) & (y > 1)
(x > 0) | (y > 1)
```

```
[1] TRUE TRUE FALSE
[1] TRUE TRUE TRUE
```

콜론(:) 기호는 1에서 3까지라는 의미입니다. 변수 x에는 1, 2, 3을, 변수 y에는 3, 2, 1을 할당합니다. x값과 y값을 비교하여 & 연산자는 양쪽 조건을 모두 만족하면 TRUE를 출력하고, x값이 0보다 크고 y값이 1보다 크면 TRUE를, 한쪽을 만족하지 않거나 둘 다 만족하지 않으면 FALSE를 출력합니다. | 연산자는 양쪽 조건 중 한쪽만 만족하면 TRUE를 출력합니다. x값이 0보다 크거나 y값이 1보다 크면 TRUE를, 둘 다 만족하지 않으면 FALSE를 출력합니다.

실행 결과를 좀 더 쉽게 파악하기 위해 표로 정리해 보면 다음과 같습니다.

x	y	x > 0	y > 1	& 연산	| 연산
1	3	TRUE	TRUE	TRUE	TRUE
2	2	TRUE	TRUE	TRUE	TRUE
3	1	TRUE	FALSE	FALSE	TRUE
				x & y	x | y

if-else 조건문

조건문은 조건이 TRUE면 실행되는 코드 구문을 말합니다. **if-else 문**이 대표적입니다. 일반적인 조건문 형식은 다음과 같습니다.

```
if(조건) {
  조건이 TRUE(참)일 때 실행되는 구문1
} else {
  조건이 FALSE(거짓)일 때 실행되는 구문2
}
```

if-else 문은 만약 조건이 TRUE 값이면 구문1이 실행되고 FALSE 값이면 구문2가 실행됩니다. 실습으로 if-else 조건문이 어떻게 수행되는지 살펴보겠습니다. 변수 a를 2로 나눈 나머지가 0일 때 참이라면 "짝수입니다"를 출력하고 거짓이라면 "홀수입니다"를 출력합니다.

손코딩

조건문으로 짝수 홀수 구분하기

```
a <- 10
if(a %% 2 == 0) {
  print("짝수입니다")
} else {
  print("홀수입니다")
}
```

```
[1] "짝수입니다"
```

때로는 조건문에 2개 이상의 조건을 넣어야 할 때가 있습니다. 이때는 if-else 문 중간에 **else if 문**을 추가할 수 있습니다. if-else 문에 여러 조건을 넣어 작성이 가능하며 코드를 실행하면 첫 번째 조건부터 순차적으로 조건을 비교합니다.

```
if(조건 1) {
  조건이 TRUE(참)일 때 실행되는 구문1
} else if (조건 2) {
  조건1은 FALSE(거짓)이고, 조건 2는 TRUE(참)일 때 실행되는 구문2
} else {
  조건1과 2 모두 FALSE(거짓)일 때 실행되는 구문3
}
```

변수 b가 90보다 크거나 같을 때 "A 학점입니다"를 출력하고, 80보다 크거나 같으면 "B 학점입니다"를, 80점 미만이면 "C 학점입니다"를 출력해 보겠습니다.

손코딩

조건문으로 학점 분류하기

```
b <- 80
if(b >= 90) {
  print("A 학점입니다")     → TRUE일 때 실행되는 구문1
} else if (b >= 80) {
  print("B 학점입니다")     → TRUE일 때 실행되는 구문2
} else {
  print("c 학점입니다")     → 위의 조건이 둘다 FALSE일 때 실행되는 구문3
}
```

```
[1] "B 학점입니다"
```

b가 90보다 작으므로 첫 번째 조건문은 FALSE입니다. 그리고 나서 두 번째 조건문 80보다 크거나 같다는 조건을 만족하여 TRUE이므로 "B 학점입니다"를 출력하는 것입니다. 만약 이마저도 FALSE였다면 가장 마지막 구문을 출력합니다.

반복문

반복문은 정해진 조건만큼 반복 실행하는 구문입니다. 보통 반복문에는 for() 함수, while() 함수가 대표적이지만, R에서는 데이터를 정리할 때 빠르게 연산해주는 apply() 함수가 주로 쓰입니다. 여기서는 기본적인 **for() 함수**와 데이터 처리에 유용한 **apply() 함수**를 알아보겠습니다.

for() 함수

프로그래밍에서 반복문으로 많이 사용하는 **for() 함수**는 다음과 같은 형식으로 사용합니다.

```
for(변수 in 반복 횟수) {
  반복 조건만큼 실행되는 구문
}
```

조건만큼 반복 실행되는 간단한 구문입니다. 프로그래밍에서 흔히 실습해보는 구구단 2단을 출력해봅니다. 변수 i를 1부터 9까지 반복하여 2와 곱한 값을 변수 a에 할당합니다.

손코딩

for() 함수로 구구단 2단 출력하기

```
for(i in 1:9) {
  a <- 2*i
  print(a)
}
```

```
[1] 2
[1] 4
[1] 6
[1] 8
[1] 10
[1] 12
[1] 14
[1] 16
[1] 18
```

i가 1일 때 조건문 안에 있는 2*1을 실행하고 a에 2*1의 값인 2를 할당하여 출력, 그리고 다시 조건문으로 돌아가서 i가 2, 3, 4 … 9까지 순서대로 반복합니다.

반복문도 조건문처럼 다중으로 사용이 가능합니다. 구구단을 2단부터 9단까지 출력해 보겠습니다. 숫자 2개를 곱해야 하므로 변수도 2개가 필요합니다. 변수 i를 2부터 9까지 반복하면서 변수 j를 1부터 9까지 반복한 후 두 변수를 곱한 값을 출력합니다.

손코딩

for() 함수로 구구단 2단부터 9단까지 출력하기

```
for(i in 2:9) {
  for(j in 1:9) {
    print(paste(i, " * ", j, " = ", i*j))
  }
}
```

paste() 함수는 나열된 값을 이어서 출력하는 함수입니다.

```
[1] "2  *  1  =  2"
[1] "2  *  2  =  4"
[1] "2  *  3  =  6"
```

```
[1] "2 * 4 = 8"
... (중략) ...
[1] "9 * 6 = 54"
[1] "9 * 7 = 63"
[1] "9 * 8 = 72"
[1] "9 * 9 = 81"
```

apply() 함수

for() 함수는 프로그래밍에서 흔하게 사용하는 함수이지만, 동시에 여러 열이나 행을 처리할 수 없기 때문에 데이터 처리에는 적합하지 않습니다. 벡터, 행렬, 리스트를 많이 다루는 R에서는 행과 열 단위를 연산할 수 있는 **apply() 함수**를 주로 사용합니다. apply() 함수에는 **lapply() 함수**, **sapply() 함수**가 있으며 데이터 형태에 따라 구별해 사용합니다.

apply() 함수는 행렬 연산에 사용합니다. x에는 행렬을 넣고 margin 옵션이 1이면 행, 2이면 열에 함수가 적용됩니다.

```
apply(x, margin, 함수)
```

lapply() 함수는 연산 결과를 리스트로 반환하는 함수입니다. 벡터, 행렬, 리스트, 데이터 프레임 등 모두에 사용할 수 있습니다.

```
lapply(x, 함수)
```

sapply() 함수는 연산 결과를 벡터로 반환하는 함수입니다. lapply() 함수처럼 모든 자료형에 사용할 수 있습니다.

```
sapply(x, 함수)
```

apply() 함수로 행렬 값을 계산해 보겠습니다. 전체 합, 최솟값, 최댓값을 구합니다.

손코딩

apply() 함수로 행렬 값 계산하기

```
x <- matrix(1:4, 2, 2)
x

apply(x, 1, sum)
apply(x, 2, min)
apply(x, 1, max)
```

```
>      [,1] [,2]
[1,]    1    3
[2,]    2    4

[1] 4 6  → 각 행을 더한 결과가 출력됩니다.
[1] 1 3  → 각 열에서 최솟값이 출력됩니다.
[1] 3 4  → 각 행에서 최댓값이 출력됩니다.
```

이번에는 데이터 세트 iris를 사용하여 apply() 함수를 살펴보겠습니다. iris 데이터 세트는 R에서 별도의 패키지를 사용하지 않아도 기본으로 사용할 수 있는 **내장 데이터 세트**로 150개의 행과 5개의 열(꽃잎의 길이와 넓이, 꽃받침의 길이와 넓이, 종류)로 이루어져 있습니다.

먼저 str() 함수와 View() 함수에 iris를 넣고 코드를 실행하여 데이터 세트 내용을 살펴봅니다.

손코딩

iris 데이터 세트 구조 확인하기

```
str(iris)
```

```
> 'data.frame':   150 obs. of  5 variables:
$ Sepal.Length: num  5.1 4.9 4.7 4.6 5 5.4 4.6 5 4.4 4.9 ...
$ Sepal.Width : num  3.5 3 3.2 3.1 3.6 3.9 3.4 3.4 2.9 3.1 ...
$ Petal.Length: num  1.4 1.4 1.3 1.5 1.4 1.7 1.4 1.5 1.4 1.5 ...
$ Petal.Width : num  0.2 0.2 0.2 0.2 0.2 0.4 0.3 0.2 0.2 0.1 ...
$ Species     : Factor w/ 3 levels "setosa","versicolor",..: 1 1 1 1 1 1 1 1 1 1
...
```

```
View(iris)
```

→ View() 함수는 첫 글자가 대문자입니다.

Untitled1* × | iris ×

Filter

	Sepal.Length	Sepal.Width	Petal.Length	Petal.Width	Species
1	5.1	3.5	1.4	0.2	setosa
2	4.9	3.0	1.4	0.2	setosa
3	4.7	3.2	1.3	0.2	setosa
4	4.6	3.1	1.5	0.2	setosa
5	5.0	3.6	1.4	0.2	setosa
145	6.7	3.3	5.7	2.5	virginica
146	6.7	3.0	5.2	2.3	virginica
147	6.3	2.5	5.0	1.9	virginica
148	6.5	3.0	5.2	2.0	virginica
149	6.2	3.4	5.4	2.3	virginica
150	5.9	3.0	5.1	1.8	virginica

View() 함수는 데이터 프레임을 뷰어로 확인할 수 있는 함수입니다. 자세한 내용은 147쪽을 참고하세요.

iris 데이터 세트의 4개 열의 합, 평균, 최솟값, 최댓값, 중간값을 구해 보겠습니다.

손코딩

apply() 함수로 iris 데이터 세트 값 처리하기

```
apply(iris[, 1:4], 2, sum)      # 합
apply(iris[, 1:4], 2, mean)     # 평균값
apply(iris[, 1:4], 2, min)      # 최솟값
apply(iris[, 1:4], 2, max)      # 최댓값
apply(iris[, 1:4], 2, median)   # 중간값
```

```
Sepal.Length  Sepal.Width Petal.Length  Petal.Width
       876.5        458.6        563.7        179.9
Sepal.Length  Sepal.Width Petal.Length  Petal.Width
    5.843333     3.057333     3.758000     1.199333
Sepal.Length  Sepal.Width Petal.Length  Petal.Width
         4.3          2.0          1.0          0.1
Sepal.Length  Sepal.Width Petal.Length  Petal.Width
         7.9          4.4          6.9          2.5
Sepal.Length  Sepal.Width Petal.Length  Petal.Width
        5.80         3.00         4.35         1.30
```

데이터 이름, 변수명 뒤에 대괄호는 **인덱스**를 의미합니다. iris[i, j]는 iris 데이터 세트의 i번째 행, j번째 열입니다. 여기서는 4개 열의 모든 행을 계산할 것이므로 행 항목을 생략하고 열 1~4까지 값을 계산하기 위해 코드는 iris[, 1:4]로 작성합니다. 함수는 열에 적용할 것이므로 margin 값은 2로 설정하고 각 연산에 맞는 함수를 넣으면 변수 값이 열을 기준으로 연산됩니다.

iris 데이터 세트에 lapply() 함수와 sapply() 함수도 사용해서 값을 구해 보겠습니다.

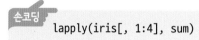

```
lapply(iris[, 1:4], sum)
```

```
$Sepal.Length
[1] 876.5

$Sepal.Width
[1] 458.6

$Petal.Length
[1] 563.7

$Petal.Width
[1] 179.9
```

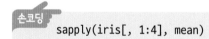

```
sapply(iris[, 1:4], mean)
```

```
Sepal.Length  Sepal.Width Petal.Length  Petal.Width
    5.843333     3.057333     3.758000     1.199333
```

실행 결과를 살펴보면 결괏값 형식에 차이가 있는 것는 알 수 있습니다. lapply() 함수는 연산 결과를 리스트로 반환하므로 변수를 세로로 나열하여 출력합니다. 반면에 sapply() 함수는 연산 결과를 벡터로 반환하는 함수이므로 변수 가로로 나열하여 출력하는 것을 확인할 수 있습니다. 이처럼 apply() 함수는 함수에 따라 데이터 형태를 다르게 반환하므로 분석에 필요한 데이터 형태에 따라 함수를 다르게 사용하면 됩니다.

좀 더 알아보기

R 코드 오류 해결하기

R에서 코드 오류를 해결하는 방법은 다른 프로그래밍 언어와 다르지 않습니다. 컴퓨터 용어로 오류는 **버그**bug, 오류를 처리하는 과정은 **디버깅**debugging이라고 합니다. 즉, 버그를 없애는 과정이라는 의미입니다.

일반적으로 R에서 이야기하는 디버깅은 값이 정상적으로 들어가고 있는 중간 중간에 값을 출력해 보거나 **browser() 함수**를 이용해 디버깅 모드를 이용하는 것을 말합니다.

여기에서는 디버깅 과정보다는 입문자가 주로 하는 실수를 중심으로 코드 작성시 주의할 점 네 가지를 살펴봅니다.

첫째, 변수나 객체를 기반으로 함수를 실행할 때 객체가 있는지 확인합니다.

상황 앞서 실습한 apply() 함수를 예를 들어 보겠습니다. 객체 x를 찾을 수 없다는 오류가 발생했습니다.

```
> apply(x, 1, sum)
Error in apply(x, 1, sum) : object 'x' not found
```

해결 x 값이 먼저 생성되어 있지 않으면 당연히 오류가 발생합니다. 이러한 경우에는 객체만 생성해주면 쉽게 해결할 수 있습니다.

```
> x <- matrix(1:4) → 행렬 객체 x를 생성합니다.
> apply(x, 1, sum)
[1] 1 2 3 4
```

둘째, 괄호나 따옴표가 쌍을 이루는지 확인합니다.

상황 다른 프로그래밍 언어에서도 가장 많이 하는 실수 중 하나입니다. 예기치 않은 오류가 발생했습니다.

```
> apply(iris[,1:4], 2, sum))
Error: unexpected ')'입니다 in "apply(iris[,1:4], 2, sum))"
```

해결 오류 메시지처럼 닫는 괄호가 하나 더 있어서 생기는 오류입니다. 괄호나 따옴표는 모두 쌍으로 이루어집니다. 이러한 경우에도 오류 메시지를 잘 읽으면 해결할 수 있습니다.

```
> apply(iris[,1:4],2,sum)  → 마지막 ) 괄호를 제거합니다.
Sepal.Length  Sepal.Width Petal.Length  Petal.Width
       876.5        458.6        563.7        179.9
```

셋째, 특정 패키지의 함수를 사용할 때 패키지를 로드했는지 확인합니다.

R에는 많은 패키지들이 있고 동일한 이름의 함수도 있어서 종종 발생하는 실수 중 하나입니다. 이러한 경우는 패키지 로드를 안 했거나, 함수 이름에 오타가 났을 때 동일한 오류가 나기 때문에 정확하게 문제점을 파악하기 어렵습니다.

먼저 **dplyr 패키지** 설치를 진행하고 어떤 오류가 발생하는지 살펴보겠습니다.

```
install.packages("dplyr")
```

상황 dplyr 패키지에 있는 **summarize() 함수**는 데이터 요약 정보를 확인할 수 있는 함수입니다. summarize() 함수를 실행했지만 함수를 찾을 수 없다는 오류가 발생했습니다.

```
> summarize(iris)
Error in summarize(iris) : could not find function "summarize"
```

해결 summarize() 함수가 있는 패키지 로드를 안 해서 생긴 오류이므로 **library() 함수**로 dplyr 패키지를 로드하면 오류를 해결할 수 있습니다.

```
> library(dplyr)  → library() 함수로 패키지를 로드합니다.

Attaching package: 'dplyr'

The following objects are masked from 'package:stats':
  filter, lag
```

```
The following objects are masked from 'package:base':

  intersect, setdiff, setequal, union

> summarize(iris)
data frame with 0 columns and 1 row
```

상황 아래 코드도 마찬가지로 summariz() 함수를 실행했지만 함수를 찾을 수 없다는 동일한 오류가 발생했습니다.

```
> summariz(iris)
Error in summariz(iris) : could not find function "summariz"
```

해결 오류를 확인하고 바로 오타인 것을 알았다면 금방 오류를 해결할 수 있습니다. 하지만 오타인지 아닌지 잘 모를 때는 어떻게 하면 좋을까요? 이때는 R 스튜디오의 Help 탭에서 함수를 검색해 보면 쉽게 알 수 있습니다.

summariz를 검색하면 아래와 같이 검색 결과를 찾을 수 없습니다. 대신에 summarise라는 비슷한 페이지들이 검색됩니다. 이 페이지에서 내가 사용하려는 함수 기능이 무엇이었는지 생각해보면 summariz가 오타였다는 것을 알 수 있습니다.

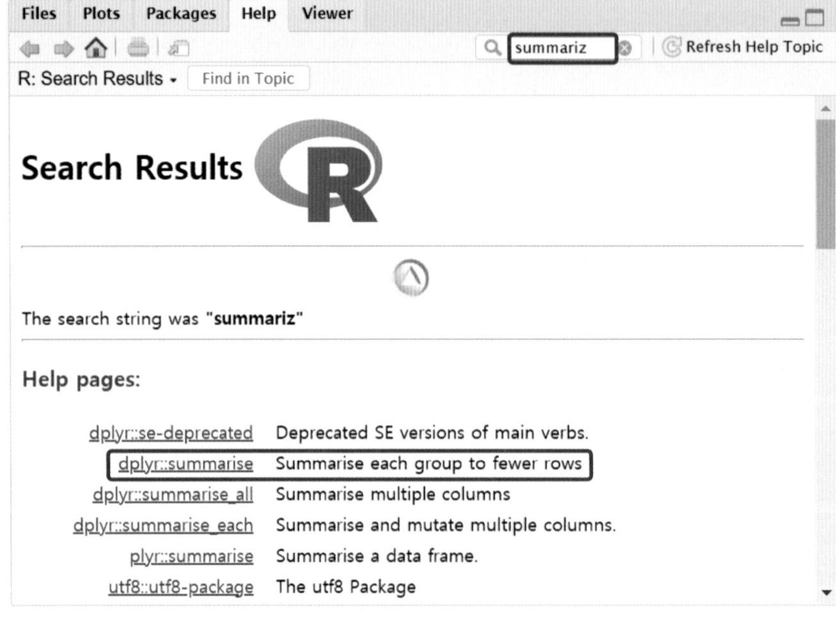

그렇다면 올바른 철자인 summarize를 검색해 보겠습니다.

오타가 아니라 올바른 함수명이라면 아래와 같이 도움말에서 검색됩니다. 검색 결과 최상단에 표시되어 있는 summarise {dplyr} 표시는 {dplyr} 패키지에 포함되어 있다는 것을 의미합니다.

note summarize와 summarise는 동의어로 둘 다 사용할 수 있습니다.

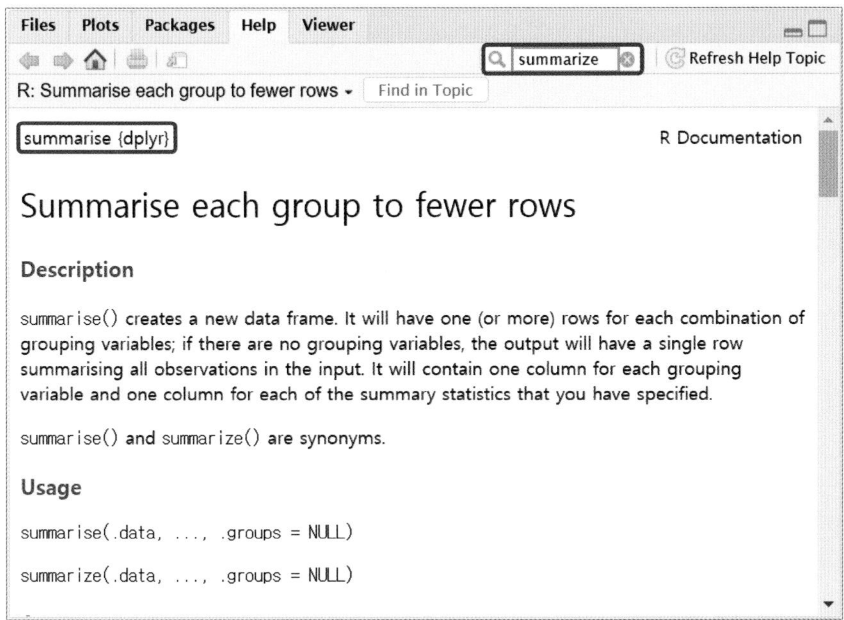

넷째, 결과에서 Warning 또는 Error가 났을 경우에는 잘 읽어봅니다.

앞서 살펴본 예시들처럼 대부분의 오류는 메시지에서 어떤 오류가 있는지 표시해 줍니다. 혹시 해결이 안 될 경우에는 구글이나 R 커뮤니티 등에서 검색해 보면 대부분 해결할 수 있습니다.

이 네 가지만 잘 살펴봐도 실습하면서 겪는 대부분의 문제는 해결할 수 있습니다.

마무리

▶ 6가지 키워드로 정리하는 핵심 포인트

- **할당 연산자**는 <- 기호를 사용하여 특정 값을 변수에 저장할 수 있습니다.
- **산술 연산자**는 사칙연산과 같이 숫자를 계산하는 연산자입니다.
- **관계 연산자**로 변수 간 혹은 변수와 값을 비교하여 그 관계를 TRUE 혹은 FALSE 진릿값으로 나타낼 수 있습니다.
- **논리 연산자**는 관계 연산자로 얻은 진릿값을 다시 연산할 때 사용합니다.
- 첫 번째 조건이 TRUE면 if문이 실행되고 FALSE라면 else문이 실행되는 것을 **if-else 문**이라고 합니다.
- 정해진 조건만큼 반복 실행하는 구문을 **반복문**이라고 합니다.

▶ 표로 정리하는 핵심 함수

함수	기능
for( )	조건만큼 구문을 반복 실행합니다.
apply( )	행 또는 열 단위에 함수를 적용하여 연산합니다. (배열, 행렬에 사용)
lapply( )	행 또는 열 단위에 함수를 적용하여 연산 결과를 리스트로 반환합니다. (모든 자료형에 사용)
sapply( )	행 또는 열 단위에 함수를 적용하여 연산 결과를 벡터로 반환합니다. (모든 자료형에 사용)

▶ 확인문제

1. 관계 연산자의 기능을 빈칸에 채워 보세요.

관계 연산자	기능
>	
>=	
<	
<=	
==	
!=	

2. 다음 조건문이 정상적으로 작동되도록 빈칸을 채워 보세요.

```
if(age < 13) {
   print("어린이입니다.")
}  ________ (age < 19){
   print("청소년입니다.")
}  ________  {
   print("성인입니다.")
}
```

3. 다음 반복문의 실행 결과를 적어 보세요.

```
sum <- 0
for(i in 1:100) {
  sum <- sum + i
  i <- i + 1
}
cat(sum)
```

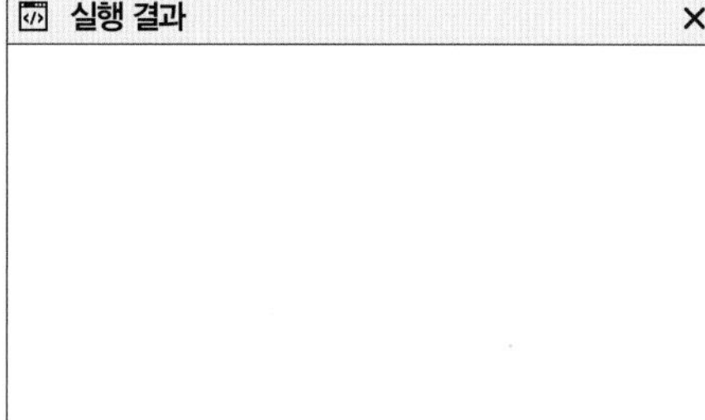

hint 2. 조건문에 2개 이상의 조건을 넣어야 할 때 사용하는 구문입니다.

3. for() 함수는 정해진 조건만큼 반복 실행합니다.

Chapter 04

데이터가 어떻게 생겼고 변수와 함수가 무엇인지 알아보았으니 이젠 데이터를 다루어 볼 차례입니다. 데이터를 원하는 상황에 맞게 잘 다루기 위해서는 데이터 다루는 방법을 구체적으로 이해해야 합니다. 이번 장에서는 데이터를 준비하고, 관측하고, 탐색하여 데이터 가공을 하기 위한 기본 지식을 알아봅니다.

데이터 다루기

학습목표

- 데이터를 수집하고 준비하는 과정을 알아봅니다.
- 데이터 구조를 관측하는 방법을 알아봅니다.
- 데이터를 탐색하여 그래프로 그려 봅니다.

04-1 데이터 수집하기

핵심 키워드

데이터 수집 | 원시 데이터 | XML 파일 | JSON 파일

데이터 분석에서 가장 먼저 시작하는 과정은 데이터 수집입니다. 데이터는 사용자가 직접 데이터를 입력하거나 외부에 있는 데이터를 불러올 수 있습니다.

시작하기 전에

분석할 데이터를 준비하는 과정을 **데이터 수집**이라고 합니다. 데이터는 어떻게 준비해야 할까요? 가장 기본적으로는 직접 데이터를 입력하거나 외부에서 생성한 데이터를 찾아서 불러오는 방법이 있고, 좀 더 전문적으로는 서버에서 데이터를 호출하는 방법이 있습니다. 벡터나 데이터 프레임을 R에 함수로 입력하는 방법이 데이터를 직접 생성하는 것이라면 외부 데이터를 가져오는 방법은 *.txt, *.csv, *.xlsx 등과 같이 이미 만들어져 있는 데이터 파일을 가져오는 방법입니다. 이처럼 직접 입력하거나 외부에서 가져온 데이터, 즉 가공하지 않은 처음의 데이터는 **원시 데이터**raw data 혹은 **원시 자료**라고 합니다.

직접 데이터 입력하기

R에서는 분석할 데이터(값)를 직접 입력하여 저장하는 단계를 **원시 데이터 입력**이라고 합니다. 원시 데이터 입력은 **c() 함수**로 값을 변수에 할당합니다. 구문은 다음과 같습니다.

```
변수명 <- c(값)
```

어디서 많이 본 방식 같지 않나요? 맞습니다. 바로 백터 만들기와 동일합니다. 직접 데이터를 입력하여 원시 데이터를 만들어 보겠습니다.

원시 데이터 입력은 자주 사용하는 구문이니 반드시 기억하세요.

변수 ID에는 1, 2, 3, 4, 5를, 변수 SEX에는 F, M, F, M, F를 할당하여 직접 데이터를 입력하고, 이 데이터를 데이터 프레임으로 만들어 **View() 함수**로 데이터를 조회합니다.

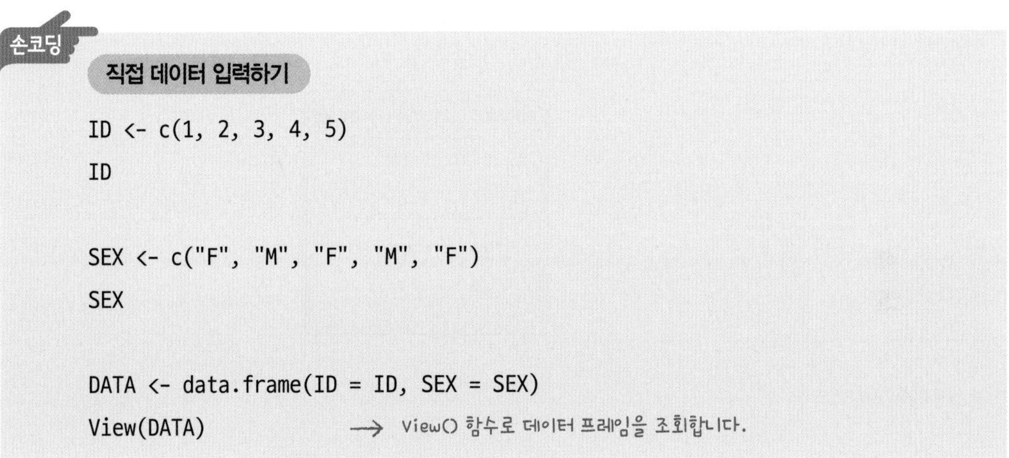

손코딩

직접 데이터 입력하기

```
ID <- c(1, 2, 3, 4, 5)
ID

SEX <- c("F", "M", "F", "M", "F")
SEX

DATA <- data.frame(ID = ID, SEX = SEX)
View(DATA)          → View() 함수로 데이터 프레임을 조회합니다.
```

```
> [1] 1 2 3 4 5
  [1] "F" "M" "F" "M" "F"
```

→ Console 탭 실행 결과

	ID	SEX
1	1	F
2	2	M
3	3	F
4	4	M
5	5	F

→ Script 탭의 데이터 뷰어 실행 결과

변수 ID, SEX에 5개 행을 가진 데이터 프레임이 생성됩니다. Console 탭에서는 직접 입력한 변수 값을 볼 수 있고, Script 탭에 새로 열린 뷰어에서는 데이터 프레임 전체를 테이블 형태로 볼 수 있습니다.

이처럼 데이터 조회는 일반적으로 Console 탭에서 확인하는 방법과 View() 함수를 이용해 데이터 뷰어로 확인하는 방법이 있습니다. **데이터 뷰어**를 이용하면 데이터를 엑셀처럼 정리된 상태로 볼 수 있고 간단한 필터를 적용하거나 정렬을 실행할 수 있어 편리합니다. 이는 주로 시스템으로 처리한 데이터가 어떤 형태로 표현되었는지 확인할 때 사용하며, 가공되지 않은 원시 데이터만 확인할 수 있습니다.

note View() 함수는 반드시 첫 글자를 대문자로 입력해야 합니다.

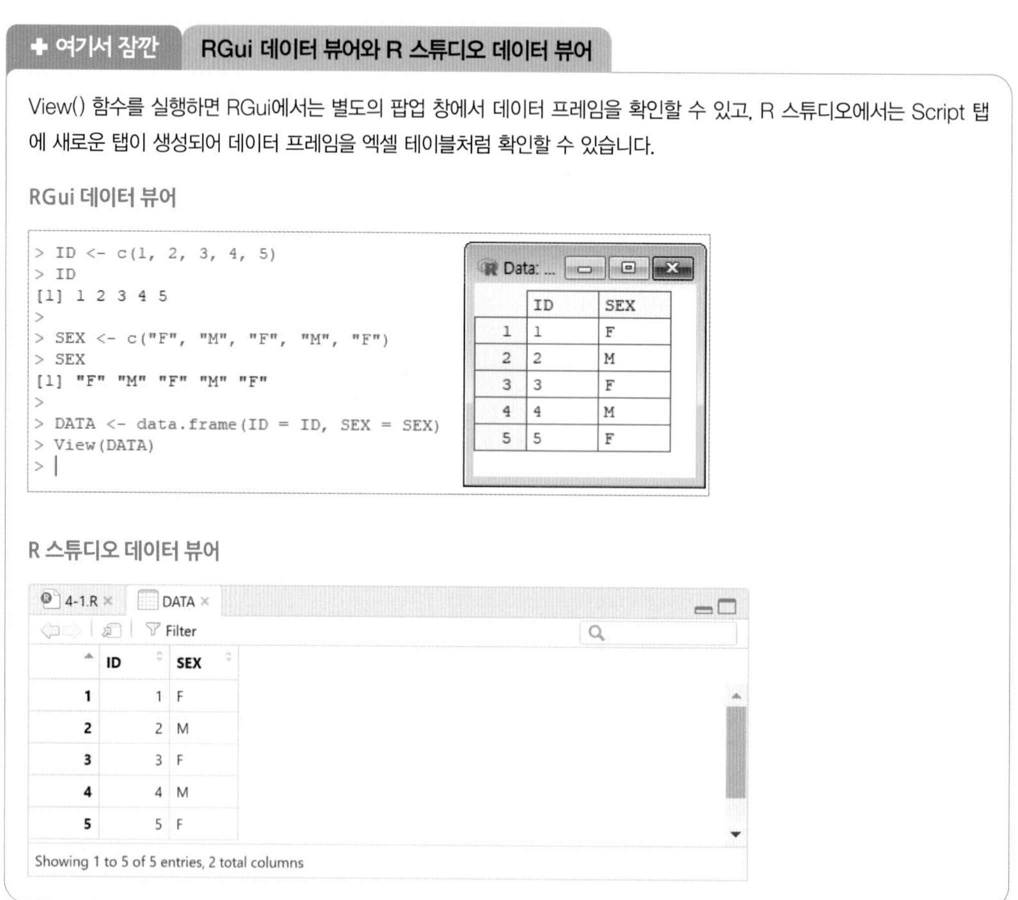

+ 여기서 잠깐 RGui 데이터 뷰어와 R 스튜디오 데이터 뷰어

View() 함수를 실행하면 RGui에서는 별도의 팝업 창에서 데이터 프레임을 확인할 수 있고, R 스튜디오에서는 Script 탭에 새로운 탭이 생성되어 데이터 프레임을 엑셀 테이블처럼 확인할 수 있습니다.

RGui 데이터 뷰어

```
> ID <- c(1, 2, 3, 4, 5)
> ID
[1] 1 2 3 4 5
>
> SEX <- c("F", "M", "F", "M", "F")
> SEX
[1] "F" "M" "F" "M" "F"
>
> DATA <- data.frame(ID = ID, SEX = SEX)
> View(DATA)
> |
```


	ID	SEX
1	1	F
2	2	M
3	3	F
4	4	M
5	5	F

R 스튜디오 데이터 뷰어

	ID	SEX
1	1	F
2	2	M
3	3	F
4	4	M
5	5	F

Showing 1 to 5 of 5 entries, 2 total columns

외부 데이터 가져오기: TXT 파일

TXT 파일은 **read.table() 함수**를 사용하여 데이터 프레임으로 가져올 수 있습니다. read.table() 함수 사용 형식은 다음과 같습니다.

```
read.table("원시 데이터", header = FALSE, skip = 0, nrows = -1, sep = "", ... )
```

함수에 원시 데이터 파일 경로를 넣어주고, 필요하다면 옵션을 지정합니다. 옵션을 지정하면 원시 데이터를 원하는 데이터 프레임 형태로 가져올 수 있습니다. 아래는 read.table() 함수에서 자주 사용하는 옵션입니다.

- header: 원시 데이터의 1행이 변수명인지 아닌지 판단합니다.
- skip: 특정 행까지 제외하고 데이터를 가져옵니다.
- nrows: 특정 행까지 데이터를 가져옵니다.
- sep: 데이터의 구분 문자를 지정합니다.

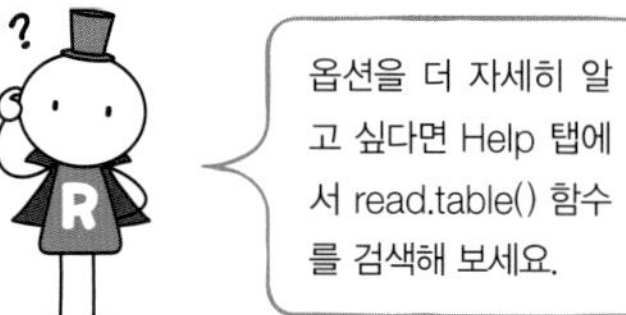

note 옵션은 사용하지 않으면 구문에서 생략할 수 있습니다. 생략하면 옵션 기본 값으로 원시 데이터를 가져옵니다.

read.table() 함수 사용법을 살펴보겠습니다. 가져올 파일은 data_ex.txt 파일입니다. 파일을 메모장 프로그램에서 먼저 실행해보면 각 열이 탭으로 구분되어 있고, 첫 번째 행은 변수명인 것을 알 수 있습니다. 이 원시 데이터를 변수 ex_data에 저장하여 데이터 프레임으로 가져옵니다.

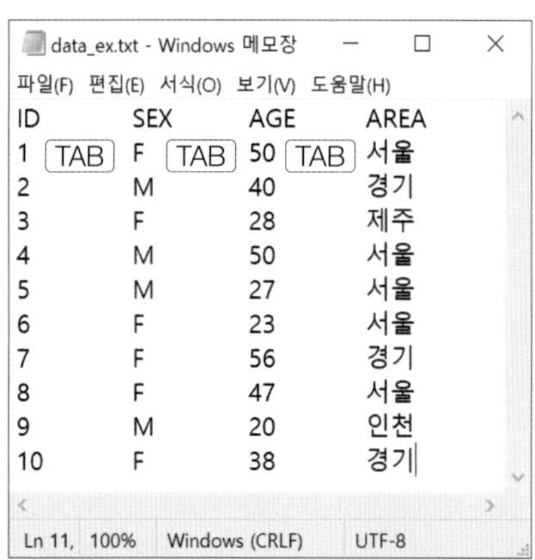

ID	SEX	AGE	AREA
1 TAB	F TAB	50 TAB	서울
2	M	40	경기
3	F	28	제주
4	M	50	서울
5	M	27	서울
6	F	23	서울
7	F	56	경기
8	F	47	서울
9	M	20	인천
10	F	38	경기

TXT 파일 가져오기

경로를 입력할 때 역슬래시(\)가 아닌 슬래시(/)를 사용합니다.

```
ex_data <- read.table("C:/Rstudy/data_ex.txt", encoding = "EUC-KR",
                      fileEncoding = "UTF-8")
View(ex_data)
```

>

	V1	V2	V3	V4
1	ID	SEX	AGE	AREA
2	1	F	50	서울
3	2	M	40	경기
4	3	F	28	제주
5	4	M	50	서울
6	5	M	27	서울
7	6	F	23	서울
8	7	F	56	경기
9	8	F	47	서울
10	9	M	20	인천
11	10	F	38	경기

변수명이 임의로 지정됩니다.

데이터 뷰어에서 가져온 데이터를 확인할 수 있습니다. 원시 데이터를 데이터 프레임으로 가져오면 테이블 첫 번째 행에는 변수명이 지정되고 그 아래로는 값을 가져옵니다. 여기에서 눈여겨볼 점은 테이블 1행입니다. 우리는 원시 데이터에서 1행이 변수명인 것을 확인했습니다. 그러나 데이터를 가져오면서 원시 데이터의 변수명이 값이 되고 테이블 첫 번째 행에는 임의의 변수명이 삽입되었습니다. 이럴 때는 read.table() 함수의 header 옵션을 사용하여 원시 데이터에 변수명이 있음을 지정해 주어야 합니다.

+ 여기서 잠깐 **encoding과 fileEncoding 옵션**

Windows 환경에서 실습할 때 한글이 있는 데이터를 가져오면 데이터의 한글이 제대로 표시되지 않는 문제가 발생할 수 있습니다. Windows는 인코딩을 CP949 혹은 EUC-KR을 사용하기 때문에 인코딩이 UTF-8인 파일을 가져올 때 발생하는 문제입니다. 이럴 때는 함수에 encoding과 fileEncoding 옵션을 설정해 줍니다. encoding 옵션은 R의 인코딩 설정, fileEncoding은 파일의 인코딩 설정입니다.

header 옵션

header 옵션은 원시 데이터 1행이 변수명인지 아닌지 판단하는 옵션입니다. **header = TRUE** 옵션을 추가하여 원시 데이터 1행이 변수명임을 지정하고 ex_data1로 저장해 보겠습니다.

```
ex_data1 <- read.table("C:/Rstudy/data_ex.txt", encoding = "EUC-KR",
                       fileEncoding = "UTF-8", header = TRUE)
View(ex_data1)
```

	ID	SEX	AGE	AREA
1	1	F	50	서울
2	2	M	40	경기
3	3	F	28	제주
4	4	M	50	서울
5	5	M	27	서울
6	6	F	23	서울
7	7	F	56	경기
8	8	F	47	서울
9	9	M	20	인천
10	10	F	38	경기

→ 원시 데이터의 1행이 변수명으로 지정됩니다.

이처럼 header = TRUE 옵션을 추가하면 원시 데이터의 1행이 변수명으로 지정됩니다. 따라서 테이블의 변수명으로는 ID, SEX, AGE, AREA를 가져오고 그 아래로는 원시 데이터의 값을 가져온 것을 알 수 있습니다.

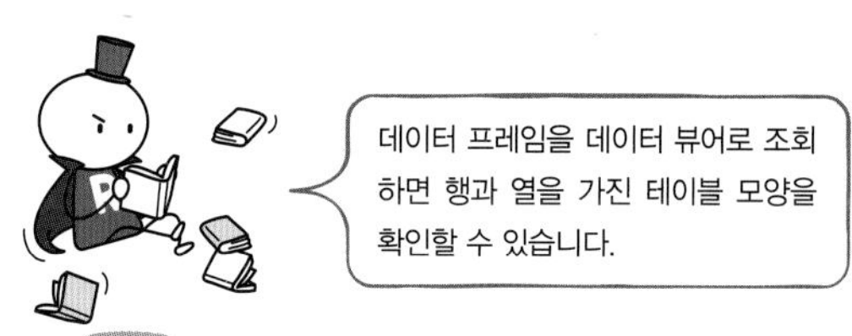

데이터 프레임을 데이터 뷰어로 조회하면 행과 열을 가진 테이블 모양을 확인할 수 있습니다.

만약 원시 데이터에 ID, SEX, AGE, AREA와 같이 변수명으로 사용할 행이 없다면 **col.names 옵션**을 사용합니다. col.names 옵션은 원시 데이터에 변수명이 없더라도 데이터 프레임에 변수명을 부여할 수 있습니다.

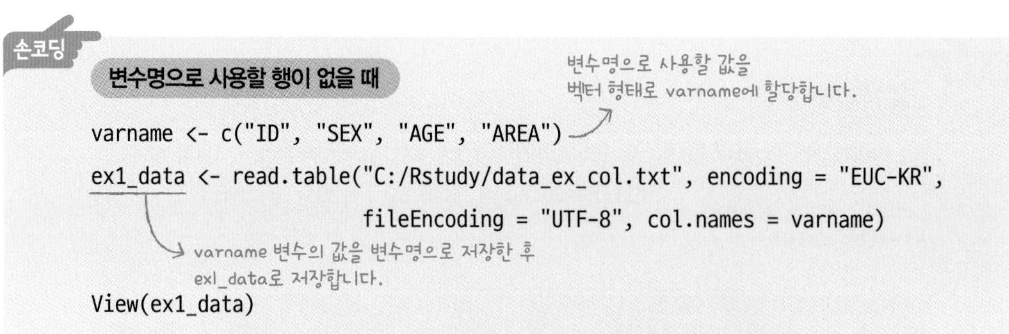

손코딩
변수명으로 사용할 행이 없을 때
변수명으로 사용할 값을
벡터 형태로 varname에 할당합니다.
varname 변수의 값을 변수명으로 저장한 후
ex1_data로 저장합니다.


```
varname <- c("ID", "SEX", "AGE", "AREA")
ex1_data <- read.table("C:/Rstudy/data_ex_col.txt", encoding = "EUC-KR",
                       fileEncoding = "UTF-8", col.names = varname)
View(ex1_data)
```

	ID	SEX	AGE	AREA
1	1	F	50	서울
2	2	M	40	경기
3	3	F	28	제주
4	4	M	50	서울
5	5	M	27	서울
6	6	F	23	서울
7	7	F	56	경기
8	8	F	47	서울
9	9	M	20	인천
10	10	F	38	경기

위 코드처럼 col.names 옵션은 변수명으로 사용할 값을 지정할 수 있습니다. 만약 행 이름을 부여하고 싶다면 **row.names 옵션**을 사용하면 됩니다.

skip 옵션

skip 옵션은 데이터 전체가 아니라 옵션에 지정한 특정 행까지 제외하고 그 이후 행부터 가져옵니다. 데이터를 두 줄 건너뛰고 가져와 변수 ex_data2로 저장해 보겠습니다.

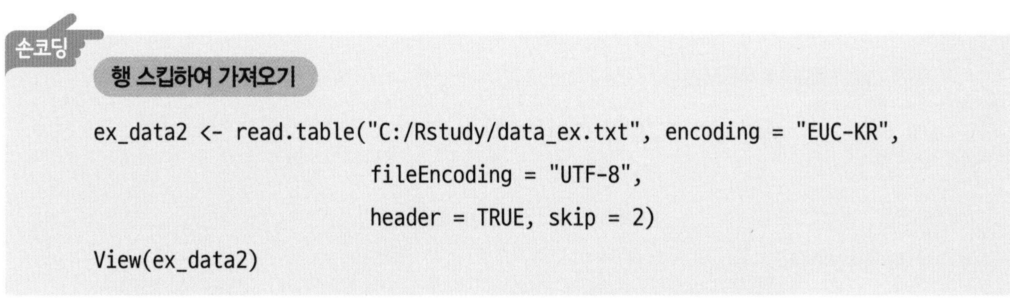

손코딩 **행 스킵하여 가져오기**

```
ex_data2 <- read.table("C:/Rstudy/data_ex.txt", encoding = "EUC-KR",
                       fileEncoding = "UTF-8",
                       header = TRUE, skip = 2)
View(ex_data2)
```

〉

	X2	M	X40	경기
1	3	F	28	제주
2	4	M	50	서울
3	5	M	27	서울
4	6	F	23	서울
5	7	F	56	경기
6	8	F	47	서울
7	9	M	20	인천
8	10	F	38	경기

header = TRUE 옵션을 사용하여 원시 데이터 1행을 변수명으로 지정하고 skip = 2 옵션을 추가하여 원시 데이터 2행까지를 제외했더니, 변수명인 1행을 제외하고 나머지 행 중 두 개 행을 건너뛴 3행 데이터부터 불러온 것을 알 수 있습니다.

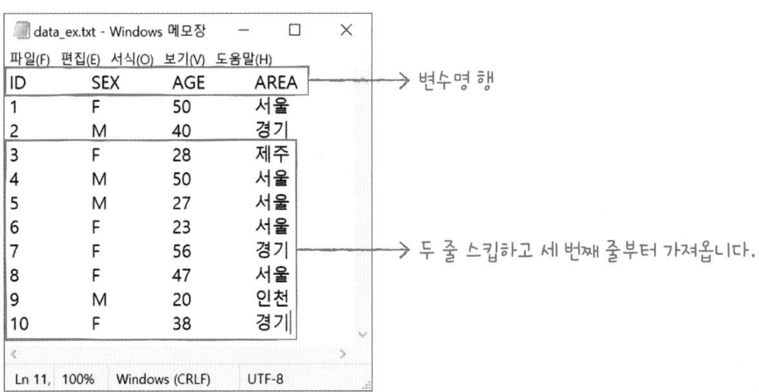

data_ex.txt - Windows 메모장

파일(F) 편집(E) 서식(O) 보기(V) 도움말(H)

ID	SEX	AGE	AREA
1	F	50	서울
2	M	40	경기
3	F	28	제주
4	M	50	서울
5	M	27	서울
6	F	23	서울
7	F	56	경기
8	F	47	서울
9	M	20	인천
10	F	38	경기

Ln 11, 100% Windows (CRLF) UTF-8

nrows 옵션

nrows 옵션은 몇 개의 행을 불러올지 지정할 수 있습니다. 불러올 행 개수를 7개로 지정한 후 변수 ex_data3으로 저장해 보겠습니다.

행 개수 지정하여 가져오기

```
ex_data3 <- read.table("C:/Rstudy/data_ex.txt", encoding = "EUC-KR",
                       fileEncoding = "UTF-8",
                       header = TRUE, nrows = 7)
View(ex_data3)
```

›

	ID	SEX	AGE	AREA
1	1	F	50	서울
2	2	M	40	경기
3	3	F	28	제주
4	4	M	50	서울
5	5	M	27	서울
6	6	F	23	서울
7	7	F	56	경기

header = TRUE 옵션을 사용하여 1행을 변수명으로 지정하고, 그 이후로 1행부터 7행까지 원시 데이터를 가져온 것을 알 수 있습니다.

sep 옵션

sep 옵션은 데이터 구분자를 지정하는 옵션입니다. 앞서 실습한 data_ex.txt 데이터는 값 구분이 TAB으로 되어 있었기 때문에 옵션 설정 없이 가져올 수 있었습니다. 만약 쉼표(,)로 구분되어 있다면 어떨까요? 다음 이미지와 같이 쉼표(,)로 값이 구분된 data_ex1.txt 데이터를 가져오겠습니다.

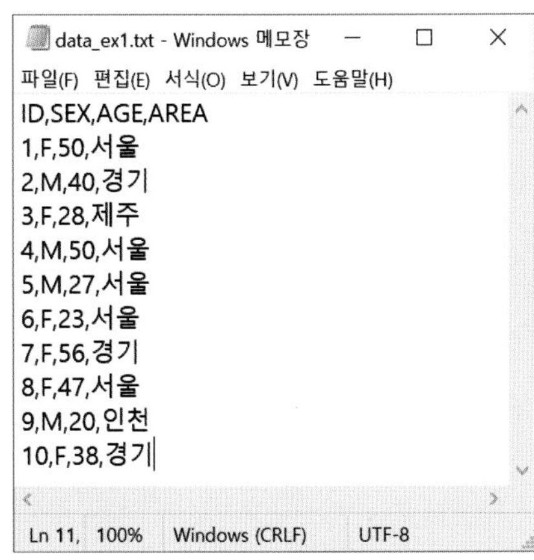

data_ex1.txt - Windows 메모장

파일(F) 편집(E) 서식(O) 보기(V) 도움말(H)

```
ID,SEX,AGE,AREA
1,F,50,서울
2,M,40,경기
3,F,28,제주
4,M,50,서울
5,M,27,서울
6,F,23,서울
7,F,56,경기
8,F,47,서울
9,M,20,인천
10,F,38,경기
```

Ln 11, 100% Windows (CRLF) UTF-8

sep은 seperation의
약자로 '분리'라는 의미
로 기억하면 됩니다.

sep 옵션은 원시 데이터의 데이터 구분자에 따라 옵션을 설정합니다. 구분자가 쉼표(,)이므로 sep 옵션을 **sep = ","**로 지정합니다.

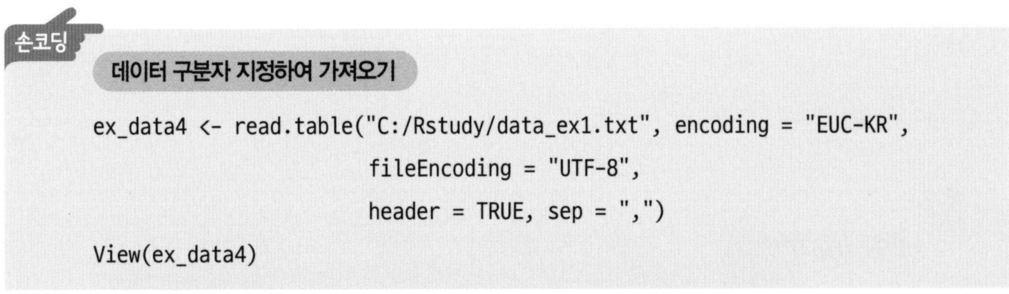

손코딩

데이터 구분자 지정하여 가져오기

```
ex_data4 <- read.table("C:/Rstudy/data_ex1.txt", encoding = "EUC-KR",
                       fileEncoding = "UTF-8",
                       header = TRUE, sep = ",")
View(ex_data4)
```

	ID	SEX	AGE	AREA
1	1	F	50	서울
2	2	M	40	경기
3	3	F	28	제주
4	4	M	50	서울
5	5	M	27	서울
6	6	F	23	서울
7	7	F	56	경기
8	8	F	47	서울
9	9	M	20	인천
10	10	F	38	경기

쉼표(,)를 기준으로 열을 구분하여 데이터 프레임으로 가져온 것을 확인할 수 있습니다.

외부 데이터 가져오기: CSV 파일

CSV 파일은 *.csv 확장자를 가진 파일로 쉼표(,)를 이용해 열을 구분하는 데이터 입니다. CSV 파일을 가져올 때는 read.csv() 함수를 사용하며 read.table() 함수와 사용법이 비슷합니다.

```
read.csv("원시 데이터")
```

data_ex.csv 파일을 메모장으로 열어보면 다음 이미지와 같습니다. 아래의 data_ex.csv 파일을 R로 가져옵니다.

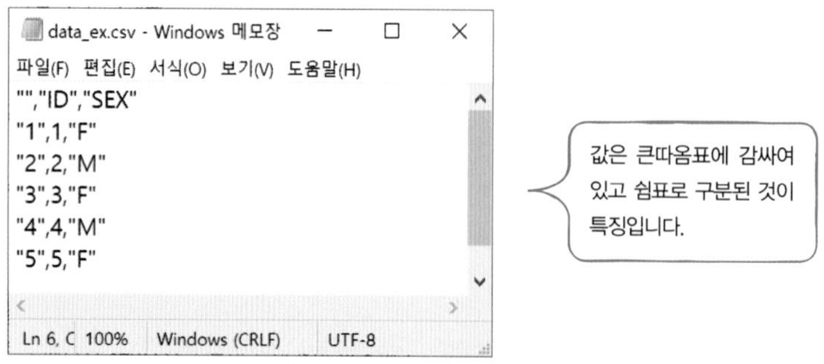

손코딩

CSV 파일 가져오기

```
ex_data <- read.csv("C:/Rstudy/data_ex.csv")
View(ex_data)
```

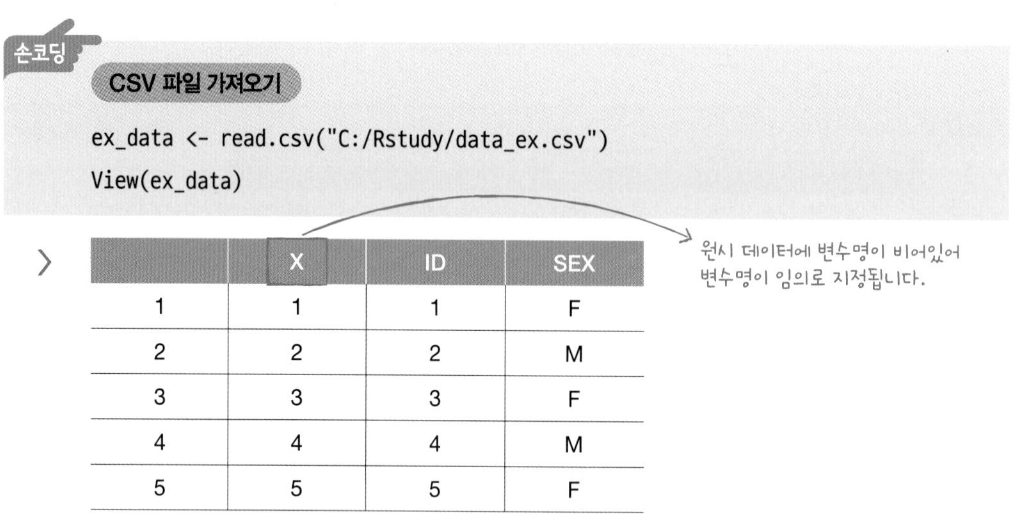

	X	ID	SEX
1	1	1	F
2	2	2	M
3	3	3	F
4	4	4	M
5	5	5	F

read.csv() 함수는 따로 옵션을 설정하지 않아도 원시 데이터의 1행을 변수명으로 가져옵니다. 만약 값이 비어 있다면 임의로 지정됩니다.

note 한글이 없는 원시 데이터를 사용했으므로 위 코드에서는 encoding과 fileEncoding 옵션을 사용하지 않았습니다.

외부 데이터 가져오기: 엑셀 파일

엑셀 파일은 외부 데이터 중 원시 데이터로 가장 많이 활용하는 파일입니다. 엑셀 프로그램 자체로도 충분히 훌륭한 통계 프로그램이므로 프로그램 자체에서 엑셀 데이터를 활용해도 되지만, R 환경으로 가져오면 데이터 분석에 사용하기 좋은 데이터 세트가 됩니다. 엑셀 파일은 **read_excel() 함수**로 가져옵니다.

```
read_excel("원시 데이터")
```

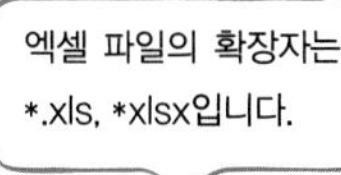

엑셀 파일의 확장자는
*.xls, *xlsx입니다.

오른쪽 이미지는 data_ex.xlsx 파일을 엑셀로 열었을 때의 모습입니다. 이 데이터를 데이터 프레임으로 가져옵니다.

	A	B	C	D
1	ID	SEX	AGE	AREA
2	1	F	50	서울
3	2	M	40	경기
4	3	F	28	제주
5	4	M	50	서울
6	5	M	27	서울
7	6	F	23	서울
8	7	F	56	경기
9	8	F	47	서울
10	9	M	20	인천
11	10	F	38	경기

앞에서 사용한 다른 함수와 달리 read_excel() 함수는 **readxl 패키지**에 있는 함수입니다. 데이터를 가져오기 전에 먼저 패키지를 설치하고 로드합니다.

손코딩

readxl 패키지 설치 및 로드하기

```
install.packages('readxl')
library(readxl)
```

readxl 패키지 설치와 로드가 완료되면 data_ex.xlsx 파일을 데이터 프레임으로 가져옵니다.

패키지 설치 방법이 생각나지 않는다면 115쪽을 참고하세요.

엑셀 파일 가져오기

```
excel_data_ex <- read_excel("C:/Rstudy/data_ex.xlsx")
View(excel_data_ex)
```

\>

	ID	SEX	AGE	AREA
1	1	F	50	서울
2	2	M	40	경기
3	3	F	28	제주
4	4	M	50	서울
5	5	M	27	서울
6	6	F	23	서울
7	7	F	56	경기
8	8	F	47	서울
9	9	M	20	인천
10	10	F	38	경기

→ 첫 번째 행을 변수명으로 가져옵니다.

엑셀 형식과 비슷한 형태로 데이터 프레임이 생성됩니다. 테이블 모양이 엑셀과 비슷해 보이지만, 원시 데이터와 달리 변수명이 확실하게 구분되어 있고, 변수명이 있는 행에 필터가 있어 변수별로 데이터 정렬을 원하는 대로 설정할 수 있습니다.

+ 여기서 잠깐 **엑셀 파일에 시트 탭이 여러 개일 때**

read_excel() 함수는 기본값으로 첫 번째 시트 탭의 데이터를 가져옵니다. 만약 시트 탭이 여러 개여서 첫 번째 외의 다른 탭 시트 데이터를 가져오려면 **sheet 옵션**을 사용합니다.

```
read_excel("C:/Rstudy/data_ex.xlsx", sheet = 2)
```

sheet 옵션에는 가져올 시트가 몇 번째인지 위치를 입력합니다. sheet = 2를 지정하면 두 번째 시트 데이터를 가져옵니다.

?! 문제해결

read_excel() 함수를 실행했는데 오류가 발생해요. read_excel() 함수를 실행했는데 아래와 같은 오류가 발생하면 Rcpp 패키지 업데이트가 필요합니다.

```
> excel_data_ex <- read_excel("C:/Rstudy/data_ex.xlsx")
Error in read_fun(path = enc2native(normalizePath(path)), sheet_i = sheet,  :
  function 'Rcpp_precious_remove' not provided by package 'Rcpp'
> View(excel_data_ex)
Error in View : object 'excel_data_ex' not found
```

패키지 업데이트는 ❶ Console 탭이나 Script 탭에서 함수를 사용하거나 ❷ R 스튜디오 Packages 탭으로 업데이트할 수 있습니다.

❶ update.packages() 함수로 패키지 업데이트하기

Console 탭이나 Script 탭에서 update.packages() 함수를 사용합니다. () 괄호 안에 업데이트하고 싶은 패키지 이름을 넣으면 됩니다.

```
> update.packages("Rcpp")
```

❷ Packages 탭에서 패키지 업데이트하기

Packages 탭의 [Update] 버튼을 클릭하면 Update Packages 대화상자가 나타납니다.

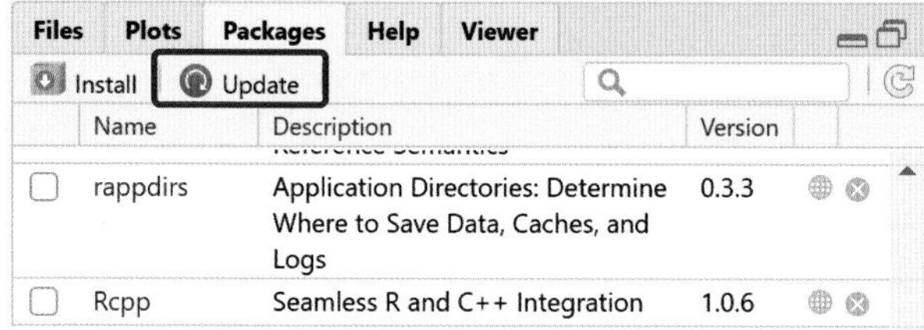

Update Packages 대화상자에서 [Rcpp] 패키지를 체크하고 [Install Updates]를 클릭하면 패키지 업데이트가 완료됩니다.

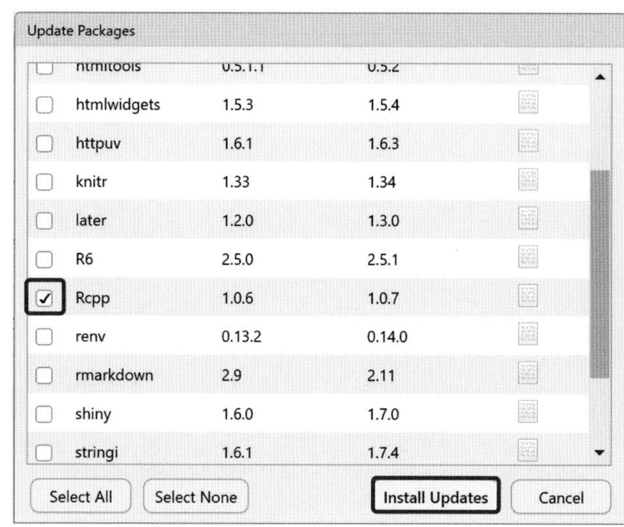

외부 데이터 가져오기: XML, JSON 파일

프로그래밍을 처음 접한다면 XML[eXtensible Markup Language] 파일이나 JSON[JavaScript Object Notation] 파일은 다소 생소할 수 있습니다. XML 파일과 JSON 파일은 웹에서 사용하는 데이터 파일로, 비슷하면서도 다른 특징을 갖고 있습니다.

XML 파일은 HTML과 비슷하지만 데이터를 보여주는 것이 아닌 저장하고 전달하는 목적으로 만들어진 형식입니다. HTML처럼 태그가 미리 정의되어 있지 않고 태그를 사용자가 직접 정의합니다.

JSON 파일도 데이터를 전달하는 목적으로 만들어진 파일 형식입니다. 서버-클라이언트 통신 간 데이터를 받아 객체나 변수에 할당해서 사용할 때 많이 사용하며, XML 파일보다 구문이 짧고 속도가 빨라 실무에서 흔히 사용합니다.

XML 파일 가져오기

XML 파일은 HTML 태그처럼 〈 〉 괄호로 이루어져있습니다. 예를 들어 〈AGE〉50〈/AGE〉와 같이 사용자가 임의 지정한 태그 안에 데이터 내용이 들어있는 것이 특징입니다.

XML 파일을 가져오는 많은 방법들이 있지만, XML 파일을 데이터 프레임으로 변환하는 **xmlToDataFrame() 함수**를 가장 많이 사용합니다.

```
xmlToDataFrame("원시 데이터")
```

```
▼<Members>
  ▼<Member>
      <ID>1</ID>
      <SEX>F</SEX>
      <AGE>50</AGE>
   </Member>
  ▼<Member>
      <ID>2</ID>
      <SEX>M</SEX>
      <AGE>40</AGE>
   </Member>
  ▼<Member>
      <ID>3</ID>
      <SEX>F</SEX>
      <AGE>28</AGE>
   </Member>
  ▼<Member>
      <ID>4</ID>
      <SEX>M</SEX>
      <AGE>50</AGE>
   </Member>
  ▼<Member>
      <ID>5</ID>
      <SEX>M</SEX>
      <AGE>27</AGE>
   </Member>
</Members>
```

그럼 data_ex.xml 파일을 가져오겠습니다. xmlToDataFrame() 함수는 **XML 패키지**에 있습니다. 함수를 사용하려면 먼저 XML 패키지를 설치하고 로드합니다.

XML 패키지 설치 및 로드하기

```
install.packages("XML")
library(XML)
```

xmlToDataFrame() **함수**로 xml 파일을 가져옵니다.

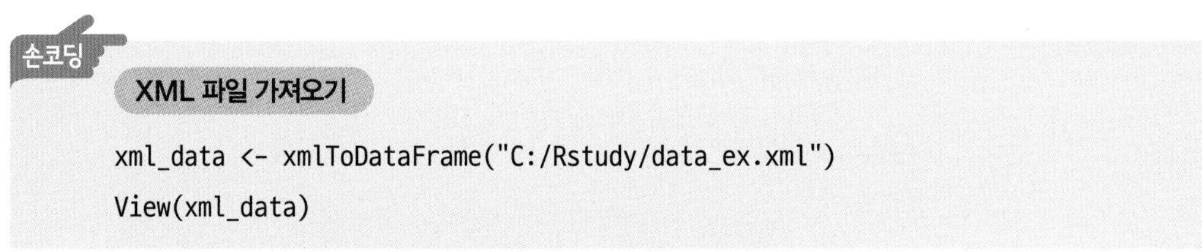

손코딩

XML 파일 가져오기

```
xml_data <- xmlToDataFrame("C:/Rstudy/data_ex.xml")
View(xml_data)
```

	ID	SEX	AGE
1	1	F	50
2	2	M	40
3	3	F	28
4	4	M	50
5	5	M	27

태그명이 변수명이 됩니다.

XML 파일의 〈〉 괄호 안에 있는 태그 이름은 변수명으로, 태그 안에 있는 값은 데이터로 데이터 프레임에 저장됩니다.

JSON 파일 가져오기

JSON 파일은 데이터 안에 다시 데이터가 정의된 **중첩 데이터**nested data 구조로 이루어져있습니다. 아래 예시를 살펴보면 속성(특기) - 값(농구, 도술)처럼 데이터 속성과 값이 쌍으로 이루어진 것이 특징입니다.

```
{
    "이름": "홍길동",
    "나이": 25,
    "성별": "여",
    "주소": "서울특별시 양천구 목동",
    "특기": ["농구", "도술"],
    "가족관계": {"#": 2, "아버지": "홍판서", "어머니": "춘섬"},
    "회사": "경기 수원시 팔달구 우만동"
}
```

("이름" → 속성, "홍길동" → 값; 속성 안에 다시 속성-값이 있는 중첩 데이터 구조입니다.)

note JSON 데이터 예시 URL https://ko.wikipedia.org/wiki/JSON

data_ex.json 파일을 가져오겠습니다. JSON 파일을 가져오는 함수는 **fromJSON() 함수**입니다.

```
fromJSON("원시 데이터")
```

fromJSON() 함수는 **jsonlite 패키지**에 있습니다. 패키지를 설치하고 로드합니다.

jsonlite 패키지 설치 및 로드하기

```
install.packages("jsonlite")
library(jsonlite)
```

fromJSON() 함수로 JSON 파일을 가져옵니다. 여기서 알아둘 점은 fromJSON() 함수는 JSON 파일을 데이터 프레임으로 가져오는 함수가 아닙니다. 따라서 실행 결과는 View() 함수가 아닌 **str() 함수**로 데이터 구조를 살펴봅니다.

손코딩

JSON 파일 가져오기

```
json_data <- fromJSON("C:/Rstudy/data_ex.json")
str(json_data)
```

```
List of 7
 $ 이름     : chr "홍길동"
 $ 나이     : int 25
 $ 성별     : chr "여"
 $ 주소     : chr "서울특별시 양천구 목동"
 $ 특기     : chr [1:2] "농구" "도술"
 $ 가족관계:List of 3
  ..$ #      : int 2
  ..$ 아버지: chr "홍판서"
  ..$ 어머니: chr "춘섬"
 $ 회사     : chr "경기 수원시 팔달구 우만동"
```

List of 7은 JSON 파일을 리스트 형식으로 가져왔다는 의미이며 7개의 속성으로 구성되었다는 것을 알 수 있습니다.

마무리

▶ 4가지 키워드로 정리하는 핵심 포인트

- **데이터 수집**은 사용자가 직접 데이터를 입력하거나 외부에 있는 데이터를 불러오는 데이터 분석의 가장 첫 단계입니다.
- 가공하지 않은 처음의 데이터를 **원시 데이터** 혹은 원시 자료라고 하며 <- 연산자로 데이터를 변수에 할당합니다.
- **XML 파일**은 사용자가 <> 괄호로 직접 정의한 태그에 데이터 내용이 들어있는 파일입니다.
- **JSON 파일**은 데이터 속성과 값이 쌍으로 이루어진 중첩 데이터 구조의 데이터 파일입니다.

▶ 표로 정리하는 핵심 함수

함수	기능
read.table()	TXT 파일을 가져옵니다.
read.csv()	CSV 파일을 가져옵니다.
read_excel()	readxl 패키지 엑셀 파일을 가져옵니다.
xmlToDataFrame()	XML 패키지 XML 파일을 가져옵니다.
fromJSON()	jsonlite 패키지 JSON 파일을 가져옵니다.

▶ 확인문제

1. 데이터 프레임을 직접 입력하는 방법으로 옳은 것을 고르세요.

① 변수 = 값 형태로 데이터를 생성합니다.

② c() 함수로 값을 각 변수에 할당합니다.

③ xmlToDataFrame() 함수로 값을 변수에 할당합니다.

④ 실행 결과는 print() 함수로 확인합니다.

2. 외부 데이터를 가져오는 함수를 파일 형식에 맞게 연결해 보세요.

① read.table() •		• data.csv
② read.csv() •		• data.xlsx
③ read_excel() •		• data.json
④ xmlToDataFrame() •		• data.xml
⑤ fromJSON() •		• data.txt

3. 다음 코드의 빈칸을 채워서 C:/Rstudy/exam_1.txt 데이터의 1행을 변수명을 지정하여 exam로 가져오는 코드를 완성해 보세요.

```
          <-            ("C:/Rstudy/exam_1.txt,            )
```

4. 다음 코드의 빈칸을 채워서 C:/Rstudy/exam_1.txt 데이터의 구분자가 ¦ 일 때 exam1로 가져오는 코드를 완성해 보세요.

```
          <-            ("C:/Rstudy/exam_1.txt,            )
```

hint 3. 변수명을 지정하는 옵션은 151쪽을 참고하세요.

4. 구분자를 지정하는 옵션은 154쪽을 참고하세요.

5. 다음 코드의 빈칸을 채워서 엑셀을 가져오는 함수가 있는 패키지를 설치하고 로드하는 코드를 완성해 보세요.

```
install.packages("          ")

```

6. 다음 코드의 빈칸을 채워서 C:/Rstudy/data_1.xlsx 데이터의 세 번째 시트에 있는 데이터를 불러오는 코드를 완성해 보세요.

```
            ("C:/Rstudy/data_1.xlsx",            )
```

7. 다음 빈칸을 채워서 JSON 파일을 가져오는 함수가 있는 패키지를 설치하고 로드하는 코드를 완성해 보세요.

```
install.packages("          ")

```

hint 6. 엑셀 파일의 특정 시트를 불러올 때 지정하는 옵션은 158쪽을 참고하세요.

04-2 데이터 관측하기

핵심 키워드

데이터 요약 기술통계량 평균과 중앙값 분산과 표준편차 첨도와 왜도 빈도분석

수집한 데이터는 분석하기 전에 데이터의 특성을 파악해야 합니다. 데이터 전체를 확인하거나 앞부분 혹은 뒷부분을 살펴볼 수도 있고, 기술통계량으로 데이터를 요약하여 대푯값을 확인할 수도 있습니다.

시작하기 전에

우리는 앞서 원시 데이터를 조회할 때 **View() 함수**로 데이터 프레임 전체를 확인하는 방법을 사용했습니다. View() 함수는 마치 엑셀처럼 데이터 전체를 깔끔하게 볼 수 있는 장점이 있지만, 데이터가 방대하면 불러오는 데에 많은 시간이 필요합니다. 특히 R은 모든 데이터를 메모리로 불러와서 처리하기 때문에 데이터가 클수록 많은 메모리 용량을 필요로 합니다. 따라서 실제 데이터 분석에서 데이터를 파악할 때는 **데이터 요약** 방법을 이용합니다. 이번 절에서는 내장 데이터를 확인해보고, 이 데이터를 요약해서 데이터의 특성을 파악하는 방법을 알아보겠습니다.

데이터 요약
평균, 중앙값, 최솟값,
최댓값...

데이터 전체 확인하기

이번 절에서 살펴볼 데이터는 R에서 기본 제공하는 **내장 데이터 세트**입니다. data() **함수**를 변수나 옵션 없이 실행하면 R에 내장된 데이터 세트 목록을 전부 확인할 수 있습니다.

```
data()
```

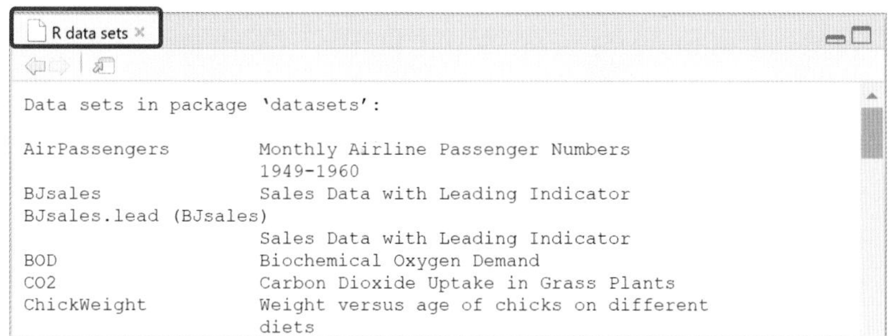

이 중 함께 살펴볼 데이터 세트는 iris입니다. data() 함수에 불러올 데이터 세트 이름 iris를 넣어 실행하면 내장된 데이터 세트를 변수로 저장하여 가져옵니다.

iris 데이터 세트는 이름 그대로 붓꽃 데이터로 가장 유명한 내장 데이터 세트입니다.

손코딩

내장 데이터 세트 가져오기

```
data("iris")
```

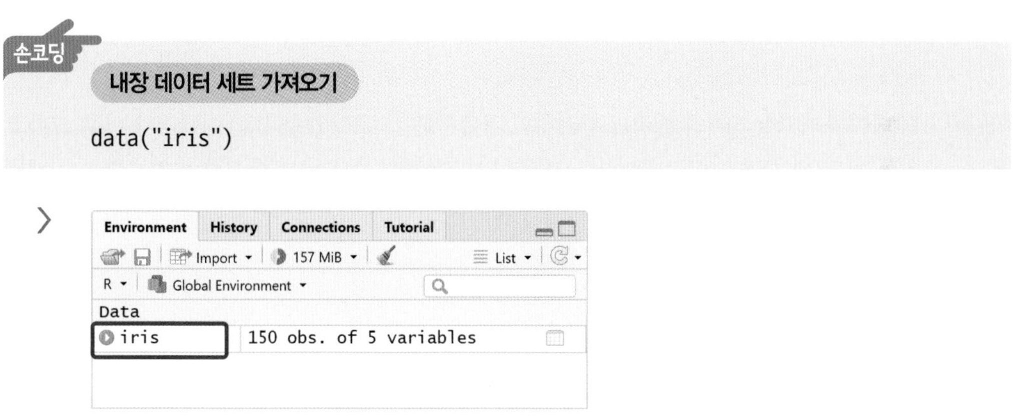

오른쪽 상단 Environment 탭에서 iris 데이터 세트가 iris 변수로 저장된 것을 확인할 수 있습니다. 만약 Environment 탭에 〈Promise〉가 떠 있으면 〈Promise〉를 클릭하세요. 위 실행 결과처럼 데이터 세트를 가져오는 것을 확인할 수 있습니다.

note 〈Promise〉는 R 스튜디오에서 큰 데이터 세트를 불러올 때 지연으로 인한 오류를 방지하기 위해 사용되는 지연 계산법(delayed evaluation)입니다.

이제 가져온 데이터를 살펴보겠습니다. 앞서 iris 데이터 세트를 변수로 저장했기 때문에 변수만 실행하면 전체 데이터를 확인할 수 있습니다.

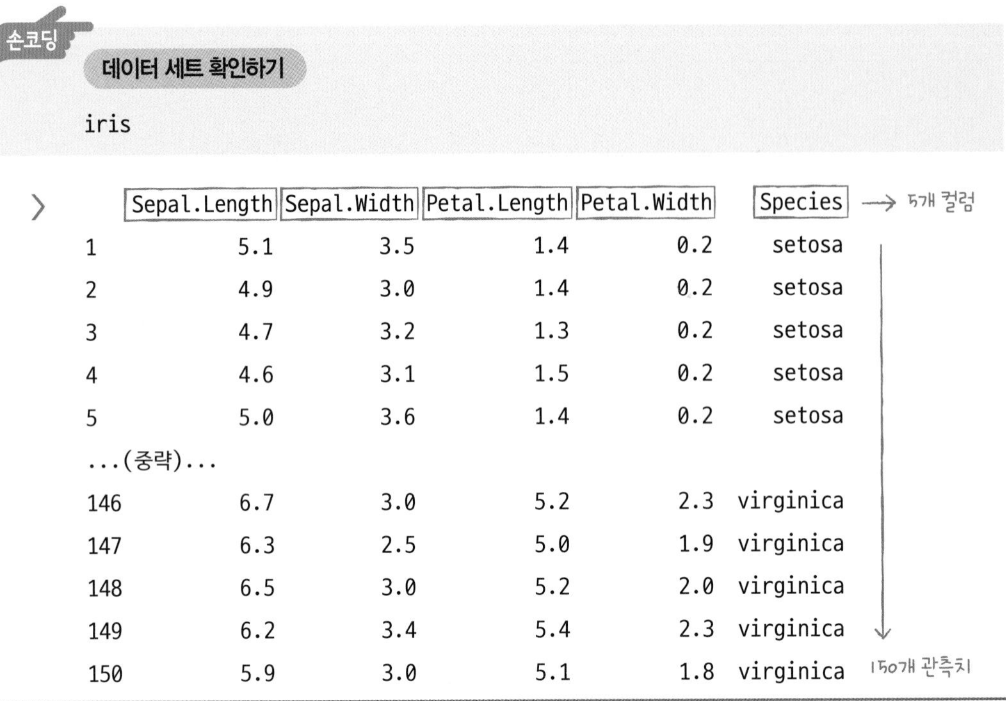
손코딩

데이터 세트 확인하기

```
iris
```

```
>     Sepal.Length Sepal.Width Petal.Length Petal.Width   Species
1              5.1         3.5          1.4         0.2    setosa
2              4.9         3.0          1.4         0.2    setosa
3              4.7         3.2          1.3         0.2    setosa
4              4.6         3.1          1.5         0.2    setosa
5              5.0         3.6          1.4         0.2    setosa
...(중략)...
146            6.7         3.0          5.2         2.3 virginica
147            6.3         2.5          5.0         1.9 virginica
148            6.5         3.0          5.2         2.0 virginica
149            6.2         3.4          5.4         2.3 virginica
150            5.9         3.0          5.1         1.8 virginica
```


위처럼 iris 데이터 세트는 5개의 컬럼과 150개의 관측치를 가지고 있습니다. 데이터가 아주 크다고 볼 순 없지만, 한 번에 살펴보기 어렵습니다. 이보다 더 큰 데이터는 더욱 알아보기 힘드므로 실제로 데이터 분석을 할 때는 데이터 구조를 확인하거나 데이터를 요약하여 파악하는 방법을 사용합니다.

데이터 요약 확인하기

데이터 요약을 확인하는 방법은 여러 가지가 있습니다. 특히 데이터 양이 많을 때는 데이터 구조를 한눈에 확인하거나 혹은 데이터 일부 값만 확인합니다.

데이터 구조 확인하기

데이터 구조 확인은 **str() 함수**를 사용합니다. 데이터 세트를 구성하는 변수의 속성이 문자형인지 숫자형인지 등을 확인할 때 사용하며, 함수 사용 형식은 다음과 같습니다.

```
str(변수명)
```

데이터 구조 확인은 변수의 속성에 따라 데이터를 처리하는 방식이 달라지므로 반드시 필요한 작업입니다. iris 데이터 세트의 구조를 확인해 보겠습니다.

손코딩 **데이터 구조 확인하기**

```
str(iris)
```

```
> 'data.frame':   150 obs. of  5 variables:
 $ Sepal.Length: num  5.1 4.9 4.7 4.6 5 5.4 4.6 5 4.4 4.9 ...
 $ Sepal.Width : num  3.5 3 3.2 3.1 3.6 3.9 3.4 3.4 2.9 3.1 ...
 $ Petal.Length: num  1.4 1.4 1.3 1.5 1.4 1.7 1.4 1.5 1.4 1.5 ...
 $ Petal.Width : num  0.2 0.2 0.2 0.2 0.2 0.4 0.3 0.2 0.2 0.1 ...
 $ Species     : Factor w/ 3 levels "setosa","versicolor",..: 1 1 1 1 1 ...
```

실행 결과 첫 행에는 'data.frame' : 150 obs. of 5 variables가 출력됩니다. 이 데이터는 데이터 프레임으로 되어 있으며 5가지 컬럼과 150개의 관측치를 갖고 있다는 의미입니다. 그 아래로 달러($) 기호는 컬럼명, num은 숫자형 데이터라는 의미로 10개의 데이터를 함께 보여줍니다. 마지막 행의 Species 컬럼은 Factor 자료형에 w/ 3 levels, 즉 값이 setosa, versicolor, virginica 3가지 범주로 구성되어 있음을 알 수 있습니다.

note Factor는 연속성이 없는 범주형 자료를 표현하는 데이터 유형입니다.

데이터 세트 컬럼 및 관측치 확인하기

str() 함수는 전체적인 데이터 구조를 파악할 수 있지만, 데이터를 더욱 단순하게 확인하는 방법은 데이터의 컬럼(열)과 관측치(행) 개수만 확인하는 것입니다. 주로 사용하는 함수에는 ncol() 함수, nrow() 함수, dim() 함수가 있습니다.

ncol() 함수는 데이터 프레임 컬럼(열) 개수를 확인합니다.

```
ncol(변수명)
```

nrow() 함수는 데이터 프레임 관측치(행) 개수를 확인합니다.

```
nrow(변수명)
```

dim() 함수는 데이터 프레임 컬럼(열) 및 관측치(행) 개수를 확인합니다.

```
dim(변수명)
```

위의 함수를 사용해서 iris 데이터 세트의 컬럼과 관측치 개수를 확인해 보겠습니다.

손코딩

데이터 세트 컬럼 및 관측치 확인하기

```
ncol(iris)
nrow(iris)
dim(iris)
```

```
[1] 5
[1] 150
[1] 150   5
```

ncol() 함수는 컬럼 개수, nrow() 함수는 관측치 개수, dim() 함수는 컬럼과 관측치 개수를 출력합니다. 위 실행 결과에서 iris 데이터 세트는 컬럼 5개, 관측치 150개로 구성되어 있는 것을 알 수 있습니다.

+ 여기서 잠깐 **length() 함수**

데이터 개수를 확인하는 함수에는 length() 함수도 있습니다. length() 함수는 데이터 길이를 출력하므로 벡터의 데이터 개수를 확인하거나 데이터 프레임 열의 개수를 확인할 수 있습니다. 혹은 데이터 프레임의 특정 열을 선택하면 행의 개수도 확인할 수 있습니다.

```
> data <- c(1,2,3,4,5)
> length(data)          → 벡터의 길이를 확인합니다.
[1] 5
> length(iris)          → iris 데이터 세트 열의 개수를 확인합니다.
[1] 5
> length(iris$Species)      → iris 데이터 세트 Species 열의 데이터 개수를 확인합니다.
[1] 150
```

ncol() 함수, nrow() 함수, dim() 함수와 실행 결과는 비슷하지만, length() 함수는 벡터에 사용할 수 있고 특정 열을 지정할 수 있다는 차이점이 있습니다.

데이터 세트 컬럼명 확인하기

ls() 함수는 컬럼명을 확인할 때 사용합니다.

```
ls(변수명)
```

iris 데이터 세트에 있는 컬럼명을 확인해 보면 컬럼명 5개가 출력되는 것을 알 수 있습니다.

데이터 세트 컬럼명 확인하기

```
ls(iris)
```

```
[1] "Petal.Length" "Petal.Width"  "Sepal.Length" "Sepal.Width"  "Species"
```

데이터 앞부분과 뒷부분 값 확인하기

head() 함수나 **tail() 함수**를 이용하면 데이터의 앞부분 혹은 뒷부분 값을 확인할 수 있습니다. 옵션 n을 이용해 개수를 변경할 수 있으며, 옵션을 설정하지 않으면 기본값으로 6개가 출력됩니다.

```
head(변수명, n = 수량)
tail(변수명, n = 수량)
```

head( ) 함수와 tail( ) 함수는 자주 사용하는 함수이므로 꼭 기억하세요.

먼저 head() 함수로 데이터 세트의 앞부분 값을 확인해 보겠습니다.

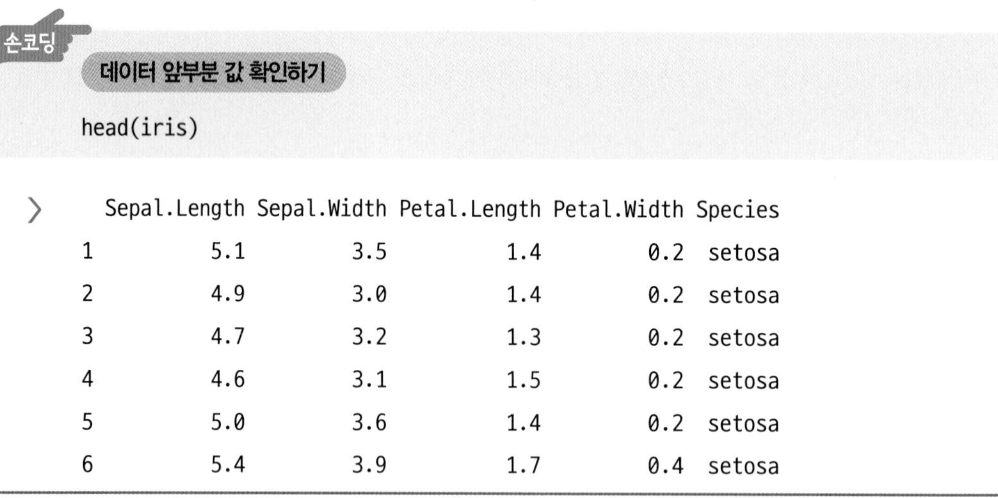

손코딩

데이터 앞부분 값 확인하기

```
head(iris)
```

```
>   Sepal.Length Sepal.Width Petal.Length Petal.Width Species
  1          5.1         3.5          1.4         0.2  setosa
  2          4.9         3.0          1.4         0.2  setosa
  3          4.7         3.2          1.3         0.2  setosa
  4          4.6         3.1          1.5         0.2  setosa
  5          5.0         3.6          1.4         0.2  setosa
  6          5.4         3.9          1.7         0.4  setosa
```

옵션값을 설정하지 않았으므로 기본값 6개가 적용되어 데이터 세트의 앞부분 6개 행이 출력됩니다.

이번에는 tail() 함수를 이용해 뒷부분 값 3개를 출력해 보겠습니다.

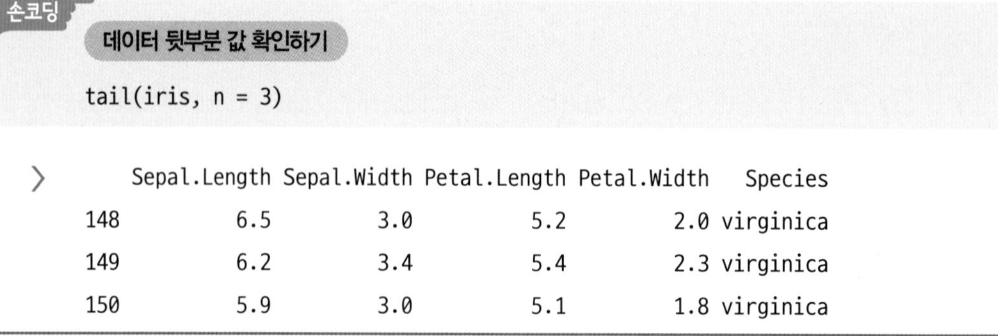

손코딩

데이터 뒷부분 값 확인하기

```
tail(iris, n = 3)
```

```
>     Sepal.Length Sepal.Width Petal.Length Petal.Width   Species
  148          6.5         3.0          5.2         2.0 virginica
  149          6.2         3.4          5.4         2.3 virginica
  150          5.9         3.0          5.1         1.8 virginica
```

옵션을 n = 3으로 설정했기 때문에 데이터 세트 뒷부분 3개 행이 출력됩니다.

기술통계량 확인하기

데이터를 분석할 때는 다양한 요약 값으로 데이터의 특성을 파악할 수 있고 요약 값을 표나 그래프와 같은 시각적인 방법으로 나타낼 수 있습니다. 이처럼 데이터를 요약한 대푯값을 **기술통계량**descriptive statistics이라고 합니다. 즉 데이터를 의미있는 수치로 요약하여 데이터의 특성을 파악할 수 있도록 한 정보입니다. 기술통계량은 다양한 **기술통계 함수**로 구할 수 있습니다. 기술통계 함수는 통계 지식이 적다면 쉽지 않은 내용입니다. 또한 기초 통계부터 고급 통계 과정까지 수준 차이가 매우 심하므로 이 책에서는 가장 기본적인 기술통계 함수와 **빈도분석**만 다룹니다.

평균과 중앙값

먼저 한 번쯤 들었을 법한 간단한 함수인 평균과 중앙값을 구하는 함수를 살펴보겠습니다.

mean() 함수는 평균을 구합니다. **평균**은 데이터를 모두 더한 후 개수로 나눈 값입니다.

```
mean(변수명)
```

median() 함수는 중앙값을 구합니다. **중앙값**은 데이터를 크기 순으로 정렬했을 때 가운데 있는 값입니다. 데이터 개수가 짝수이면 가운데에 있는 2개의 값을 더해 2로 나누어 구합니다.

```
median(변수명)
```

그럼 위 함수로 평균과 중앙값을 구해 보겠습니다. iris 데이터 세트의 Sepal.Length 변수만 사용할 것이기 때문에 함수 안에 넣을 변수명을 **데이터 프레임명$변수명**의 형태로 작성합니다.

손코딩 **평균, 중앙값 구하기**

```
mean(iris$Sepal.Length)
median(iris$Sepal.Length)
```

```
[1] 5.843333
[1] 5.8
```

평균은 5.843333, 중앙값은 5.8인 것을 알 수 있습니다.

평균은 이상치 영향을 많이 받는 항목이지만, 중앙값은 이상치 영향을 덜 받는 항목이기 때문에 데이터 분석 시 분포를 파악하는 데 매우 중요한 역할을 합니다.

note 이상치는 데이터에서 정상적인 범주를 벗어난 값을 의미합니다. 자세한 내용은 268쪽을 참고하세요.

최솟값, 최댓값과 범위

데이터를 순서대로 정렬했을 때 가장 작은 값을 **최솟값**, 가장 큰 값을 **최댓값**이라고 합니다. 테이블 또는 컬럼에서 보유하고 있는 데이터의 기초적인 분포를 확인할 때 활용하는 기초적인 통계량으로, 보통 **이상치**를 판단하기 위해 최솟값과 최댓값을 확인합니다. 최솟값과 최댓값을 구하는 함수는 다음과 같습니다.

min() **함수**는 최솟값을 구합니다. **최솟값**은 데이터를 순서대로 정렬했을 때 가장 작은 값입니다.

```
min(변수명)
```

max() **함수**는 최댓값을 구합니다. **최댓값**은 데이터를 순서대로 정렬했을 때 가장 큰 값입니다.

```
max(변수명)
```

range() **함수**는 **범위**를 구합니다. 최댓값에서 최솟값의 범위를 의미합니다.

```
range(변수명)
```

그럼 Sepal.Length 변수의 최솟값, 최댓값, 범위를 구해 보겠습니다.

최솟값, 최댓값, 범위 구하기

```
min(iris$Sepal.Length)
max(iris$Sepal.Length)
range(iris$Sepal.Length)
```

```
[1] 4.3
[1] 7.9
[1] 4.3 7.9
```

최솟값은 4.3, 최댓값 7.9, 범위는 4.3에서 7.9임을 알 수 있습니다.

계속해서 조금은 낯선 함수를 살펴보겠습니다. 어떤 함수가 있고 어떤 기능을 하는지 정도만 알아도 됩니다.

분위수

분위수 quantile는 전체 데이터를 크기 순으로 정렬하여 n개로 나누었을 때 그 경계에 해당하는 값으로 데이터를 4등분 한 지점의 관측값을 **사분위수** quartile라고 합니다. 예를 들어 데이터의 4분의 1지점에 해당하는 값이 제1사분위수입니다.

- **제1 사분위수(Q1)**: 제0.25분위수, 하위 25%에 해당하는 값
- **제2사분위수(Q2)**: 제0.50분위수, 50%에 해당하는 값
- **제3사분위수(Q3)**: 제0.75분위수, 하위 75% 혹은 상위 25%에 해당하는 값
- **제4사분위수(Q4)**: 제1분위수, 100%에 해당하는 값

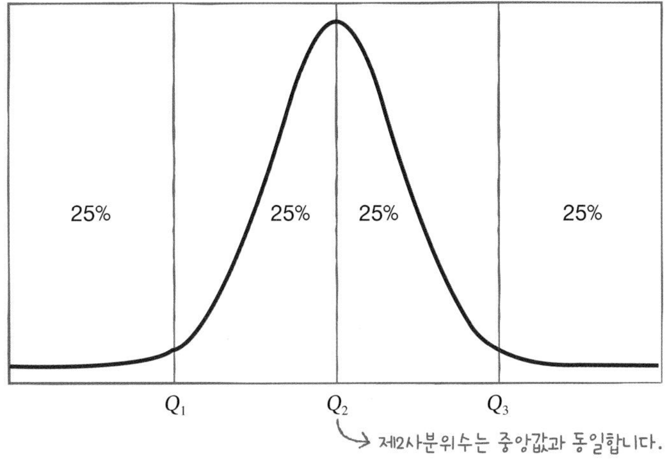

분위수는 **quantile() 함수**로 구합니다. 데이터를 순서대로 정렬했을 때 하위 25%, 50%, 75% 지점을 **probs 옵션**에 지정하면 제1사분위수, 제2사분위수, 제3사분위수를 출력합니다.

```
quantile(변수명, probs = 0 ~ 1)
```

probs 값을 지정하여 Sepal.Length 변수의 각 분위수를 출력해 보겠습니다.

손코딩

사분위수 구하기

```
quantile(iris$Sepal.Length) #사분위수
```

```
>  0%  25%  50%  75% 100%
  4.3  5.1  5.8  6.4  7.9
```

손코딩

```
quantile(iris$Sepal.Length, probs = 0.25) #제1사분위수
```

```
> 25%
  5.1
```

```
quantile(iris$Sepal.Length, probs = 0.50) #제2사분위수
```

```
> 50%
  5.8
```

```
quantile(iris$Sepal.Length, probs = 0.75) #제3사분위수
```

```
> 75%
  6.4
```

```
quantile(iris$Sepal.Length, probs = 0.80) #제0.8분위수
```

하위 80% 지점의 값을 출력합니다.

```
> 80%
  6.52
```

probs 값에 따라 분위수가 출력됩니다. probs 옵션을 사용하지 않으면 사분위수가 출력되고, probs에 0.25를 넣으면 25%에 해당하는 제1사분위수 5.1이 출력됩니다. 4등분 지점뿐만 아니라 0에서 1사이의 값을 입력하면 원하는 지점의 값을 확인할 수도 있습니다. 만약 하위 80% 지점의 값을 확인하고 싶다면 probs = 0.8을 입력합니다.

분산과 표준편차

분산과 표준편차는 데이터가 대푯값에서 어느 정도 흩어져 있는지 **산포도**를 판단하는 통계량입니다. **분산**variance은 데이터가 평균으로부터 퍼진 정도를 설명하는 통계량을 말하며 값이 클수록 평균에서 데이터 값이 퍼진 정도가 넓습니다. **표준편차**standard deviation는 데이터 값이 퍼진 정도를 설명하는 통계량입니다. 값이 클수록 데이터 값이 넓게 퍼짐을 의미하므로 이 수치로 데이터가 어느 정도 넓게 분포하고 있는지 파악할 수 있습니다. 분산과 표준편차를 구하는 함수는 다음과 같습니다.

var() **함수**는 분산을 구합니다. **분산**은 작을수록 데이터가 평균값에 몰려 있습니다.

```
var(변수명)
```

sd() **함수**는 표준편차를 구합니다. **표준편차**는 값이 클수록 데이터가 넓게 퍼져 있습니다.

```
sd(변수명)
```

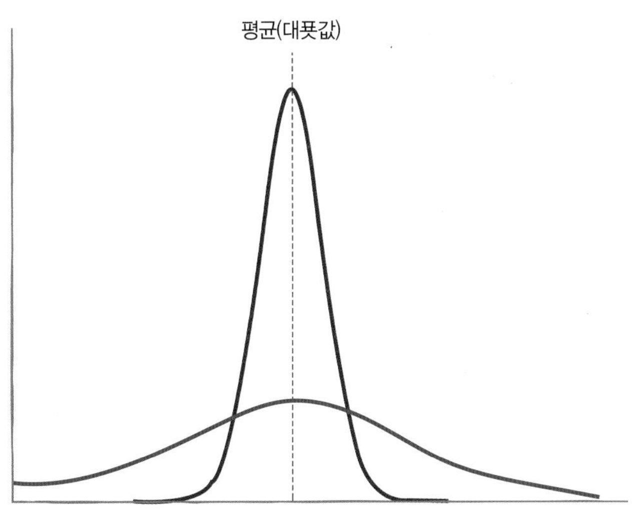

Sepal.Length 변수의 분산과 표준편차를 구하면 다음과 같습니다.

분산과 표준편차 구하기

```
var(iris$Sepal.Length)
sd(iris$Sepal.Length)
```

```
[1] 0.6856935
[1] 0.8280661
```

분산과 표준편차는 데이터가 평균과 같은 대푯값에서 어느정도 떨어져 있는지를 판단하는 통계량이므로 결괏값만으로는 수치를 해석할 수 없습니다. 여기에서는 분산과 표준편차가 무엇이고 이러한 함수가 있다는 정도만 알아두세요.

첨도와 왜도

첨도와 왜도는 데이터의 비대칭도를 파악하는 기술통계량입니다. **첨도**kurtosis는 데이터 분포가 정규분포 대비 뾰족한 정도를 설명하는 통계량으로 데이터가 어느 정도로 중심에 몰려 있는지를 파악할 수 있습니다. **왜도**skewness는 데이터 분포의 비대칭성을 설명하는 통계량으로 데이터가 어느 방향으로 치우쳐 있는지 또는 대칭을 띄고 있는지 파악할 수 있습니다.

첨도는 **kurtosi() 함수**로 구합니다. **첨도**는 통계량이 0보다 크면 정규분포 대비 그래프 곡선이 뾰족하며, 0보다 작으면 정규분포 대비 그래프 곡선이 완만함을 의미합니다.

```
kurtosi(변수명)
```

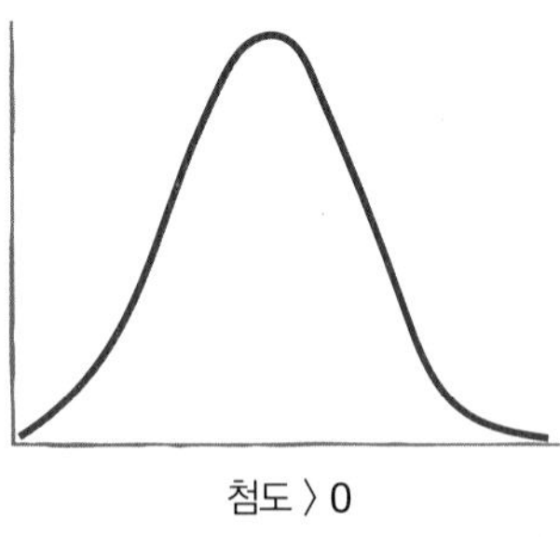
첨도 〉 0

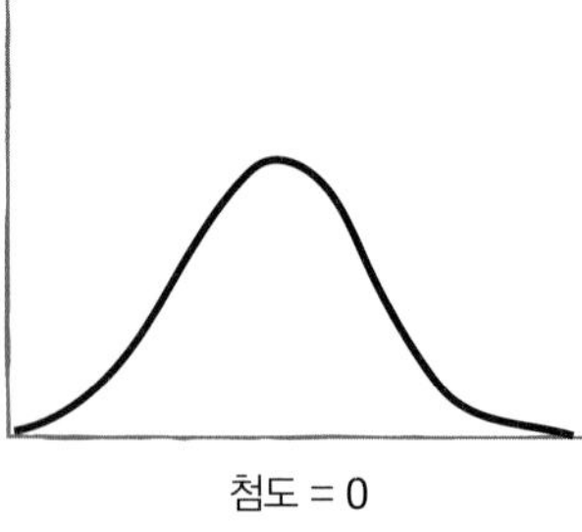
첨도 = 0

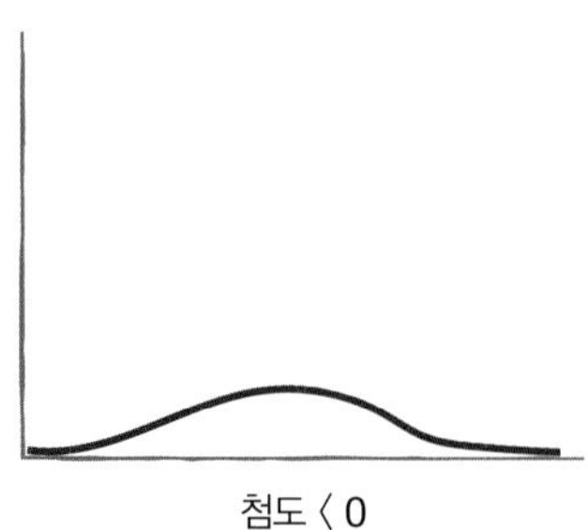
첨도 〈 0

왜도는 **skew() 함수**를 사용합니다. **왜도** 값이 0에 가까울수록 좌우대칭, 0보다 큰 경우 오른쪽 꼬리를 가지는 분포, 0보다 작은 경우 왼쪽 꼬리를 가지는 분포를 띄고 있습니다.

```
skew(변수명)
```

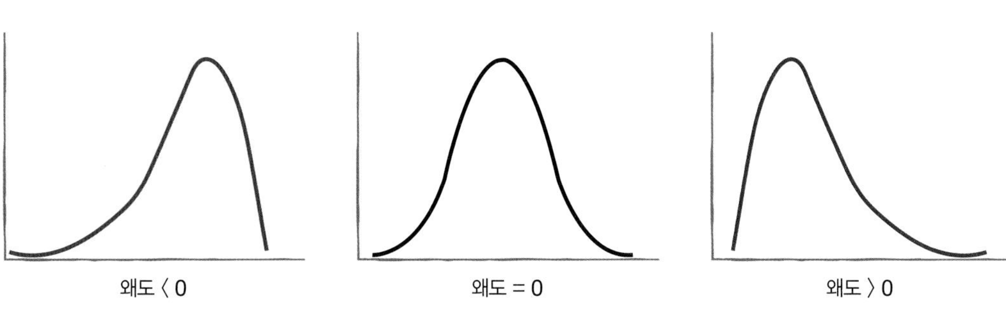

그럼 함수를 사용해 보겠습니다. 첨도와 왜도 함수를 사용하려면 **psych 패키지**가 필요합니다. 패키지를 설치하고 로드합니다.

손코딩 **psych 패키지 설치 및 로드하기**

```
install.packages("psych")
library(psych)
```

Sepal.Length 변수의 첨도와 왜도를 구합니다.

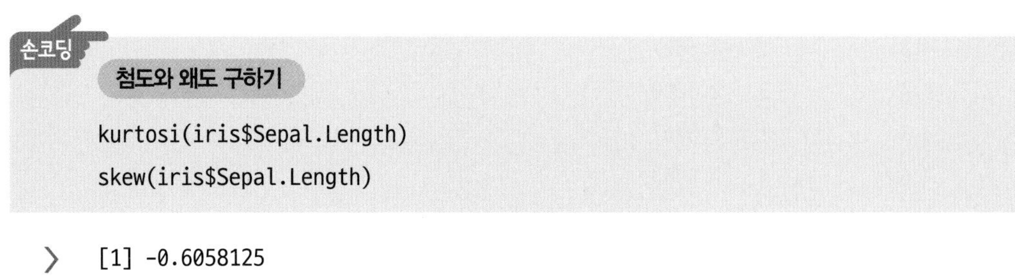

손코딩 **첨도와 왜도 구하기**

```
kurtosi(iris$Sepal.Length)
skew(iris$Sepal.Length)
```

```
> [1] -0.6058125
  [1] 0.3086407
```

첨도는 −0.6058125로 0보다 작으므로 데이터가 정규분포 대비 완만한 분포를 띄고 있음을 의미합니다. 왜도는 양수 0.3086407로 0보다 크므로 오른쪽으로 긴 꼬리를 가지는 분포 형태를 가진다고 볼 수 있습니다.

데이터 빈도분석하기

빈도분석frequency analysis은 데이터의 항목별 빈도 및 빈도 비율을 나타내는 방법으로 데이터 분포를 파악할 때 가장 많이 사용하는 분석 기법입니다. 빈도분석에는 주로 **freq() 함수**를 사용합니다.

```
freq(변수명)
```

freq() 함수는 **descr 패키지**에 포함되어 있으므로 먼저 패키지를 설치하고 로드합니다.

descr 패키지 설치 및 로드하기

```
install.packages("descr")
library(descr)
```

iris 데이터 세트 Sepal.Length 변수를 빈도분석해 보겠습니다. 꽃받침 길이의 데이터 빈도와 분포를 확인하고 빈도분석 결과를 freq_test에 할당합니다.

손코딩

빈도분석하기

```
freq_test <- freq(iris$Sepal.Length, plot = F)
freq_test
```

```
iris$Sepal.Length
      Frequency  Percent
4.3           1   0.6667
4.4           3   2.0000
4.5           1   0.6667
4.6           4   2.6667
...(중략)...
7.6           1   0.6667
7.7           4   2.6667
7.9           1   0.6667
Total       150 100.0000
```

길이별 빈도(Frequency)와 빈도에 따른 비율, 분포(Percent)가 출력됩니다.

freq() 함수의 **plot = F 옵션**은 막대 그래프 출력을 제외하는 옵션입니다. 앞의 코드에서 plot = F 옵션 없이 freq(iris$Sepal.Length)로 실행하면 Plots 탭에 다음과 같은 막대 그래프가 함께 출력되는 것을 확인할 수 있습니다. 막대 그래프에 대한 자세한 내용은 185쪽에서 알아보겠습니다.

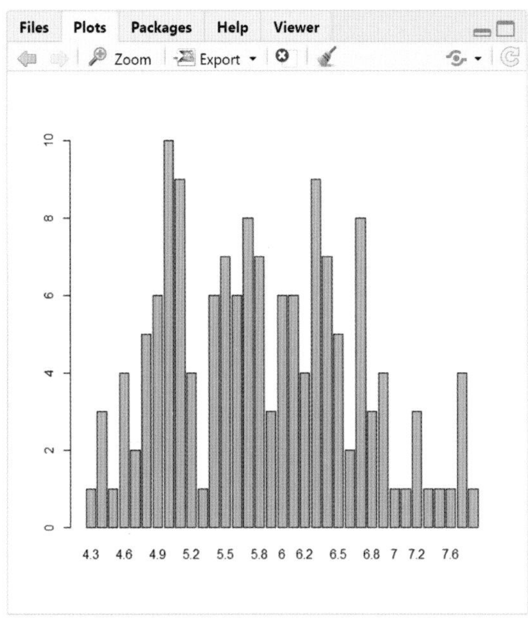

지금까지 살펴본 기술통계 함수와 빈도분석은 통계 분석을 위한 기초 중의 기초입니다. 통계 분석에는 다양한 검정 분석 기법이 있지만 이 부분은 입문자에게 다소 어려운 내용이라 이 정도로 설명하고 마칩니다.

마무리

▶ 6가지 키워드로 정리하는 핵심 포인트

- 데이터 구조를 한눈에 확인하거나 데이터 일부 값을 확인하는 것을 **데이터 요약**이라고 합니다.
- **기술통계량**은 데이터를 요약한 대푯값입니다. 데이터를 의미 있는 수치로 요약하여 데이터 특성을 파악할 수 있습니다.
- **평균**은 데이터를 모두 더한 후 개수로 나눈 값이며, **중앙값**은 데이터를 크기 순으로 정렬했을 때 가운데에 있는 값을 말합니다.
- **분산**은 데이터가 평균으로부터 퍼진 정도를 설명하는 통계량이며, **표준편차**는 데이터 값이 퍼진 정도를 설명하는 통계량입니다.
- **첨도**는 데이터 분포가 정규분포 대비 뾰족한 정도를 설명하는 통계량이며, **왜도**는 데이터 분포의 비대칭 정도를 설명하는 통계량입니다.
- 데이터 분포를 파악할 때는 데이터 빈도 및 빈도 비율을 나타내는 **빈도분석**을 합니다.

▶ 표로 정리하는 핵심 함수

함수	기능
data()	R 내장 데이터 세트를 확인합니다.
str()	데이터 구조를 확인합니다.
ncol()	데이터 프레임 컬럼(열) 개수를 확인합니다.
nrow()	데이터 프레임 관측치(행) 개수를 확인합니다.
dim()	데이터 프레임 컬럼(열)의 개수와 행 개수를 확인합니다.
ls()	데이터 컬럼명을 확인합니다.
head()	데이터 앞부분을 확인합니다.
tail()	데이터 뒷부분을 확인합니다.
mean()	평균을 구합니다.
median()	중앙값을 구합니다

min()	최솟값을 구합니다.
max()	최댓값을 구합니다.
range()	최솟값과 최댓값 범위를 구합니다.
quantile()	분위수를 구합니다.
var()	분산을 구합니다.
sd()	표준편차를 구합니다.
kurtosi()	psych 패키지 첨도를 구합니다.
skew()	psych 패키지 왜도를 구합니다.
freq()	descr 패키지 빈도를 구합니다.

▶ 확인문제

1. 다음 코드의 빈칸을 채워서 iris 데이터 세트를 불러오는 코드를 완성해 보세요.

```
______(iris)
```

2. iris 데이터 세트의 컬럼명을 확인하고 관측치 개수를 구하는 코드를 작성하여 실행 결과처럼 출력해 보세요.

```
______(iris)
______(iris)
```

실행 결과

```
[1] "Petal.Length" "Petal.Width"  "Sepal.Length" "Sepal.Width"  "Species"
[1] 150
```

3. 다음 빈칸을 채워서 iris 데이터 세트의 Sepal.Length 변수의 1사분위수와 4사분위수를 구하는 코드를 완성해 보세요.

```
________(iris$Sepal.Length, ________)
________(iris$Sepal.Length, ________)
```

04-3 데이터 탐색하기

핵심 키워드

막대 그래프 상자 그림 히스토그램 파이차트 줄기 잎 그림 산점도

R은 다양한 그래프로 데이터를 섬세하게 시각화할 수 있는 장점을 갖고 있습니다. 본격적으로 데이터 분석을 하기 전에 그래프로 데이터 분포를 알아보며 데이터를 탐색하고 이해해 보겠습니다.

시작하기 전에

데이터를 간결하고 쉽게 이해할 수 있도록 이미지화 또는 시각화한 것이 **그래프**graph입니다. 분석하려는 데이터 유형에 따라 적합한 그래프를 사용하면 데이터 특성을 시각적으로 파악하여 분석하는 데 도움이 됩니다. 이번 절에서는 **상자 그림**boxplot, **막대 그래프**bar chart, **히스토그램**histogram, **파이차트**pie chart, **줄기 잎 그림**stem-and-leaf plot, **산점도**scatterplot 등을 주로 사용합니다. 이 그래프들을 하나씩 살펴보겠습니다.

막대 그래프 그리기

막대 그래프는 범주형 데이터의 수량이 많고 적음을 나타낼 때 적합한 그래프로, 각 항목의 수량을 빠르게 파악할 수 있습니다.

범주형 데이터란 성별,
지역과 같이 연속성이
없는 데이터입니다.

freq() 함수

데이터 빈도 분포를 확인할 때는 **freq() 함수**를 사용한다고 180쪽에서 배웠습니다. 이 함수에 **plot 옵션**을 설정하면 막대 그래프를 출력할 수 있습니다.

```
freq(변수명, plot = T, main = '그래프 제목')
```

엑셀 파일을 테이블로 저장하여 성별(SEX)에 따른 빈도 분포를 막대 그래프로 그려 보겠습니다. freq() 함수는 **descr 패키지**에 포함되어 있으므로 먼저 패키지를 설치하고 로드합니다.

손코딩

descr 패키지 설치 및 로드하기

```
install.packages("descr")
library(descr)
```

실습에 사용할 데이터는 Sample1.xlsx 파일입니다. readxl 패키지를 로드하여 엑셀 파일을 exdata1 테이블로 저장하고 내용을 확인합니다.

손코딩

엑셀 파일 가져오기

```
library(readxl)        → read.excel() 함수가 있는 readxl 패키지를 로드합니다.
exdata1 <- read_excel("C:/Rstudy/Sample1.xlsx")
exdata1
```

```
# A tibble: 20 x 13
     ID SEX     AGE AREA  CAR_YN Y21_AMT Y21_CNT Y21F_AMT Y210_CNT Y20_AMT Y20_CNT Y20F_AMT
  <dbl> <chr> <dbl> <chr>  <dbl>   <dbl>   <dbl>    <dbl>    <dbl>   <dbl>   <dbl>    <dbl>
1     1 F        50 서울       1 1300000      50   170000       25 1000000      40    30000
2     2 M        40 경기       1  450000      25    50000       10  700000      30   150000
3     3 F        28 제주       0  275000      10     7500        3  500000       7    10000
4     4 M        50 서울       0 2300000       8    50000        3 2500000       3    80000
```

```
...(중략)...
18      18 F         29 서울       1  150000       5       7000       3  100000       5    25000
19      19 F         27 제주       0  300000      15     150000      10  320000      27   100000
20      20 M         27 제주       1  130000       4      38000       2  150000      30   130000
# ... with 1 more variable: Y200_CNT <dbl>
```

Y200_CNT 컬럼이 더 있다는 의미입니다. 사용자 Console 탭 크기에 따라 일부 컬럼이 생략되어 출력될 수 있습니다.

정상적으로 데이터가 출력되는 것을 확인한 후 SEX 변수 빈도 분포를 출력합니다. freq() 함수에 plot = T 옵션을 설정하고 main 옵션에는 그래프 제목을 넣습니다.

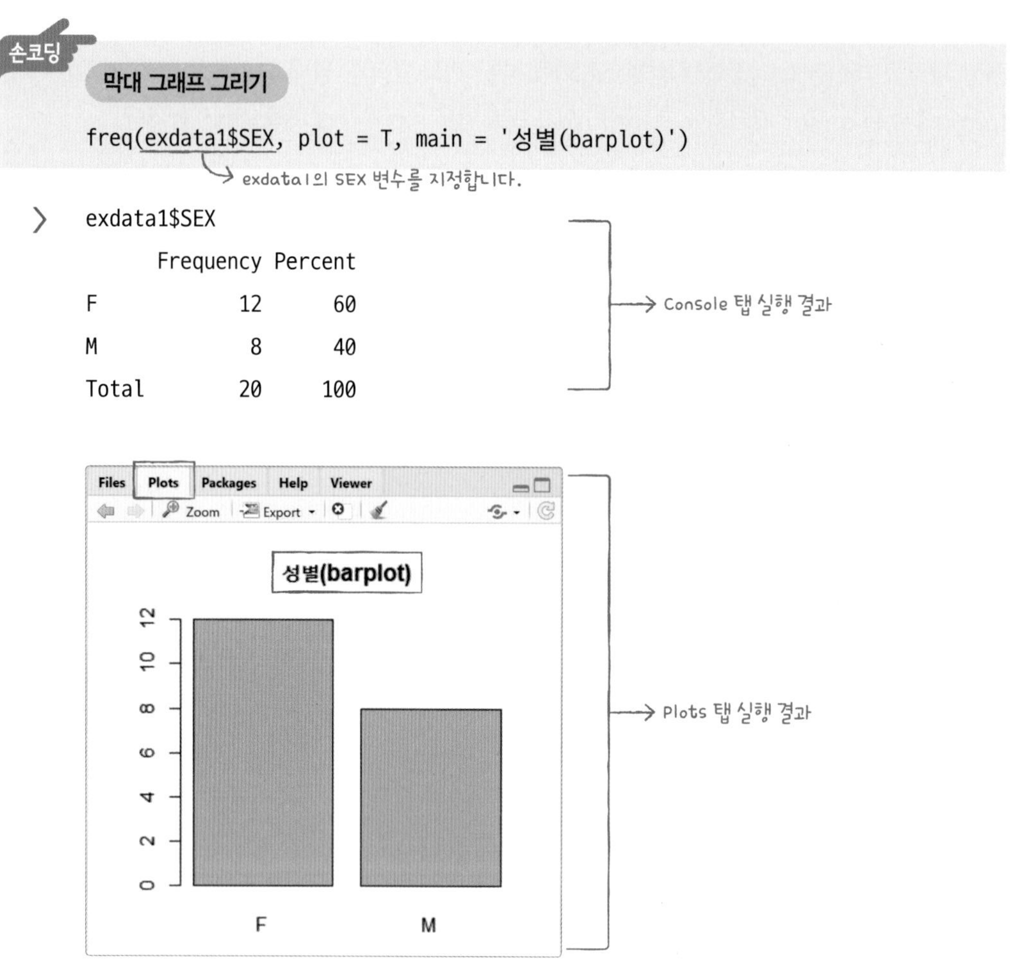

Console 탭에는 SEX 변수 값의 빈도와 분포가 표시되고 Plots 탭에는 막대 그래프가 출력됩니다.

barplot() 함수

barplot() 함수는 별도의 패키지를 설치하지 않아도 막대 그래프를 그릴 수 있습니다. 하지만 빈도 분포를 구하는 기능이 없기 때문에 **table() 함수**를 함께 사용합니다. barplot() 함수에서 사용하는 옵션은 다음과 같습니다.

```
barplot(변수명, ylim = c(y축 범위), main = "그래프 제목", xlab ="x축 제목", ylab =
"y축 제목", names = c("컬럼 제목",...), col = c("색상",...), ...)
```

- **ylim**: 출력할 y축 범위를 지정합니다. c() 함수를 사용해 벡터 형태로 지정합니다.
- **main**: 그래프 제목을 지정합니다.
- **xlab**: x축 제목을 지정합니다.
- **ylab**: y축 제목을 지정합니다.
- **names**: c() 함수를 사용해 벡터 형태로 컬럼 제목을 지정합니다.
- **col**: c() 함수를 사용해 벡터 형태로 그래프 색상을 지정합니다.

이외에도 다양한 옵션이 있으니 Help 탭에서 함수를 검색해 보세요.

+ 여기서 잠깐 **freq() 함수와 table() 함수**

barplot() 함수를 쓸 때 왜 freq() 함수를 사용하지 않고 table() 함수를 사용할까요? 이는 실행 결과를 보면 차이를 알 수 있습니다.

```
> # freq() 함수
> freq(exdata1$SEX)
exdata1$SEX  → 빈도    → 비율
       Frequency Percent
F              6      60
M              4      40
Total         10     100
 → 전체 합계
```

```
> # table() 함수
> table(exdata1$SEX)
F M
6 4
```

freq() 함수는 빈도와 비율, 전체 합계를 출력하며 항목(F, M) 값을 세로로 표현합니다. 반면 table() 함수는 항목(F, M) 값을 표처럼 가로로 나열합니다. barplot() 함수는 table() 함수 결과처럼 표 형태로 데이터가 구성되어 있을 때 변수별로 빈도를 표현할 수 있기 때문에 freq() 함수가 아닌 table() 함수를 사용합니다.

그럼 barplot() 함수를 사용해 SEX 변수 빈도 분포를 막대 그래프로 그려 보겠습니다. freq() 함수 예제(185쪽)에서 사용한 exdata1 데이터를 계속 사용합니다. table() 함수로 SEX 변수 빈도 분포를 구하여 dist_sex에 할당합니다.

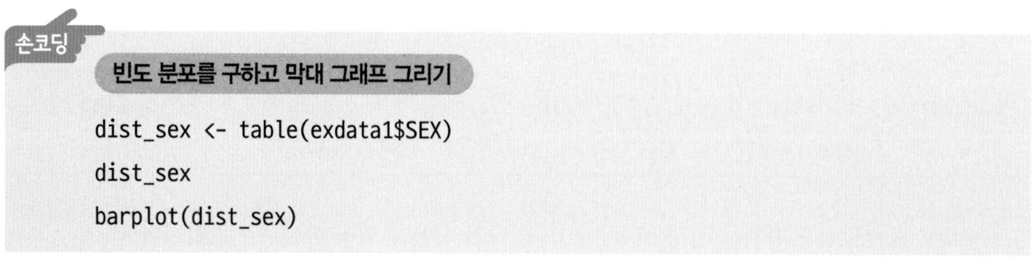

손코딩

빈도 분포를 구하고 막대 그래프 그리기

```
dist_sex <- table(exdata1$SEX)
dist_sex
barplot(dist_sex)
```

```
F M
12 8
```

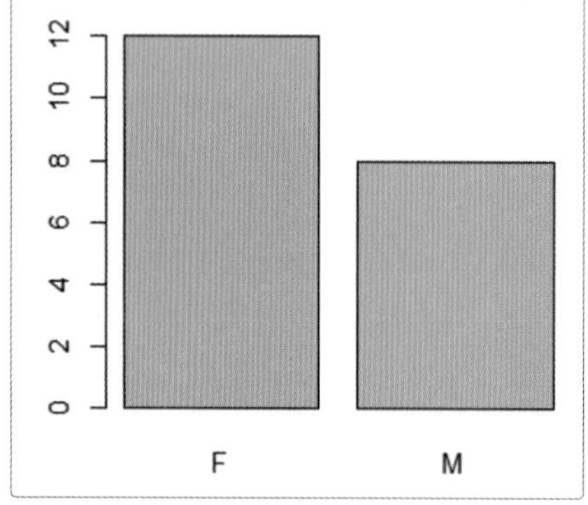

table() 함수로 구한 exdata1 데이터의 SEX 변수 데이터 빈도 분포를 barplot() 함수에 넣어 실행하면 막대 그래프가 출력됩니다. 이때 함수에 별도로 옵션 값을 지정하지 않으면 Plots 탭에 가장 기본 상태의 막대 그래프가 출력됩니다.

이번에는 ylim 옵션으로 0~12까지 있는 y축 범위를 변경하고, 그래프 제목과 축 제목, 컬럼 제목을 지정하여 그래프를 좀 더 보기 좋게 다듬어 보겠습니다.

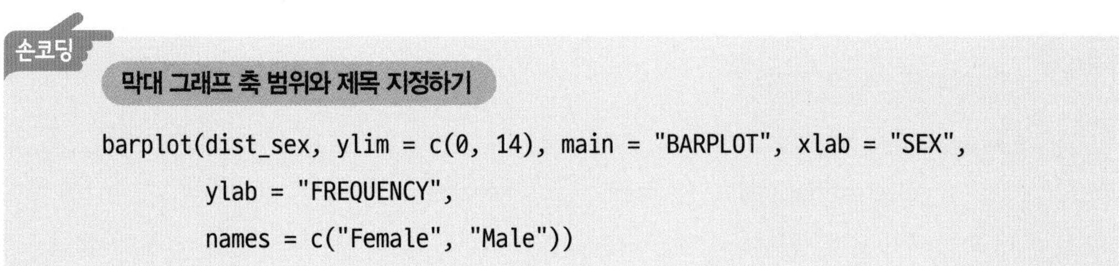

손코딩

막대 그래프 축 범위와 제목 지정하기

```
barplot(dist_sex, ylim = c(0, 14), main = "BARPLOT", xlab = "SEX",
        ylab = "FREQUENCY",
        names = c("Female", "Male"))
```

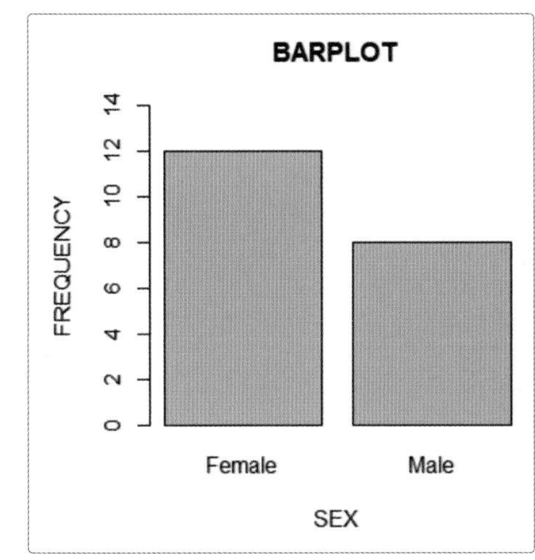

ylim 옵션은 y축 범위를 변경할 수 있습니다. ylim 옵션에 0과 14를 벡터 형태로 할당하면 0~14 범위의 y축이 출력됩니다.

main 옵션은 그래프 제목, xlab 옵션은 x축 제목, ylab 옵션은 y축 제목을 설정할 수 있습니다. **names 옵션**은 데이터 변수 이름을 그대로 출력하는 대신 컬럼에 제목을 지정하여 그래프를 출력합니다. 따라서 그래프 제목은 BARPLOT으로 x축 제목은 SEX, y축 제목은 FREQUENCY로 지정되고, 컬럼 제목은 Female과 Male로 변경되는 것을 알 수 있습니다.

그래프 색상 변경은 **col 옵션**을 사용합니다. 위 예제에 이어서 col 옵션을 추가해 보겠습니다. pink와 navy 컬러로 지정합니다.

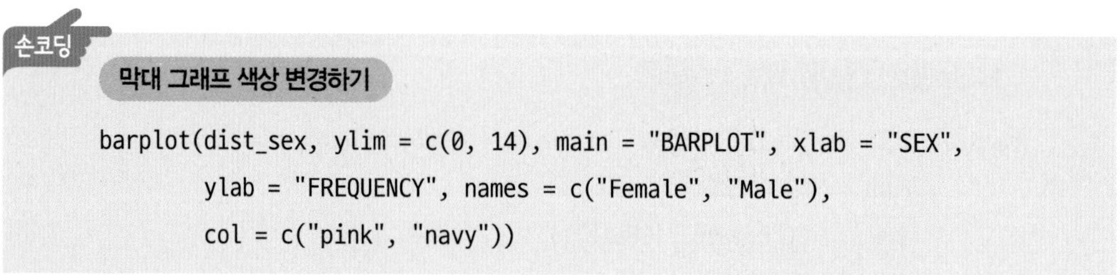

손코딩

막대 그래프 색상 변경하기

```
barplot(dist_sex, ylim = c(0, 14), main = "BARPLOT", xlab = "SEX",
        ylab = "FREQUENCY", names = c("Female", "Male"),
        col = c("pink", "navy"))
```

>

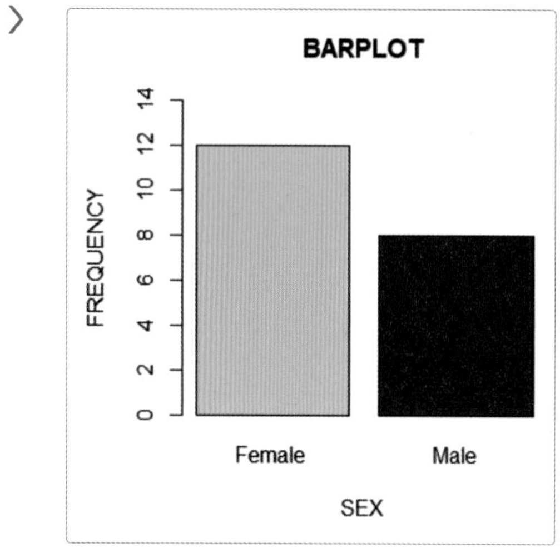

col 옵션에 값을 설정할 때는 컬러를 막대별로 여러 개 지정해야 하므로 벡터 형태로 넣어줍니다. 컬럼 순서대로 원하는 컬러를 지정하면 막대 그래프 색상이 변경됩니다. 색상까지 넣어주니 그래프 가독성이 훨씬 좋아졌습니다.

상자 그림 그리기

상자 그림boxplot은 데이터의 분포를 비교하거나 **이상치**outlier를 판단할 때 주로 사용하는 그래프입니다. 상자 그림은 다음 그림과 같이 5가지 항목을 시각화한 요약 정보를 제공합니다. 극단값(최댓값과 최솟값), 제3사분위수, 평균값, 중앙값, 제1사분위수로 구성됩니다.

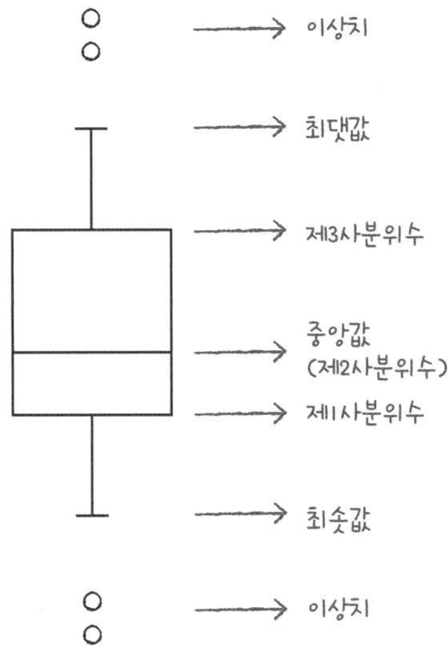

note 이상치는 데이터 분포에서 심하게 벗어난 극단의 데이터를 말합니다. 268쪽에서 자세히 다룹니다.

상자 그림은 **boxplot() 함수**로 그립니다. boxplot() 함수 사용 형식은 다음과 같습니다.

```
boxplot(변수명)
```

계속해서 Sample1.xlsx 데이터로 실습을 진행합니다. 결과는 생략합니다.

```
library(readxl)
exdata1 <- read_excel("C:/Rstudy/Sample1.xlsx")
exdata1
```

21년 이용건수(Y21_CNT)와 20년 이용건수(Y20_CNT)의 데이터 분포를 비교해 보겠습니다.

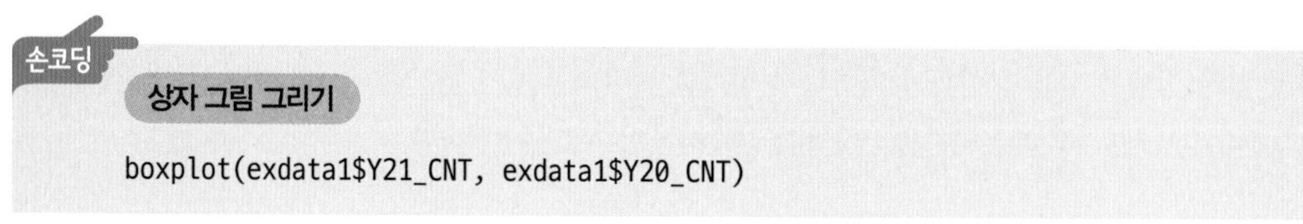

손코딩

상자 그림 그리기

```
boxplot(exdata1$Y21_CNT, exdata1$Y20_CNT)
```

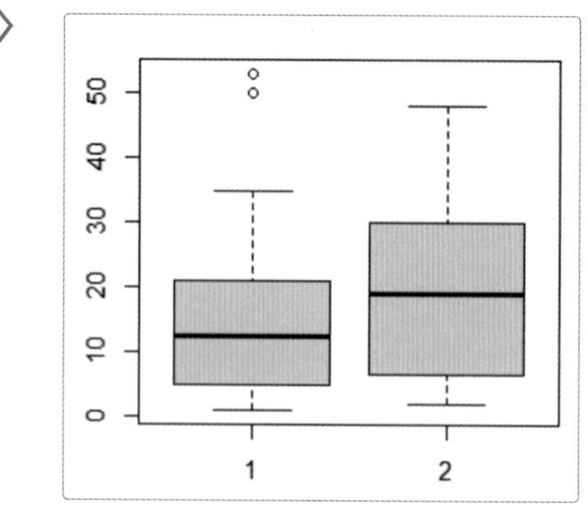

상자 그림에서는 데이터 퍼짐 정도와 최댓값, 최솟값, 중앙값 그리고 이상치를 확인할 수 있습니다. 이상치는 상자 그림 최댓값 혹은 최솟값 라인 바깥에 동그라미(○)로 표시됩니다. 상자 그림에 이 표시가 있다면 데이터에 이상치가 포함되어 있다는 의미입니다.

이번에는 그래프 가독성을 높일 수 있는 옵션을 추가하여 상자 그림을 그려 보겠습니다. 그래프에 숫자만 있고 이름이 없어서 어떤 변수가 어떤 그래프를 뜻하는지 알아보기 어려우니 y축 범위를 0~60으로 변경하고 그래프 제목은 boxplot으로, 컬럼 제목은 21년건수, 20년건수로 변경합니다.

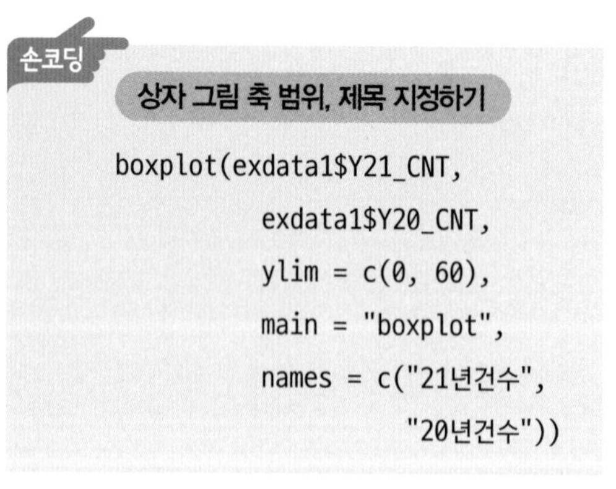

손코딩

상자 그림 축 범위, 제목 지정하기

```
boxplot(exdata1$Y21_CNT,
        exdata1$Y20_CNT,
        ylim = c(0, 60),
        main = "boxplot",
        names = c("21년건수",
                  "20년건수"))
```

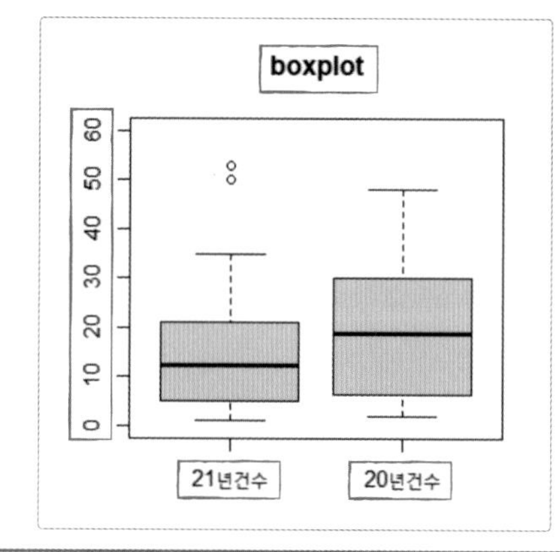

ylim 옵션으로 y축 범위를 늘려주고, names 옵션으로 각 변수에 이름을 붙여 그래프 제목을 지정해주니 훨씬 알아보기 좋아졌습니다.

그래프 색상도 변경할 수 있습니다. 위 코드에 이어서 col 옵션에 색상을 지정하면 입력한 색상이 상자 그림에 적용됩니다.

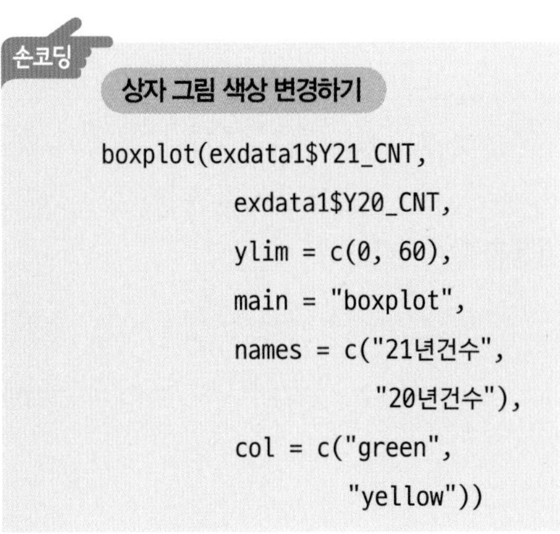
손코딩 상자 그림 색상 변경하기

```
boxplot(exdata1$Y21_CNT,
        exdata1$Y20_CNT,
        ylim = c(0, 60),
        main = "boxplot",
        names = c("21년건수",
                  "20년건수"),
        col = c("green",
                "yellow"))
```

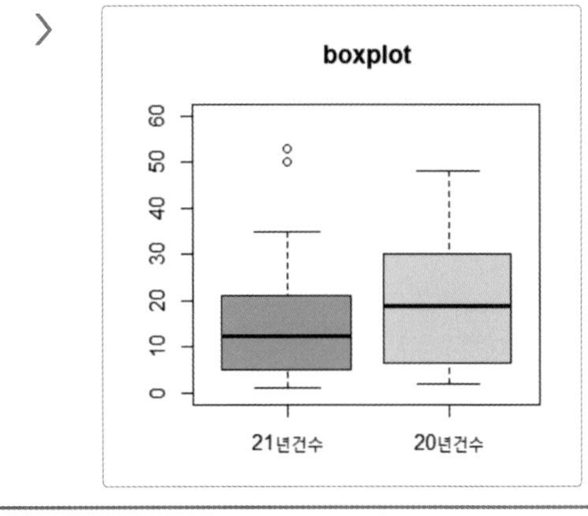

히스토그램 그리기

히스토그램은 연속형 데이터를 일정하게 나눈 구간(계급)을 가로 축으로, 각 구간에 해당하는 데이터 수(도수)를 세로 축으로 그린 그래프입니다. 히스토그램을 이용하면 구간별 관측치 분포 상태를 빠르게 확인할 수 있습니다. 예를 들어 다음과 같이 직원들의 나이를 히스토그램으로 표현하면 다음과 같습니다.

나이(세)	인원(명)
20 – 25	2
26 – 30	9
31 – 35	15
36 – 40	7
41 – 45	4
46 – 50	3

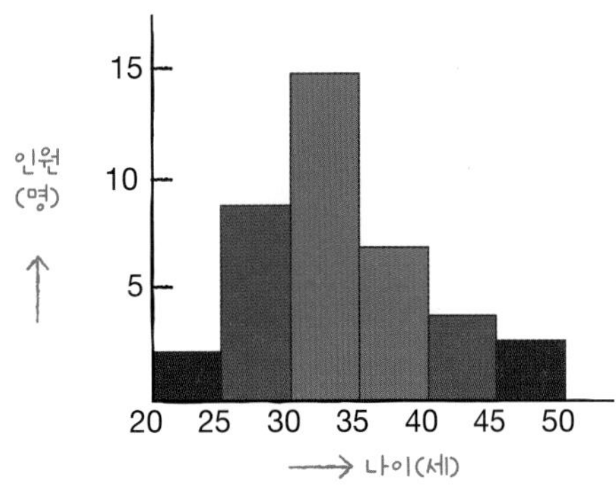

얼핏 보면 히스토그램은 앞서 배운 막대 그래프와 매우 유사해 보이지만, 막대 그래프와는 다른 특징을 갖고 있습니다.

항목	히스토그램	막대 그래프
함수	hist()	barplot()
데이터 형태	연속형	이산형
데이터 예시	키, 나이, 금액 등	성별, 지역 등
그래프 형태 차이	그래프 막대가 붙어 있음	그래프 막대가 분리되어 있음

히스토그램은 **hist() 함수**로 그립니다. 사용 형식은 다음과 같습니다.

```
hist(변수명)
```

AGE 변수를 히스토그램으로 그려 보겠습니다. 가독성을 높이기 위해 x축 범위는 0~60, y축 범위는 0~7까지 나타내고, 그래프 제목은 'AGE분포'로 표기합니다.

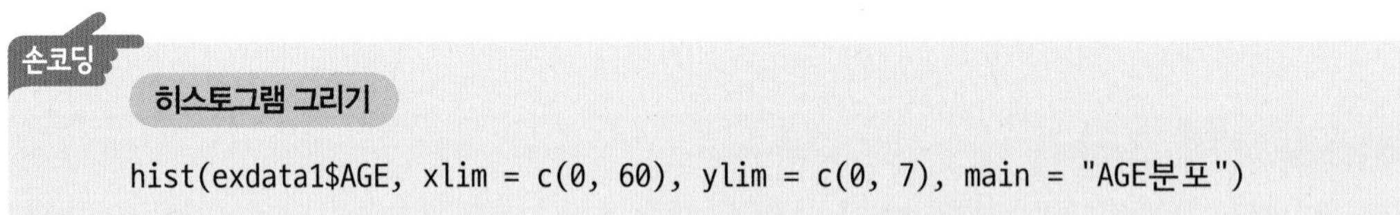

손코딩

히스토그램 그리기

```
hist(exdata1$AGE, xlim = c(0, 60), ylim = c(0, 7), main = "AGE분포")
```

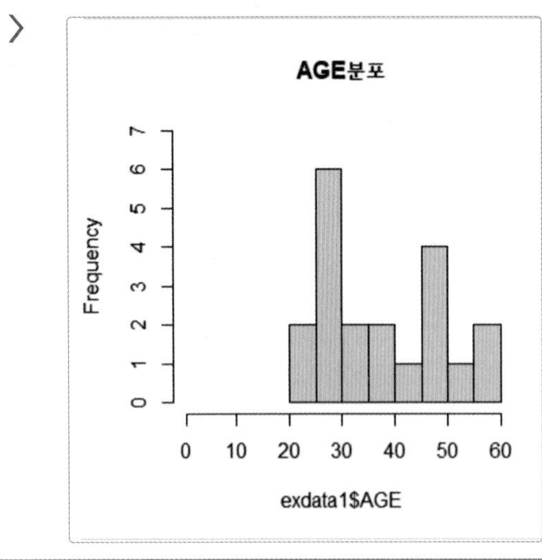

AGE 변수 값 0부터 60까지 연속성 있는 데이터가 그려집니다. 이처럼 hist() 함수나 몇몇 그래프를 출력하는 함수에서 xlim 옵션은 가로 축 범위, ylim 옵션은 세로 축 범위를 지정할 수 있습니다. 마찬가지로 main 옵션은 그래프 제목을 변경합니다.

파이차트 그리기

파이차트는 원을 데이터 범주 구성 비례에 따라 파이 조각을 나누는 것처럼 표현하는 그래프입니다. 보통 여러 개의 부채꼴 모양으로 구성됩니다.

파이차트는 **pie() 함수**로 출력합니다. 사용 형식은 다음과 같습니다.

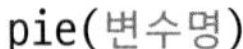

```
pie(변수명)
```

R
mtcars 데이터 세트는 1974년도 미국의 모터트렌드 잡지에서 32개의 차종을 비교한 데이터입니다.

그럼 코드를 실행해 보겠습니다. 파이차트 실습에는 mtcars 데이터 세트를 이용합니다.

pie() 함수에는 빈도분석 기능이 없으므로 먼저 빈도분석을 하는 **table() 함수**를 실행합니다. 그리고나서 mtcars 데이터 세트의 gear 변수 값을 x에 저장하고 x에 대한 파이차트를 그립니다.

손코딩 **파이차트 그리기**

```
data(mtcars)
x <- table(mtcars$gear)
pie(x)
```

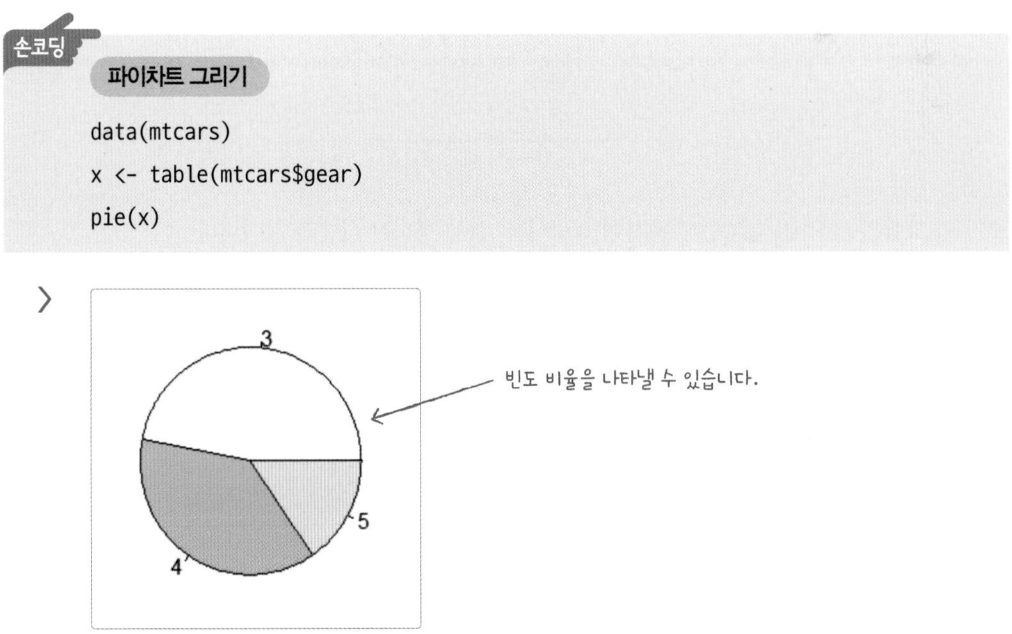
3
5
4
빈도 비율을 나타낼 수 있습니다.

데이터 세트에서 기어(gear) 3단의 비중이 가장 높다는 것을 파이차트로 한눈에 알 수 있습니다. 별도 옵션을 지정하지 않았기 때문에 컬러는 가장 기본값으로 출력됩니다. 만약 파이차트 컬러를 변경하고 싶다면 다른 그래프에서 실습해 보았던 것처럼 col 옵션을 사용할 수 있습니다.

줄기 잎 그림 그리기

줄기 잎 그림은 변수 값을 자릿수로 분류하여 시각화하는 방법으로, 큰 자릿수의 값은 줄기에 표현하고 작은 자릿수의 값은 잎에 표현하여 데이터의 전체적인 형태를 파악할 수 있는 그래프입니다. 예를 들어 변수에 할당된 데이터가 15, 16, 21, 23, 26, 26, 30, 32, 41이라고 가정하면 줄기에는 십의 자리인 1, 2, 3, 4가 표현되고, 잎에는 일의 자리가 표현됩니다.

줄기 잎 그림은 원 데이터의 특성을 잃지 않고 자료를 분석할 수 있는 장점이 있습니다. 히스토그램처럼 데이터를 몇 개의 구간으로 나누어 데이터 값의 수를 나타내므로 원래 줄기 잎 그림을 반시계 방향으로 90도 회전하면 히스토그램 특성을 띤 그림으로 도식화가 가능합니다.

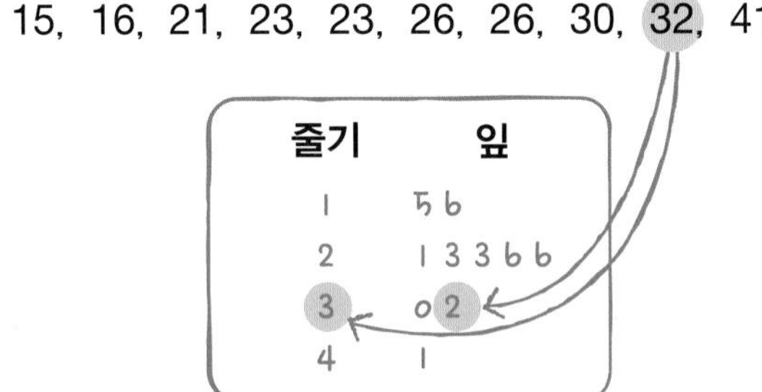

줄기 잎 그림은 **stem() 함수**를 사용하여 그립니다. 사용 형식은 다음과 같습니다.

```
stem(변수명, scale = 1)
```

scale 옵션은 줄기의 수, 즉 데이터를 나누는 구간을 의미하며 양수만 가능합니다.

그럼 줄기 잎 그림을 출력해 보겠습니다. 데이터는 직접 입력하고 stem() 함수를 옵션 설정 없이 사용합니다. scale 옵션을 설정하지 않았을 때 기본값은 1입니다.

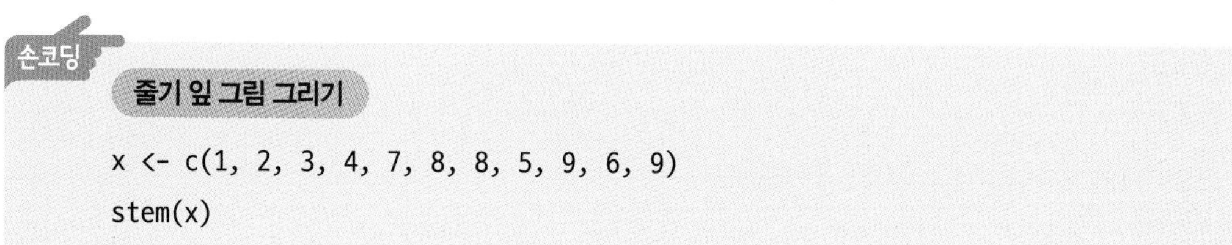

손코딩

줄기 잎 그림 그리기

```
x <- c(1, 2, 3, 4, 7, 8, 8, 5, 9, 6, 9)
stem(x)
```

```
The decimal point is at the |

0 | 0
2 | 00
4 | 00
6 | 00
8 | 0000
```

줄기 잎 그림은 데이터가 줄기 별로 잎의 크기 순으로 정렬되어 있어 데이터 형태를 살펴보기 편한 그래프입니다. 실행 결과의 The decimal point is at the ¦ 문구는 수직선(¦) 기호를 기준으로 줄기는 일의 자리, 잎은 소수점이라는 의미입니다. 데이터가 모두 일의 자리이므로 소수점을 기준으로 줄기와 잎의 나누어진 것을 알 수 있습니다.

실행 결과에서는 8대 군집이 가장 많은 분포를 갖고 있습니다. x값을 순서대로 정렬하면 1, 2, 3, 4, 5, 6, 7, 8, 8, 9, 9입니다. 이 데이터를 줄기 잎 그림으로 나타내면 scale 값 1에 따라 구간 간격이 2단위이기 때문에 0 ¦의 구간은 데이터 1을 포함하고, 8 ¦ 구간은 데이터 8, 8, 9, 9를 포함하는 것을 알 수 있습니다.

줄기 구간	구간에 속한 데이터
0이상 2미만	1
2이상 4미만	2 3
4이상 6미만	4 5
6이상 8미만	6 7
8이상	8 8 9 9

잎에는 소수점 아래의 0을 표현하므로 구간에 속한 데이터 개수와 잎의 개수가 동일합니다.

줄기 잎 그림을 그렸을 때 데이터가 살펴보기 어렵거나 구간을 조정하고자 할 때에는 **scale 옵션**으로 구간을 조정할 수 있습니다. 앞의 예제에서 stem() 함수에 scale 옵션을 2로 설정합니다.

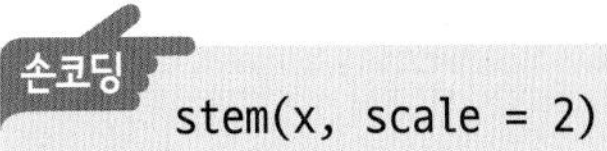

```
stem(x, scale = 2)
```

```
The decimal point is at the ¦

1 ¦ 0
2 ¦ 0
3 ¦ 0
4 ¦ 0
5 ¦ 0
6 ¦ 0
7 ¦ 0
8 ¦ 00
9 ¦ 00
```

줄기 수가 2배로 늘어나면서 실제 데이터와 가장 유사한 형태로 줄기 잎 그림이 출력됩니다. 1구간 잎에는 0이 1개가 출력되어 데이터 중 1이 1개 있다는 것을, 8구간 잎에는 0이 2개가 출력되어 데이터 중 8이 2개가 있다는 것을 쉽게 알아볼 수 있습니다.

그렇다면 반대로 scale 옵션을 줄여 보겠습니다. scale 값을 기본값보다 작은 0.5로 설정합니다.

손코딩

```
stem(x, scale = 0.5)
```

```
The decimal point is 1 digit(s) to the right of the ¦

0 ¦ 1234
0 ¦ 5678899
```

scale = 0.5는 줄기 수가 절반으로 줄어듭니다. scale 숫자가 커질수록 줄기 수가 늘어나고 작을수록 줄어들기 때문에 데이터에 따라 scale을 조절하면 데이터 분포를 쉽게 파악할 수 있습니다.

산점도 그리기

산점도는 **산포도**라고도 부릅니다. 연속형 숫자 변수일 때 두 변수 간 관계를 점으로 나타내 점들의 형태에 따라 산포도를 확인할 수 있습니다. 이 중에서 우상향하는 형태는 두 변수 사이에 상관관계가 있음을 의미합니다. 산점도는 **plot() 함수**를 사용하여 그립니다. 이때 함수에 들어가는 x 값과 y 값은 산점도 그래프 위치에 각각 동그라미로 표시됩니다.

```
plot(x, y)
```

iris 데이터 세트를 이용해서 산점도를 그려 보겠습니다. iris 데이터 세트를 가져온 후 x 값에는 Sepal.Length 변수를, y 값에는 Petal.Width 변수를 넣어 두 변수에 상관관계가 있는지 비교해 봅니다.

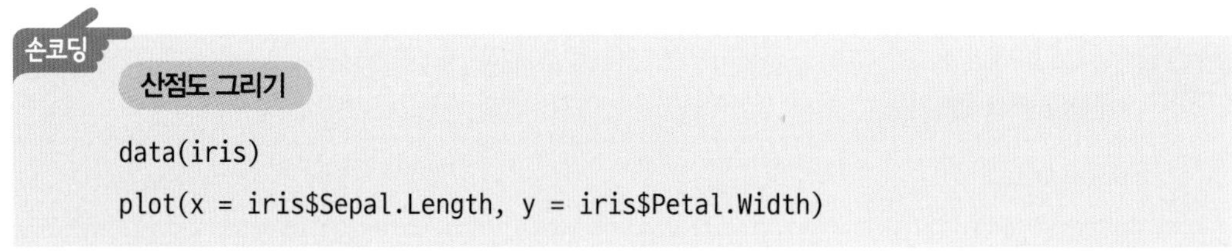

손코딩

산점도 그리기

```
data(iris)
plot(x = iris$Sepal.Length, y = iris$Petal.Width)
```

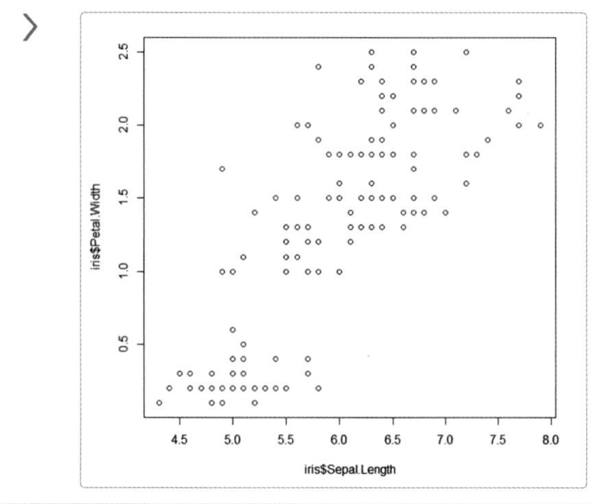

x 값과 y 값에 각각 변수명을 넣어 해당 변수 값을 x축과 y축에 좌표로 그립니다. 만약 iris 데이터 세트 첫 번째 행의 Sepal.Length 변수 값이 5.1이고 Petal.Width 값이 0.2면, x축 값이 5.1이고 y축 값이 0.2인 위치에 동그라미 좌표로 표시됩니다. 위 코드에서는 x 값과 y 값에 변수를 넣었으므로 iris 데이터 세트의 150개의 관측치가 모두 그래프에 표시되며, 그래프가 우상향하고 있으므로 Sepal.Length 변수와 Petal.Width 변수 사이에 상관관계가 있음을 예상할 수 있습니다.

산점도 역시 앞서 살펴보았던 막대 그래프처럼 main 옵션을 지정하면 그래프 제목을, sub 옵션은 그래프 부제목, xlab와 ylab 옵션은 축 제목을 표기하는 방식으로 그래프 가독성을 높일 수 있습니다.

산점도 행렬

산점도 행렬scatterplot matrix은 앞서 살펴본 산점도들이 행렬로 나타납니다. 여러 개의 변수 관계를 한번에 확인할 수 있는 그래프로, 내장 함수인 **pairs() 함수**로 그립니다.

```
pairs(변수명)
```

iris 데이터 세트에 있는 변수들의 상관관계를 살펴보겠습니다. pairs() 함수에 iris 데이터 세트 변수를 따로 지정하지 않고 데이터 세트 전체를 넣습니다.

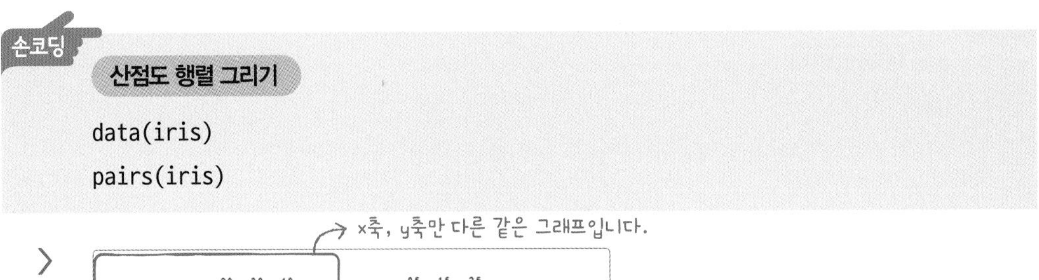

손코딩

산점도 행렬 그리기

```
data(iris)
pairs(iris)
```

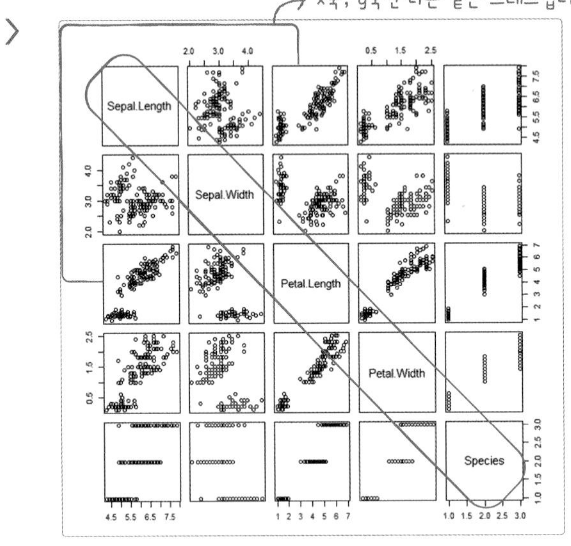

여러 산점도가 나열된 행렬 그래프로 그려집니다. 산점도 행렬에 그래프가 많아 보기 어려운 것 같지만, 대각선의 변수명을 기준으로 x축, y축만 다르고 같은 그래프입니다. 따라서 대각선 위아래 중 한쪽만 보아도 문제 없습니다.

산점도 행렬은 **psych 패키지**의 **pairs.panel() 함수**로도 그릴 수 있습니다. 사용 형식은 pairs() 함수와 동일하지만, 함수 실행 전에 psych 패키지 설치와 로드가 필요합니다.

note psych 패키지가 설치되어 있다면 패키지 로드부터 진행하세요.

손코딩

psych 패키지로 산점도 행렬 그리기

```
install.packages("psych")
library(psych)
data(iris)
pairs.panels(iris)
```

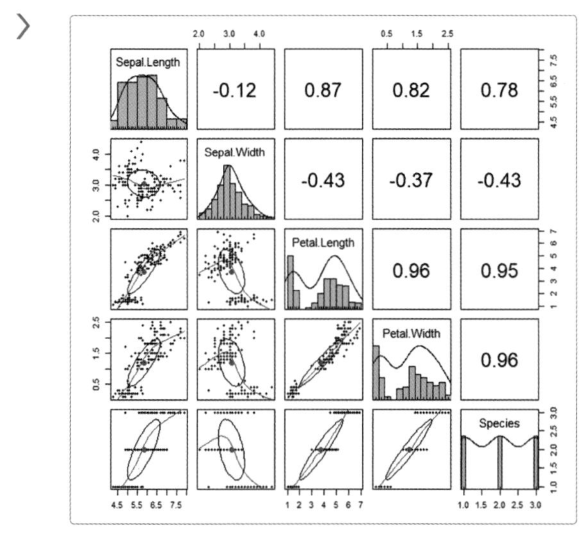

pairs.panel() 함수는 pairs() 함수처럼 여러 개의 산점도가 행렬로 표현되지만, 다른 그래프와 수치 등이 추가되어 결과를 더 명확하게 볼 수 있습니다.

이상으로 변수에 따라 표현할 수 있는 다양한 그래프들을 살펴보았습니다. 그래프 종류가 다양하기 때문에 데이터를 어떤 그래프를 그려야 할지 어려울 때가 있습니다. 그럴 땐 From data to Viz 홈페이지를 이용해 보세요. 데이터 유형에 따라 어떤 그래프를 사용하면 좋은지 도움받을 수 있습니다.

From data to Viz 홈페이지

URL https://www.data-to-viz.com

마무리

▶ 6가지 키워드로 정리하는 핵심 포인트

- **막대 그래프**는 범주형 데이터의 수량이 많고 적음을 나타낼 때 적합한 그래프입니다.
- 데이터 분포에서 벗어난 극단의 데이터를 판단할 때 **상자 그림**을 사용합니다.
- **히스토그램**은 연속형 데이터를 일정하게 구간을 나누어 각 구간에 해당하는 데이터를 그린 그래프입니다.
- **파이차트**는 원을 데이터 범주 구성 비례에 따라 파이 조각 모양처럼 표현한 그래프입니다.
- **줄기 잎 그림**은 변수 값을 자릿수로 분류하여 시각화한 그래프로 데이터 전체 형태를 파악할 수 있습니다.
- **산점도**는 두 변수 간의 관계를 점으로 나타낸 그래프입니다.

▶ 표로 정리하는 핵심 함수

함수	기능
barplot()	막대 그래프를 그립니다.
hist()	히스토그램을 그립니다.
boxplot()	상자 그림을 그립니다.
pie()	파이차트를 그립니다.
stem()	줄기 잎 그림을 그립니다.
plot()	산점도를 그립니다.
pairs()	산점도 행렬을 그립니다.
pairs.panel()	psych 패키지 산점도 행렬을 그립니다.

▶ 확인문제

확인문제에는 다음 데이터를 활용합니다. 문제를 풀기 전 데이터를 생성해 주세요.

```
y1 <- c(10, 15, 20, 30, 40, 50, 55, 66, 77, 80, 90, 100, 200, 225)
```

1. 빈칸을 채워서 y1 데이터를 실행 결과처럼 출력해 보세요.

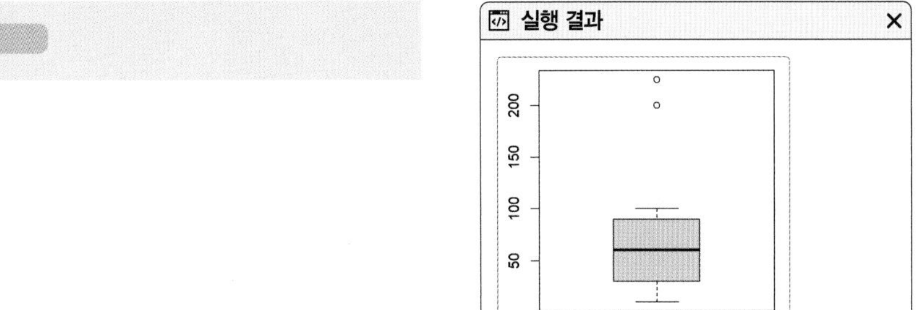

2. 빈칸을 채워서 y1 데이터를 실행 결과처럼 출력해 보세요.

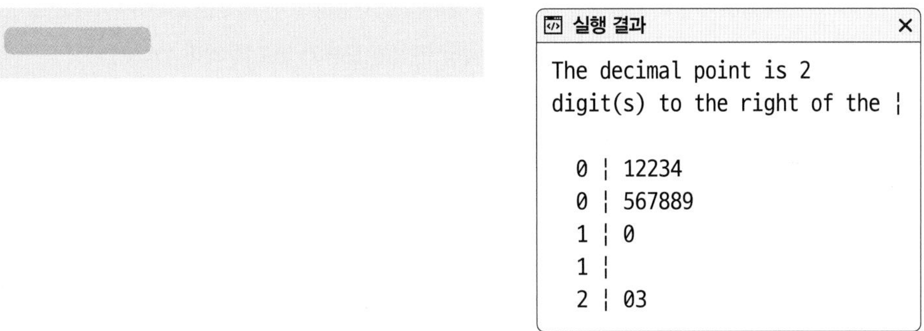

실행 결과

```
The decimal point is 2
digit(s) to the right of the |

  0 | 12234
  0 | 567889
  1 | 0
  1 |
  2 | 03
```

3. 빈칸을 채워서 y1 데이터를 실행 결과처럼 출력해 보세요.

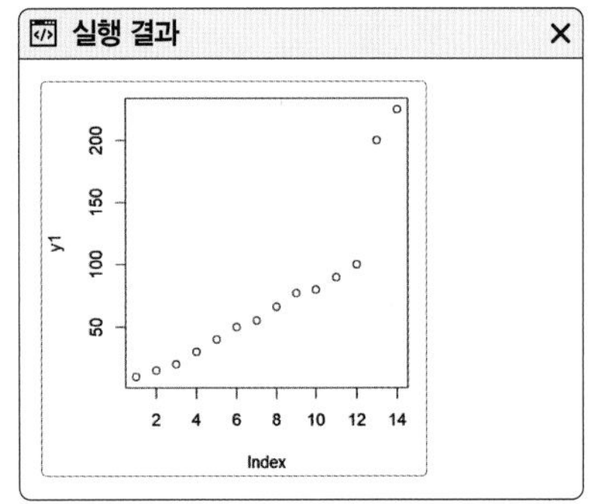

Chapter 05

데이터 가공은 데이터 분석을 편하게 하기 위해 분석가의 관점에 따라 데이터를 편집하는 과정을 말합니다. 데이터를 수집하여 분석할 데이터의 특성을 파악하고 탐색했다면 다른 데이터와 조합하거나 파생변수를 생성해서 데이터를 사용하기 편하게 만들어야 합니다. 또한 불필요하거나 이상한 데이터를 정리하여 데이터 분석에 오류가 없도록 해야 합니다.

데이터 가공하기

학습목표

- 데이터 가공을 도와주는 dplyr 패키지를 알아봅니다.
- 데이터 추출, 정렬, 요약, 결합하는 가공 과정을 알아봅니다.
- 데이터 구조를 바꿔주는 reshape2 패키지를 알아봅니다.
- 데이터의 이상치와 결측치를 처리해 봅니다.

05-1 dplyr 패키지

핵심 키워드 dplyr 패키지 %>% 파이프 연산자

데이터 가공은 데이터 분석 과정에서 가장 많은 시간과 노력이 필요한 과정입니다. 정확한 결과를 얻어야 하므로 이 과정에서 잘못된다면 처음부터 다시 시작해야 할 정도로 중요한 과정입니다. 이번 절에서는 데이터 가공 과정에서 필수 패키지인 dplyr 패키지를 알아봅니다.

시작하기 전에

dplyr 패키지는 해들리 위컴Hadley Wickham이 만든 데이터 처리 패키지입니다. R로 개발되어 처리 속도가 느린 기존의 **plyr 패키지**를 C++ 언어로 개선하여 사용자 친화적으로 데이터 프레임을 조작할 수 있습니다.

R에서는 기본 내장 함수만으로도 데이터를 가공할 수 있지만, dplyr 패키지를 사용하면 프로그래밍에 익숙하지 않아도 함수를 쉽고 빠르게 사용할 수 있습니다. 이번 절에서는 dplyr 패키지의 함수 중 가장 많이 쓰는 함수를 살펴보겠습니다.

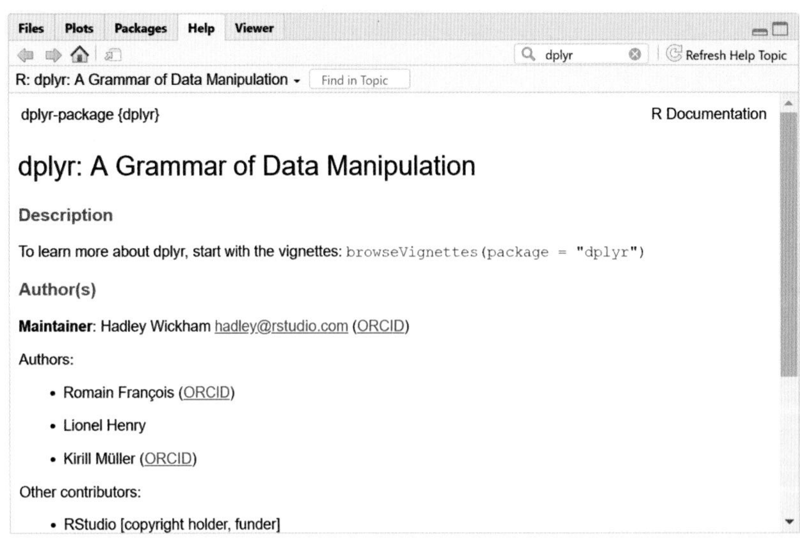

dplyr 패키지 설치 및 로드하기

dplyr 패키지 설치와 로드를 실행합니다. 만약 이미 dplyr 패키지를 설치한 적이 있거나, 패키지를 설치하고 R 스튜디오를 재시작했다면 library() 함수로 패키지 로드만 실행합니다.

손코딩

dplyr 패키지 설치 및 로드하기

```
install.packages("dplyr")
library(dplyr)
```

```
The following objects are masked from 'package:stats':
    filter, lag
The following objects are masked from 'package:base':
    intersect, setdiff, setequal, union
```

만약 dplyr 패키지를 로드했을 때 위와 같이 메시지가 출력되면 이 메시지는 오류 메시지가 아닌, 해당 패키지에 기존에 사용 중인 함수와 동일한 이름의 함수가 있다는 알림 메시지입니다.

이처럼 다른 패키지에 동일한 함수가 있을 때는 특정 패키지임을 표시하는 :: **더블 콜론 연산자**를 사용합니다. 예를 들어 dplyr 패키지의 filter() 함수를 사용한다면 dplyr::filter() 형태로 작성합니다.

R
패키지를 로드했을 때 아무런 알림 메시지가 없을 수도 있습니다.

note 패키지를 로드할 때 위와 같은 알림 메시지를 보지 않으려면 warn.conflicts = FALSE 옵션을 작성하여 일시적으로 해당 메시지가 보이지 않게 처리할 수 있습니다. 예) library(dplyr, warn.conflicts = FALSE)

이번 실습에 사용할 데이터 세트는 R 내장 데이터 세트인 mtcars입니다. nrow() 함수로 행 개수를 확인하고, str() 함수로 데이터 구조를 확인합니다.

손코딩

mtcars 데이터 세트 구조 확인하기

```
nrow(mtcars)
str(mtcars)
```

```
[1] 32

'data.frame': 32 obs. of  11 variables:
 $ mpg : num  21 21 22.8 21.4 18.7 18.1 14.3 24.4 22.8 19.2 ...
 $ cyl : num  6 6 4 6 8 6 8 4 4 6 ...
 $ disp: num  160 160 108 258 360 ...
 $ hp  : num  110 110 93 110 175 105 245 62 95 123 ...
 $ drat: num  3.9 3.9 3.85 3.08 3.15 2.76 3.21 3.69 3.92 3.92 ...
 $ wt  : num  2.62 2.88 2.32 3.21 3.44 ...
 $ qsec: num  16.5 17 18.6 19.4 17 ...
 $ vs  : num  0 0 1 1 0 1 0 1 1 1 ...
 $ am  : num  1 1 1 0 0 0 0 0 0 0 ...
 $ gear: num  4 4 4 3 3 3 3 4 4 4 ...
 $ carb: num  4 4 1 1 2 1 4 2 2 4 ...
```

mtcars 데이터 세트에는 연비(mpg), 실린더 개수(cyl) 등 연료 소비와 관련된 변수 11개와 자동차 모델 32종 정보가 담겨 있는 것을 알 수 있습니다.

데이터 추출 및 정렬하기

그럼 본격적으로 dplyr 패키지를 알아보겠습니다. dplyr 패키지에 포함된 함수로 데이터 세트에서 필요한 데이터만 추출하거나 지정한 기준에 따라 데이터를 내림차순 또는 오름차순으로 정렬할 수 있습니다.

행 추출하기: filter() 함수

filter() 함수는 조건에 맞는 데이터를 필터링하는 함수입니다.

```
filter(데이터, 조건문)
```

filter() 함수로 실린더 개수가 4기통(cyl == 4)인 자동차만 추출해 보겠습니다.

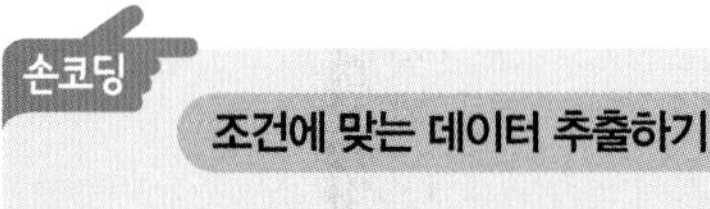


```
filter(mtcars, cyl == 4)
```

```
>                mpg cyl  disp  hp drat    wt  qsec vs am gear carb
  Datsun 710     22.8   4 108.0  93 3.85 2.320 18.61  1  1    4    1
  Merc 240D      24.4   4 146.7  62 3.69 3.190 20.00  1  0    4    2
  Merc 230       22.8   4 140.8  95 3.92 3.150 22.90  1  0    4    2
  Fiat 128       32.4   4  78.7  66 4.08 2.200 19.47  1  1    4    1
  Honda Civic    30.4   4  75.7  52 4.93 1.615 18.52  1  1    4    2
  Toyota Corolla 33.9   4  71.1  65 4.22 1.835 19.90  1  1    4    1
  Toyota Corona  21.5   4 120.1  97 3.70 2.465 20.01  1  0    3    1
  Fiat X1-9      27.3   4  79.0  66 4.08 1.935 18.90  1  1    4    1
  Porsche 914-2  26.0   4 120.3  91 4.43 2.140 16.70  0  1    5    2
  Lotus Europa   30.4   4  95.1 113 3.77 1.513 16.90  1  1    5    2
  Volvo 142E     21.4   4 121.0 109 4.11 2.780 18.60  1  1    4    2
```

조건 지정 시 한 번에 한 가지 조건만 지정할 수 있는 것은 아닙니다. **& 연산자**를 사용하면 더 많은 조건을 지정할 수 있습니다.

이번에는 6기통 이상의 자동차 중에서 연비가 20miles/gallon을 초과하는 자동차만 추출해 보겠습니다. 6기통 이상(cyl >= 6)이고, 연비가 20mlies/gallon을 초과(mpg > 20)해야 하므로 & 연산자로 두 조건문을 연결합니다.

손코딩

두 가지 조건에 맞는 데이터를 필터링하기

```
filter(mtcars, cyl >= 6 & mpg > 20)
```

```
>                 mpg cyl disp  hp drat    wt  qsec vs am gear carb
  Mazda RX4      21.0   6  160 110 3.90 2.620 16.46  0  1    4    4
  Mazda RX4 Wag  21.0   6  160 110 3.90 2.875 17.02  0  1    4    4
  Hornet 4 Drive 21.4   6  258 110 3.08 3.215 19.44  1  0    3    1
```

mtcars 데이터 세트에서 cyl 값이 6보다 크거나 같고(이상), mpg 값이 20보다 큰(초과) 행만 추출합니다.

열 추출하기: select() 함수

filter() 함수가 행을 추출했다면 **select() 함수**는 열, 즉 지정한 변수만 추출할 때 사용합니다.

```
select(데이터, 변수명1, 변수명2,...)
```

mtcars 데이터 세트에서 변속기 am(구분)과 gear(기어) 데이터만 추출해 보겠습니다. head() 함수를 활용하여 데이터 앞부분 값만 확인해 봅니다.

지정한 변수만 추출하기

```
head(select(mtcars, am, gear))
```

```
>                    am gear
  Mazda RX4           1    4
  Mazda RX4 Wag       1    4
  Datsun 710          1    4
  Hornet 4 Drive      0    3
  Hornet Sportabout   0    3
  Valiant             0    3
```

am 변수 열과 gear 변수 열이 추출된 것을 알 수 있습니다.

오류

```
Error in select(mtcars, am, gear) : unused argument (am, gear)
```

만약 select() 함수를 사용할 때 unused arguments() 오류 메시지가 나타난다면 이는 다른 패키지에 포함된 select() 함수가 사용되었기 때문입니다. :: 연산자를 사용하여 dplyr::select(mtcars, am, gear) 형태로 패키지명을 함께 작성합니다.

note 실습 편의상 앞부분만 확인하기 위해 head() 함수를 사용하였습니다.

정렬하기: arrange() 함수

arrange() 함수는 데이터를 오름차순으로 정렬할 때 사용합니다. 여러 개의 열을 기준으로 지정할 수 있으며, 내림차순으로 정렬할 때는 **desc() 함수**를 함께 사용합니다.

```
arrange(데이터, 변수명1, 변수명2, ...)                    → 오름차순 정렬
arrange(데이터, 변수명1, 변수명2, ..., desc(변수명))      → 내림차순 정렬
```

오름차순 정렬 기준은 다음과 같습니다.

- 숫자형 변수: MISSING, 음수, 0, 양수
- 문자형 변수: 빈칸부터 !"#$%&'() *+-./0123456789 :;⇔?@ ABCDEFGHIJKLMNOPQRSTUVWXYZ [/]_

MISSING은 결측치, 비어 있는 값을 의미합니다. NA로도 표현합니다.

mtcars 데이터 세트에서 무게(wt)를 기준으로 오름차순 정렬한 후 head() 함수로 상위 데이터만 출력해 보겠습니다.

손코딩

오름차순 정렬하기

```
head(arrange(mtcars, wt))
```

→ 기준

```
>
                mpg cyl  disp  hp drat    wt  qsec vs am gear carb
Lotus Europa   30.4   4  95.1 113 3.77 1.513 16.90  1  1    5    2
Honda Civic    30.4   4  75.7  52 4.93 1.615 18.52  1  1    4    2
Toyota Corolla 33.9   4  71.1  65 4.22 1.835 19.90  1  1    4    1
Fiat X1-9      27.3   4  79.0  66 4.08 1.935 18.90  1  1    4    1
Porsche 914-2  26.0   4 120.3  91 4.43 2.140 16.70  0  1    5    2
Fiat 128       32.4   4  78.7  66 4.08 2.200 19.47  1  1    4    1
```

wt 변수를 기준으로 데이터가 오름차순 정렬된 상위 6개 데이터만 출력됩니다.

note head() 함수를 사용하지 않고 arrange() 함수만 사용하여 arrange(mtcars, wt) 형태로 작성해도 됩니다.

계속해서 내림차순과 오름차순을 혼용해서 사용해 보겠습니다. 연비(mpg)를 기준으로 오름차순 정렬한 후 무게(wt)를 기준으로 내림차순 정렬합니다.

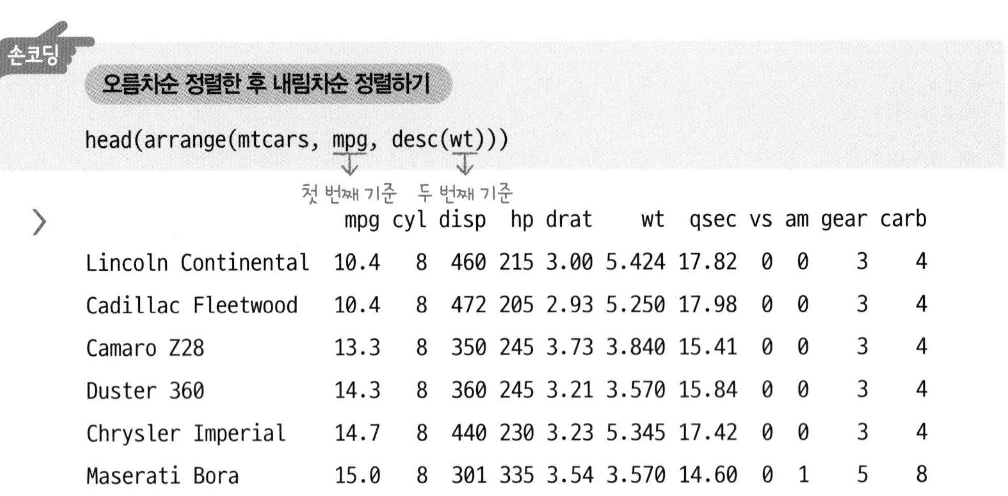

손코딩

오름차순 정렬한 후 내림차순 정렬하기

```
head(arrange(mtcars, mpg, desc(wt)))
```



```
>
                     mpg cyl disp  hp drat    wt  qsec vs am gear carb
Lincoln Continental 10.4   8  460 215 3.00 5.424 17.82  0  0    3    4
Cadillac Fleetwood  10.4   8  472 205 2.93 5.250 17.98  0  0    3    4
Camaro Z28          13.3   8  350 245 3.73 3.840 15.41  0  0    3    4
Duster 360          14.3   8  360 245 3.21 3.570 15.84  0  0    3    4
Chrysler Imperial   14.7   8  440 230 3.23 5.345 17.42  0  0    3    4
Maserati Bora       15.0   8  301 335 3.54 3.570 14.60  0  1    5    8
```

위와 같이 정렬 기준이 여러 개일 때는 데이터를 첫 번째 기준으로 정렬한 후 이 중에 같은 값은 두 번째 기준으로 다시 정렬합니다. 즉 mpg를 기준으로 정렬한 후 값이 같으면 다시 wt를 기준으로 정렬합니다.

데이터 추가 및 중복 데이터 제거하기

기본 데이터 세트에 새로운 열을 추가하거나 중복되는 데이터를 제거할 때도 dplyr 패키지의 함수를 사용합니다.

열 추가하기: mutate() 함수

mutate() 함수는 데이터 세트에 열을 추가할 때 사용합니다. 기존 열을 가공한 후 그 결괏값을 기존 열이나 새로운 열에 할당할 수 있습니다.

```
mutate(데이터, 추가할 변수 이름 = 조건1, ...)
```

mtcars 데이터 세트에 years라는 생산일자 열을 새로 추가해 보겠습니다. 값에는 일괄적으로 1974를 추가하여 1974년 데이터임을 표시합니다.

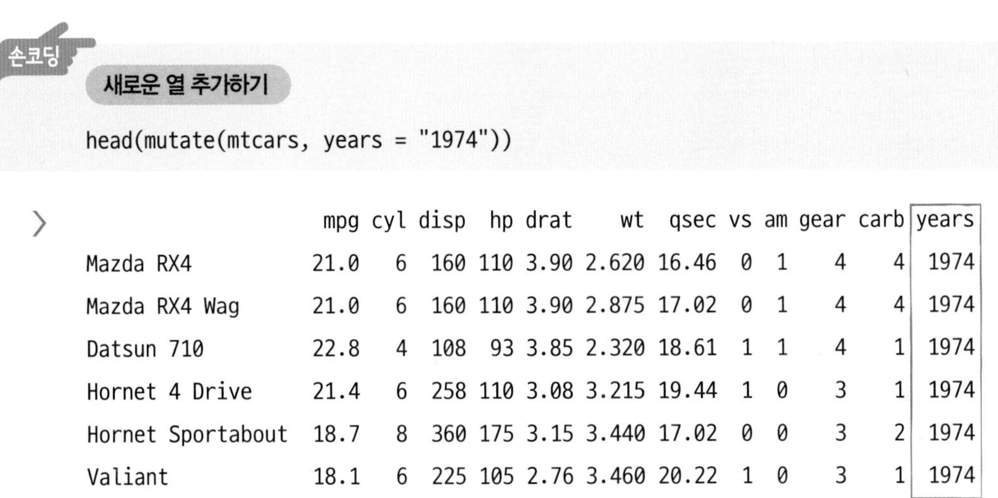

손코딩

새로운 열 추가하기

```
head(mutate(mtcars, years = "1974"))
```

```
>
                   mpg cyl disp  hp drat    wt  qsec vs am gear carb years
Mazda RX4         21.0   6  160 110 3.90 2.620 16.46  0  1    4    4  1974
Mazda RX4 Wag     21.0   6  160 110 3.90 2.875 17.02  0  1    4    4  1974
Datsun 710        22.8   4  108  93 3.85 2.320 18.61  1  1    4    1  1974
Hornet 4 Drive    21.4   6  258 110 3.08 3.215 19.44  1  0    3    1  1974
Hornet Sportabout 18.7   8  360 175 3.15 3.440 17.02  0  0    3    2  1974
Valiant           18.1   6  225 105 2.76 3.460 20.22  1  0    3    1  1974
```

carb 변수 뒤에 years 변수와 값이 일괄 추가되며 열이 생성됩니다. 이번에는 자동차별 연비(mpg) 순위를 **rank() 함수**로 구하여 mpg_rank 열을 추가하여 할당해 보겠습니다.

손코딩

```
head(mutate(mtcars, mpg_rank = rank(mpg)))
```

```
>
                   mpg cyl disp  hp drat    wt  qsec vs am gear carb mpg_rank
Mazda RX4         21.0   6  160 110 3.90 2.620 16.46  0  1    4    4     19.5
Mazda RX4 Wag     21.0   6  160 110 3.90 2.875 17.02  0  1    4    4     19.5
Datsun 710        22.8   4  108  93 3.85 2.320 18.61  1  1    4    1     24.5
Hornet 4 Drive    21.4   6  258 110 3.08 3.215 19.44  1  0    3    1     21.5
Hornet Sportabout 18.7   8  360 175 3.15 3.440 17.02  0  0    3    2     15.0
Valiant           18.1   6  225 105 2.76 3.460 20.22  1  0    3    1     14.0
```

rank() 함수는 데이터 순위를 확인할 때 사용합니다. 정렬 기본이 오름차순이므로 mpg 값이 낮은 순서대로 순위를 반환하며, mpg 값이 같을 때는 소수점 순위로 반환한 것을 알 수 있습니다.

중복 값 제거하기: distinct() 함수

distinct() **함수**는 중복 값을 제거할 때 사용합니다.

```
distinct(데이터, 변수명)
```

mtcars 데이터 세트에서 실린더 개수(cyl)에 따른 종류와 기어 개수(gear)에 따른 종류를 확인해 보겠습니다. 먼저 cyl 열에서 중복 값을 제거합니다.

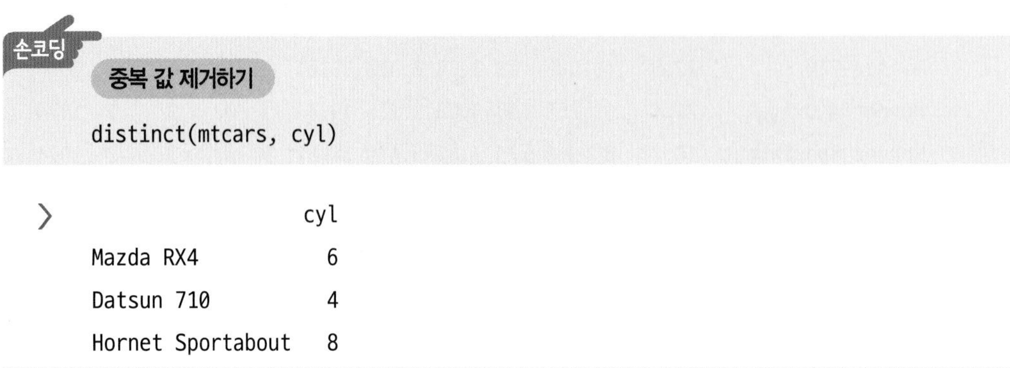

손코딩 중복 값 제거하기

```
distinct(mtcars, cyl)
```

```
                  cyl
Mazda RX4           6
Datsun 710          4
Hornet Sportabout   8
```

이번에는 gear 열에서 중복 값을 제거합니다.

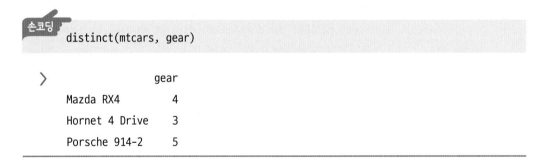

손코딩

```
distinct(mtcars, gear)
```

```
               gear
Mazda RX4         4
Hornet 4 Drive    3
Porsche 914-2     5
```

중복 값이 제거되어 cyl 열은 6, 4, 8로 총 3가지 값이, gear 열은 4, 3, 5로 총 3가지 값으로 구성된 것을 확인할 수 있습니다. 이처럼 중복 값을 제거하면 해당 열이 총 몇 가지 관측치로 구성되어 있는지 한눈에 확인할 수 있습니다.

distinct() 함수는 한 번에 여러 개의 열을 지정할 수도 있습니다. cyl 열과 gear 열을 동시에 지정하여 결과가 어떻게 다른지 확인해 보겠습니다.

여러 개 열에서 중복 값 제거하기

```
distinct(mtcars, cyl, gear)
```

```
                  cyl gear
Mazda RX4           6    4
Datsun 710          4    4
Hornet 4 Drive      6    3
Hornet Sportabout   8    3
Toyota Corona       4    3
Porsche 914-2       4    5
Ford Pantera L      8    5
Ferrari Dino        6    5
```

한 번에 열을 여러 개 지정하면 각 열에서 중복 값이 제거되는 것이 아니라 지정한 cyl 열과 gear 열의 모든 값이 동일할 때만 제거되는 것을 알 수 있습니다.

데이터 요약 및 샘플 추출하기

전체 데이터를 평균이나 중앙값, 최솟값 등으로 요약하거나, 전체 데이터에서 무작위로 데이터 샘플을 추출할 때 사용하는 함수를 알아보겠습니다.

데이터 전체 요약하기: summarise() 함수

summarise() 함수는 기술통계 함수와 함께 사용하여 데이터 요약을 확인할 때 사용합니다.

```
summarise(데이터, 요약할 변수명 = 기술통계 함수)
```

(요약할 변수명: 열 이름(컬럼명))

note summarise( ) 함수는 summarize( )로 작성해도 사용할 수 있습니다.

기술통계 함수가 잘 생각나지 않으면 173쪽에서 다시 학습해 보세요.

자동차 실린더 개수(cyl)의 평균, 최솟값, 최댓값을 파악해 보겠습니다. mtcars 데이터 세트에서 반환할 열 이름을 각각 cyl_mean, cyl_min, cyl_max로 지정한 후 cyl 열의 평균, 최솟값, 최댓값을 반환합니다.

손코딩

데이터 요약하기

```
summarise(mtcars, cyl_mean = mean(cyl), cyl_min = min(cyl), cyl_max = max(cyl))
```

```
>     cyl_mean cyl_min cyl_max
    1   6.1875       4       8
```

이처럼 기술통계 함수로 반환할 열 이름을 지정해도 되지만, **summarise(데이터, 기술통계 함수)** 형태로 혹은 열 이름을 따로 지정하지 않아도 사용할 수 있습니다. 마찬가지로 mtcars에서 cyl 열의 평균, 최솟값, 최댓값을 반환해 보겠습니다.

```
summarise(mtcars, mean(cyl), min(cyl), max(cyl))
```

```
>     mean(cyl) min(cyl) max(cyl)
    1    6.1875        4        8
```

이때는 열 이름을 따로 지정하지 않았기 때문에 실행한 기술통계 함수가 열 이름으로 출력됩니다.

그룹별로 요약하기: group_by() 함수

summarise() 함수는 데이터 전체를 요약할 때 사용한다면 **group_by() 함수**는 그룹별로 데이터를 요약할 때 사용합니다.

```
group_by(데이터, 변수명)
```

group_by() 함수는 데이터를 지정한 조건에 따라 그룹으로 묶는 역할을 하므로 단독으로 쓰기보다는 주로 다른 함수와 함께 사용하는 경우가 많습니다.

mtcars 데이터 세트에서 동일한 실린더 개수(cyl)를 가진 차가 몇 대나 있는지 확인해 보겠습니다. 먼저 group_by() 함수로 cyl 열을 그룹으로 묶어 gr_cyl 변수에 반환하고, summarise() 함수로 데이터를 요약합니다. 이때 기술통계 함수는 데이터 개수를 구하는 **n() 함수**를 사용합니다.

손코딩

그룹별로 요약하기

```
gr_cyl <- group_by(mtcars, cyl)
summarise(gr_cyl, n())
```

```
# A tibble: 3 x 2
    cyl `n()`
  <dbl> <int>
1     4    11
2     6     7
3     8    14
```

위처럼 cyl 열 그룹을 데이터 요약하면 실린더 개수는 총 3가지(4, 6, 8)이며, 이에 따른 데이터 개수는 각 11, 7, 14임을 알 수 있습니다.

만약 특정 열의 중복 값을 제외하고 개수를 파악하려면 **n_distinct() 함수**를 사용합니다. 이번에는 cyl 열 그룹에서 기어(gear) 값이 중복인 데이터를 제외한 개수를 구해 보겠습니다.

손코딩

```
gr_cyl <- group_by(mtcars, cyl)
summarise(gr_cyl, n_distinct(gear))
```

```
# A tibble: 3 x 2
    cyl `n_distinct(gear)`
  <dbl>              <int>
1     4                  3
2     6                  3
3     8                  2
```

마찬가지로 실린더 개수는 총 3가지(4, 6, 8)이지만, 이중 gear 값이 중복인 데이터가 제외되어 데이터 개수는 3, 3, 2임을 알 수 있습니다.

주의할 점은 n() 함수와 n_distinct() 함수는 단독으로 사용할 수 없습니다. summarise() 함수, mutate() 함수, filter() 함수에서만 사용할 수 있다는 것을 기억하세요.

샘플 추출하기: sample_n(), sample_frac() 함수

데이터에서 임의로 샘플 데이터를 추출할 때는 sample_n() 함수와 sample_frac() 함수를 사용합니다.

sample_n() 함수는 전체 데이터에서 샘플 데이터를 개수 기준으로 추출합니다.

```
sample_n(데이터, 샘플 추출할 개수)
```

sample_frac() 함수는 전체 데이터에서 샘플 데이터를 비율 기준으로 추출합니다.

```
sample_frac(데이터, 샘플 추출할 비율)
```

먼저 개수 기준으로 샘플 데이터를 추출해 보겠습니다. sample_n() 함수로 mtcars 데이터 세트에서 샘플 데이터 10개를 추출합니다.

손코딩

샘플 데이터 10개 추출하기

```
sample_n(mtcars, 10)
```

```
>                      mpg cyl  disp  hp drat    wt  qsec vs am gear carb
  Merc 280C           17.8   6 167.6 123 3.92 3.440 18.90  1  0    4    4
  Hornet Sportabout   18.7   8 360.0 175 3.15 3.440 17.02  0  0    3    2
  Mazda RX4 Wag       21.0   6 160.0 110 3.90 2.875 17.02  0  1    4    4
  Merc 450SLC         15.2   8 275.8 180 3.07 3.780 18.00  0  0    3    3
  Duster 360          14.3   8 360.0 245 3.21 3.570 15.84  0  0    3    4
  Honda Civic         30.4   4  75.7  52 4.93 1.615 18.52  1  1    4    2
  Lincoln Continental 10.4   8 460.0 215 3.00 5.424 17.82  0  0    3    4
  Fiat X1-9           27.3   4  79.0  66 4.08 1.935 18.90  1  1    4    1
  Mazda RX4           21.0   6 160.0 110 3.90 2.620 16.46  0  1    4    4
  Merc 230            22.8   4 140.8  95 3.92 3.150 22.90  1  0    4    2
```

위 실습을 실행하면 실행 결과가 책과 다를 것입니다. 샘플 데이터는 전체 데이터에서 데이터를 무작위로 추출하므로 동일한 코드라도 실행할 때마다 결과가 다르게 나옵니다.

이번에는 sample_frac() 함수로 mtcars 데이터 세트에서 전체 데이터의 20%를 샘플로 추출합니다.

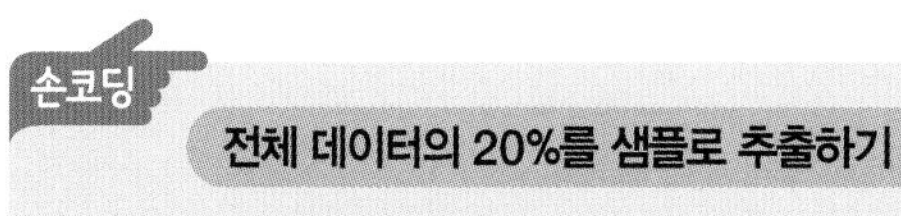

손코딩
전체 데이터의 20%를 샘플로 추출하기


```
sample_frac(mtcars, 0.2)
```

```
>                      mpg cyl  disp  hp drat    wt  qsec vs am gear carb
Lincoln Continental   10.4   8 460.0 215 3.00 5.424 17.82  0  0    3    4
Camaro Z28            13.3   8 350.0 245 3.73 3.840 15.41  0  0    3    4
Merc 230              22.8   4 140.8  95 3.92 3.150 22.90  1  0    4    2
Volvo 142E            21.4   4 121.0 109 4.11 2.780 18.60  1  1    4    2
Porsche 914-2         26.0   4 120.3  91 4.43 2.140 16.70  0  1    5    2
Merc 280C             17.8   6 167.6 123 3.92 3.440 18.90  1  0    4    4
```

mtcars 데이터 세트는 32행까지 있으므로 32개의 20%인 6개의 샘플 데이터가 추출됩니다. 마찬가지로 데이터가 무작위로 추출되므로 실행할 때마다 결과가 다르게 나옵니다.

파이프 연산자: %>%

파이프 연산자pipe operator는 이름 그대로 파이프, 연결하여 연산하는 연산자입니다.

```
데이터 세트 %>% 조건 또는 계산 %>% 데이터 세트
```

%>% 연산자를 사용하면 함수를 연달아 사용할 때 함수 결괏값을 변수로 저장하는 과정을 거치지 않아도 됩니다. 값을 받아 함수를 바로 이어서 사용할 수 있기 때문에 전체 코드가 간결해져 가독성이 좋아집니다.

파이프 연산자 단축키는 Shift + Ctrl + M 입니다.

앞에서 217쪽에서 작성했던 실습을 떠올려 봅니다. group_by() 함수를 이용해 열을 그룹으로 묶은 결과를 새로운 변수에 할당한 후 이를 다시 summarise() 함수로 요약하는 과정을 거쳤습니다. 하지만 %>% 연산자를 사용하면 다음과 같이 코드 한 줄로 해결할 수 있습니다.

217쪽 실습과 코드를 비교해 보세요.

손코딩

파이프 연산자로 그룹별 요약하기

```
group_by(mtcars, cyl) %>% summarise(n())
```

```
# A tibble: 3 x 2
    cyl `n()`
  <dbl> <int>
1     4    11
2     6     7
3     8    14
```

실행 결과가 같으면서도 훨씬 코드가 간결합니다. 이처럼 파이프 연산자는 %>% 기준으로 앞에 있는 함수의 결괏값을 먼저 구한 후 뒤에 있는 함수에 반영됩니다.

계속해서 mutate() 함수로 연비별(mpg) 순위를 추가한 후 순위를 기준으로 정렬해 보겠습니다. 우선 %>% 연산자를 사용하지 않고 연비순으로 정렬해 봅니다. **rank() 함수**와 **mutate() 함수**로 연비 순위 열을 추가한 결괏값을 mp_rank 변수에 저장한 후 **arrange() 함수**로 정렬해야 합니다.

손코딩

파이프 연산자 없이 순위 기준으로 정렬하기

```
mp_rank <- mutate(mtcars, mpg_rank = rank(mpg))
arrange(mp_rank, mpg_rank)
```

```
                     mpg cyl  disp  hp drat    wt  qsec vs am gear carb  mpg_rank
Cadillac Fleetwood  10.4   8 472.0 205 2.93 5.250 17.98  0  0    3    4       1.5
Lincoln Continental 10.4   8 460.0 215 3.00 5.424 17.82  0  0    3    4       1.5
Camaro Z28          13.3   8 350.0 245 3.73 3.840 15.41  0  0    3    4       3.0
Duster 360          14.3   8 360.0 245 3.21 3.570 15.84  0  0    3    4       4.0
Chrysler Imperial   14.7   8 440.0 230 3.23 5.345 17.42  0  0    3    4       5.0
```

```
...(중략)...
Fiat X1-9           27.3   4  79.0  66 4.08 1.935 18.90  1  1   4   1      28.0
Honda Civic         30.4   4  75.7  52 4.93 1.615 18.52  1  1   4   2      29.5
Lotus Europa        30.4   4  95.1 113 3.77 1.513 16.90  1  1   5   2      29.5
Fiat 128            32.4   4  78.7  66 4.08 2.200 19.47  1  1   4   1      31.0
Toyota Corolla      33.9   4  71.1  65 4.22 1.835 19.90  1  1   4   1      32.0
```

연비(mpg) 기준으로 순위를 구하여 mpg_rank 열을 추가한 데이터 세트를 mp_rank에 할당하여 arrange() 함수에 넣습니다. 그리고 mpg_rank 열을 기준으로 정렬한 것을 알 수 있습니다. 이처럼 %>% 연산자를 사용하지 않으면 두 번의 과정을 거쳐 원하는 결과를 얻을 수 있습니다.

이번에는 %>% 연산자를 사용해 보겠습니다. 마찬가지로 연비(mpg) 기준으로 순위를 구하고 mpg_rank 열을 추가한 후 mpg_rank 열로 정렬합니다. %>% 연산자를 사용했을 때와 사용하지 않았을 때 얼마나 간결해지는지 비교해 보세요.

손코딩

파이프 연산자를 사용하여 순위 기준으로 정렬하기

```
mutate(mtcars, mpg_rank = rank(mpg)) %>% arrange(mpg_rank)
```

```
>                     mpg cyl  disp  hp drat    wt  qsec vs am gear carb  mpg_rank
Cadillac Fleetwood   10.4   8 472.0 205 2.93 5.250 17.98  0  0    3    4       1.5
Lincoln Continental  10.4   8 460.0 215 3.00 5.424 17.82  0  0    3    4       1.5
Camaro Z28           13.3   8 350.0 245 3.73 3.840 15.41  0  0    3    4       3.0
Duster 360           14.3   8 360.0 245 3.21 3.570 15.84  0  0    3    4       4.0
Chrysler Imperial    14.7   8 440.0 230 3.23 5.345 17.42  0  0    3    4       5.0
...(중략)...
Fiat X1-9            27.3   4  79.0  66 4.08 1.935 18.90  1  1    4    1      28.0
Honda Civic          30.4   4  75.7  52 4.93 1.615 18.52  1  1    4    2      29.5
Lotus Europa         30.4   4  95.1 113 3.77 1.513 16.90  1  1    5    2      29.5
Fiat 128             32.4   4  78.7  66 4.08 2.200 19.47  1  1    4    1      31.0
Toyota Corolla       33.9   4  71.1  65 4.22 1.835 19.90  1  1    4    1      32.0
```

먼저 작성한 코드와 달리 새로운 변수를 생성하지 않아도 손쉽게 데이터를 정렬할 수 있습니다.

마무리

▶ 2가지 키워드로 정리하는 핵심 포인트

- **dplyr 패키지**는 데이터 처리 패키지입니다. 데이터 가공에 유용한 많은 함수가 있어 데이터 가공에 중요한 필수 패키지입니다.
- **%>% 파이프 연산자**를 사용하면 데이터나 결괏값을 새로운 변수에 저장하는 과정을 거치지 않고 데이터와 함수를 연결하여 사용할 수 있습니다.

▶ 표로 정리하는 핵심 함수

함수	기능
filter()	dplyr 패키지 조건에 맞는 행을 추출합니다.
select()	dplyr 패키지 변수(열)을 추출합니다.
arrange()	dplyr 패키지 지정한 열 기준으로 정렬합니다(기본값 오름차순).
mutate()	dplyr 패키지 열을 추가합니다.
summarise()	dplyr 패키지 데이터를 요약합니다(summarize()로 사용 가능).
n()	dplyr 패키지 기술통계 함수, 데이터 개수를 구합니다.
n_distinct()	dplyr 패키지 기술통계 함수, 중복값을 제거한 데이터 개수를 구합니다.
group_by()	dplyr 패키지 데이터를 그룹화합니다.
sample_n()	dplyr 패키지 n개 샘플을 추출합니다.
sample_frac()	dplyr 패키지 n% 비율 샘플을 추출합니다.

▶ 확인문제

1. 다음 설명에 맞는 함수를 빈칸에 적어 보세요.

① 조건에 맞는 행을 추출하는 함수:

② 열을 추출하는 함수:

③ 정렬하는 함수:

④ 열을 추가하는 함수:

⑤ n개의 샘플을 추출하는 함수:

2. mtcars 데이터에서 샘플 데이터 5개를 추출하는 코드를 작성해 보세요.

3. 다음 빈칸을 채워서 mtcars 데이터의 gear 변수의 평균을 구하는 코드를 완성해 보세요.

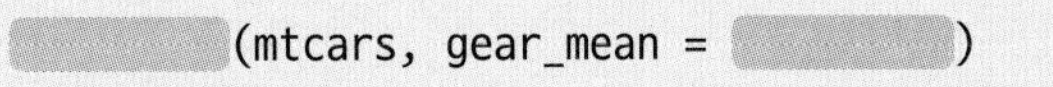

```
(mtcars, gear_mean = )
```

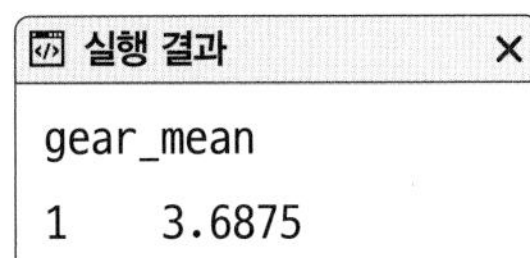

4. mtcars 데이터의 gear 변수 값을 그룹핑하는 코드를 작성해 보세요.

hint 2. 샘플 데이터를 추출하는 방법은 218쪽을 참고하세요.

3. 기술통계 함수를 함께 사용하여 요약 값을 확인할 수 있는 함수를 사용합니다.

05-2 데이터 가공하기

핵심 키워드

데이터 추출 데이터 정렬 데이터 요약 데이터 결합

dplyr 패키지로 데이터 가공에 필요한 함수를 사용법을 익혔다면 이번 절에서는 준비한 데이터를 바탕으로 분석에 필요한 데이터만 추출하거나 불필요한 데이터를 제거하는 등의 데이터 가공 과정을 진행합니다.

시작하기 전에

데이터는 분석할 때 변수를 생성하거나 변수명을 변경하고, 조건에 맞는 데이터를 추출하거나 변경하고, 데이터를 정렬하고 병합하는 일련의 과정을 모두 **데이터 가공**이라고 통칭합니다. 일반적으로 **데이터 전처리**data preprocessing, **데이터 핸들링**data handling, **데이터 마트**data mart 등의 용어가 유사한 의미로 사용됩니다. 이렇게 데이터를 준비하는 과정은 실제 데이터를 분석하는 과정보다 어렵고 시간도 오래 걸립니다. 이번 절에서는 앞에서 배운 함수로 차근차근 데이터를 다듬어 보며 데이터 가공을 익혀 보겠습니다.

필요한 데이터 추출하기

전체 데이터 중에서 필요한 데이터만 추출하는 방법을 알아봅니다. 데이터 추출 형태에는 크게 ❶ 사용할 변수를 선택하는 방식과 ❷ 원하는 조건 값에 맞는 데이터를 추출하는 방식이 있습니다.

데이터 가공에 사용할 데이터 추출, 정렬, 요약, 결합 함수는 05-1절에서 학습한 dplyr 패키지에 포함된 함수입니다. 따라서 실습 전에 dplyr 패키지를 로드한 후 진행합니다.

손코딩

```
library(dplyr)
```

패키지에 있는 함수를
사용할 때는 항상 패키
지 로드를 하세요.

note dplyr 패키지를 설치하지 않았다면 207쪽을 참고하세요.

이번 절에서는 준비한 데이터를 직접 가공해 보며 실제로 데이터 가공을 어떻게 하는지 과정을 알아봅니다. 원시 데이터는 04-3절에서 사용했던 exdata1 데이터 세트를 활용하므로 readxl 패키지를 로드한 후 Sample1.xlsx 엑셀 파일을 가져옵니다.

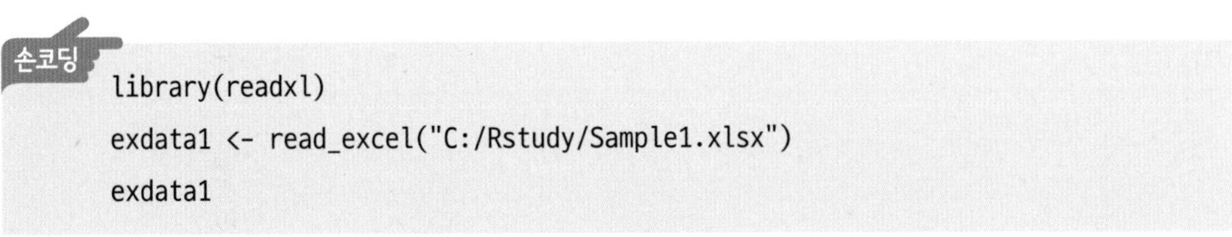

손코딩

```
library(readxl)
exdata1 <- read_excel("C:/Rstudy/Sample1.xlsx")
exdata1
```

```
# A tibble: 20 x 13
     ID SEX     AGE AREA  CAR_YN Y21_AMT Y21_CNT Y21F_AMT Y21O_CNT Y20_AMT Y20_CNT Y20F_AMT Y20O_CNT
  <dbl> <chr> <dbl> <chr>  <dbl>   <dbl>   <dbl>    <dbl>    <dbl>   <dbl>   <dbl>    <dbl>    <dbl>
1     1 F        50 서울       1 1300000      50   170000       25 1000000      40    30000        3
2     2 M        40 경기       1  450000      25    50000       10  700000      30   150000       10
...(중략)...
19   19 F        27 제주       0  300000      15   150000       10  320000      27   100000       10
20   20 M        27 제주       1  130000       4    38000        2  150000      30   130000        5
```

앞 숫자는 행, 뒤 숫자는 열을 의미합니다.

exdata1 데이터 세트는 SEX(성별), AGE(나이), AREA(지역)에 따른 20년, 21년 이용금액과 이용건수가 담겨있는 가상의 데이터입니다.

선택한 변수만 추출하기

select() 함수는 데이터 세트에 있는 변수 중 필요한 변수만 추출할 수 있습니다. 주로 특정 열을 추출하는 기능으로 변수(열)을 선택(select)한다고 이해하면 기억하기 쉽습니다. 변수는 여러 변수 중 필요한 변수만 선택하여 추출할 수도 있고, 지정한 변수를 제외한 나머지 변수만 추출할 수도 있습니다.

exdata1 데이터 세트에 있는 ID 변수만 선택하여 추출해 보겠습니다. %>% 연산자를 사용하여 코드를 작성합니다.

선택한 변수 추출하기

```
exdata1 %>% select(ID)
```

```
# A tibble: 20 x 1
      ID
   <dbl>
 1     1
 2     2
 3     3
 4     4
...(중략)...
17    17
18    18
19    19
20    20
```

변수 ID가 추출됩니다. 이번에는 ID, AREA, Y21_CNT 변수 3개를 한 번에 추출해 보겠습니다.

선택한 변수 여러 개 추출하기

```
exdata1 %>% select(ID, AREA, Y21_CNT)
```

```
# A tibble: 20 x 3
     ID AREA  Y21_CNT
  <dbl> <chr>   <dbl>
1     1 서울       50
2     2 경기       25
3     3 제주       10
...(중략)...
18   18 서울        5
19   19 제주       15
20   20 제주        4
```

이처럼 select() 함수를 사용할 때 변수명을 쉼표(,)로 구분하여 입력하면 한 번에 여러 변수를 선택해서 추출할 수 있습니다.

변수를 추출할 때 선택한 변수만 제외하고 추출할 수도 있습니다. 계속해서 exdata1 데이터 세트에 있는 변수 중 AREA 변수만 제외하고 나머지 변수를 추출해 보겠습니다.

손코딩

선택한 변수 제외하고 추출하기

```
exdata1 %>% select(-AREA)
```

```
# A tibble: 20 x 12          ← AREA 열이 제외됩니다.
     ID SEX     AGE CAR_YN Y21_AMT Y21_CNT Y21F_AMT Y21O_CNT Y20_AMT Y20_CNT Y20F_AMT Y20O_CNT
  <dbl> <chr> <dbl>  <dbl>   <dbl>   <dbl>    <dbl>    <dbl>   <dbl>   <dbl>    <dbl>    <dbl>
1     1 F        50      1 1300000      50   170000       25 1000000      40    30000        3
2     2 M        40      1  450000      25    50000       10  700000      30   150000       10
3     3 F        28      0  275000      10     7500        3  500000       7    10000        4
4     4 M        50      0 2300000       8    50000        3 2500000       3    80000        2
...(중략)...
17   17 M        30      1  250000       8    70000        6  400000      10    48000        4
18   18 F        29      1  150000       5     7000        3  100000       5    25000        2
19   19 F        27      0  300000      15   150000       10  320000      27   100000       10
20   20 M        27      1  130000       4    38000        2  150000      30   130000        5
```

AGE 변수 뒤에 있어야 할 AREA 변수가 사라진 것을 알 수 있습니다.

이번에는 AREA, Y21_CNT 변수 2개를 제외하고 추출합니다.

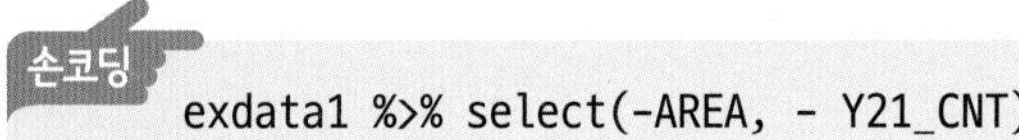


```
exdata1 %>% select(-AREA, - Y21_CNT)
```

AREA와 Y21_CNT 열이 제외됩니다.

```
# A tibble: 20 x 11
      ID SEX    AGE CAR_YN Y21_AMT Y21F_AMT Y210_CNT Y20_AMT Y20_CNT Y20F_AMT Y200_CNT
   <dbl> <chr> <dbl>  <dbl>   <dbl>    <dbl>    <dbl>   <dbl>   <dbl>    <dbl>    <dbl>
 1     1 F        50      1 1300000   170000       25 1000000      40    30000        3
 2     2 M        40      1  450000    50000       10  700000      30   150000       10
 3     3 F        28      0  275000     7500        3  500000       7    10000        4
 4     4 M        50      0 2300000    50000        3 2500000       3    80000        2
 ...(중략)...
17    17 M        30      1  250000    70000        6  400000      10    48000        4
18    18 F        29      1  150000     7000        3  100000       5    25000        2
19    19 F        27      0  300000   150000       10  320000      27   100000       10
20    20 M        27      1  130000    38000        2  150000      30   130000        5
```

이처럼 제외하고자 하는 변수명 앞에 간단하게 마이너스(–) 기호만 사용하면 해당 변수가 제외된 상태로 데이터 세트가 출력됩니다.

필요한 데이터만 추출하기

필요한 조건을 지정하여 조건에 맞는 데이터만 추출하여 분석할 때는 **filter() 함수**를 활용합니다. 데이터를 다룰 때 가장 많이 활용하는 함수로, 다양하게 응용하여 조건에 맞는 값을 추출해 내고 데이터를 분석합니다.

exdata1 데이터 세트 AREA(지역) 값이 서울인 경우를 추출해 보겠습니다. **== 연산자**를 사용하여 조건문을 작성합니다.

filter() 함수를 사용하려면 논리 연산자와 조건문을 제대로 숙지해야 합니다.

조건에 만족하는 데이터만 추출하기

```
exdata1 %>% filter(AREA == '서울')
```

```
# A tibble: 9 x 13
     ID SEX     AGE AREA  CAR_YN Y21_AMT Y21_CNT Y21F_AMT Y210_CNT Y20_AMT Y20_CNT Y20F_AMT Y200_CNT
  <dbl> <chr> <dbl> <chr>  <dbl>   <dbl>   <dbl>    <dbl>    <dbl>   <dbl>   <dbl>    <dbl>    <dbl>
1     1 F        50 서울       1 1300000      50   170000       25 1000000      40    30000        3
2     4 M        50 서울       0 2300000       8    50000        3 2500000       3    80000        2
3     5 M        27 서울       1  845000      30   130000       11  760000      28   170000       15
4     6 F        23 서울       0   42900       1        0        1  300000       6   195000        5
5     8 F        47 서울       1  650000      10    45000        6  400000       7   200000        2
6     9 M        20 서울       0  930000       4    50000        3  250000       2   127000        5
7    11 M        35 서울       0  150000       5    10000        3  490000      25    35000        5
8    16 F        32 서울       1  530000      15   380000        7 1000000      43   500000        8
9    18 F        29 서울       1  150000       5     7000        3  100000       5    25000        2
```

서울 지역만 추출됩니다.

계속해서 조건이 2가지일 때는 조건문을 다음과 같이 작성합니다. AREA(지역) 값이 서울이면서 Y21_CNT(21년 이용건수) 값이 10건 이상인 경우를 추출해 보겠습니다.

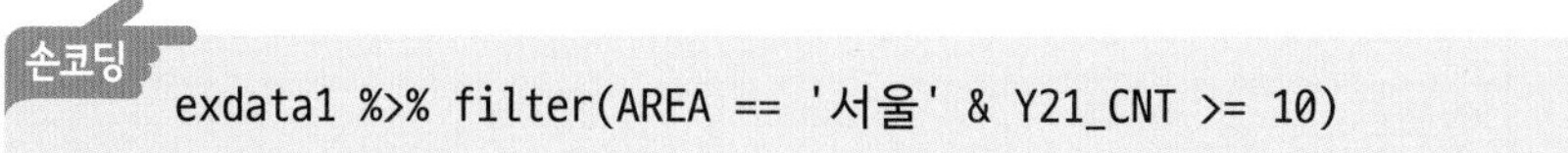

```
exdata1 %>% filter(AREA == '서울' & Y21_CNT >= 10)
```

```
# A tibble: 4 x 13
     ID SEX     AGE AREA  CAR_YN Y21_AMT Y21_CNT Y21F_AMT Y210_CNT Y20_AMT Y20_CNT Y20F_AMT Y200_CNT
  <dbl> <chr> <dbl> <chr>  <dbl>   <dbl>   <dbl>    <dbl>    <dbl>   <dbl>   <dbl>    <dbl>    <dbl>
1     1 F        50 서울       1 1300000      50   170000       25 1000000      40    30000        3
2     5 M        27 서울       1  845000      30   130000       11  760000      28   170000       15
3     8 F        47 서울       1  650000      10    45000        6  400000       7   200000        2
4    16 F        32 서울       1  530000      15   380000        7 1000000      43   500000        8
```

AREA가 서울이면서 Y21_CNT 값이 10보다 크거나 같은 행을 추출하는 조건문에 **& 연산자**를 사용하면 2가지 조건을 모두 만족하는 행만 추출됩니다.

note 조건문 데이터가 문자형(chr)일 때는 작은따옴표(' ') 또는 큰따옴표(" ")를 반드시 붙여야 합니다. 숫자형일 때는 따옴표를 생략합니다.

데이터 정렬하기

변수를 크기순으로 정렬하여 새로운 데이터를 만들거나 조회할 때는 **arrange() 함수**를 사용합니다.

exdata1 데이터 세트에서 AGE 변수를 기준으로 오름차순 정렬하여 나이가 어린 사람부터 많은 사람 순서로 정렬해 보겠습니다. arrange() 함수 정렬 기본값은 오름차순이므로 함수에 변수만 넣습니다.

오름차순 정렬하기

```
exdata1 %>% arrange(AGE)
```

```
# A tibble: 20 x 13
      ID SEX     AGE AREA  CAR_YN Y21_AMT Y21_CNT Y21F_AMT Y210_CNT Y20_AMT Y20_CNT Y20F_AMT Y200_CNT
   <dbl> <chr> <dbl> <chr>  <dbl>   <dbl>   <dbl>    <dbl>    <dbl>   <dbl>   <dbl>    <dbl>    <dbl>
 1     9 M        20 서울       0  930000       4    50000        3  250000       2   127000        5
 2     6 F        23 서울       0   42900       1        0        1  300000       6   195000        5
 3     5 M        27 서울       1  845000      30   130000       11  760000      28   170000       15
 4    19 F        27 제주       0  300000      15   150000       10  320000      27   100000       10
 5    20 M        27 제주       1  130000       4    38000        2  150000      30   130000        5
...(중략)...
16     1 F        50 서울       1 1300000      50   170000       25 1000000      40    30000        3
17     4 M        50 서울       0 2300000       8    50000        3 2500000       3    80000        2
18    14 M        55 제주       1 1050000      15   300000        5 2900000      18   350000        5
19     7 F        56 경기       0  150000       2     5000        1  130000       2    13000        1
20    13 F        60 경기       0  550000      35   120000       10  800000      32   150000        8
```

AGE 변수 값을 기준으로 데이터가 오름차순으로 정렬된 것을 알 수 있습니다.

이번에는 exdata1 데이터 세트에 있는 Y21_AMT 변수를 기준으로 이용 금액이 높은 값에서 낮은 값으로 내림차순 정렬해 보겠습니다. 내림차순은 **arrange() 함수**에 **desc() 함수**를 사용합니다.

내림차순 정렬하기

```
exdata1 %>% arrange(desc(Y21_AMT))
```

```
# A tibble: 20 x 13
      ID SEX     AGE AREA  CAR_YN Y21_AMT Y21_CNT Y21F_AMT Y21O_CNT Y20_AMT Y20_CNT Y20F_AMT Y20O_CNT
   <dbl> <chr> <dbl> <chr>  <dbl>   <dbl>   <dbl>    <dbl>    <dbl>   <dbl>   <dbl>    <dbl>    <dbl>
 1     4 M        50 서울       0 2300000       8    50000        3 2500000       3    80000        2
 2     1 F        50 서울       1 1300000      50   170000       25 1000000      40    30000        3
 3    12 F        44 제주       1 1150000      53   270000       37 1150000      48   350000       30
 4    14 M        55 제주       1 1050000      15   300000        5 2900000      18   350000        5
 5     9 M        20 서울       0  930000       4    50000        3  250000       2   127000        5
 ...(중략)...
16     7 F        56 경기       0  150000       2     5000        1  130000       2    13000        1
17    11 M        35 서울       0  150000       5    10000        3  490000      25    35000        5
18    18 F        29 서울       1  150000       5     7000        3  100000       5    25000        2
19    20 M        27 제주       1  130000       4    38000        2  150000      30   130000        5
20     6 F        23 서울       0   42900       1        0        1  300000       6   195000        5
```

Y21_AMT 변수 값을 기준으로 데이터가 내림차순 정렬된 것을 알 수 있습니다.

중첩 정렬하기

중첩 정렬은 변수 하나만 정렬하는 것이 아니라 여러 변수를 기준으로 중첩하여 정렬할 수 있습니다. 정렬 기준으로 삼을 변수를 간단하게 **쉼표(,)**로 나열하여 작성합니다.

exdata1 데이터 세트 AGE 변수는 오름차순, Y21_AMT 변수는 내림차순으로 정렬을 중첩해 보겠습니다.

중첩 정렬하기

```
exdata1 %>% arrange(AGE, desc(Y21_AMT))
```

기준1 기준2

```
# A tibble: 20 x 13
      ID SEX    AGE AREA  CAR_YN Y21_AMT Y21_CNT Y21F_AMT Y21O_CNT Y20_AMT Y20_CNT Y20F_AMT Y20O_CNT
   <dbl> <chr> <dbl> <chr>  <dbl>   <dbl>   <dbl>    <dbl>    <dbl>   <dbl>   <dbl>    <dbl>    <dbl>
 1     9 M        20 서울       0  930000       4    50000        3  250000       2   127000        5
 2     6 F        23 서울       0   42900       1        0        1  300000       6   195000        5
 3     5 M        27 서울       1  845000      30   130000       11  760000      28   170000       15
 4    19 F        27 제주       0  300000      15   150000       10  320000      27   100000       10
 5    20 M        27 제주       1  130000       4    38000        2  150000      30   130000        5
 ...(중략)...
16     4 M        50 서울       0 2300000       8    50000        3 2500000       3    80000        2
17     1 F        50 서울       1 1300000      50   170000       25 1000000      40    30000        3
18    14 M        55 제주       1 1050000      15   300000        5 2900000      18   350000        5
19     7 F        56 경기       0  150000       2     5000        1  130000       2    13000        1
20    13 F        60 경기       0  550000      35   120000       10  800000      32   150000        8
```

기준이 될 변수를 쉼표(,)로 나열하면 중첩 정렬을 실행합니다. 중첩 정렬은 앞에 있는 변수를 우선으로 오름차순 정렬하고, 앞에 있는 변수에 동일한 값이 있을 때는 나열한 변수를 기준으로 내림차순 정렬합니다.

데이터 요약하기

데이터 요약 정보는 변수의 합계를 구하거나 빈도를 도출하여 집단 간의 차이를 비교하는 등 데이터 특성을 파악할 수 있습니다. 이러한 데이터 요약에는 summarise()와 group_by() 함수를 사용하며 어떤 데이터로 요약할지는 173쪽에서 배운 기술통계 함수를 활용합니다.

앞에서 **summarise() 함수**는 기술통계 함수와 함께 사용하며 데이터를 요약할 때 사용한다고 배웠습니다. 예를 들어 지정한 변수의 합계를 도출하려면 sum() 함수를 함께 사용하여 sum() 함수로 도출한 합계가 새 변수명에 할당되면 summarise() 함수로 데이터 요약 정보가 출력됩니다.

exdata1 데이터 세트에서 21년 이용 금액인 Y21_AMT 변수 값을 모두 합산하면 결괏값이 다음과 같이 데이터 프레임 형태로 출력되는 것을 확인할 수 있습니다.

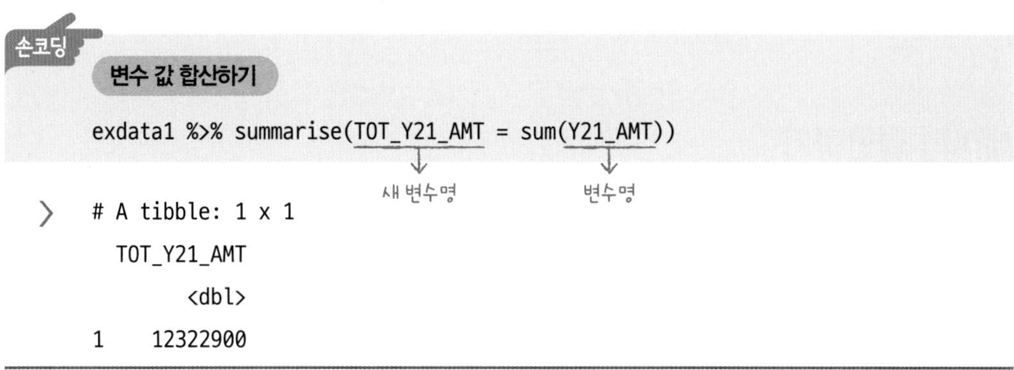


```
exdata1 %>% summarise(TOT_Y21_AMT = sum(Y21_AMT))
```

```
# A tibble: 1 x 1
  TOT_Y21_AMT
        <dbl>
1    12322900
```

그룹별 합계 도출하기

이번에는 데이터를 집단별로 나누어 요약하는 형태로 데이터를 가공해 보겠습니다.

summarise() 함수와 **group_by() 함수**를 연계해서 사용하면 그룹별로 데이터 요약을 할 수 있습니다.

exdata1 데이터 세트의 AREA 변수 값에 따른 Y21_AMT 변수 합계를 도출하기 위해 AREA 변수의 값을 그룹 지은 후 그룹별 합계를 SUM_Y21_AMT 변수로 도출해 보겠습니다.

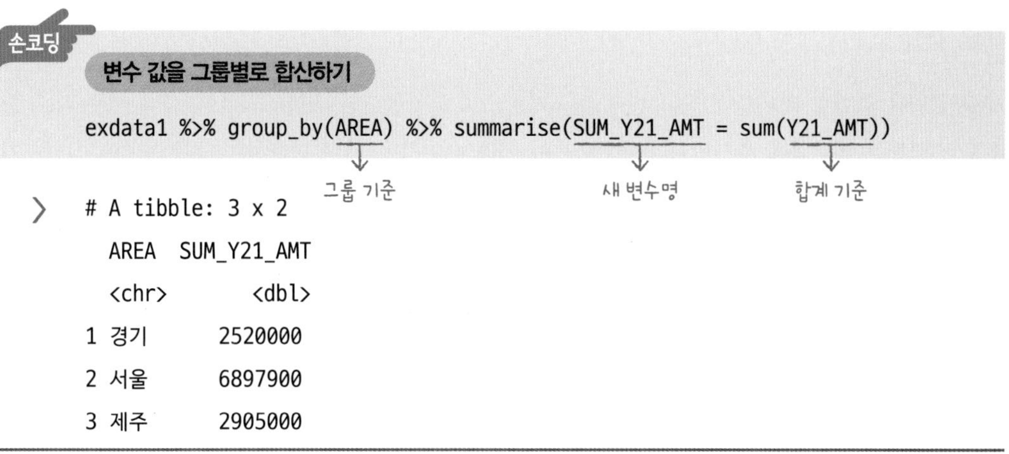


```
exdata1 %>% group_by(AREA) %>% summarise(SUM_Y21_AMT = sum(Y21_AMT))
```

```
# A tibble: 3 x 2
  AREA  SUM_Y21_AMT
  <chr>       <dbl>
1 경기      2520000
2 서울      6897900
3 제주      2905000
```

summarise() 함수만 사용하였을 때 sum() 함수에 넣은 변수 값의 총 합계가 도출되었다면 group_by() 함수를 함께 사용하였을 때는 그룹으로 지정한 변수 값별로 기준이 나누어져 합계가 도출됩니다. 실행 결과에서는 경기, 서울, 제주로 그룹이 나누어진 것을 알 수 있습니다.

데이터 결합하기

2개 이상의 테이블을 결합하여 하나의 테이블로 만드는 과정을 **결합**join이라고 합니다. 데이터 결합 방식에는 **세로 결합**과 **가로 결합**이 있으며 가로 결합은 다시 3가지로 구분합니다.

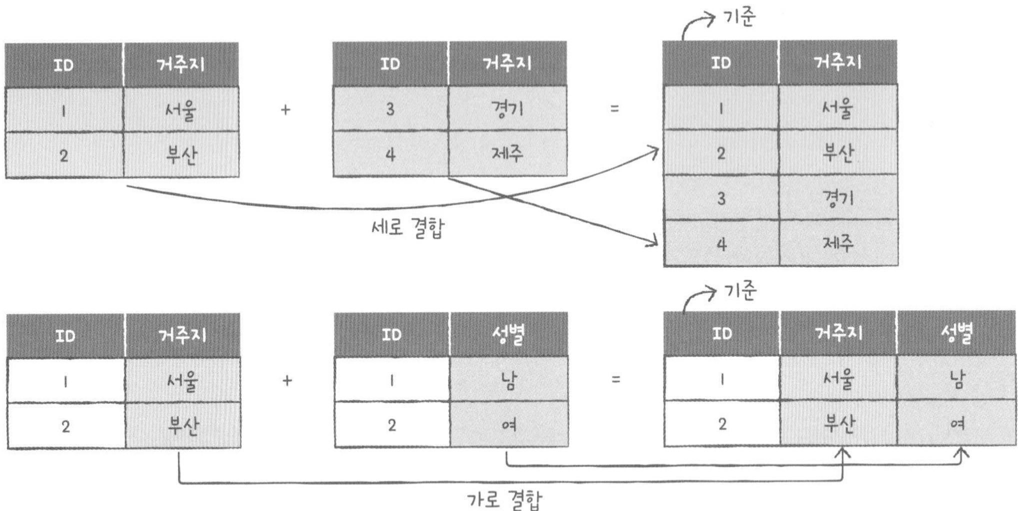

ID	거주지
1	서울
2	부산

ID	거주지
3	경기
4	제주

ID	거주지
1	서울
2	부산
3	경기
4	제주

ID	거주지
1	서울
2	부산

ID	성별
1	남
2	여

ID	거주지	성별
1	서울	남
2	부산	여

세로 결합

세로 결합은 결합할 테이블에 있는 변수명을 기준으로 결합합니다. 또한, 각 테이블에 서로 다른 변수도 결합하는 테이블에 추가됩니다. 예를 들어 아래 테이블을 세로 결합하면 공통 변수인 ID를 기준으로 결합하고, 서로 겹치지 않는 변수인 거주지와 성별이 모두 새로운 테이블에 추가됩니다.

ID	거주지
1	서울
2	부산

\+

ID	성별
3	남
4	여

= (기준: ID)

ID	거주지	성별
1	서울	NA
2	부산	NA
3	NA	남
4	NA	여

세로 결합은 **bind_rows() 함수**를 사용합니다. 결합하려는 테이블명을 쉼표(,)로 나열하면 됩니다.

```
bind_rows(테이블명, 테이블명)
```

이번 실습은 남성 카드 이용 금액 (Sample2_m_history.xlsx)과 여성 카드 이용 금액 (Sample3_f_history.xlsx)이 정리되어 있는 엑셀 파일을 가져온 후 각각 m_history와 f_history 테이블로 생성하여 진행합니다.

read_excel() 함수로 엑셀 파일을 테이블에 저장하고 결과를 확인합니다.

엑셀 파일 불러오기

```
library(readxl)
m_history <- read_excel("C:/Rstudy/Sample2_m_history.xlsx")
f_history <- read_excel("C:/Rstudy/Sample3_f_history.xlsx")
View(m_history)
View(f_history)
```

m_history

	ID	SEX	AGE	AREA	AMT21	Y21_CNT	AMT20	Y20_CNT
1	2	M	40	경기	450000	25	700000	30
2	4	M	50	서울	400000	8	125000	3
3	5	M	27	서울	845000	30	760000	28
4	9	M	20	인천	930000	4	250000	2

f_history

	ID	SEX	AGE	AREA	AMT21	Y21_CNT	AMT20	Y20_CNT
1	1	F	50	서울	1300000	50	100000	40
2	3	F	28	제주	275000	10	50000	5
3	6	F	23	서울	42900	1	300000	6
4	7	F	56	경기	150000	2	130000	2
5	8	F	47	서울	570000	10	400000	7
6	10	F	38	경기	520000	17	550000	16

m_history 테이블에는 8개의 변수(ID, SEX, AGE, AREA, AMT21, Y21_CNT, AMT20, Y20_CNT)와 4개의 관측치가 있으며, f_history 테이블에는 8개의 변수(ID, SEX, AGE, AREA, AMT21, Y21_CNT, AMT20, Y20_CNT)와 6개의 관측치가 있는 것을 알 수 있습니다.

이제 남성 카드 이용 금액의 관측치와 여성 카드 이용 금액 관측치를 10개로 통합하는 세로 결합을 실행합니다. m_history 테이블과 f_history 테이블을 세로 결합한 exdata_bindjoin 테이블을 생성합니다.

테이블을 세로로 결합하기

```
exdata_bindjoin <- bind_rows(m_history, f_history)
View(exdata_bindjoin)
```

exdata_bindjoin

	ID	SEX	AGE	AREA	AMT21	Y21_CNT	AMT20	Y20_CNT
1	2	M	40	경기	450000	25	700000	30
2	4	M	50	서울	400000	8	125000	3
3	5	M	27	서울	845000	30	760000	28
4	9	M	20	인천	930000	4	250000	2
5	1	F	50	서울	1300000	50	100000	40
6	3	F	28	제주	275000	10	50000	5
7	6	F	23	서울	42900	1	300000	6
8	7	F	56	경기	150000	2	130000	2
9	8	F	47	서울	570000	10	400000	7
10	10	F	38	경기	520000	17	550000	16

남성 카드 이용 금액의 관측치 4개 아래에 여성 카드 이용 금액 관측치 6개가 세로 결합되어 10개의 관측치를 가진 세로 결합 테이블 exdata_bindjoin이 생성됩니다.

가로 결합

가로 결합은 세로 결합 방식에 비해 조금 복잡합니다. 가로 결합 방식 함수는 테이블 결합 기준이 되는 by = "변수명"에 사용할 변수가 필요합니다. 이러한 변수를 **키**key 변수라고 합니다. 키 변수는 결합할 각 테이블에 있어야 하며 한쪽이라도 키 변수가 없으면 실행되지 않습니다. 만약 키 변수 기준으로 테이블1과 테이블2의 변수명이 다를 때는 먼저 변수명을 통일한 후 실행해야 합니다.

가로 결합 방식 함수는 다음과 같습니다.

left_join() **함수**는 지정한 변수와 테이블1을 기준으로 테이블2에 있는 나머지 변수들을 결합합니다.

```
left_join(테이블1, 테이블2, by ="변수명")
```

inner_join() **함수**는 테이블1과 테이블2에서 기준으로 지정한 변수 값이 동일할 때만 결합합니다.

```
inner_join(테이블1, 테이블2, by ="변수명")
```

full_join() **함수**는 테이블1과 테이블2에서 기준으로 지정한 변수 값 전체를 결합합니다.

```
full_join(테이블1, 테이블2, by ="변수명")
```

각 함수를 살펴보겠습니다. 결합할 데이터인 엑셀 파일을 먼저 테이블로 저장합니다. 제주 지역에서 사용된 21년 카드 이용 금액(Sample4_y21_history.xlsx)과 20년 카드 이용 금액(Sample5_y20_history.xlsx)을 각각 jeju_y21_history, jeju_y20_history 테이블로 저장합니다.

손코딩

엑셀 파일 불러오기

```
library(readxl)
jeju_y21_history <- read_excel("C:/Rstudy/Sample4_y21_history.xlsx")
jeju_y20_history <- read_excel("C:/Rstudy/Sample5_y20_history.xlsx")
View(jeju_y21_history)
View(jeju_y20_history)
```

〉 jeju_y21_history

	ID	SEX	AGE	AREA	AMT21	Y21_CNT
1	1	F	50	서울	1300000	50
2	2	M	40	경기	450000	25
3	4	M	50	서울	400000	8
4	5	M	27	서울	845000	30

5	7	F	56	경기	150000	2
6	8	F	47	서울	570000	10
7	9	M	20	인천	930000	4
8	10	F	38	경기	520000	17

jeju_y20_history

	ID	AMT20	Y20_CNT
1	1	100000	40
2	2	700000	30
3	3	50000	5
4	4	125000	3
5	5	760000	28
6	6	300000	6
7	7	130000	2
8	8	400000	7
9	10	550000	16

각 테이블을 View() 함수로 확인하면 jeju_y21_history 테이블에는 변수 6개(ID, SEX, AGE, AREA, AMT21, Y21_CNT)와 관측치 8개, jeju_y20_history 테이블에는 변수 3개(ID, AMT20, Y20_CNT)와 관측치 9개가 있는 것을 알 수 있습니다. 두 테이블 모두 ID 변수를 포함하고 있으므로 ID 변수를 키 변수로 삼을 수 있습니다.

위 테이블에 left_join(), inner_join(), full_join() 함수를 순서대로 실행한 후 마지막에 각각의 결과를 비교해 보겠습니다. 먼저 **left_join() 함수**로 jeju_y21_history와 jeju_y20_history 테이블을 ID 변수와 jeju_y21_history 테이블 기준으로 가로 결합을 합니다.

손코딩

첫 번째 테이블 기준으로 가로 결합하기

```
bind_col <- left_join(jeju_y21_history, jeju_y20_history, by = "ID")
View(bind_col)
```

첫 번째 테이블 / 두 번째 테이블 / 키

	ID	SEX	AGE	AREA	AMT21	Y21_CNT	AMT20	Y20_CNT
1	1	F	50	서울	1300000	50	100000	40
2	2	M	40	경기	450000	25	700000	30
3	4	M	50	서울	400000	8	125000	3
4	5	M	27	서울	845000	30	760000	28
5	7	F	56	경기	150000	2	130000	2
6	8	F	47	서울	570000	10	400000	7
7	9	M	20	인천	930000	4	NA	NA
8	10	F	38	경기	520000	17	550000	16

기준 / jeju_y21_history / jeju_y20_history

jeju_y21_history 테이블 기준으로 키 변수 ID가 1열에 삽입되고 jeju_y21_history 테이블에 있는 SEX 열 ~ Y21_CNT 열이 삽입됩니다. 그리고 그 오른쪽으로 jeju_y21_history 테이블과 동일한 ID 변수를 가진 jeju_y20_history 테이블 데이터가 결합합니다. 이때 jeju_y20_history 테이블의 ID 변수에는 9가 없기 때문에 값 대신 NA가 삽입됩니다. 이처럼 left_join() 함수는 첫 번째 테이블과 키 변수를 기준으로 두 번째 테이블에 있는 나머지 변수들을 결합합니다.

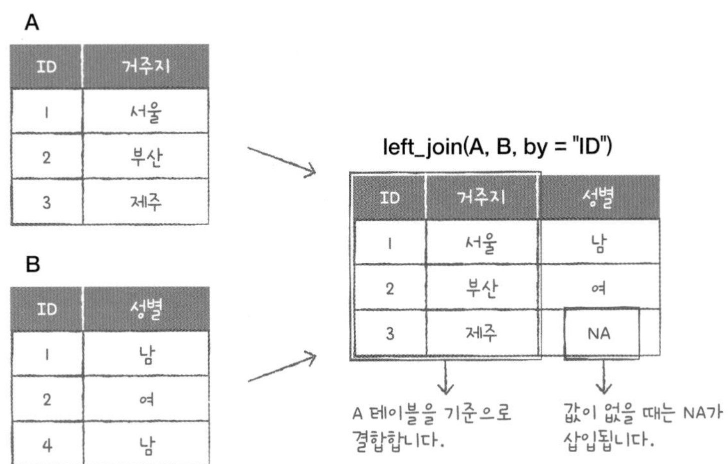

이번에는 **inner_join() 함수**로 ID 변수가 동일할 때만 가로로 병합해 보겠습니다. jeju_y21_history와 jeju_y20_history 테이블을 가로 결합합니다.

손코딩

키 변수가 동일할 때만 가로 결합하기

```
bind_col_inner <- inner_join(jeju_y21_history, jeju_y20_history, by = "ID")
View(bind_col_inner)
```

	ID	SEX	AGE	AREA	AMT21	Y21_CNT	AMT20	Y20_CNT
1	1	F	50	서울	1300000	50	100000	40
2	2	M	40	경기	450000	25	700000	30
3	4	M	50	서울	400000	8	125000	3
4	5	M	27	서울	845000	30	760000	28
5	7	F	56	경기	150000	2	130000	2
6	8	F	47	서울	570000	10	400000	7
7	10	F	38	경기	520000	17	550000	16

두 테이블에서 키 변수인 ID 변수가 동일한 관측치 7개(1, 2, 4, 5, 7, 8, 10)의 값을 기준으로 8개의 변수를 가진 테이블이 생성됩니다. left_join() 함수와 달리 ID 변수가 일치하지 않는 데이터(3, 6, 9)는 결합하지 않습니다.

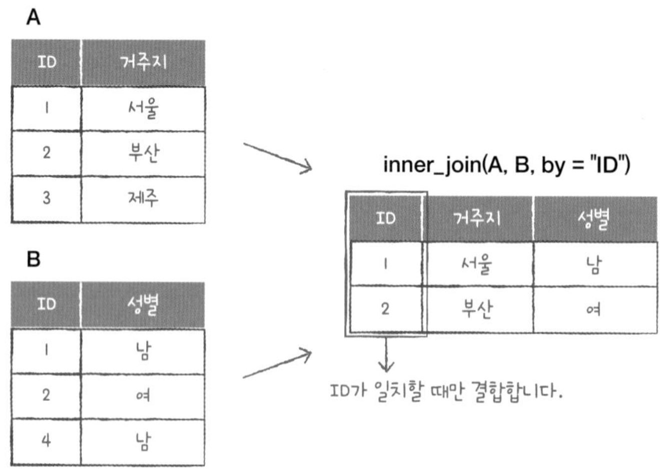

마지막으로 full_join() 함수로 모든 데이터를 가로로 병합해 보겠습니다. jeju_y21_history와 jeju_y20_history 테이블에서 ID 기준으로 모든 데이터가 가로 결합합니다.

손코딩

키 변수를 기준으로 모두 가로 결합하기

```
bind_col_full <- full_join(jeju_y21_history, jeju_y20_history, by = "ID")
View(bind_col_full)
```

	ID	SEX	AGE	AREA	AMT21	Y21_CNT	AMT20	Y20_CNT
1	1	F	50	서울	1300000	50	100000	40
2	2	M	40	경기	450000	25	700000	30
3	4	M	50	서울	400000	8	125000	3
4	5	M	27	서울	845000	30	760000	28
5	7	F	56	경기	150000	2	130000	2
6	8	F	47	서울	570000	10	400000	7
7	9	M	20	인천	930000	4	NA	NA
8	10	F	38	경기	520000	17	550000	16
9	3	NA	NA	NA	NA	NA	50000	5
10	6	NA	NA	NA	NA	NA	300000	6

full_join() 함수로 가로 결합을 하면 가장 많은 데이터를 가질 수 있습니다. ID 변수를 기준으로 jeju_y21_history 테이블과 jeju_y20_history 테이블에 있는 모든 데이터가 결합합니다. 그리고 ID 변수가 일치하지 않으면 NA가 삽입되고, 관측치 10개의 값에 대한 변수 8개가 도출됩니다.

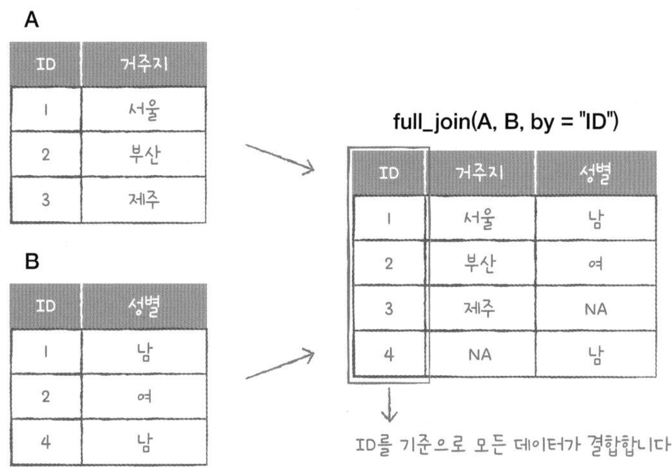

지금까지 3가지 방법으로 가로 결합을 실행했습니다. 실행 결과를 각각 비교해 보면 가로 결합 방법 간 차이를 명확하게 알 수 있습니다. 집합으로 표현하면 left_join() 함수는 $A \cap B^C$, inner_join() 함수는 $A \cap B$, full_join() 함수는 $A \cup B$와 같습니다.

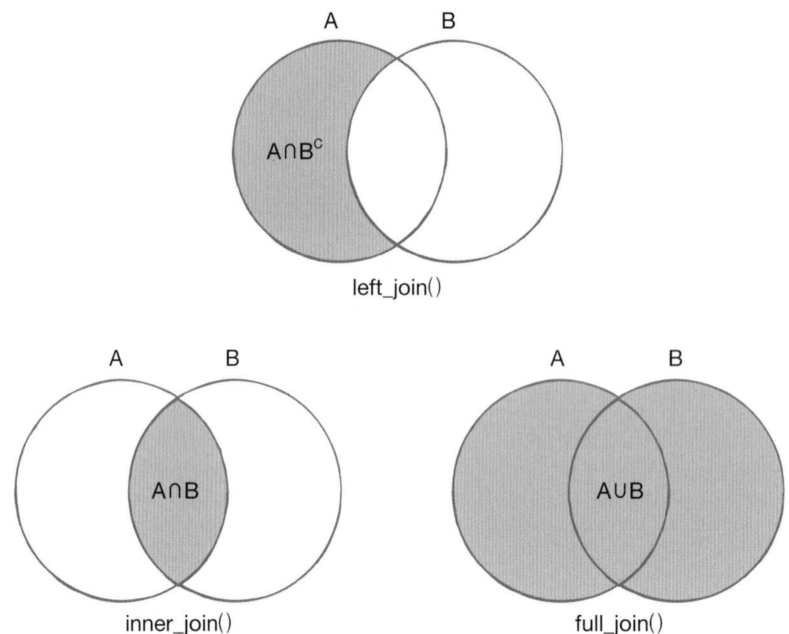

note 책에서는 다루지 않았지만, B 테이블을 기준으로 결합하려면 right_join() 함수를 사용합니다.

마무리

▶ 4가지 키워드로 정리하는 핵심 포인트

- 전체 데이터에서 필요한 변수나 조건에 맞는 데이터를 추출하는 것을 **데이터 추출**이라고 합니다.
- 하나 혹은 여러 개의 변수를 기준으로 오름차순이나 내림차순으로 **데이터 정렬**할 수 있습니다.
- 변수 합계나 빈도 등 **데이터 요약** 정보로 데이터 특성을 파악할 수 있습니다.
- **데이터 결합**은 2개 이상의 테이블을 하나의 테이블로 결합하는 과정을 말합니다.

▶ 표로 정리하는 핵심 함수

함수	기능
select()	dplyr 패키지 변수(열)을 추출합니다.
filter()	dplyr 패키지 조건에 맞는 행을 추출합니다.
arrange()	dplyr 패키지 지정한 열을 기준으로 정렬합니다(기본값 오름차순).
summarise()	dplyr 패키지 데이터를 요약합니다.
group_by()	dplyr 패키지 데이터를 그룹화합니다.
bind_rows()	dplyr 패키지 데이터를 세로 결합합니다.
left_join()	dplyr 패키지 테이블1 기준으로 테이블2의 나머지 변수를 가로 결합합니다.
inner_join()	dplyr 패키지 테이블1과 테이블2 기준으로 변수 값이 동일할 때만 가로 결합합니다.
full_join()	dplyr 패키지 테이블1과 테이블2 기준으로 지정한 변수 값 전체를 가로 결합합니다.

▶ 확인문제

1. 다음 설명과 함수를 올바르게 연결해 보세요.

① 변수 추출 •		• summarise()
② 행 추출 •		• arrange()
③ 데이터 정렬 •		• filter()
④ 데이터 요약 •		• select()

2. 225쪽에서 가져온 exdata1 테이블에서 AGE가 30세 이하이면서 Y20_CNT가 10건 이상인 데이터를 exdata2 테이블로 생성하는 코드를 작성하여 실행 결과처럼 출력해 보세요. (파이프 연산자를 사용해 보세요.)

```
exdata2 <-
exdata2
```

실행 결과

```
# A tibble: 4 x 13
     ID SEX    AGE AREA  CAR_YN   (생략)   Y20_AMT Y20_CNT Y20F_AMT Y200_CNT
  <dbl> <chr> <dbl> <chr>  <dbl>   .....     <dbl>   <dbl>    <dbl>    <dbl>
1     5 M        27 서울       1   .....    760000      28   170000       15
2    17 M        30 경기       1   .....    400000      10    48000        4
3    19 F        27 제주       0   .....    320000      27   100000       10
4    20 M        27 제주       1   .....    150000      30   130000        5
```

3. 1번에서 도출한 결과를 바탕으로 exdata2를 AGE 변수를 기준으로 내림차순, Y20_CNT 변수를 기준으로 오름차순 정렬하는 코드를 작성하여 실행 결과처럼 출력해 보세요.

```
exdata2 %>%
```

hint 2. 원하는 행만 추출할 때는 filter() 함수를 사용합니다.

3. 데이터를 오름차순으로 정렬하는 함수는 arrange() 함수입니다.

실행 결과

```
# A tibble: 4 x 13
     ID SEX     AGE AREA  CAR_YN     (생략)     Y20_AMT Y20_CNT Y20F_AMT
  <dbl> <chr> <dbl> <chr>  <dbl>      .....      <dbl>   <dbl>    <dbl>
1    17 M        30 경기       1      .....     400000      10    48000
2    19 F        27 제주       0      .....     320000      27   100000
3     5 M        27 서울       1      .....     760000      28   170000
4    20 M        27 제주       1      .....     150000      30   130000
# ... with 1 more variable: Y20O_CNT <dbl>
```

4. jeju_y21_history와 jeju_y20_history 테이블에서 ID 변수와 jeju_y21_history 테이블 기준으로 가로 결합하는 코드를 작성하여 실행 결과처럼 출력해 보세요.

```
bind_col <- 
bind_col
```

실행 결과

```
# A tibble: 8 x 8
     ID SEX     AGE AREA    AMT21 Y21_CNT  AMT20 Y20_CNT
  <dbl> <chr> <dbl> <chr>   <dbl>   <dbl>  <dbl>   <dbl>
1     1 F        50 서울  1300000      50 100000      40
2     2 M        40 경기   450000      25 700000      30
3     4 M        50 서울   400000       8 125000       3
4     5 M        27 서울   845000      30 760000      28
5     7 F        56 경기   150000       2 130000       2
6     8 F        47 서울   570000      10 400000       7
7     9 M        20 인천   930000       4     NA      NA
8    10 F        38 경기   520000      17 550000      16
```

hint 4. 첫 번째 테이블을 기준으로 가로 결합하려면 어떤 함수를 써야할까요? 239쪽을 참고하세요.

05-3 데이터 구조 변형하기

핵심 키워드

데이터 재구조화 | reshape2 패키지

수집한 데이터의 구조를 분석하기 편한 형태로 가공해야 할 때가 있습니다. 이때 주로 사용하는 패키지 중 하나가 바로 reshape2 패키지입니다. reshape2 패키지에 포함된 함수 중 가장 자주 사용하는 두 함수를 소개합니다.

시작하기 전에

같은 시간에 같은 버스를 타는 사람에 대해 정리된 데이터가 있다면 이 데이터를 바탕으로 시간에 따른 분석, 탑승 위치에 따른 분석, 성별에 따른 분석 등 다양한 관점에서 살펴볼 수 있습니다. 이처럼 동일한 데이터가 있더라도 목적에 따라 분석 기준이 달라지며, 그에 따라 데이터 구조를 변형해야 할 때가 있습니다. 이를 **데이터 재구조화**라고 합니다.

reshape2 패키지는 reshape 패키지의 성능을 개선한 것으로 열이 긴 형태의 데이터를 행이 긴 형태로 바꾸는 **melt() 함수**와 행이 긴 형태의 데이터를 열이 긴 형태로 바꾸는 **cast() 함수**를 포함합니다.

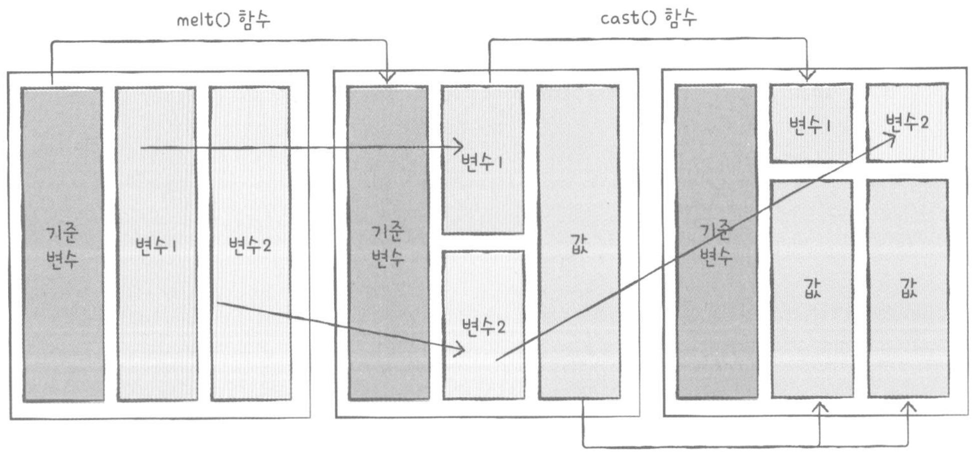

넓은 모양 데이터를 긴 모양으로 바꾸기: melt() 함수

넓은 모양 데이터는 행보다 열이 많아 가로로 긴 모양의 행렬입니다. 이러한 행렬의 열을 행으로 바꾸어 세로로 길게 바꿀 때는 **melt() 함수**를 사용합니다. R 스튜디오 Help 탭에서 [melt]를 입력하여 검색한 후 결과 목록에서 [reshape2::melt]를 클릭합니다.

melt {reshape2} R Documentation

Convert an object into a molten data frame.

Description

This the generic melt function. See the following functions for the details about different data structures:

Usage

```
melt(data, ..., na.rm = FALSE, value.name = "value")
```

Arguments

`data`	Data set to melt
`...`	further arguments passed to or from other methods.
`na.rm`	Should NA values be removed from the data set? This will convert explicit missings to implicit missings.
`value.name`	name of variable used to store values

Details

- `melt.data.frame` for data.frames
- `melt.array` for arrays, matrices and tables
- `melt.list` for lists

함수 상세 정보의 Description 항목에서 함수에 대한 설명, Usage 항목에서 사용 형태, Arguments 항목에서 실제 사용할 때 쓰는 옵션 설명을 자세하게 확인할 수 있습니다.

- **data**: 변형할 데이터 세트를 입력합니다.
- **na.rm = FALSE**: 결측치를 포함하는 옵션입니다. 결측치를 제외하려면 na.rm = TRUE를 입력합니다.
- **value.name = "value"**: 행으로 바꾸고 싶은 열 이름입니다.

결측치는 측정한 데이터 중 변수 값이 측정되지 않을 때를 의미하며 na 또는 NA로 표기합니다.

Details 항목에서는 [melt.data.frame], [melt.array], [melt.list]를 클릭하면 melt() 함수가 데이터 종류에 따라 어떻게 작동하는지 알 수 있습니다.

note R에서 일반적으로 사용하는 데이터 종류는 데이터 프레임이므로 [melt.data.frame]을 클릭하여 상세 내용을 확인해 보세요.

melt() 함수는 넓은 모양의 데이터를 긴 모양으로 변형할 수 있습니다. 데이터 프레임을 변형하는 함수 사용 형식은 다음과 같습니다.

```
melt(데이터, id.vars = "기준 열", measure.vars = "변환 열")
```

id.vars 옵션과 measure.vars 옵션은 기준 열에 따라 재배치할 열을 결정하는 옵션입니다. 예를 들어 아래 왼쪽과 같은 데이터 프레임이 있을 때 옵션을 id.vars = "이름", measure.vars = c("국어", "영어")로 지정하면 오른쪽 테이블처럼 이름 변수를 기준으로 국어와 영어 점수가 세로로 재배치됩니다.

이름	국어	영어
민철	100	80
지수	70	70
지영	50	100

이름	variable	value
민철	국어	100
지수	국어	70
지영	국어	50
민철	영어	80
지수	영어	70
지영	영어	100

R에 기본으로 내장되어 있는 airquality 데이터 세트를 이용하여 melt() 함수를 실습해 보겠습니다. melt() 함수는 **reshape2 패키지**에 포함되어 있으므로 먼저 패키지를 설치합니다.

손코딩
reshape2 패키지 설치하기
install.packages("reshape2")
패키지를 설치한 적이 있거나 패키지를 설치하고 R 스튜디오를 다시 실행했다면 패키지 로드만 실행해도 됩니다.

데이터를 변형하려면 먼저 데이터 세트 구조를 파악해야 합니다. **head() 함수**를 사용하여 데이터 세트를 출력합니다. 따로 옵션을 설정하지 않았으므로 기본값 1행에서 6행까지 출력됩니다.

airquality 데이터 세트 확인하기

```
head(airquality)
```

```
>   Ozone Solar.R Wind Temp Month Day
1    41     190  7.4   67     5   1
2    36     118  8.0   72     5   2
3    12     149 12.6   74     5   3
4    18     313 11.5   62     5   4
5    NA      NA 14.3   56     5   5
6    28      NA 14.9   66     5   6
```

변수명에 대소문자가 섞여 있습니다. R은 대소문자를 구분하기 때문에 대소문자 실수를 예방하기 위해 변수명을 구하는 **names() 함수**와 소문자로 치환하는 **tolower() 함수**를 다음과 같이 입력하여 실행합니다.

변수명 소문자로 통일하기

```
names(airquality) <- tolower(names(airquality))
head(airquality)
```

```
>   ozone solar.r wind temp month day   → 변수명이 소문자로 변경됩니다.
1    41     190  7.4   67     5   1
2    36     118  8.0   72     5   2
3    12     149 12.6   74     5   3
4    18     313 11.5   62     5   4
5    NA      NA 14.3   56     5   5
6    28      NA 14.9   66     5   6
```

이제 데이터를 변형해 보겠습니다. reshape2 패키지를 로드하고 **melt() 함수**로 데이터를 변형하여 melt_test 변수에 할당합니다. 그 결과 첫 번째 행에 있던 ozone 변수와 변수 값으로 데이터 세트가 변형됩니다.

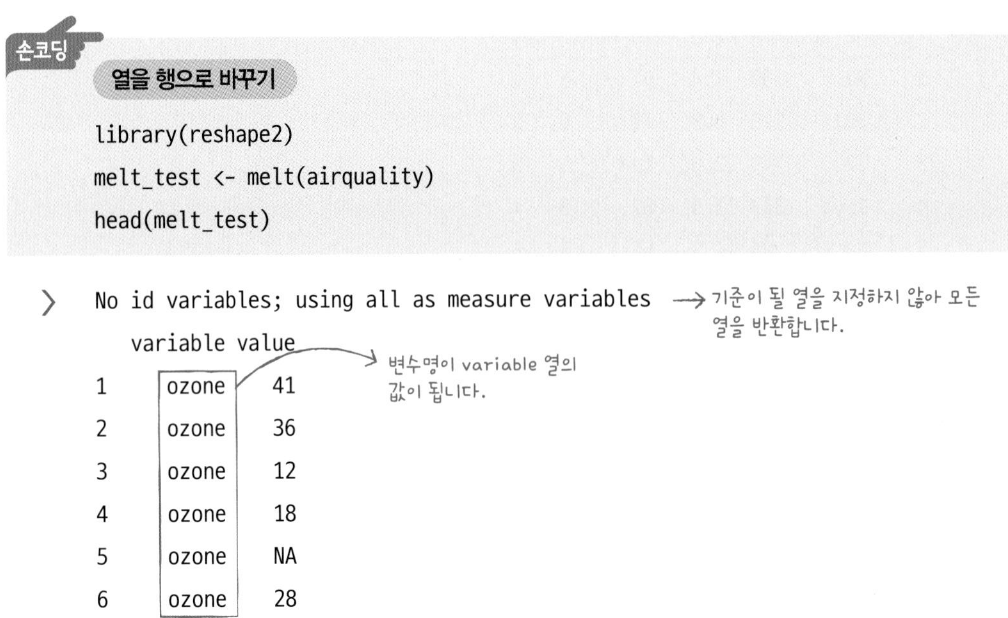

손코딩 **열을 행으로 바꾸기**

```
library(reshape2)
melt_test <- melt(airquality)
head(melt_test)
```

```
> No id variables; using all as measure variables
    variable value
1      ozone    41
2      ozone    36
3      ozone    12
4      ozone    18
5      ozone    NA
6      ozone    28
```


melt() 함수에 기준이 될 열을 지정하지 않았기 때문에 모든 열을 반환한다는 오류 메시지가 발생하고 데이터가 1행에서 6행까지 출력됩니다. head() 함수로 출력했기 때문에 데이터의 모든 열이 반환되었는지 정확하게 파악할 수 없어 **tail() 함수**를 사용해 데이터의 뒷부분을 마저 확인해 봅니다. 함수를 실행하면 첫 번째 행 마지막에 있던 변수명 day와 그 값을 확인할 수 있습니다.

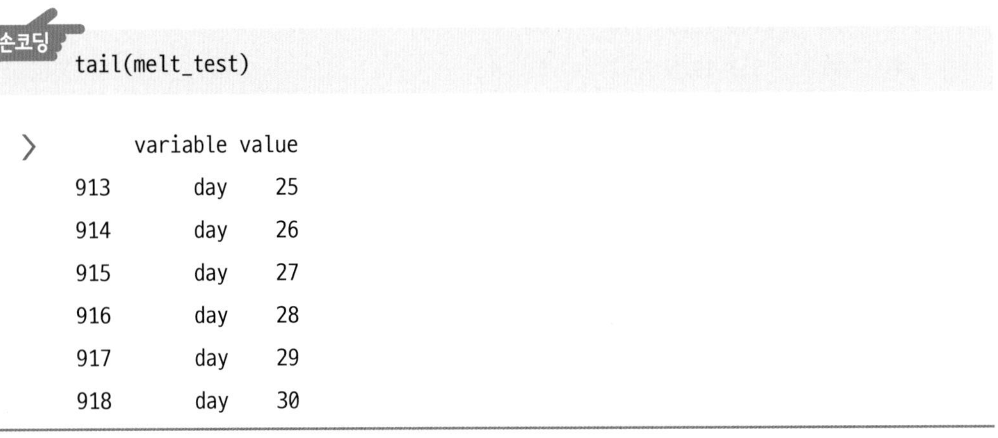

손코딩

```
tail(melt_test)
```

```
>      variable value
913        day    25
914        day    26
915        day    27
916        day    28
917        day    29
918        day    30
```

전체 데이터를 확인하고 싶다면 View() 함수로 확인해 보세요. View() 함수로 melt_test를 실행하면 ozone, solar.r, wind, temp, month, day 변수 순으로 데이터가 변형된 것을 알 수 있습니다.

오류 메시지가 발생하지 않으려면 데이터 프레임에 사용하는 id.vars와 measure.vars 옵션을 사용해야 합니다. 기준 열에 따라 데이터를 변형하기 위해 month, wind 변수를 식별자로 지정하고 ozone 값을 반환하도록 코드를 작성한 후 실행합니다.

손코딩

기준을 정해 열을 행으로 바꾸기

```
melt_test2 <- melt(airquality, id.vars = c("month", "wind"),
                   measure.vars = "ozone")
head(melt_test2)
```

```
>   month wind variable value
1       5  7.4    ozone    41
2       5  8.0    ozone    36
3       5 12.6    ozone    12
4       5 11.5    ozone    18
5       5 14.3    ozone    NA
6       5 14.9    ozone    28
```

month와 wind 변수를 기준으로 데이터가 변형되어 오류 메시지없이 ozone 값이 출력되는 것을 알 수 있습니다.

긴 모양 데이터를 넓은 모양으로 바꾸기: cast() 함수

세로로 길게 늘어진 데이터를 가로로 긴 형태의 데이터로 변형해야 할 때도 있습니다. 행을 열로 바꾸는 함수는 **cast() 함수**입니다. 이 과정은 melt() 함수를 사용할 때보다 다소 복잡하므로 꼼꼼하게 살펴봐야 합니다.

Help 탭을 이용해 cast() 함수 사용 방법과 옵션을 살펴보겠습니다. 검색 필드에 [cast]를 입력해서 검색한 후 결과 목록에서 [reshape2::cast] 링크를 클릭하면 다음과 같은 상세 정보를 확인할 수 있습니다.

cast {reshape2} R Documentation

Cast functions Cast a molten data frame into an array or data frame.

Description

Use acast or dcast depending on whether you want vector/matrix/array output or data frame output. Data frames can have at most two dimensions.

Usage

```
dcast(
  data,
  formula,
  fun.aggregate = NULL,
  ...,
  margins = NULL,
  subset = NULL,
  fill = NULL,
  drop = TRUE,
  value.var = guess_value(data)
)

acast(
  data,
```

여기서 눈여겨볼 항목은 Usage입니다. 하나의 함수지만 데이터 유형에 따라 사용하는 함수가 2가지로 나눠집니다.

- acast(): 데이터를 변형하여 벡터, 행렬, 배열 형태로 반환합니다.
- dcast(): 데이터를 변형하여 데이터 프레임 형태로 반환합니다.

함수를 호출하는 데 필요한 옵션에는 cast() 함수로 변형할 데이터와 변환식이 필요합니다. 변환식은 id ~ variable 형태로 작성하며, 명시적으로 나열하지 않는 모든 변수를 표현하기 위해 ...을 사용하기도 합니다. 변환식은 실습해 보며 자세히 살펴보겠습니다.

dcast() 함수

먼저 dcast() 함수부터 살펴보겠습니다. dcast() 함수는 R에서 주로 다루는 데이터 유형인 데이터 프레임으로 반환할 수 있습니다. 이는 reshape 패키지보다 reshape2 패키지를 사용하는 가장 큰 이유이기도 합니다. 사용 형식은 다음과 같습니다.

```
dcast(데이터, 기준 열 ~ 변환 열)
```

간단한 데이터로 예를 들면 아래 왼쪽의 exam1 데이터 세트를 exam2 <- dcast(exam1, 이름 ~ 과목) 형태로 함수를 호출하면 exam2 데이터 세트처럼 변형됩니다.

exam1

이름	과목	점수
민철	국어	100
지수	국어	70
지영	국어	50
민철	컴퓨터	85
지수	컴퓨터	100
지영	컴퓨터	80

→

exam2

이름	국어	컴퓨터
민철	100	85
지수	70	100
지영	50	80

과목 변수의 값이 변수가 되어 행이 많은 구조에서 열이 많은 구조로 변형됩니다.

그럼 dcast() 함수를 실습해 보겠습니다. 먼저 변수명을 소문자로 통일합니다. 변수명을 구하는 names() 함수와 소문자로 치환하는 tolower() 함수를 사용하면 대소문자가 섞여 있는 변수명이 소문자로 통일됩니다.

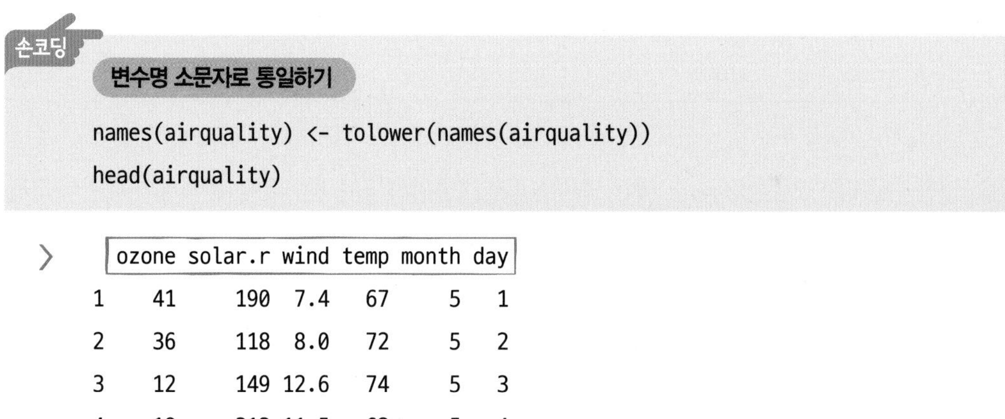

손코딩

변수명 소문자로 통일하기

```
names(airquality) <- tolower(names(airquality))
head(airquality)
```

```
>   ozone solar.r wind temp month day
  1    41     190  7.4   67     5   1
  2    36     118  8.0   72     5   2
  3    12     149 12.6   74     5   3
  4    18     313 11.5   62     5   4
  5    NA      NA 14.3   56     5   5
  6    28      NA 14.9   66     5   6
```

긴 모양의 데이터를 넓은 모양으로 바꾸어 보기 위해 먼저 데이터 세트를 긴 모양으로 변형해 줍니다.

melt() 함수를 호출합니다. **melt() 함수**로 월(month)과 일(day)을 식별자, 나머지 열을 행으로 변환하고 결측치를 포함하도록 **na.rm = FALSE 옵션**을 지정한 후 aq_melt 변수에 할당합니다.

손코딩

열을 행으로 바꾸기

```
library(reshape2)
aq_melt <- melt(airquality, id.vars = c("month", "day"), na.rm = FALSE)
head(aq_melt)
```

```
>   month day variable value
1       5   1    ozone    41
2       5   2    ozone    36
3       5   3    ozone    12
4       5   4    ozone    18
5       5   5    ozone    NA
6       5   6    ozone    28
```

월과 일를 기준으로 오존(ozone), 태양 복사(solar.r) 등이 행으로 변환되어 긴 모양의 데이터가 됩니다. 결측치를 포함한 이유는 이후 acast() 함수 실습에서 월별, 일자별 리스트를 만들 때 결측치를 공백으로 표시하지 않고, 결측치라는 것을 알 수 있게 NA가 표시되도록 하기 위함입니다.

이제 세로로 긴 데이터를 dcast() 함수로 변형해 보겠습니다. aq_melt 데이터에서 월(month)과 일(day)을 식별자로 지정하고 variable 열에 있는 데이터를 순서대로 열로 변환합니다.

행을 열로 바꾸기

```
aq_dcast <- dcast(aq_melt, month + day ~ variable)
head(aq_dcast)
```

변수 두 개를 식별자로 지정할 때는 + 기호를 사용합니다.

```
>   month day ozone solar.r wind temp
1       5   1    41     190  7.4   67
2       5   2    36     118  8.0   72
3       5   3    12     149 12.6   74
```

```
4      5  4    18       313 11.5    62
5      5  5    NA        NA 14.3    56
6      5  6    28        NA 14.9    66
```

변수명 순서는 바뀌었지만 month 열과 day 열을 기준으로 원래 데이터 모양대로 돌아온 것을 알 수 있습니다. 지금까지 실습으로 생성한 변수를 **View() 함수**를 이용해 확인해 봅니다. 데이터 뷰어로 데이터 구조가 변화한 내용을 보면 melt() 함수와 dcast() 함수가 어떻게 작동하는지 좀 더 자세하게 알 수 있습니다.

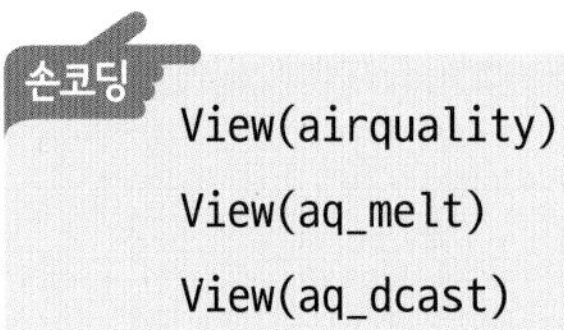


```
View(airquality)
View(aq_melt)
View(aq_dcast)
```

〉 airquality

	ozone	solar.r	wind	temp	month	day
1	41	190	7.4	67	5	1
2	36	118	8	72	5	2
3	12	149	12.6	74	5	3
4	18	313	11.5	62	5	4
5	NA	NA	14.3	56	5	5
149	30	193	6.9	70	9	26
150	NA	145	13.2	77	9	27
151	14	191	14.3	75	9	28
152	18	131	8	76	9	29
153	20	223	11.5	68	9	30

aq_melt

	month	day	variable	value
1	5	1	ozone	41
2	5	2	ozone	36
3	5	3	ozone	12
4	5	4	ozone	18

6	5	6	ozone	28
608	9	26	temp	70
609	9	27	temp	77
610	9	28	temp	75
611	9	29	temp	76
612	9	30	temp	68

aq_dcast

	month	day	ozone	solar.r	wind	temp
1	5	1	41	190	7.4	67
2	5	2	36	118	8	72
3	5	3	12	149	12.6	74
4	5	4	18	313	11.5	62
5	5	5	NA	NA	14.3	56
149	9	26	30	193	6.9	70
150	9	27	NA	145	13.2	77
151	9	28	14	191	14.3	75
152	9	29	18	131	8	76
153	9	30	20	223	11.5	68

acast() 함수

행을 열로 바꾸는 **acast() 함수**는 벡터, 행렬, 배열로 반환할 수 있습니다. 사용 형식은 다음과 같습니다.

```
acast(데이터, 기준 열 ~ 변환 열 ~ 분리 기준 열)
```

acast() 함수를 바로 실습해 보겠습니다. dcast() 함수 실습에서 생성한 aq_melt 데이터 세트를 이용하여 월별, 일별로 variable 열에 있는 데이터 값인 즉 오존(ozone), 태양 복사(solor.r), 바람(wind), 온도(temp)를 변수로 바꾸어 배열을 만듭니다.

```
acast(aq_melt, day ~ month ~ variable)
```

```
, , ozone

     5  6   7   8  9
1   41 NA 135  39 96
2   36 NA  49   9 78
3   12 NA  32  16 73
4   18 NA  NA  78 91
5   NA NA  64  35 47
...(중략)...
30 115 NA  64  84 20
31  37 NA  59  85 NA

...(중략)...

, , temp

    5  6  7  8  9
1  67 78 84 81 91
2  72 74 85 81 92
3  74 67 81 82 93
4  62 84 84 86 93
5  56 85 83 85 87
...(중략)...
30 79 83 83 96 68
31 76 NA 81 94 NA
```

1일부터 31일까지, 5월부터 9월까지, 오존, 태양 복사, 바람, 온도의 측정 값이 출력됩니다. 이처럼 acast() 함수를 이용해 데이터 세트를 배열로 정리하면 항목별로 한눈에 비교하기 쉽다는 장점이 있습니다.

note 실행 결과에서 NA는 결측치입니다. 지난 dcast() 실습에서 na.rm = FALSE로 작성했다면 해당 위치에 값이 비게 되므로 데이터를 제대로 분석할 수 없게 되므로 여기에서는 사용하지 않습니다.

좀 더 알아보기 cast() 함수로 데이터 요약하기

cast() 함수는 **데이터 요약**을 할 수 있는 것이 특징입니다. aq_melt 데이터 세트를 acast() 함수로 변형하고 변수들을 월별 평균으로 요약 확인해 보겠습니다.

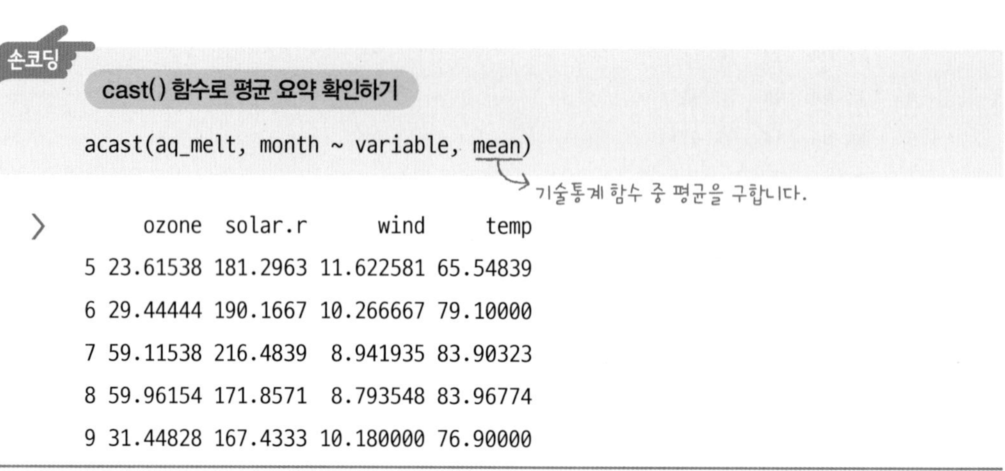

손코딩 **cast() 함수로 평균 요약 확인하기**

```
acast(aq_melt, month ~ variable, mean)
```

기술통계 함수 중 평균을 구합니다.

```
>       ozone  solar.r      wind     temp
5 23.61538 181.2963 11.622581 65.54839
6 29.44444 190.1667 10.266667 79.10000
7 59.11538 216.4839  8.941935 83.90323
8 59.96154 171.8571  8.793548 83.96774
9 31.44828 167.4333 10.180000 76.90000
```

5, 6, 7, 8, 9월을 기준으로 ozone, solar.r, wind, temp 변수의 평균이 도출됩니다. cast() 함수의 데이터 요약 기능은 dcast() 함수에서도 사용할 수 있습니다. dcast() 함수로 합계를 요약 확인하면 마찬가지로 각 월을 기준으로 변수별 합계가 도출됩니다.

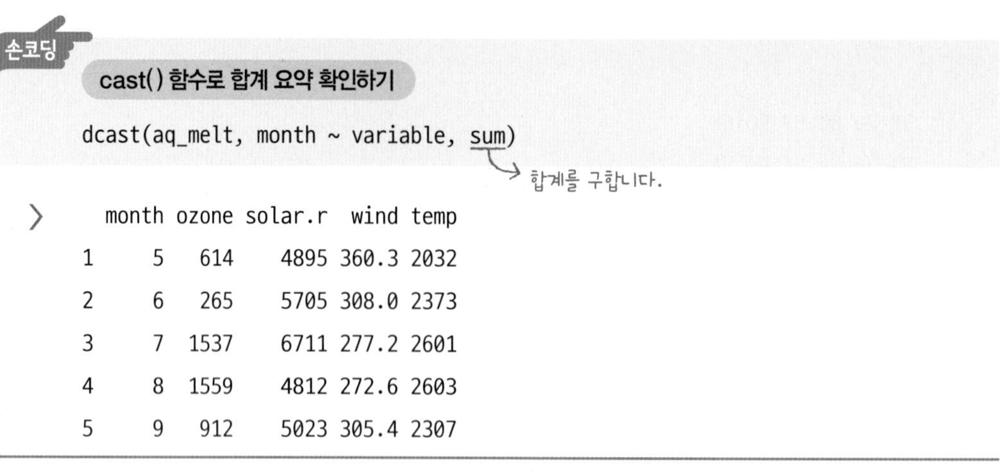

손코딩 **cast() 함수로 합계 요약 확인하기**

```
dcast(aq_melt, month ~ variable, sum)
```

합계를 구합니다.

```
>   month ozone solar.r  wind temp
1     5   614    4895 360.3 2032
2     6   265    5705 308.0 2373
3     7  1537    6711 277.2 2601
4     8  1559    4812 272.6 2603
5     9   912    5023 305.4 2307
```

이외에도 length를 사용하여 데이터 개수를 구할 수도 있습니다.

마무리

▶ 2가지 키워드로 정리하는 핵심 포인트

- 동일한 데이터를목적에 따라 분석 기준에따라 데이터 구조를 변형하는 것을 **데이터 재구조화**라고 합니다.
- reshape2 패키지는 데이터 구조를 재배열해주는 패키지입니다.

▶ 표로 정리하는 핵심 함수

함수	기능
melt()	reshape2 패키지 데이터의 열을 행으로 바꿉니다.
acast()	reshape2 패키지 데이터의 행을 열로 바꿉니다(벡터, 행렬, 배열로 반환합니다).
dcast()	reshape2 패키지 데이터의 행을 열로 바꿉니다(데이터 프레임으로 반환합니다).

▶ 확인문제

1. 다음 중 넓은 모양의 데이터를 세로로 긴 모양의 데이터로 변형하는 함수는 어떤 것인가요?

① mutate()
② melt()
③ dcast()
④ acast()

hint 1. 열을 행으로 바꾸는 함수입니다.

2. iris 데이터 세트의 변수명을 대문자에서 소문자로 변경하고, 앞에 일부분을 확인하는 코드를 작성하여 실행 결과처럼 출력해 보세요.

```
        (iris) <-
        (iris)
```

실행 결과

```
  sepal.length sepal.width petal.length petal.width species
1          5.1         3.5          1.4         0.2  setosa
2          4.9         3.0          1.4         0.2  setosa
3          4.7         3.2          1.3         0.2  setosa
4          4.6         3.1          1.5         0.2  setosa
5          5.0         3.6          1.4         0.2  setosa
6          5.4         3.9          1.7         0.4  setosa
```

3. iris 데이터 세트의 sepal.length 변수가 행이 되도록 구조를 변형하는 코드를 작성하여 실행 결과처럼 출력해 보세요. 식별자는 species 변수를 사용합니다.

```
iris_test <-    (iris,                ,                          )
iris_test
```

실행 결과

```
       species     variable value
1       setosa sepal.length   5.1
2       setosa sepal.length   4.9
3       setosa sepal.length   4.7
4       setosa sepal.length   4.6
...(중략)...
146  virginica sepal.length   6.7
147  virginica sepal.length   6.3
148  virginica sepal.length   6.5
149  virginica sepal.length   6.2
150  virginica sepal.length   5.9
```

hint 2. R에서 변수명 대소문자는 항상 주의해야 합니다. 249쪽을 참고하세요.
3. species 변수의 sepal.length 값이 출력되도록 함수에 옵션을 지정합니다.

4. 1학년 1반, 2반, 3반 학생 5명씩의 중간고사와 기말고사 성적이 기록된 엑셀 파일을 가져온 후 다음 실행 결과와 같이 반별 수학 점수와 영어 점수를 각각 출력해 보세요.

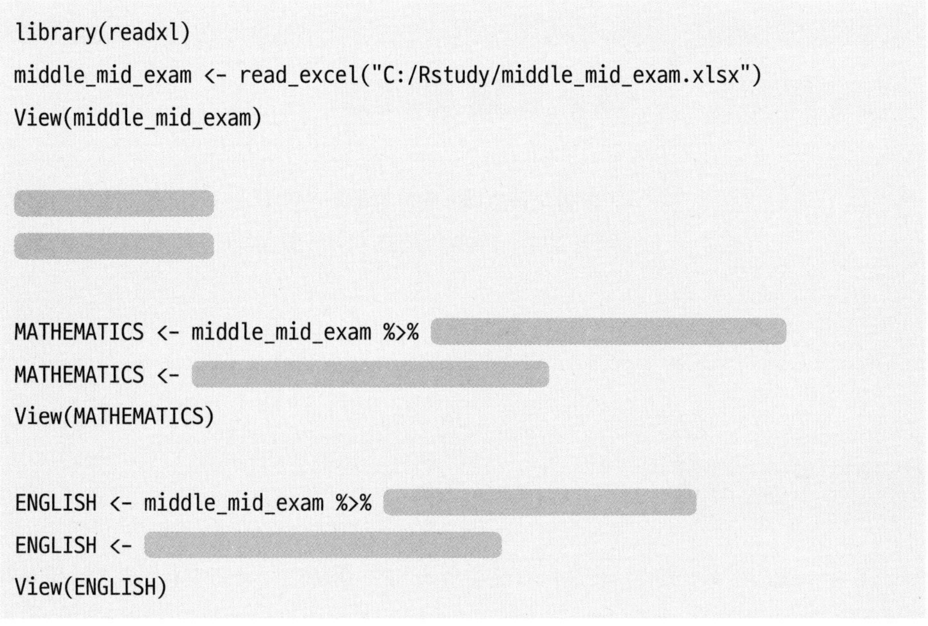

```
library(readxl)
middle_mid_exam <- read_excel("C:/Rstudy/middle_mid_exam.xlsx")
View(middle_mid_exam)




MATHEMATICS <- middle_mid_exam %>% 
MATHEMATICS <- 
View(MATHEMATICS)

ENGLISH <- middle_mid_exam %>% 
ENGLISH <- 
View(ENGLISH)
```

실행 결과

MATHEMATICS

	ID	class1	class2	class3
1	1	50	100	80
2	2	90	90	55
3	3	95	65	70
4	4	60	75	65
5	5	80	50	90

ENGLISH

	ID	class1	class2	class3
1	1	50	90	85
2	2	80	70	55
3	3	100	80	80
4	4	60	75	55
5	5	80	45	75

hint 4. 필요한 열만 선택할 때는 dplyr 패키지의 select() 함수를 사용하고, 행을 열로 변환할 때는 reshape2 패키지의 dcast( ) 함수를 사용합니다.

05-4 데이터 정제하기

핵심 키워드

결측치 이상치 데이터 정제

데이터를 가공할 때는 분석 결과를 왜곡시키는 데이터를 어떻게 처리해야할 지 결정해야 합니다. 데이터 정제는 이상치 및 결측치 처리 중심으로 확인합니다.

시작하기 전에

수집한 원시 데이터에는 관측치뿐만 아니라 값이 누락된 **결측치**missing value나 일반적인 값보다 편차가 큰 **이상치**outlier가 있을 수 있습니다. 이러한 결측치와 이상치는 데이터 분석을 할 때 오류가 발생하거나 분석 결과를 왜곡시킬 수 있으므로 데이터 가공 단계에서 아주 중요한 과정입니다. 이처럼 결측치와 이상치를 처리하는 과정을 **데이터 정제**data cleansing라고 합니다.

결측치 확인하기

데이터가 없는 것을 의미하는 **결측치**는 **결측값**이라고도 하며 NA(Not Available)로 표현합니다. 파이썬 등의 다른 프로그래밍 언어에서는 NULL로 표기하기도 합니다. 결측치가 있는 경우 연산했을 때도 결과가 NA로 나오므로 데이터에 결측치가 있는지 확인하여 연산에서 결측치를 제외 혹은 제거하거나 다른 값으로 대체해야 합니다.

NA를 연산하면 결괏값은 모두 NA가 됩니다.

note Null: 아무것도 없음, NA: 결측치, NaN: 비수치를 의미합니다.

데이터에 결측치가 있는지 확인하는 기본 함수는 다음과 같습니다.

is.na() 함수는 결측치를 확인하여 결괏값을 TRUE 와 FALSE로 반환하며 결측치는 TRUE로 반환됩니다.

```
is.na(변수명)
```

table(is.na()) 함수는 결측치 빈도를 확인합니다. 결측치가 몇 개 있는지 개수가 조회됩니다.

```
table(is.na(변수명))
```

그럼 함수를 사용해 보겠습니다. 간단하게 데이터를 직접 입력한 후 데이터를 연산하고 결과를 확인합니다.

손코딩 **결측치 확인하기**

```
x <- c(1, 2, NA, 4, 5)
x
sum(x)
is.na(x)
table(is.na(x))
```

```
[1] 1  2 NA  4  5
[1] NA
[1] FALSE FALSE  TRUE FALSE FALSE
FALSE  TRUE
    4     1
```

sum() 함수로 데이터 합계를 구했지만, 결괏값으로 NA가 나옵니다. 이처럼 연산했을 때 NA가 나오는 경우는 **is.na() 함수**로 데이터에 결측치가 있는지 확인해야 합니다. TRUE 값이 반환되면 데이터에 결측치가 있다는 의미입니다. 결측치가 몇 개인지 알고 싶을 때는 **table(is.na()) 함수**를 사용합니다. 이 함수는 FALSE 값과 TRUE 값의 빈도를 반환하므로 TRUE 값의 빈도로 결측치 개수를 알 수 있습니다.

결측치 제외하기

데이터에 결측치가 있으면 연산을 해도 결과가 **NA**로 나옵니다. 따라서 연산에 문제없도록 결측치를 제외하고 연산해야 합니다. 결측치를 제외하는 방법은 **na.rm = T 옵션**을 사용합니다.

그럼 결측치를 제외해 보겠습니다. **is.na() 함수**로 결측치가 있는지 확인하고 **sum() 함수**에 na.rm = T 옵션을 지정하여 결측치를 제외합니다.

손코딩

결측치 제외하고 연산하기

```
x <- c(1, 2, NA, 4, 5)
x
sum(x)
is.na(x)
sum(x, na.rm = T)
```

```
> [1] 1  2 NA  4  5
  [1] NA
  [1] FALSE FALSE  TRUE FALSE FALSE
  [1] 12
```

x 변수에 결측치가 있어서 세 번째 행에서는 sum() 연산이 제대로 실행되지 않았습니다. 다섯 번째 행에는 sum() 함수에 결측치를 제외한다는 na.rm = T 옵션을 지정했기 때문에 결측치를 제외한 값들로 합계가 연산됩니다.

결측치 개수 확인하기

결측치를 TRUE와 FALSE 값으로 확인하는 것 대신 결측치 전체 개수를 바로 확인할 수도 있습니다.

sum(is.na()) 함수는 데이터 세트에 결측치가 총 몇 개인지 확인합니다.

```
sum(is.na(변수명))
```

colSums(is.na()) 함수는 각 컬럼의 결측치 개수를 확인합니다.

```
colSums(is.na(변수명))
```

이번에는 airquality 데이터 세트의 결측치 개수를 확인해 보겠습니다. 데이터 세트를 사용하기 위해 data() 함수로 airquality를 변수로 저장하고, 결측치가 있는지 is.na() 함수로 확인합니다.

손코딩

airquality 데이터 세트 결측치 확인하기

```
data(airquality)
is.na(airquality)
```

```
>         Ozone Solar.R  Wind  Temp Month   Day
    [1,] FALSE   FALSE FALSE FALSE FALSE FALSE
    [2,] FALSE   FALSE FALSE FALSE FALSE FALSE
    [3,] FALSE   FALSE FALSE FALSE FALSE FALSE
    [4,] FALSE   FALSE FALSE FALSE FALSE FALSE
    [5,]  TRUE    TRUE FALSE FALSE FALSE FALSE
...(중략)...
  [150,]  TRUE   FALSE FALSE FALSE FALSE FALSE
  [151,] FALSE   FALSE FALSE FALSE FALSE FALSE
  [152,] FALSE   FALSE FALSE FALSE FALSE FALSE
  [153,] FALSE   FALSE FALSE FALSE FALSE FALSE
```

실행 결과에 TRUE 값이 있는 것을 보아 데이터 세트에 결측치가 있다는 것을 알 수 있습니다.

sum(is.na()) 함수를 사용하면 결측치 전체 개수를 확인할 수 있습니다.

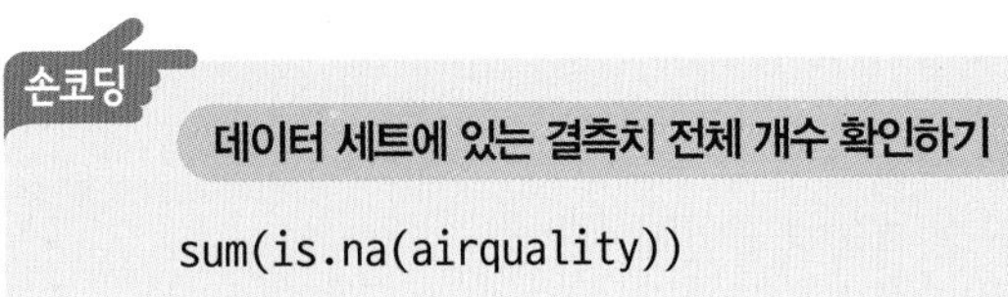
손코딩
데이터 세트에 있는 결측치 전체 개수 확인하기

```
sum(is.na(airquality))
```

```
[1] 44
```

데이터 세트에 있는 결측치 개수는 총 44개입니다. 결측치 개수는 컬럼별로도 확인할 수 있습니다. **colSums(is.na()) 함수**를 실행하면 각 컬럼별 결측치 개수가 출력됩니다.

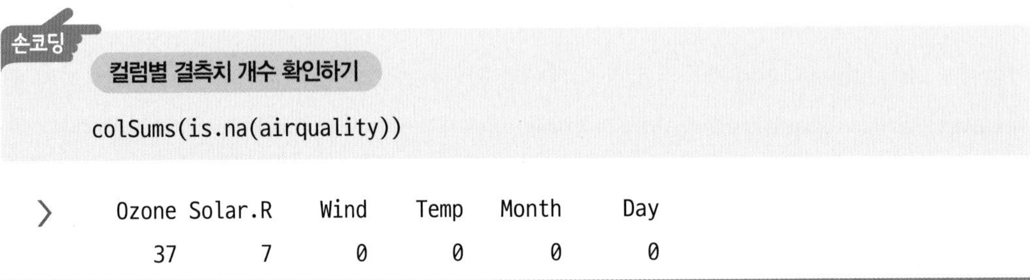
손코딩
컬럼별 결측치 개수 확인하기

```
colSums(is.na(airquality))
```

```
  Ozone Solar.R    Wind    Temp   Month     Day
     37       7       0       0       0       0
```

결측치 제거하기

이번에는 결측치를 제거해 보겠습니다. **na.omit() 함수**는 결측치가 있는 행 전체를 데이터 세트에서 제거한 후 데이터를 출력합니다.

```
na.omit(변수명)
```

앞에서 airquality 데이터 세트에 결측치가 있다는 것을 확인해보았으니 na.omit() 함수로 결측치를 제거해 보겠습니다. 함수를 실행하면 결측치가 있는 행이 제거됩니다.

손코딩

결측치가 있는 행 제거하기

```
data(airquality)
na.omit(airquality)
```

```
>     Ozone Solar.R Wind Temp Month Day
1        41     190  7.4   67     5   1
2        36     118  8.0   72     5   2
3        12     149 12.6   74     5   3
4        18     313 11.5   62     5   4
7        23     299  8.6   65     5   7
8        19      99 13.8   59     5   8
9         8      19 20.1   61     5   9
12       16     256  9.7   69     5  12
... (후략)
```

→ 6행이 삭제됩니다.

→ 10, 11행이 삭제됩니다.

실행 결과를 보면 TRUE 값이 있었던 행이 삭제되어 중간중간 행이 비어있는 것을 볼 수 있습니다.

결측치를 제거하기 전 결측치 확인하기 예제의 is.na(airquality) 결과와 비교해 보세요.

결측치 대체하기

결측치를 제외하거나 제거할 수도 있지만, 다른 값으로 대체할 수도 있습니다. 다른 값으로 대체하는 방법은 다음과 같습니다.

```
변수명[is.na(변수명)] <- 대체할 값
```

변수명에는 데이터 세트 이름을 넣고, 대체할 값에는 대체하고자 하는 값을 넣습니다. 만약 결측치를 0으로 대체하고 싶다면 대체할 값에 0을 넣습니다.

대체할 값은 꼭 0이 아니어도 됩니다.

airquality 데이터 세트의 결측치를 0으로 대체하고 데이터 세트에 결측치가 있는지 다시 확인해 보겠습니다.

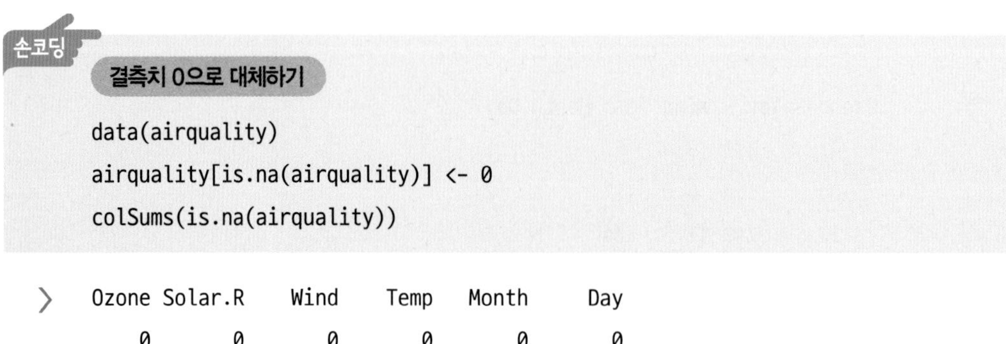
손코딩

결측치 0으로 대체하기

```
data(airquality)
airquality[is.na(airquality)] <- 0
colSums(is.na(airquality))
```

```
Ozone Solar.R    Wind    Temp   Month     Day 
    0       0       0       0       0       0 
```

colSums(is.na()) 함수로 컬럼별로 결측치가 있는지 출력해 보았더니 전부 0으로 출력되었습니다. 이는 결측치가 모두 0으로 대체되어 데이터 세트에 이제 결측치가 없기 때문에 컬럼 안 결측치 개수가 0개로 출력된 것입니다.

이상으로 결측치를 처리하는 방법들을 확인해 보았습니다. complete.cases() 함수로 특정 컬럼의 결측치가 있는 행을 제거하는 방법도 있지만, 이 책에서는 다루지 않습니다.

이상치 확인하기

이상치는 **극단치**라고도 하며 데이터에서 정상적인 범주를 벗어난 값을 의미합니다. 이상치는 분석 결과를 왜곡하기 때문에 주로 결측치로 만들어 제거하는 방법을 사용하기도 하는데 이를 '결측 처리를 한다'라고 합니다.

이상치는 앞서 배운 **상자 그림**을 이용하면 쉽게 파악할 수 있습니다. 상자 그림은 데이터 분포에서 심하게 벗어난 이상치를 판단할 때 사용하는 그래프로, **boxplot() 함수**를 사용한다는 것을 191쪽 상자 그림 그리기에서 배웠습니다. 바로 함수를 사용해보면서 이상치를 확인해 보겠습니다.

mtcars 데이터 세트의 wt 컬럼을 상자 그림으로 그립니다. 데이터 세트를 변수에 저장한 후 boxplot() 함수를 실행합니다.

손코딩

이상치 확인하기

```
data(mtcars)
boxplot(mtcars$wt)
```

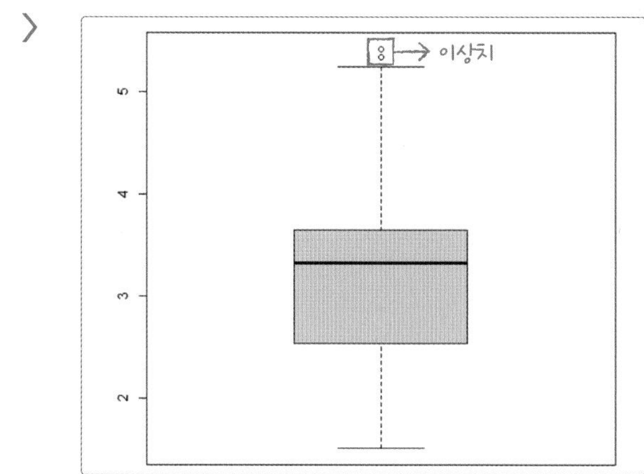

상자 그림을 그리면 최저 이상치 경계, 1사분위수, 중앙값, 3사분위수, 최고 이상치 경계 값을 알 수 있어 이상치를 한눈에 확인할 수 있습니다. 위 그래프에서 제일 위의 경계선을 넘은 2개의 동그라미가 바로 이상치입니다.

이 그래프가 그린 값들을 기술통계량으로도 확인할 수 있습니다. 형식은 다음과 같습니다.

```
boxplot(변수명)$stats
```

앞서 살펴본 mtcars 데이터 세트 wt 컬럼 기술통계량을 확인해 보겠습니다.

손코딩

상자 그림의 기술통계량 확인하기

```
boxplot(mtcars$wt)$stats
```

```
       [,1]
[1,] 1.5130
[2,] 2.5425
[3,] 3.3250
[4,] 3.6500
[5,] 5.2500
```

최저 이상치 경계, 1사분위수, 중앙값, 3사분위수, 최고 이상치 경계 값 순으로 5개 값이 출력됩니다. 여기에서 최저와 최고 경계 값인 1.5130 ~ 5.2500에 속하지 않는 값은 이상치로 판단합니다.

이상치 처리하기

mtcars 데이터 세트에 이상치가 있다는 것을 확인했고, 그 이상치는 최고 이상치 경계인 5.2500를 초과하는 값이라는 것을 확인하였습니다. 이상치는 분석 결과를 왜곡하기 때문에 정제 과정이 필요합니다. 이상치 처리는 다양한 연구가 진행되고 있을 정도로 매우 중요한 정제 과정입니다. 이 책에서는 mtcars의 이상치를 결측치로 변환해 보겠습니다. 사용할 함수는 **ifelse() 함수**입니다.

```
ifelse(조건문, 조건이 참일 때 실행, 조건이 거짓일 때 실행)
```

ifelse() 함수는 조건에 대해 값을 반환하는 함수입니다. 이상치가 있을 때는 해당 값을 결측치로, 그렇지 않을 경우에는 원래의 값이 반환되도록 코드를 작성할 수 있습니다.

이상치를 결측치로 변환해 보겠습니다. mtcars 데이터 세트 wt 칼럼에서 5.2500을 초과하는 값(> 5.25)을 찾습니다.

```
mtcars$wt > 5.25
```

```
>  [1] FALSE FALSE FALSE FALSE FALSE FALSE FALSE FALSE FALSE
  [10] FALSE FALSE FALSE FALSE FALSE FALSE TRUE  TRUE  FALSE
  [19] FALSE FALSE FALSE FALSE FALSE FALSE FALSE FALSE FALSE
  [28] FALSE FALSE FALSE FALSE FALSE
```

사용자의 Console 탭 크기에 따라 실행 결과의 요소 위치는 다르게 표시될 수 있습니다.

값은 FALSE와 TRUE로 반환되며 이상치는 TRUE로 반환됩니다. 찾아낸 이상치를 ifelse() 함수를 사용하여 결측 처리합니다.

```
mtcars$wt <- ifelse(mtcars$wt > 5.25, NA, mtcars$wt)
mtcars$wt
```

```
 [1] FALSE FALSE FALSE FALSE FALSE FALSE FALSE FALSE FALSE
[10] FALSE FALSE FALSE FALSE FALSE FALSE    NA    NA FALSE
[19] FALSE FALSE FALSE FALSE FALSE FALSE FALSE FALSE FALSE
[28] FALSE FALSE FALSE FALSE FALSE
```

TRUE로 표시되었던 이상치가 NA로 변환된 것을 확인할 수 있습니다. 이후는 결측치 처리 방법과 동일합니다. 연산할 때 na.rm = T 옵션을 사용하거나 na.omit() 함수로 결측치를 제거하는 방법 등을 이용해서 결측치를 처리한 후에 데이터 분석을 합니다.

이상치는 데이터 분석 결과에 많은 영향을 줍니다. 그러므로 데이터 분석 전에 상자 그림을 이용해 데이터에 이상치가 있는지 파악하여 이상치를 제거하거나 대체 값으로 변환해야 합니다. 이상치에 대한 판단은 분석가에 따라 데이터 분석 방식에 따라 매우 상이하기 때문에 더는 깊게 소개하지 않겠습니다.

마무리

▶ 3가지 키워드로 정리하는 핵심 포인트

- 데이터에서 값이 누락된 것을 **결측치**라고 하며 NA로 표현합니다.
- **이상치**는 극단치라고도 하며 정상적인 범주에서 벗어난 값을 의미합니다.
- **데이터 정제**는 데이터 분석을 할 때 오류나 분석 결과를 왜곡하는 결측치와 이상치를 처리하는 과정입니다.

▶ 표로 정리하는 핵심 함수

함수	기능
is.na()	결측치를 확인합니다.
sum(is.na())	결측치 개수를 확인합니다.
colSums(is.na())	컬럼의 결측치 개수를 확인합니다.
na.omit()	결측치를 제거합니다.
boxplot()	상자 그림을 그립니다. 이상치를 확인할 수 있습니다.
ifelse()	조건에 따라 값을 반환합니다.

▶ 확인문제

1. 다음 중 결측치를 처리할 때 사용하는 함수가 아닌 것은 무엇일까요?

① is.na()
② na.omit()
③ boxplot()
④ sum(is.na())

다음 문제는 아래의 데이터를 활용합니다. 문제를 풀기 전 데이터를 생성해 주세요.

```
y2 <- c(-16, 22, 31, NA, 52, 66, 74, 88, 99, 105, 200, 253, NA)
```

2. y2 데이터의 결측치를 확인하는 코드를 작성하여 실행 결과처럼 출력해 보세요.

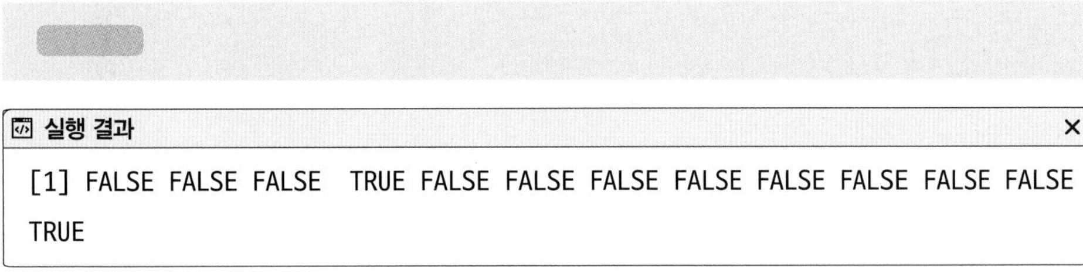

실행 결과

```
[1] FALSE FALSE FALSE  TRUE FALSE FALSE FALSE FALSE FALSE FALSE FALSE FALSE
TRUE
```

3. y2 데이터의 결측치를 제거한 평균을 구하는 코드를 작성하여 실행 결과처럼 출력해 보세요.

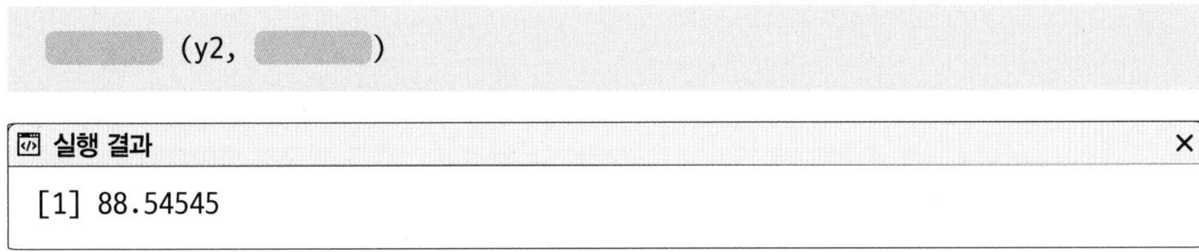

```
(y2, )
```

실행 결과

```
[1] 88.54545
```

4. y2 데이터의 결측치를 100으로 대체하고 평균을 구하는 코드를 작성하여 실행 결과처럼 출력해 보세요.

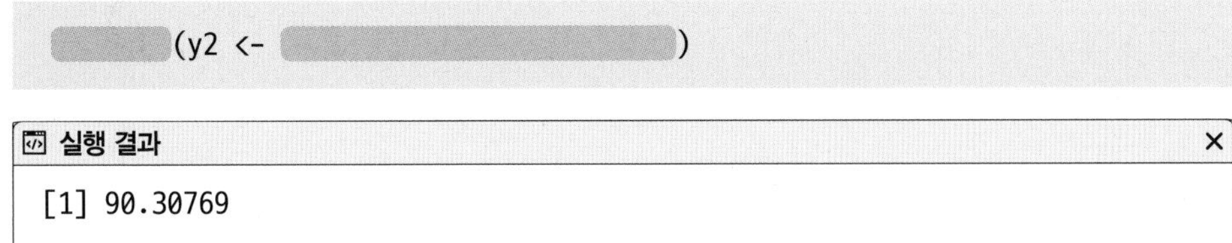

```
(y2 <- )
```

실행 결과

```
[1] 90.30769
```

hint 2. 결측치를 TRUE와 FALSE로 반환하는 함수를 사용합니다.

3. 연산할 때는 결측치를 제외합니다.

4. 결측치를 다른 값으로 대체하는 방법은 267쪽을 참고하세요.

Chapter

06

데이터 분석의 꽃은 역시 데이터 시각화입니다. 데이터를 탐색하거나 데이터 분석 결과를 다른 사람들에게 공유할 때 데이터 그 자체보다 차트나 그래프 등으로 이미지화하여 공유하면 데이터를 직관적으로 보여줄 수 있습니다. 이번 장에서는 데이터 시각화에 필수적인 ggplot2 패키지와 구글 지도 시각화에 유용한 ggmap 패키지를 알아봅니다.

데이터 시각화: ggplot2 패키지

학습목표

- ggplot2 패키지로 다양한 그래프를 그려 봅니다.
- ggmap 패키지로 지도 시각화를 알아봅니다.

06-1 그래프 그리기

핵심 키워드

데이터 시각화 ggplot2 패키지 ggplot() 함수

4장에서 내장 함수로 그래프를 그리는 방법을 배웠다면 이번 절에서는 패키지를 활용하여 그래프를 그려 봅니다. R에는 뛰어난 시각화 기능을 가진 ggplot2 패키지가 있습니다. 다양한 기능을 가진 ggplot() 함수로 그래프를 그려 보며 데이터 시각화를 알아봅니다.

시작하기 전에

데이터 시각화는 복잡해 보이는 수치 데이터를 이미지화하여 누구나 쉽게 내용을 이해할 수 있도록 시각적으로 전달하는 것을 말합니다. R의 내장 함수로도 간단한 데이터 시각화를 할 수 있지만, 패키지를 사용하면 더 다양한 기능을 활용할 수 있습니다. **ggplot2 패키지**는 reshape2 패키지나 dplyr 패키지를 만든 해들리 위컴이 만든 패키지로 R 시각화 1순위 패키지입니다. 기본적으로 **ggplot() 함수**를 이용하여 그래프 틀을 만들고, 그 안에 다양한 이미지 객체 레이어를 계속 포개는 방식으로 그래프를 표현합니다.

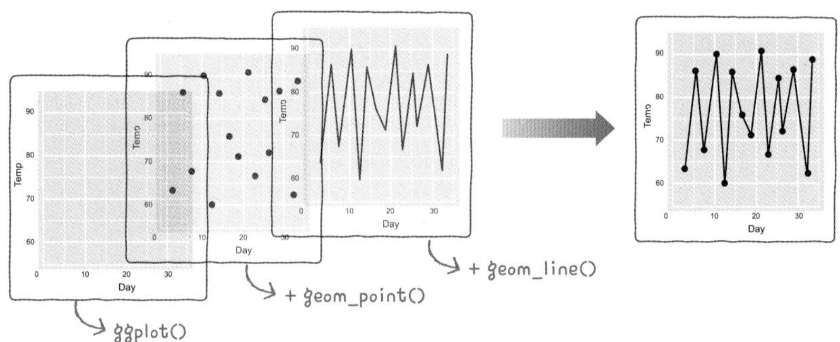

그래프 기본 틀 만들기: ggplot() 함수

ggplot2 패키지에는 각종 그래프 함수가 포함되어 있습니다. 기본적으로 우리가 알고 있는 대부분의 시각화는 이 패키지 하나로 다 해결할 수 있을 정도입니다.

ggplot2 패키지에서 모든 그래프의 기본은 ggplot() 함수라는 걸 기억하세요.

ggplot() 함수는 그래프를 표현하는 좌표를 그리기 위한 판을 짜는 함수라고 생각하면 됩니다. 기본 형식은 다음과 같습니다.

```
ggplot(데이터 세트, aes(데이터 속성))
```

ggplot() 함수 안에서 **aes() 함수**를 이용해 x축과 y축에 변수를 매핑하여 그래프의 가장 기본 틀을 생성합니다.

note ggplot2 패키지에는 수많은 객체가 있습니다. tidyverse에서 제공하는 레퍼런스 문서를 참고해도 좋습니다.
URL https://ggplot2.tidyverse.org/reference

ggplot2 패키지를 설치하고 로드한 후 산점도, 선 그래프, 막대 그래프, 상자 그림, 히스토그램을 하나씩 그려 보겠습니다. 날짜별 공기에 대한 데이터 세트인 airquality를 활용하여 ggplot() 함수의 기본 사용 방법을 알아봅니다.

손코딩

ggplot2 패키지 설치 및 로드하기

```
install.packages("ggplot2")
library(ggplot2)
```

패키지 설치와 로드를 마쳤으면 우선 airquality 데이터 세트의 구성을 살펴본 후 곧바로 그래프를 그릴 수 있는 기본 틀을 생성합니다.

손코딩

그래프 기본 틀 생성하기

```
str(airquality)
ggplot(airquality, aes(x = Day, y = Temp))
```

```
'data.frame': 153 obs. of  6 variables:
 $ Ozone  : int  41 36 12 18 NA 28 23 19 8 NA ...
 $ Solar.R: int  190 118 149 313 NA NA 299 99 19 194 ...
 $ Wind   : num  7.4 8 12.6 11.5 14.3 14.9 8.6 13.8 20.1 8.6 ...
 $ Temp   : int  67 72 74 62 56 66 65 59 61 69 ...
 $ Month  : int  5 5 5 5 5 5 5 5 5 5 ...
 $ Day    : int  1 2 3 4 5 6 7 8 9 10 ...
```

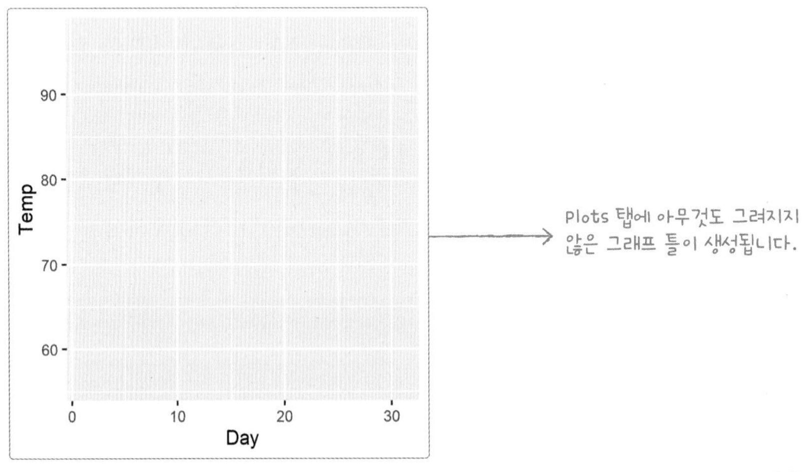

그래프를 그리기 앞서 어떤 그래프를 그릴지, x축과 y축에는 어떤 데이터 값을 표현할지를 판단해야 합니다. 그래서 str() 함수로 airquality 데이터 세트의 속성을 파악한 것입니다. 이후 날짜별 온도를 시각화하기 위해 x축엔 날짜(Day), y축엔 온도(Temp)를 매핑했습니다.

이제 시각화를 위한 기본 준비는 끝났습니다. ggplot() 함수로 그린 기본 틀에 객체를 올려 다양한 시각화를 해 보겠습니다.

산점도 그리기: geom_point() 함수

산점도는 두 변수의 관계를 파악하기 위해 평면에 관측점을 찍어서 표현하는 그래프라는 것을 199쪽에서 배웠습니다. 산점도는 geom_point() 함수를 사용하여 그립니다. 사용 방법은 매핑을 위해 작성한 ggplot() 함수 뒤에 + geom_point()만 추가로 입력하면 됩니다. x축은 Day, y축은 Temp로 매핑한 후 산점도를 그려 보겠습니다.

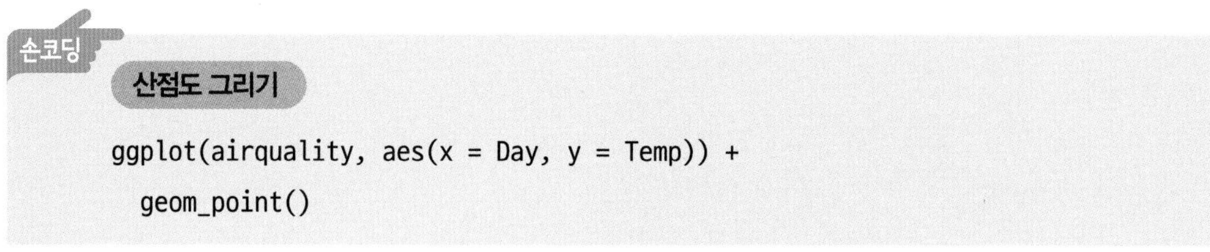

손코딩

산점도 그리기

```
ggplot(airquality, aes(x = Day, y = Temp)) +
  geom_point()
```

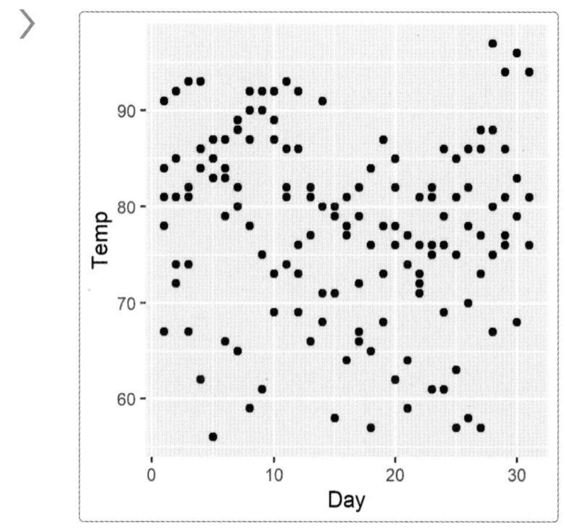

날씨와 온도의 관계를 파악할 수 있는 산점도입니다. 앞에서 ggplot() 함수로 만든 x축과 y축 판 위에 날짜와 온도 값에 따라 점이 표현된 것을 확인할 수 있습니다.

참고로 위와 같이 그래프가 검은색으로 표현되면 함수 옵션 기본값이 적용된 상태입니다. 옵션을 적용하여 그래프의 크기(size) 및 색상(color) 등을 변경할 수 있습니다.

점 크기는 3, 색상은 빨강으로 산점도를 그려 보겠습니다.

손코딩

산점도 점 크기와 색상 변경하기

```
ggplot(airquality, aes(x = Day, y = Temp)) +
  geom_point(size = 3, color = "red")
```

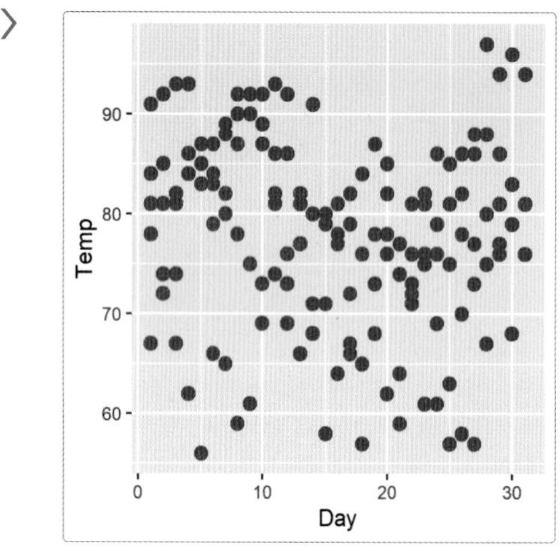

점 색상이 변경되고 옵션을 설정하지 않았을 때보다 점 크기가 크게 그려지는 것을 확인할 수 있습니다. 산점도의 점 크기의 기본값은 1.5입니다. 정수뿐만 아니라 소수점 단위로도 지정할 수 있기 때문에 점 크기를 자유롭게 조절할 수 있습니다.

작성한 그래프를 지울 때는 plot.new( ) 함수를 실행합니다.

선 그래프 그리기: geom_line() 함수

선 그래프는 geom_line() **함수**를 사용하여 그립니다. 산점도가 두 변수의 관계를 점으로만 표현했다면 선 그래프는 점과 점을 순차대로 이어 하나의 선으로 표현한 시각화 자료로, 산점도에 비해 변화를 관찰하기 쉽다는 장점이 있습니다. 사용 방법은 geom_point() 함수와 동일하게 매핑 코드 뒤에 + geom_line()을 입력하면 됩니다.

산점도와 마찬가지로 x축을 Day, y축을 Temp로 매핑한 후 선 그래프를 그리면 다음과 같습니다.

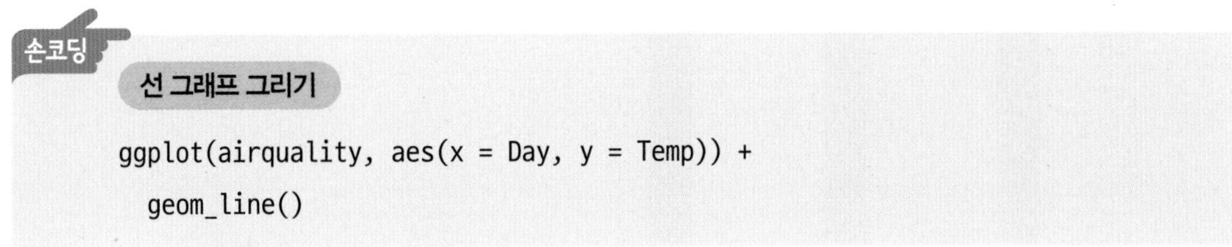

손코딩

선 그래프 그리기

```
ggplot(airquality, aes(x = Day, y = Temp)) +
  geom_line()
```

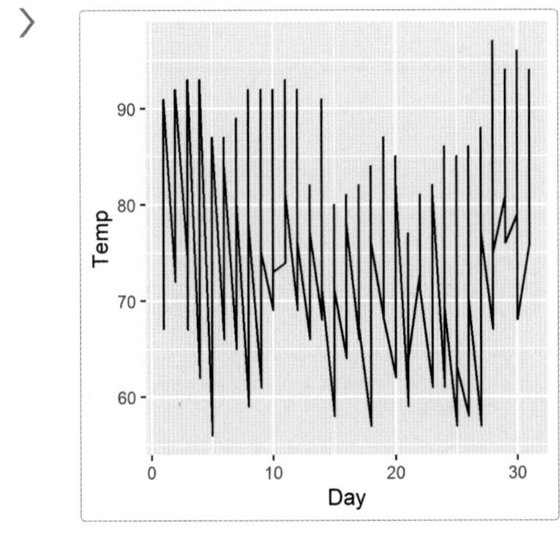

막대 그래프 그리기: geom_bar() 함수

막대 그래프는 geom_bar() **함수**로 그립니다. 산점도나 선 그래프가 두 변수의 관계를 파악할 수 있다면 막대 그래프는 하나의 변수에서 각 값의 빈도를 파악할 수 있습니다.

산점도와 선 그래프에서는 aes() 함수를 이용해 x축과 y축을 모두 지정했지만, 막대 그래프에서는 x축만 지정하면 됩니다. 이번에는 mtcars 데이터 세트에서 실린더(cyl) 종류별로 빈도수를 확인해 보겠습니다.

손코딩

막대 그래프 그리기

```
ggplot(mtcars, aes(x = cyl)) + geom_bar(width = 0.5)
```

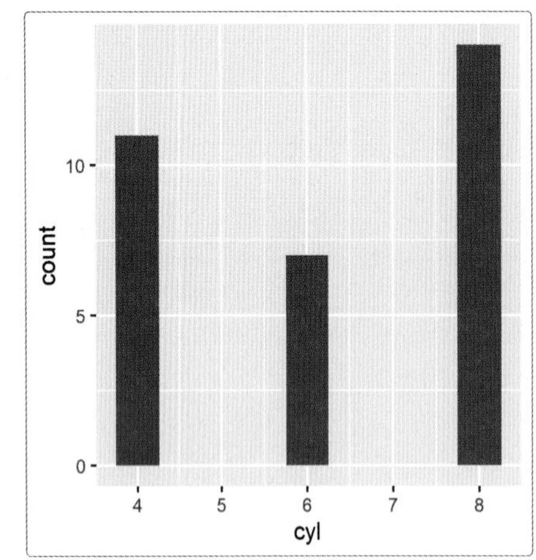

cyl 열 값인 실린더 종류별(4, 6, 8) 빈도를 파악할 수 있는 막대 그래프가 그려집니다. 이때 geom_bar() 함수에 추가로 작성한 width = 0.5는 막대 그래프에서 막대의 두께를 지정하는 옵션입니다.

막대 그래프를 좀 더 자세히 살펴보니 x축에 값이 없는 범주인 5와 7이 포함되어 있습니다. 그 이유는 geom_bar() 함수가 수치형 데이터로 이루어진 cyl 변수의 값을 오름차순으로 나열하여 막대 그래프를 그렸기 때문입니다. str() 함수로 cyl 변수의 속성을 확인해 보면 알 수 있습니다.

```
> str(mtcars$cyl)
num [1:32] 6 6 4 6 8 6 8 4 4 6 ...
```

빈 범주를 제외하고 싶다면 수치형인 데이터를 범주화 할 수 있는 factor() 함수를 사용하면 됩니다. 다음 코드와 같이 cyl 열에 factor() 함수를 적용해 보세요. cy1 변수의 값이 4, 6, 8로 구성된 범주형 데이터가 되어 그래프 x축에도 범주별로 빈도가 출력됩니다.

```
ggplot(mtcars, aes(x = factor(cyl) )) + geom_bar(width = 0.5)
```

누적 막대 그래프 그리기

이어서 **누적 막대 그래프**를 그려 보겠습니다. 앞에서 그린 실린더 종류별 빈도를 파악하면서 실린더 종류별 기어(gear) 빈도까지 파악할 수 있는 누적 막대 그래프를 그립니다. 누적 막대 그래프를 그릴 때는 **geom_bar() 함수** 안에 **aes() 함수**를 이용하여 누적할 열을 지정합니다.

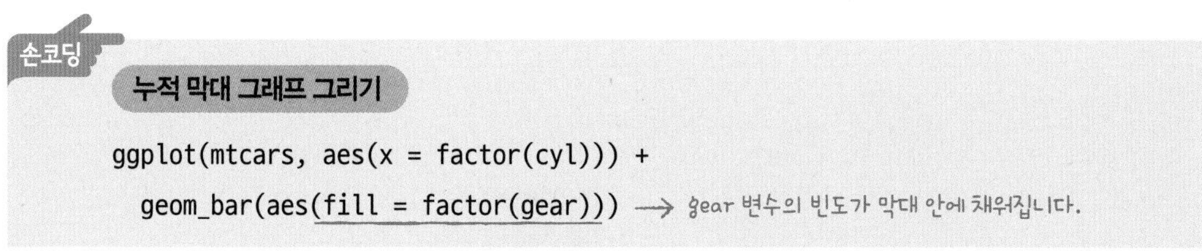

손코딩

누적 막대 그래프 그리기

```
ggplot(mtcars, aes(x = factor(cyl))) +
  geom_bar(aes(fill = factor(gear)))
```


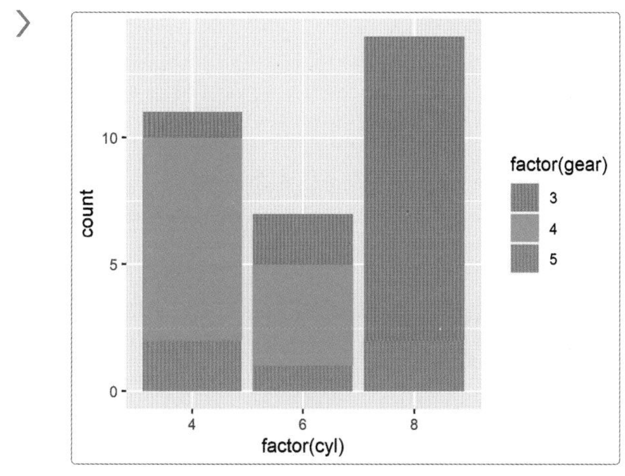

앞에서 간단히 설명한 **factor() 함수**를 눈여겨봐야 합니다. x축에 표시되는 cyl 범주는 비어 있는 범주를 포함해도 되므로 factor() 함수를 꼭 사용하지 않아도 괜찮습니다. 반면 누적할 gear 변수는 값이 비어있는 범주가 생기면 누적이 제대로 표현되지 않아 반드시 factor() 함수를 사용해야 합니다. 이때 **fill 옵션**으로 factor(gear)를 지정하면 gear 변수의 범주별 빈도가 막대 그래프에 색상으로 채워집니다.

누적 막대 그래프로 그리는 선버스트 차트

누적 막대 그래프에 **coord_polar() 함수** 하나만 추가하면 그래프를 선버스트 차트로 변환할 수 있습니다. **선버스트 차트**sunburst chart 는 계층 구조의 데이터를 수준별로 비율을 표시하는 그래프입니다. 선버스트 차트도 하나의 변수에 포함된 값의 비율을 파악하는 그래프이므로 누적 막대 그래프 코드에 +coord_polar()를 추가하면 선버스트 차트로 변환됩니다.

손코딩

선버스트 차트 그리기

```
ggplot(mtcars, aes(x = factor(cyl))) +
  geom_bar(aes(fill = factor(gear))) +
  coord_polar()
```

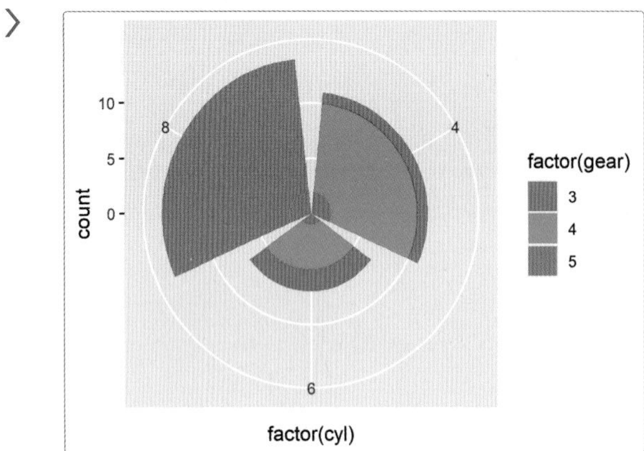

위 코드에서 coord_polor() 함수에 **theta = "y" 옵션**을 추가하여 다음과 같이 작성하면 그래프 가운데가 도넛처럼 비어있는 선버스트 차트가 그려집니다.

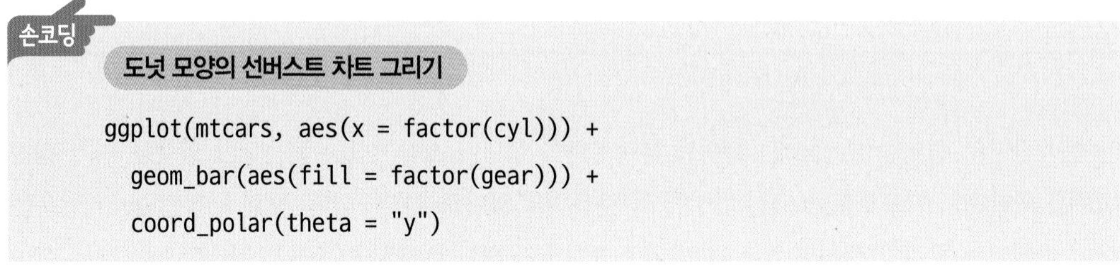

손코딩

도넛 모양의 선버스트 차트 그리기

```
ggplot(mtcars, aes(x = factor(cyl))) +
  geom_bar(aes(fill = factor(gear))) +
  coord_polar(theta = "y")
```

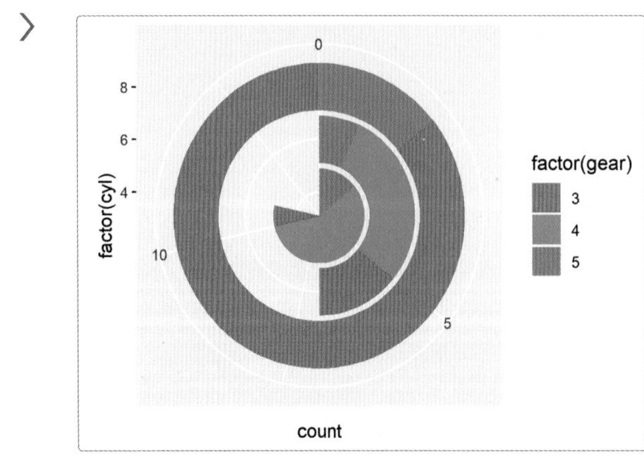

상자 그림 그리기: geom_boxplot() 함수

상자 그림은 분포를 비교할 때 사용하는 그래프로 ggplot2 패키지의 **geom_boxplot() 함수**를 사용하여 그릴 수 있습니다. airquality 데이터 세트를 이용해서 날짜별 온도 분포를 확인해 보겠습니다.

상자 그림이 기억나지 않으면 191쪽을 참고하세요.

geom_boxplot() 함수는 지금까지 소개한 다른 그래프 함수와 사용 방법은 유사하지만, aes() 함수 안에 상자로 그룹 지을 열을 설정해야 한다는 점이 다릅니다. 날짜별로 온도 분포를 확인해야 하므로 **group 옵션**에 Day 변수를 지정하여 날짜별로 그룹을 설정합니다.

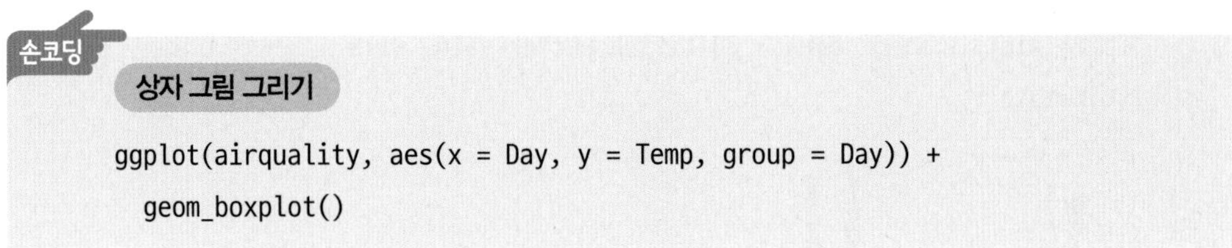

손코딩

상자 그림 그리기

```
ggplot(airquality, aes(x = Day, y = Temp, group = Day)) +
  geom_boxplot()
```

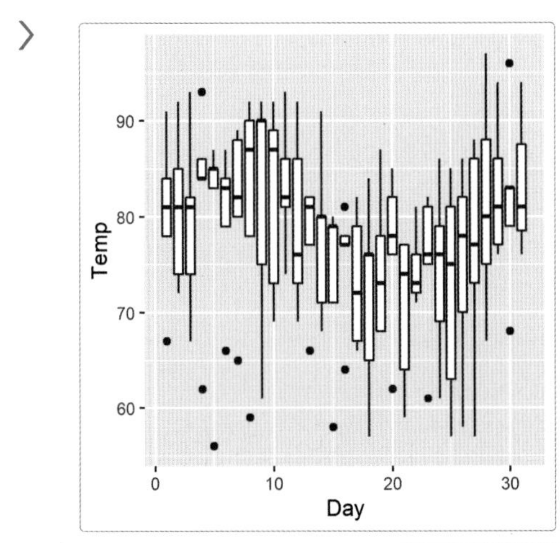

날짜별 상자 그림에서는 데이터 분포를 확인할 수 있고 동시에 분포에서 심하게 벗어난 극단의 데이터인 이상치도 확인할 수 있습니다.

히스토그램 그리기: geom_histogram() 함수

geom_histogram() 함수는 도수 분포를 기둥 모양의 그래프로 표현한 **히스토그램**을 만드는 함수입니다. 마찬가지로 ggplot() 함수 뒤에 + geom_histogram() 형태로 추가하면 됩니다.

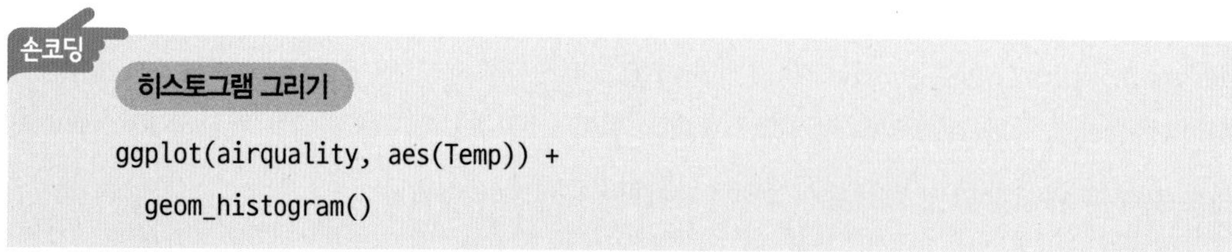

손코딩

히스토그램 그리기

```
ggplot(airquality, aes(Temp)) +
  geom_histogram()
```

```
`stat_bin()` using `bins = 30`. Pick better value with
`binwidth`.
```

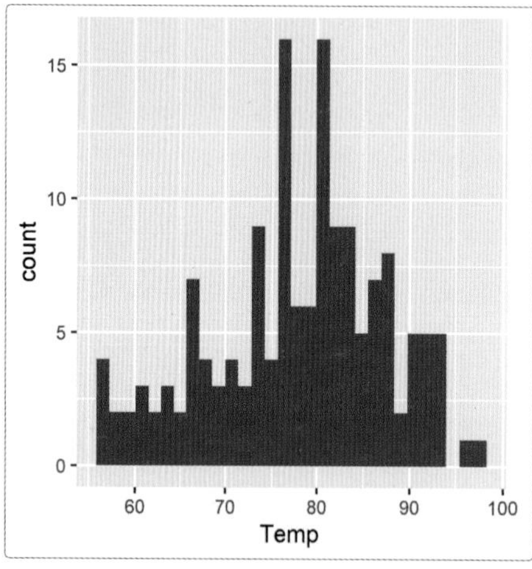

온도별 분포를 확인할 수 있는 히스토그램이 그려집니다. 특이한 점은 실행 결과에 안내 메시지가 나타납니다. 막대 구간을 30개로 조정했다는 의미이므로 직접 지정하고 싶다면 **binwidth 옵션**을 사용하여 코드를 다음과 같이 작성하면 됩니다. binwidth는 막대 너비로 숫자가 커질수록 막대가 두꺼워집니다. 즉 막대 구간의 넓어지기 때문에 적절하게 조정해야 데이터 분포를 제대로 확인할 수 있습니다.

```
ggplot(airquality, aes(Temp)) +
  geom_histogram(binwidth = 1 )
```

좀 더 알아보기 ❶

연산자로 이어진 코드 줄 바꿈하기

이 책의 실습처럼 각 코드가 짧을 때는 한 줄로 계속 작성해도 해당 코드 읽는 데 전혀 불편하지 않습니다. 하지만 하나의 코드가 길어지거나 복잡해지면 적절하게 줄을 바꾸면서 작성해야 읽기에도 편하고 추후 오류를 수정하기에도 좋습니다.

먼저 아래와 같이 Script 탭에 코드를 작성한 후 실행해 봅니다.

```
# 한 줄로 작성
ggplot(airquality, aes(x = Day, y = Temp)) + geom_point()

# 여러 줄로 작성, 들여쓰기로 코드 연결 확인
ggplot(airquality, aes(x = Day, y = Temp)) +
  geom_point()

# 잘못된 줄 바꿈
ggplot(airquality, aes(x = Day, y = Temp))
+ geom_point()
```

실행 결과를 보면 첫 번째와 두 번째 코드는 이상 없이 잘 실행되지만 세 번째 코드는 오류 메시지가 출력됩니다. Console 탭에 표시되는 결과를 자세히 살펴보면 다음과 같습니다.

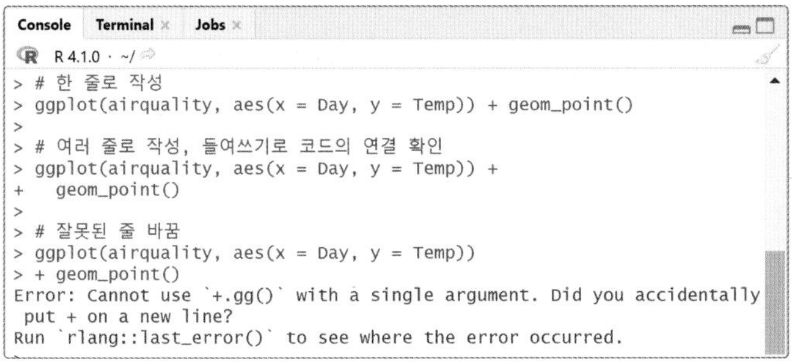

```
Console  Terminal ×  Jobs ×
R 4.1.0 · ~/
> # 한 줄로 작성
> ggplot(airquality, aes(x = Day, y = Temp)) + geom_point()
>
> # 여러 줄로 작성, 들여쓰기로 코드의 연결 확인
> ggplot(airquality, aes(x = Day, y = Temp)) +
+   geom_point()
>
> # 잘못된 줄 바꿈
> ggplot(airquality, aes(x = Day, y = Temp))
> + geom_point()
Error: Cannot use `+.gg()` with a single argument. Did you accidentally
 put + on a new line?
Run `rlang::last_error()` to see where the error occurred.
```

Console 탭에서 >은 코드 한 줄을 의미합니다. 첫 번째와 두 번째 코드의 결과는 각각 >가 하나씩 나타나므로 코드를 한 줄로 하나씩 실행했음을 알 수 있습니다. 특히 두 번째 코드를 보면 +가 두 번 표시되는데 윗줄의 +는 직접 입력한 것이고, 그다음 아랫줄 맨 앞의 +는 윗줄에서 계속 이어지는 구문임을 표시하는 기호입니다.

끝으로 세 번째 코드를 보면 두 줄이 별개의 코드처럼 각각 실행된 것을 확인할 수 있습니다. 이처럼 연산자로 이어지는 코드에서 줄 바꿈을 할 때는 연산자까지 작성한 후 줄을 바꿔야 코드 한 줄로 인식됩니다.

좀 더 알아보기 ❷ 그래프에 그래프 더하기

ggplot2 패키지는 레이어로 이루어진다고 이야기했습니다. 레이어는 투명한 유리판 같은 것으로 여러 장을 겹쳐도 아래에 있는 내용이 보인다는 특징이 있습니다. 그러므로 매핑한 판 위에 그래프를 여러 개 겹쳐서 표현하는 것도 가능합니다. 즉, 다음과 같이 함수만 추가로 작성하면 앞에서 그린 산점도와 선 그래프를 겹쳐서 표현할 수 있습니다.

airquarlity 데이터 세트의 x축은 Day, y축은 Temp로 매핑하여 선 그래프와 산점도를 함께 그려 보겠습니다.

손코딩

선 그래프와 산점도 함께 그리기

```
ggplot(airquality, aes(x = Day, y = Temp)) +
  geom_line() +
  geom_point()
```

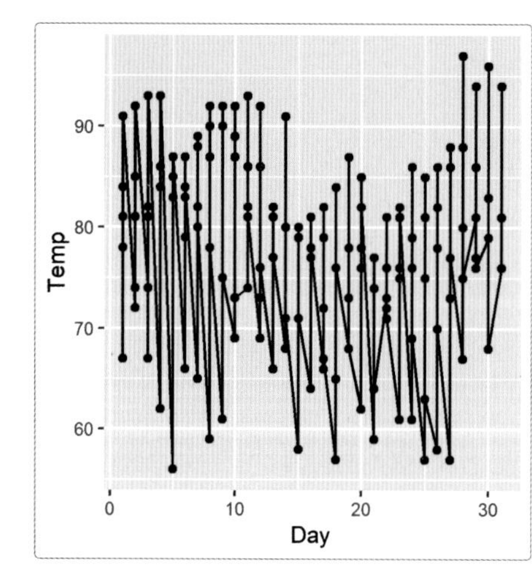

선 그래프와 산점도가 하나로 겹쳐서 표현되는 것을 확인할 수 있습니다. 이렇게 두 그래프를 하나로 겹쳐 놓으니 관계 변화를 더욱 명확하게 파악할 수 있습니다. 여기서 좀 더 명확하게 파악하려면 다음과 같이 선을 다른 색으로 지정하고 점을 더 크게 표현할 수도 있습니다.

```
ggplot(airquality, aes(x = Day, y = Temp)) +
  geom_line(color = "red" ) +
  geom_point(size = 3 )
```

선 그래프의 선은 빨간색으로 표현하고, 점 크기를 3으로 키워서 그래프를 그리면 다음과 같습니다.

손코딩

선 그래프 컬러와 산점도 점 크기 변경하기

```
ggplot(airquality, aes(x = Day, y = Temp)) +
  geom_line(color = "red") +
  geom_point(size = 3)
```

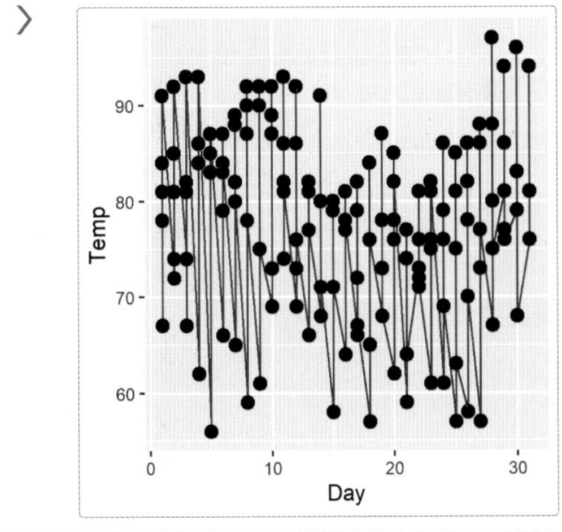

마무리

▶ 3가지 키워드로 정리하는 핵심 포인트

- **데이터 시각화**는 수치 데이터를 이미지화하여 누구나 쉽게 내용을 이해할 수 있도록 시각적으로 전달하는 것을 말합니다.
- **ggplot2 패키지**는 R의 대표적인 데이터 시각화 패키지로 다양한 그래프를 그릴 수 있습니다.
- **ggplot() 함수**는 그래프를 표현하는 좌표를 그리기 위한 기본 레이어를 만드는 함수입니다. geom_으로 시작하는 함수로 각종 그래프를 추가하는 형태로 그래프를 그릴 수 있습니다.

▶ 표로 정리하는 핵심 함수

함수	기능
geom_point()	ggplot2 패키지 산점도를 그립니다.
geom_line()	ggplot2 패키지 선 그래프를 그립니다.
geom_bar()	ggplot2 패키지 막대 그래프를 그립니다.
geom_boxplot()	ggplot2 패키지 상자 그림을 그립니다.
geom_histogram()	ggplot2 패키지 히스토그램을 그립니다.

▶ 확인문제

1. 다음 중 ggplot2 패키지에 대한 설명으로 틀린 것은 무엇일까요?

① ggplot2 패키지로 다양한 그래프를 그릴 수 있다.
② ggplot() 함수로 그래프 기본 틀을 만든 후 그래프를 그릴 수 있다.
③ ggplot() 함수에 geom_bar() 함수를 사용하면 히스토그램을 그릴 수 있다.
④ geom_bar() 함수로 그래프를 그려 변수의 빈도를 파악할 수 있다.
⑤ 누적 막대 그래프에서 선버스트 차트로 변환할 수 있다.

2 diamonds 데이터 세트의 cut 변수를 막대 그래프로 그려 보세요.

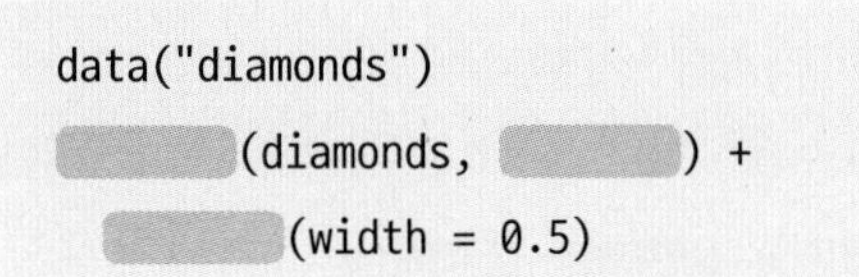

```
data("diamonds")
______(diamonds, ______) +
  ______(width = 0.5)
```

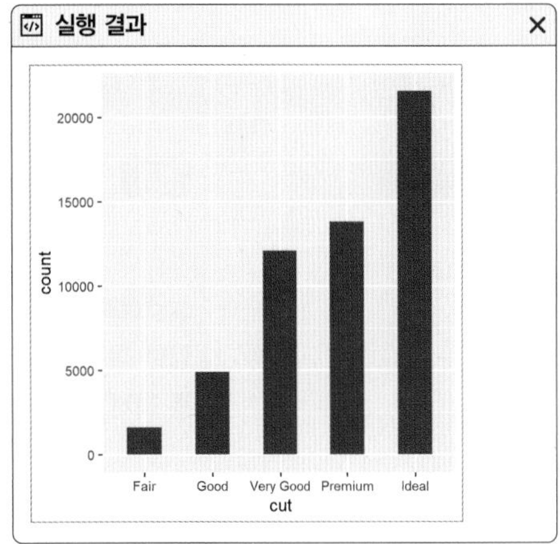

3. diamonds 데이터 세트의 carat 변수의 변화에 따른 price 변수의 변화를 선 그래프로 그려 보세요.

```
ggplot(diamonds,
  ______________) +
  ______
```

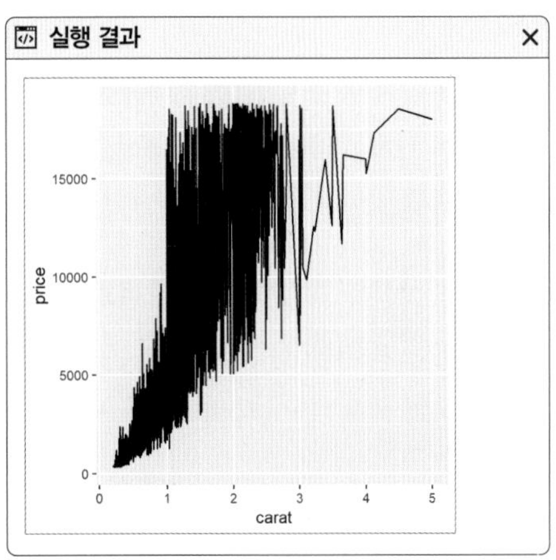

06-2 그래프에 객체 추가하기

핵심 키워드

절편 기울기 회귀분석 p-value 상관분석

ggplot2 패키지에는 그래프를 그리는 함수뿐만 아니라 도형이나 텍스트 같은 다양한 객체를 그리는 함수도 포함되어 있습니다. 이번 절에서는 기본 그래프에 각종 객체를 추가하여 그래프 내용을 명확하게 표현하는 방법을 알아보겠습니다.

시작하기 전에

그래프에 도형을 그린다고 하니 어색할 수 있습니다. 하지만 그래프에 선이나 도형을 추가하면 그래프의 가독성이 높아지고 중심 내용을 더 명확하게 표현할 수 있습니다. 예를 들어 그래프 위에 직선을 그리면 그래프 추세나 변동 추이, 원하는 위치를 표현할 수 있고, 도형을 그려 그래프의 특정 영역을 강조하거나 값을 텍스트로 그래프에 직접 표현할 수도 있습니다.

그래프에 직선을 표현할 때는 절편과 기울기를 이용합니다. **절편**intercept은 직선이 x축이나 y축과 만나는 좌표를 의미하고, **기울기**slope는 직선의 경사도이며, 값이 클수록 선이 경사지게 표현됩니다. 이러한 절편과 기울기는 **회귀분석**regression analysis으로 구할 수 있습니다.

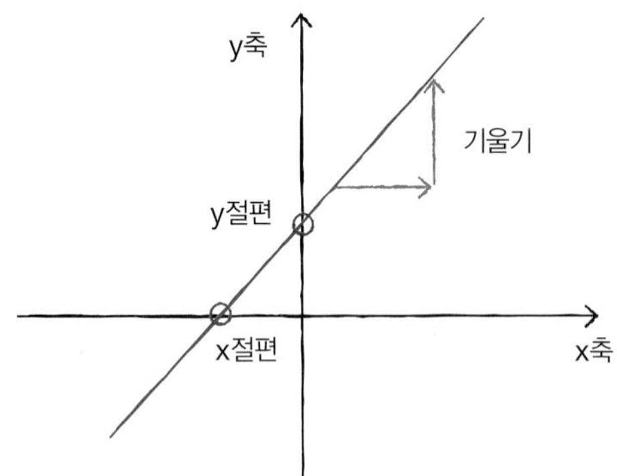

회귀분석은 연속형 두 변수 간의 관계식을 구하는 분석 기법입니다. 자세한 내용은 303쪽을 참고하세요.

사선 그리기: geom_abline() 함수

그래프에 사선을 추가하면 그래프 추세를 확인할 수 있습니다. 사선은 **절편**과 **기울기**를 이용하여 **geom_abline() 함수**로 그립니다.

```
geom_abline(intercept = 절편, slope = 기울기)
```

이번 절에서는 절편과 기울기를 회귀분석으로 구하지 않고 직접 수치를 입력하는 것으로 실습을 진행해 보겠습니다. 살펴볼 데이터는 ggplot2 패키지에 포함되어 있는 economics 데이터 세트로 미국의 경제 지표를 날짜별로 나타낸 데이터입니다. str() 함수를 이용하여 economics의 속성을 확인해 보면 다음과 같이 날짜, 개인 소비 지출액, 인구수 등의 데이터 값을 포함하는 것을 알 수 있습니다.

손코딩

ggplot2 패키지 로드 및 economics 데이터 세트 구조 확인하기

```
library(ggplot2)
str(economics)
```

```
> spec_tbl_df [574 x 6] (S3: spec_tbl_df/tbl_df/tbl/data.frame)
 $ date    : Date[1:574], format: "1967-07-01" ...
 $ pce     : num [1:574] 507 510 516 512 517 ...
 $ pop     : num [1:574] 198712 198911 199113 199311 199498 ...
 $ psavert : num [1:574] 12.6 12.6 11.9 12.9 12.8 11.8 11.7 12.3 11.7 12.3
...
 $ uempmed : num [1:574] 4.5 4.7 4.6 4.9 4.7 4.8 5.1 4.5 4.1 4.6 ...
 $ unemploy: num [1:574] 2944 2945 2958 3143 3066 ...
```

economics 데이터 세트로 날짜(date)별 개인 저축률(psavert)을 선 그래프로 그리고, 그 위에 geom_abline() 함수를 이용하여 사선을 그려 데이터 추세를 표현해 보겠습니다. x축은 date, y축은 psavert로 매핑한 후 **+ geom_line()**을 입력하고, **+ geom_abline()**에 절편과 기울기 값을 넣습니다.

손코딩

그래프에 사선 그리기

```
ggplot(economics, aes(x = date, y = psavert)) +
  geom_line() +
  geom_abline(intercept = 12.18671, slope = -0.0005444)
```

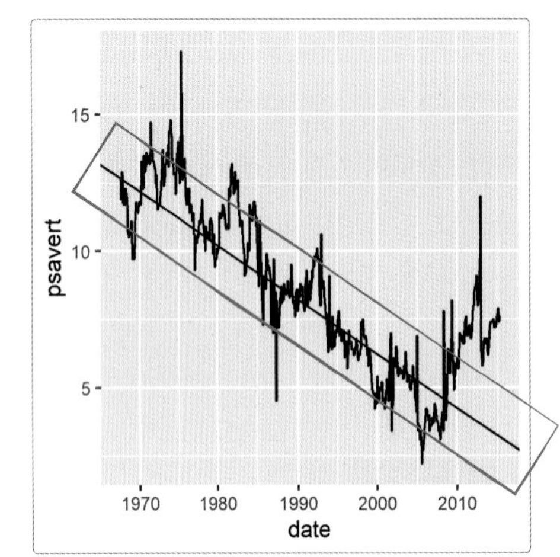

y 절편 값 12.18671로 직선과 만나는 y축 좌표가 정해지고, 기울기 값 −0.0005444로 직선의 경사도가 표현됩니다. 이때 기울기 값이 음수이므로 왼쪽에서 오른쪽으로 하락하는 형태의 사선이 그려집니다.

평행선 그리기: geom_hline() 함수

평행선을 그래프에 추가하면 평행선을 기준으로 그래프 변동 추이를 좀 더 명확하게 파악할 수 있습니다. 평행선은 geom_hline() **함수**로 그리며, yintercept 옵션에 y축 절편 값을 입력하면 그 값에 따라 평행선을 그리는 함수입니다.

```
geom_hline(yintercept = y절편)
```

앞 예제와 마찬가지로 개인 저축률을 선 그래프를 그리고, 개인 저축률의 평균 값에 평행선을 그려 보겠습니다. 선 그래프 코드 마지막에 + geom_hline()을 추가 입력합니다.

손코딩

그래프에 평행선 그리기

```
ggplot(economics, aes(x = date, y = psavert)) +
  geom_line() +
  geom_hline(yintercept = mean(economics$psavert))
```

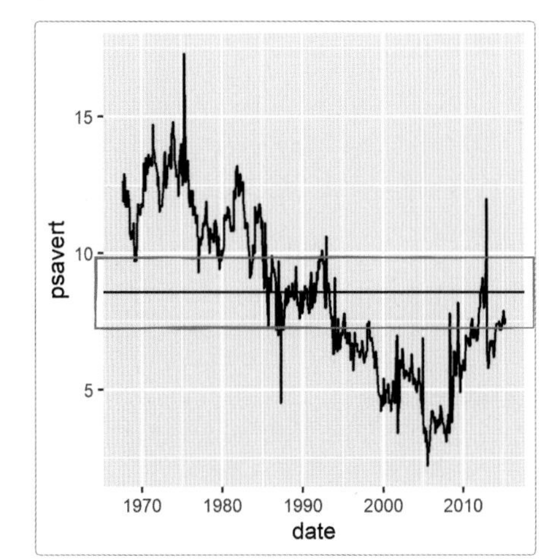

평균 값에 평행선을 그리면 평균을 기준으로 날짜별 저축률의 변동 추이를 파악할 수 있습니다. 이때 **yintercept 옵션** 값은 직접 수치로 입력해도 되지만, 함수를 사용해도 됩니다. 여기서는 평균 값에 평행선을 그리므로 평균을 구하는 **mean() 함수**를 yintercept 옵션에 지정하였습니다.

특정 데이터 세트에서 특정 열을 선택할 때는 $ 연산자를 사용합니다.

수직선 그리기: geom_vline() 함수

수직선은 그래프의 특정 위치를 나타낼 수 있습니다. **geom_vline() 함수**로 그릴 수 있으며, geom_hline() 함수와는 반대로 옵션에 x축 절편을 입력합니다.

```
geom_vline(xintercept = x절편)
```

개인 저축률(psavert)이 가장 낮은 시기를 바로 알 수 있는 수직선을 그려 보겠습니다. 수직선을 그리려면 지금까지 배운 함수 몇 가지를 추가로 활용해야 합니다. 개인 저축률이 가장 낮은 시기를 구하기 위해 가장 낮은 개인 저축률이 얼마인지 min(economics$psavert) 구하고, 그런 다음 가장 낮은 저축률에 해당하는 날짜(date)를 dplyr 패키지의 filter() 함수로 필터링합니다.

filter() 함수 사용을 위해 먼저 dplyr 패키지를 로드하고, 개인 저축률이 최솟값인 날짜를 x_inter 변수에 할당하여 수직선을 그립니다.

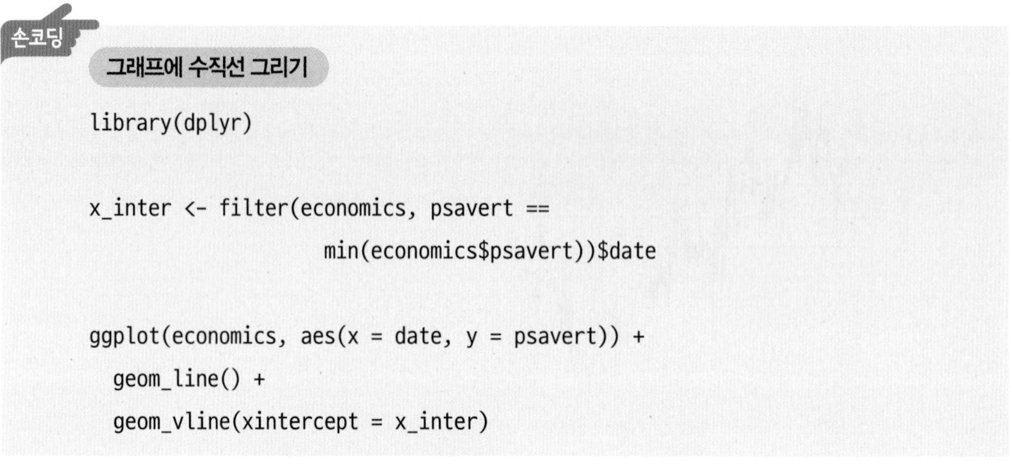

손코딩

그래프에 수직선 그리기

```
library(dplyr)

x_inter <- filter(economics, psavert ==
                    min(economics$psavert))$date

ggplot(economics, aes(x = date, y = psavert)) +
  geom_line() +
  geom_vline(xintercept = x_inter)
```

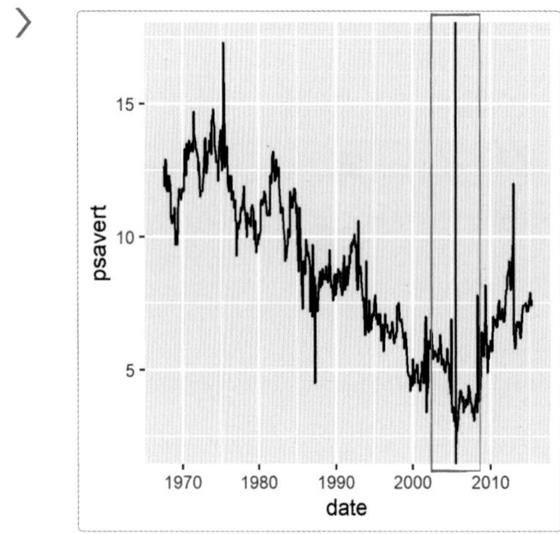

위 코드처럼 geom_vline() 함수를 사용할 때 함수를 이용해 수직선 위치를 파악하지 않고, 직접 원하는 날짜 값에 수직선을 그릴 수도 있습니다. 다만 날짜를 "2005-07-01" 형태로 입력하면 글자로 인식되어 원하는 위치에 수직선이 그려지지 않으므로 **as.Date() 함수**를 이용해 날짜 형식으로 변환해야 합니다. 함수로 날짜를 직접 입력하는 코드는 다음과 같습니다.

```
geom_vline(xintercept = as.Date("2005-07-01"))
```

지금까지 그래프에 각종 직선을 추가해 보았습니다. 이번에는 텍스트를 추가하거나 화살표와 같은 도형을 추가하여 그래프의 가독성을 높여 보겠습니다.

레이블 입력하기: geom_text() 함수

geom_text() 함수는 그래프에 텍스트를 작성할 수 있습니다. 그래프 제목이나 축 제목을 지정하는 것과는 다르게 그래프 위에 텍스트가 직접 표현됩니다. 이는 **레이블**label이라고 하며 그래프 안에서 각 수치의 이름이나 값 등을 표시할 때 주로 사용합니다. 사용 형식은 다음과 같습니다.

```
geom_text(aes(label = 레이블, vjust = 세로 위치, hjust = 가로 위치))
```

airquality 데이터 세트로 날짜별 온도를 산점도로 표현하고 각 점에 온도(Temp)를 표시해 보겠습니다. x축은 day, y축은 Temp로 매핑하여 산점도를 그리고 각 점에 Temp 값을 입력합니다.

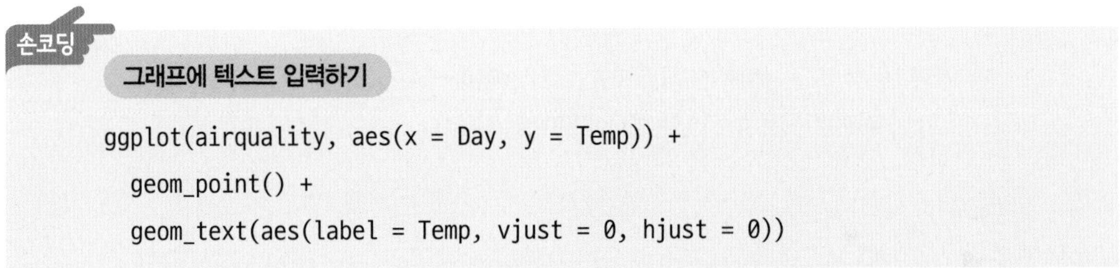

손코딩

그래프에 텍스트 입력하기

```
ggplot(airquality, aes(x = Day, y = Temp)) +
  geom_point() +
  geom_text(aes(label = Temp, vjust = 0, hjust = 0))
```

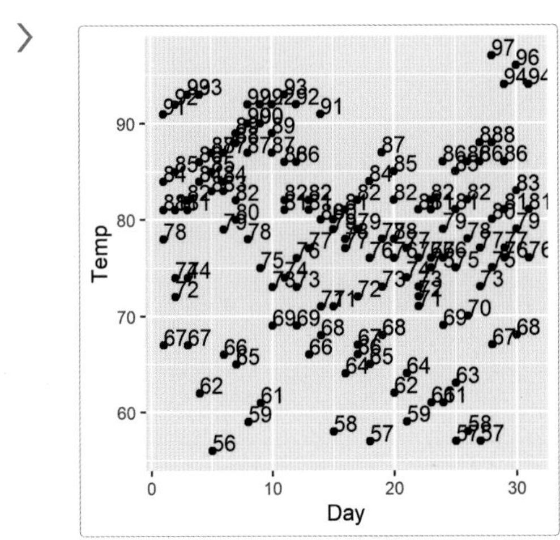

데이터 레이블을 입력할 위치에서 세로와 가로 값을 모두 0으로 입력하면 레이블은 각 점의 오른쪽 위, + 값은 왼쪽/아래, − 값은 오른쪽/위에 표시됩니다.

도형 및 화살표 넣기: annotate() 함수

annotate() 함수는 그래프 위에 사각형이나 화살표 등으로 특정 영역을 강조할 때 사용하며, 다음과 같은 형식으로 사용합니다.

```
annotate("모양", xmin = x축 시작, xmax = x축 끝, ymin = y축 시작, ymax = y축 끝)
```

mtcars 데이터 세트를 이용해 무게와 연비를 기준으로 산점도를 그리고, 주목할 지점에 사각형을 그려 보겠습니다. x축은 wt, y축은 mpg로 매핑하고 annotate() 함수에 사각형을 의미하는 **rect**를 넣어 모양을 지정합니다. 사각형 가로 길이는 x축 3에서 4, 세로 길이는 y축 12에서 21 위치를 지정하여 하늘색 투명한 사각형을 그립니다.

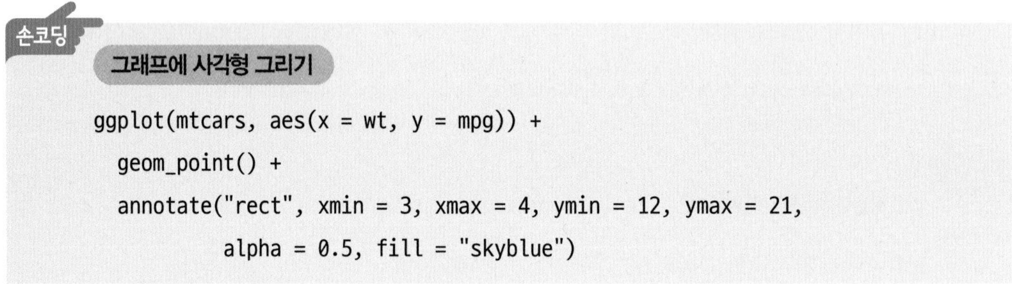

손코딩

그래프에 사각형 그리기

```
ggplot(mtcars, aes(x = wt, y = mpg)) +
  geom_point() +
  annotate("rect", xmin = 3, xmax = 4, ymin = 12, ymax = 21,
           alpha = 0.5, fill = "skyblue")
```

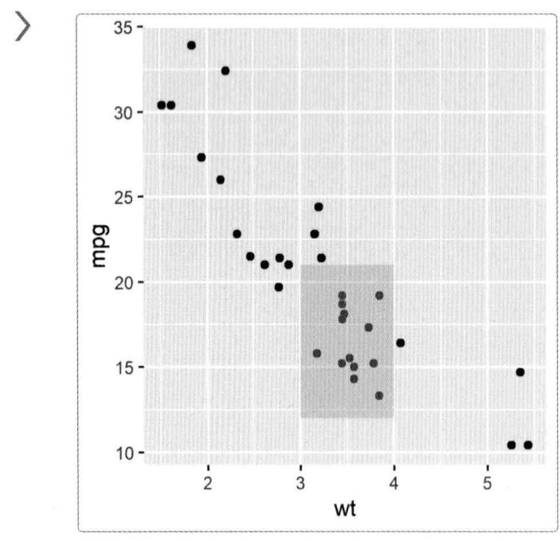

사각형을 그려 넣으면 해당 위치의 주목도가 높아집니다. 코드에서 **alpha 옵션**은 투명도, **fill 옵션**은 채우기 색상을 지정합니다. alpha 값은 0.1에서 1 사이의 값을 입력해야 하고, 1에 가까울수록 불투명해집니다.

이번에는 그래프에 화살표를 추가하여 더욱 강조해 보겠습니다. 화살표 역시 annotate() 함수를 사용합니다. 모양을 결정하는 위치에 선을 의미하는 segment를 입력하고, 화살표를 의미하는 arrow = arrow()를 옵션으로 추가합니다. x축 2.5에서 3.7, y축 10에서 17 위치에 빨간색 화살표를 그려 보겠습니다.

손코딩

그래프에 화살표 그리기

```
ggplot(mtcars, aes(x = wt, y = mpg)) +
  geom_point() +
  annotate("rect", xmin = 3, xmax = 4, ymin = 12, ymax = 21,
           alpha = 0.5, fill = "skyblue") +
  annotate("segment", x = 2.5, xend = 3.7, y = 10, yend = 17,
           color = "red", arrow = arrow())
```

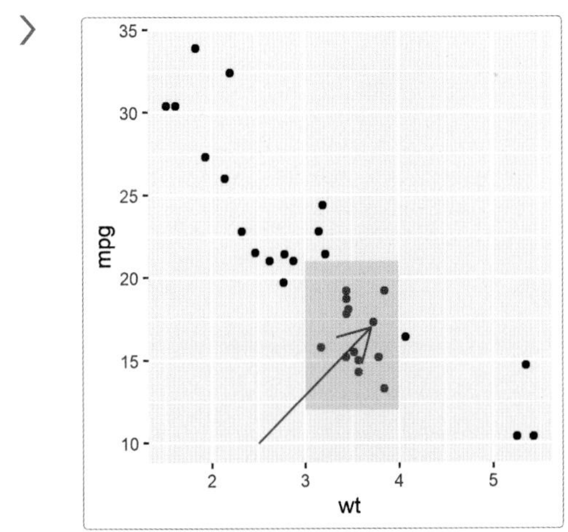

화살표와 같은 선 스타일의 도형을 그릴 때는 사각형과 같은 면 스타일 도형과 달리 x축과 y축의 시작 위치와 끝 위치를 x, xend와 y, yend로 표현합니다.

annotate() 함수를 이용하여 화살표에 레이블을 표현할 수도 있습니다. 다음과 같이 도형 모양을 text로 입력하고 레이블이 표시될 x와 y 위치 값과 표시할 내용을 입력하면 됩니다.

손코딩

그래프에 도형과 텍스트를 함께 표시하기

```
ggplot(mtcars, aes(x = wt, y = mpg)) +
  geom_point() +
  annotate("rect", xmin = 3, xmax = 4, ymin = 12, ymax = 21,
           alpha = 0.5, fill = "skyblue") +
  annotate("segment", x = 2.5, xend = 3.7, y = 10, yend = 17,
           color = "red", arrow = arrow()) +
  annotate("text", x = 2.5, y = 10, label = "point")
```

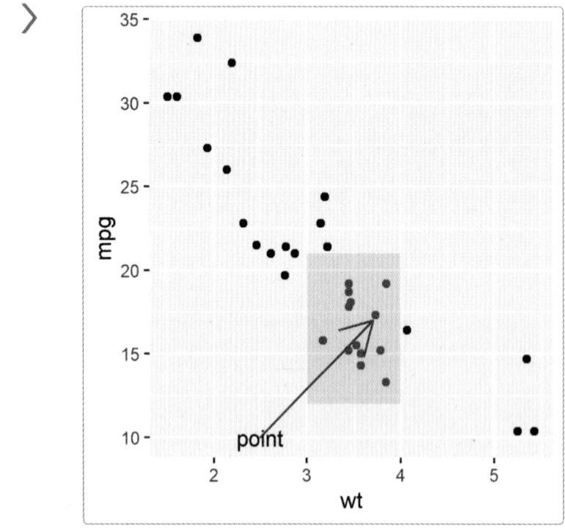

좀 더 알아보기 ❶

그래프와 축에 제목 추가하고 디자인 테마 적용하기

지금까지 ggplot2 패키지를 이용하여 기본 그래프를 그리고 객체를 추가해 보았습니다. 그래프가 무엇을 의미하는지 나타내려면 그래프 제목이나 축 제목이 필수입니다. 그리고 그래프에 배경 색상 등을 설정하면 심미성도 높일 수 있습니다.

그래프 제목 및 축 제목 추가하기: labs() 함수

ggplot() 함수에 **labs() 함수**를 추가하면 축이나 그래프에 제목을 입력할 수 있습니다.

```
labs(x = "x축명", y = "y축명", title = "그래프 제목")
```

mtcars 데이터 세트에서 변속기 기어 수에 따른 빈도를 표현한 막대 그래프에, 그래프 및 각 축의 이름을 추가하면 x축과 y축, 그래프 상단에 제목이 추가됩니다. labs() 함수가 있을 때와 없을 때를 비교해 보세요. 그래프가 의미하는 바가 명확해지는 것을 알 수 있습니다.

손코딩 그래프와 축 제목 추가하기

```
ggplot(mtcars, aes(x = gear)) + geom_bar() +
  labs(x = "기어수", y = "자동차수", title = "변속기 기어별 자동차수")
```

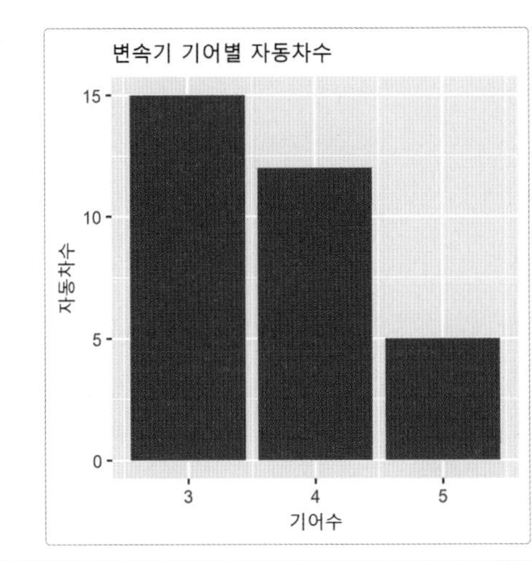

디자인 테마 적용하기 : theme() 함수

theme() 함수는 그래프의 여러 구성 요소 및 디자인을 지정되어 있는 형태로 일괄 변경할 때 사용합니다. ggplot2 패키지는 다음과 같은 8가지 테마를 제공합니다. 그중 가장 대표적으로 사용하는 테마는 **theme_gray() 함수**입니다.

theme_gray() 함수

회색 바탕과 흰 선

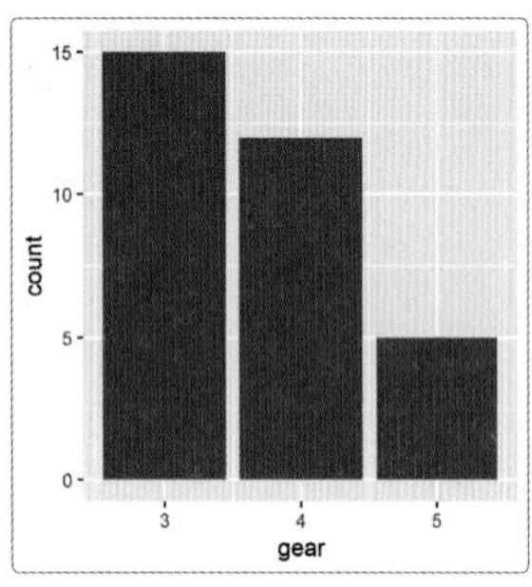

theme_bw() 함수

흰 바탕과 회색 선

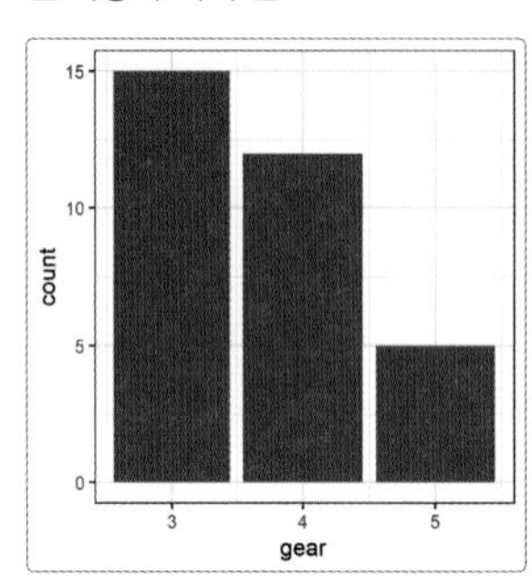

theme_linedraw() 함수

흰 바탕과 가늘고 검은 선

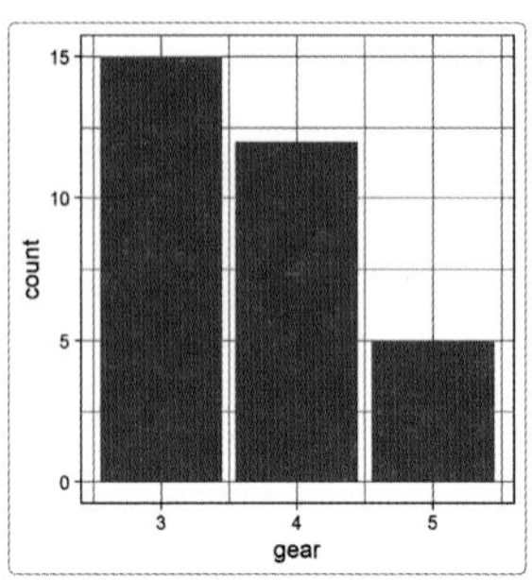

theme_light() 함수

밝은 회색 바탕

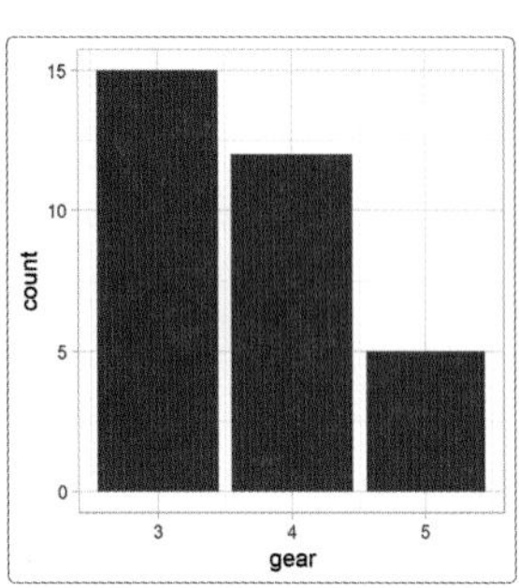

theme_dark() 함수

어두운 바탕

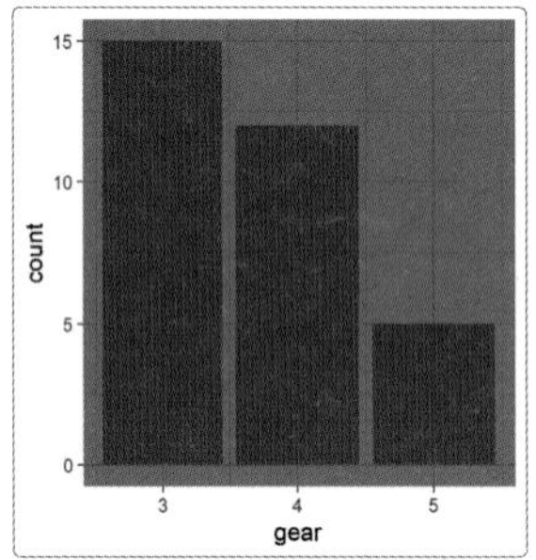

theme_minimal() 함수

단순한 배경

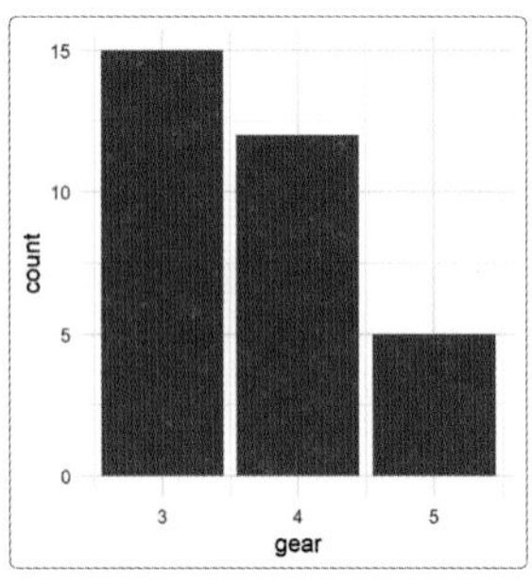

theme_classic() 함수

눈금과 안내선이 없는 기본 바탕

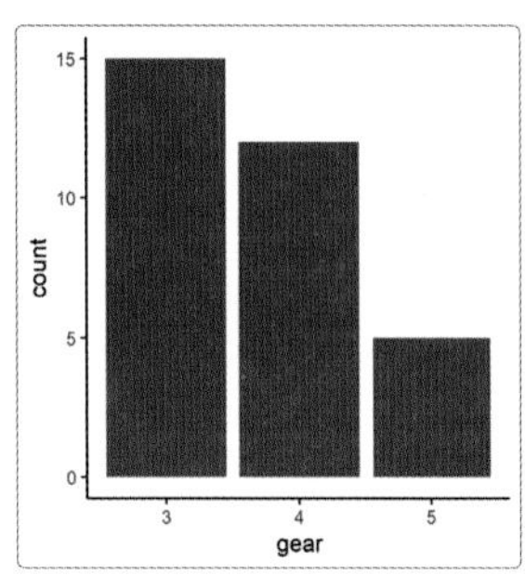

theme_void() 함수

가장 간결한 바탕

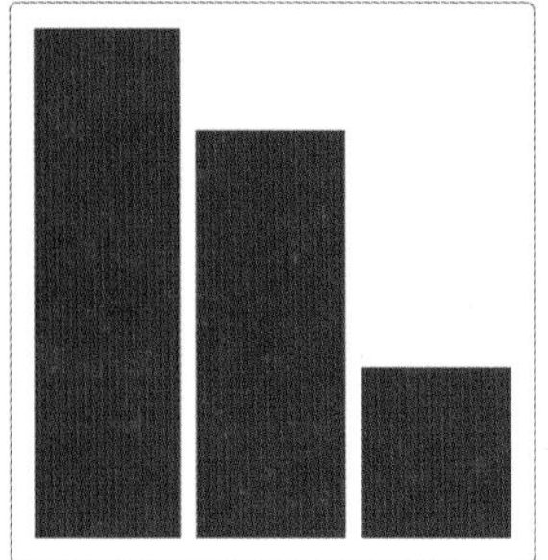

좀 더 알아보기 ❷

절편과 기울기 구하기: 회귀분석

회귀분석은 독립변수와 종속변수 간의 인과관계를 구하는 분석 기법입니다. 독립변수가 1개인 경우는 **단순회귀분석**, 독립변수가 2개 이상인 경우는 **다중회귀분석**이라고 합니다.

- **독립변수**: 다른 변수의 변화에 영향을 받지 않는 독립적인 변수입니다.
- **종속변수**: 독립변수에 영향을 받아 변하는 변수로 분석의 대상이 됩니다.

이 중 **단순회귀분석**simple regression analysis은 두 변수 간의 관계식을 도출하는 분석 기법입니다. 두 변수 간의 선형성, 독립성, 정규분포, 등분산성을 가정하는 분석으로, **lm() 함수**를 이용해 두 변수 간의 **p-value**, **절편**, **기울기**를 구할 수 있습니다.

```
lm(종속변수 ~ 독립변수, data = 데이터 세트)
```

Sample1 데이터로 21년 카드 이용건수(Y21_CNT)와 20년 카드 이용건수(Y20_CNT) 변수의 관계를 확인하여 절편과 기울기를 확인해 보겠습니다.

엑셀 파일 가져오기

```
library(readxl)
exdata1 <- read_excel("C:/Rstudy/Sample1.xlsx")
exdata1
```

두 변수 간 상관관계 파악하기: cor.test() 함수

lm() 함수로 절편과 기울기를 구하려면 먼저 두 변수 간의 **상관관계**가 있는지 파악해야 합니다. 이를 **상관분석**correlation analysis이라고 하는데, 상관분석은 두 변수 간의 연관성을 확인할 수 있는 분석으로 **cor.test() 함수**를 이용해 검정할 수 있습니다.

```
cor.test(테이블명$변수명1, 테이블명$변수명2)
```

상관관계가 있으면 cor 값이 1(양의 상관관계) 또는 −1(음의 상관관계)로 나타납니다. 0에 가까울수록 두 변수 간의 상관관계가 없음을 의미합니다.

상관분석하여 두 변수 간의 상관관계 확인하기

```
cor.test(exdata1$Y20_CNT, exdata1$Y21_CNT)
```

```
>          Pearson's product-moment correlation

data:  exdata1$Y20_CNT and exdata1$Y21_CNT
t = 4.9343, df = 18, p-value = 0.000107
alternative hypothesis: true correlation is not equal to 0
95 percent confidence interval:
 0.4751688 0.8990895
sample estimates:
      cor
0.7582507
```

실행 결과에서 cor 값은 0.7582507, p-value 값은 0.000107이며, 이는 통계적으로 유의하다는 것을 알 수 있습니다. 또한 cor 값은 1에 가까우므로 두 변수가 양의 상관관계가 있으며, 이는 20년 카드 이용건수가 오를수록 21년 이용건수도 증가한다고 해석할 수 있습니다.

+ 여기서 잠깐 p-value

p-value는 두 변수 간 상관관계가 통계적으로 의미가 있는지 판단하는 **검정통계량**(test statistic)입니다. 다른 말로는 **유의 확률**(significance probability)이라고도 합니다. p-value 값이 기준값보다 작으면 귀무 가설 확률이 매우 낮다는 의미로 귀무 가설을 기각하고 대립 가설을 채택할 수 있습니다. 즉 일반적으로는 p-value 값이 0.05보다 작으면 '통계적으로 유의하다'고 해석합니다.

절편과 기울기 구하기: lm() 함수

두 변수 간 상관관계가 있는 것이 확인되었으니 **lm() 함수**로 **절편**과 **기울기**를 구해 보겠습니다. Y21_CNT(21년 카드 이용건수)는 종속변수 y, Y20_CNT(20년 카드 이용건수)는 독립변수 x로 가정하여 lm(종속변수 y ~ 독립변수 x) 형태로 작성합니다.

손코딩

회귀분석하여 절편과 기울기 구하기

```
reg_result <- lm(Y21_CNT ~ Y20_CNT, data = exdata1)
reg_result
```

```
Call:
lm(formula = Y21_CNT ~ Y20_CNT, data = exdata1)

Coefficients:
(Intercept)      Y20_CNT
     0.7104       0.7864
```

실행 결과에서 p-value 값은 0.000107으로 0.05보다 작으므로 통계적으로 유의한 것을 알 수 있습니다. 그리고 Coefficients에서 y절편인 Intercept 값이 0.7104인 것을 확인할 수 있고 Y20_CNT 변수에 대한 기울기가 0.7864인 것을 확인할 수 있습니다. 즉 y(21년 카드 이용건수) = 0.7104 + 0.7864 * x(20년 카드 이용건수)으로 회귀함수를 도출할 수 있습니다.

이제 분석한 내용을 바탕으로 시각화해 보세요. 두 변수가 양의 상관관계를 띄고 있음을 확인하였으므로 Y20_CNT 변수는 x축, Y21_CNT 변수는 y축에 매핑하여 선 그래프를 그리고, geom_abline() 함수에 절편과 기울기를 넣어주면 사선을 그릴 수 있습니다.

```
ggplot(exdata1, aes(x = Y20_CNT, y = Y21_CNT)) +
  geom_line() +
  geom_abline(intercept = 0.7104, slope = 0.7864)
```

마무리

▶ 5가지 키워드로 정리하는 핵심 포인트

- **절편**은 직선이 x축이나 y축과 만나는 좌표를 의미합니다.
- **기울기**는 직선의 경사도를 의미합니다. 값이 클수록 선이 경사지게 표현됩니다.
- **회귀분석**은 독립변수와 종속변수 간의 인과관계를 분석하는 기법입니다.
- **p-value**는 두 변수 간 상관관계가 통계적으로 의미가 있는지 판단하는 수치입니다. 일반적으로는 0.05보다 작을 때 '통계적으로 유의하다'라고 해석합니다.
- **상관분석**은 연속적인 값을 갖는 두 변수 간의 연관성을 확인할 수 있는 분석 기법을 말합니다.

▶ 표로 정리하는 핵심 함수

함수	기능
geom_abline()	ggplot2 패키지 그래프에 사선을 그립니다.
geom_hline()	ggplot2 패키지 그래프에 평행선을 그립니다.
geom_vline()	ggplot2 패키지 그래프에 수직선을 그립니다.
geom_text()	ggplot2 패키지 그래프 위에 레이블을 입력합니다.
annotate()	ggplot2 패키지 그래프에 도형을 그립니다.

▶ 확인문제

1. iris 데이터 세트의 꽃받침 길이(Sepal.Length)가 길수록 꽃잎 길이(Petal.Length)가 긴지 상관관계를 확인하는 코드를 작성하고, 상관관계가 있다면 음의 상관관계인지 양의 상관관계인지 확인해 보세요.

```
        (iris$Sepal.Length, iris$Petal.Length)
```

2. iris 데이터 세트의 꽃받침 길이와 꽃잎 길이의 y절편과 기울기를 회귀분석으로 구하는 코드를 작성하고 결과를 출력해 보세요.

```
iris_result <- 
iris_result
```

3. Sepal.Length 변수와 Petal.Length 변수의 선 그래프를 그린 후 2번에서 구한 y절편과 기울기를 활용하여 사선을 넣는 코드를 작성한 후 실행 결과처럼 출력해 보세요.

```
library(ggplot2)
ggplot(iris,                                        )+
```

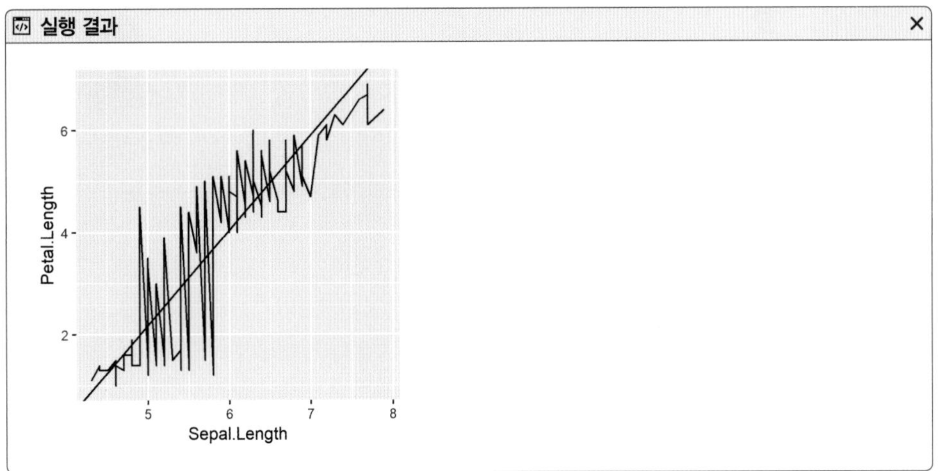

06-3 지도 시각화: ggmap 패키지

핵심 키워드

지도 시각화 | 구글 지도 API | ggmap 패키지

데이터 시각화를 할 때 지도를 활용하면 위치 데이터를 시각화할 수 있습니다. 이번 절에서 소개할 패키지는 ggmap 패키지입니다. 구글 지도를 활용할 수 있는 패키지로 앞에서 배운 ggplot2 패키지와 함께 알아두면 좋습니다.

시작하기 전에

지도 상에 위치 데이터를 표시하여 보여주는 것을 **지도 시각화**라고 합니다. 위치를 단순하게 좌표나 주소로 보여주는 것이 아닌 지도 위에 직접 데이터를 표시함으로써 위치를 쉽게 파악할 수 있습니다. R에서는 지도를 **API**Application Programming Interface로 불러와 시각화를 할 수 있습니다. 구글 지도Google Maps는 물론 오픈스트리트맵OpenStreetMap, 스테이먼 맵Stamen Maps 등을 지원하며, 이 중에서 구글 지도는 **ggmap 패키지**로 불러올 수 있습니다. ggmap 패키지로 구글 지도를 불러와 앞에서 배운 ggplot2 패키지를 함께 사용하여 지도 위에 점을 표시하는 방법을 알아보겠습니다.

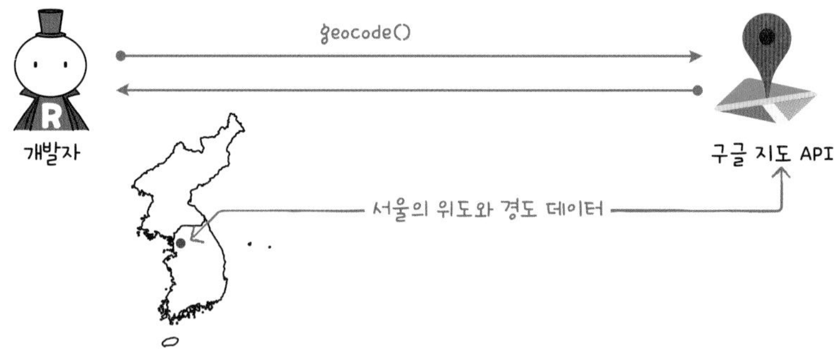

구글 지도 API 키 발급받기

R에서 구글 지도를 불러오려면 **구글 지도 API 키**가 필요합니다. 구글 지도 API 키는 구글 지도 API 서비스인 **구글 지도 플랫폼**Google Maps Platform에서 발급받을 수 있습니다.

01 구글 지도 플랫폼 홈페이지에서 [Get started]를 클릭합니다. 이 서비스를 사용하려면 구글 계정이 필요합니다. 만약 구글 계정 로그인이 안 되어 있다면 로그인을 합니다.

구글 지도 플랫폼 홈페이지

URL https://mapsplatform.google.com

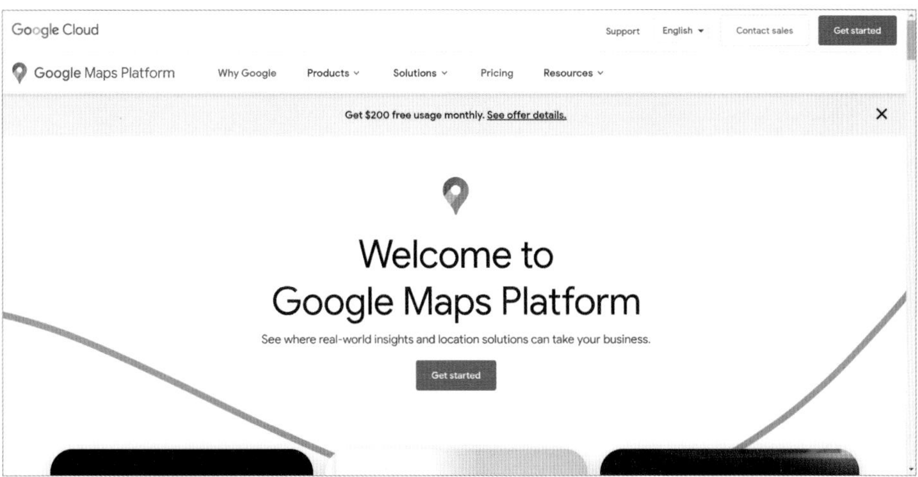

note 구글 계정이 없다면 구글 가입후 진행하세요. 이 책에서는 별도로 설명하지 않습니다.

02 구글 클라우드 플랫폼을 처음 사용하는 계정이라면 'My First Project' 프로젝트의 결제 사용 설정 창이 나타날 수 있습니다. [결제 계정 만들기]를 클릭하여 가입을 진행합니다.

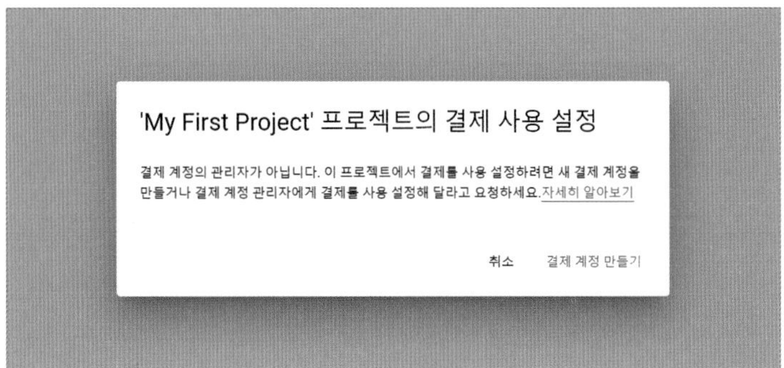

03 구글 지도 플랫폼은 구글 클라우드 플랫폼Google Cloud Platform 서비스 중 하나이므로 클라우드 플랫폼 약관 동의를 진행합니다. 계정 정보에 국가는 [대한민국], 조직 설명은 [개인 프로젝트]로 선택하고 아래의 서비스 약관 두 가지를 체크한 후 [계속]을 클릭합니다.

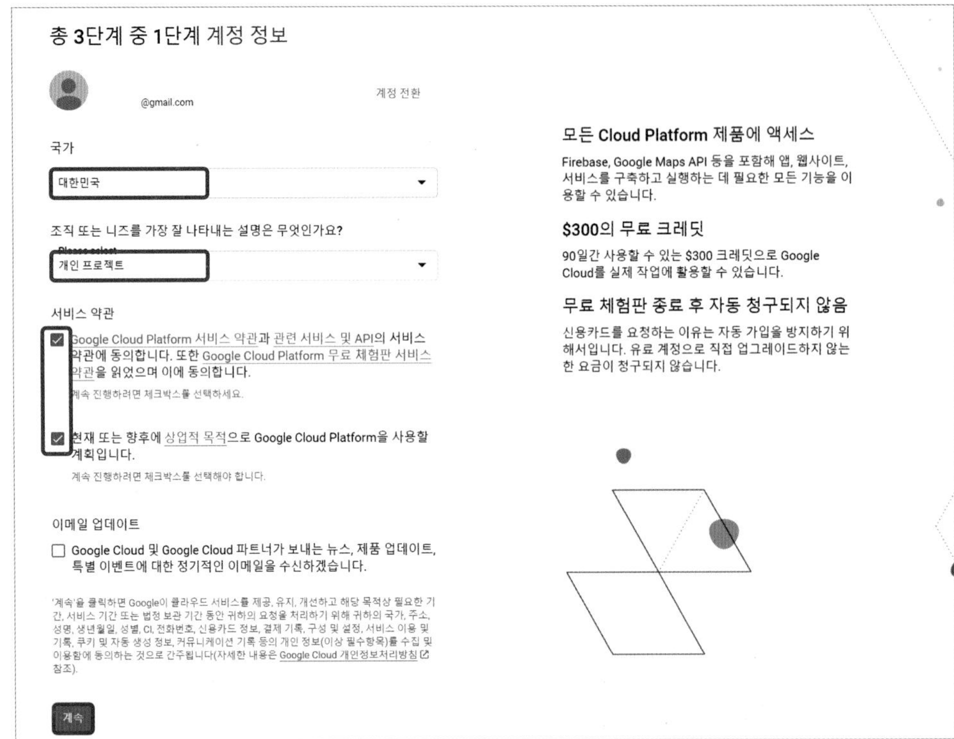

note 이미 구글 클라우드 플랫폼을 사용하고 있다면 해당 과정을 생략합니다.

04 본인 확인을 위해 휴대 전화 인증을 합니다. 휴대 전화를 입력하고 [코드 전송]을 클릭한 후 문자 메시지로 전송된 6자리 인증 코드를 입력하고 [확인]을 클릭합니다.

05 마지막으로 결제 정보를 확인합니다. 구글 플레이 스토어나 유튜브 등 이미 구글 서비스 결제 내역이 있다면 결제 프로필이 이미 설정되어 있는 것이므로 이름과 주소만 확인하면 됩니다. 만약 결제 프로필을 바꾸고 싶거나 결제 프로필이 없으면 새로 입력할 수 있습니다. 계정 유형은 [개인]을 선택하고 이름 및 주소를 입력한 후 [계속]을 클릭합니다.

note 구글 클라우드 플랫폼 가입 정보에도 있듯이 무료 체험판 종료 후 유료 계정으로 직접 업그레이드하지 않는 한 자동 청구되지 않습니다.

note 구글 클라우드 플랫폼은 최초에 무료 크레딧을 받아서 사용할 수 있지만, 기본적으로는 유료 서비스입니다. API 호출 비용은 매달 무료 사용량이 정해져 있으므로 사용량을 초과할 경우 비용이 청구될 수 있습니다.

06 이어서 결제 수단을 입력합니다. 신용카드 또는 체크카드 정보를 입력한 후 [무료 평가판 시작하기]를 클릭합니다.

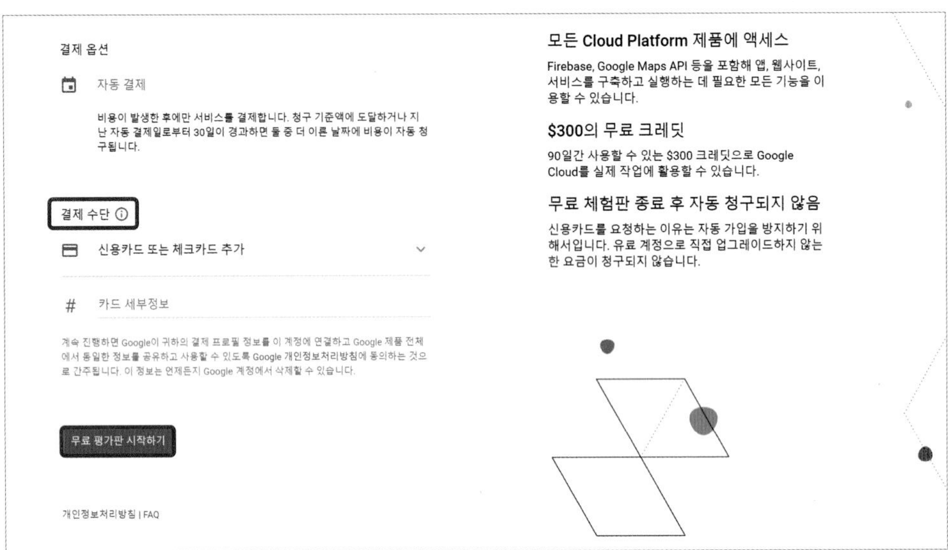

07 구글 클라우드 플랫폼 가입이 완료되어 구글 지도 플랫폼 사용 설정 화면으로 이동합니다. 설정 설문 조사에 답한 후 [제출]을 클릭합니다.

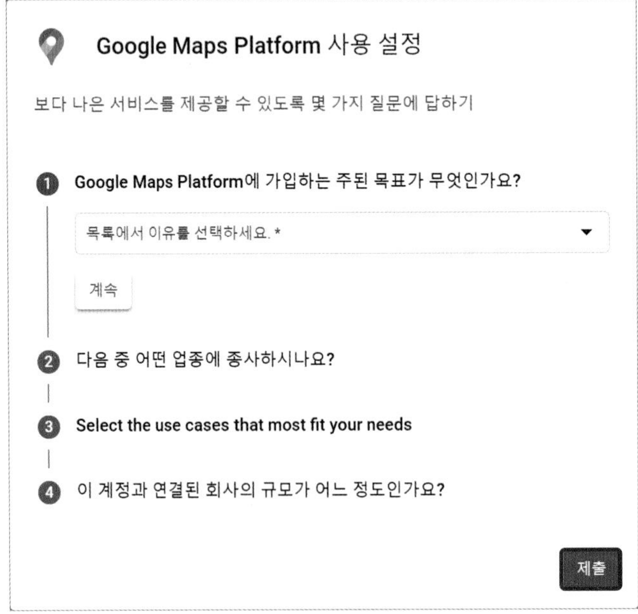

08 드디어 API 키가 발급되었습니다. 이 API 키를 잘 저장해두고 [데모 빌드]를 클릭합니다.

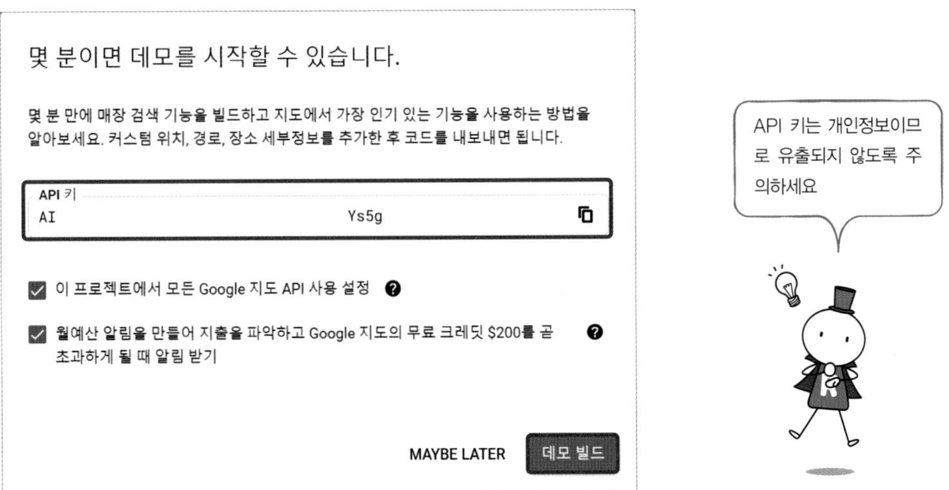

09 API 키 보호 대화상자가 나타나면 이 책에서는 API 호출 제한으로 생기는 오류를 방지하기 위해 [나중에]를 클릭하여 실습을 진행합니다.

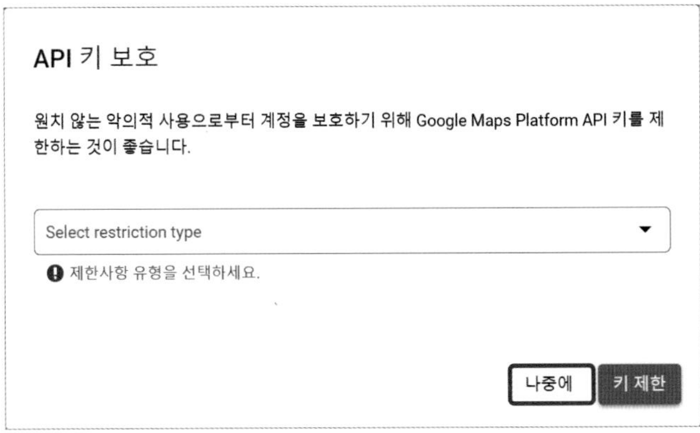

note API 키 보호는 보안상의 이유로 API 호출을 제한하는 기능입니다.

10 이제 모든 설정이 끝났습니다. ggmap 패키지를 사용하기 위한 준비가 되었습니다.

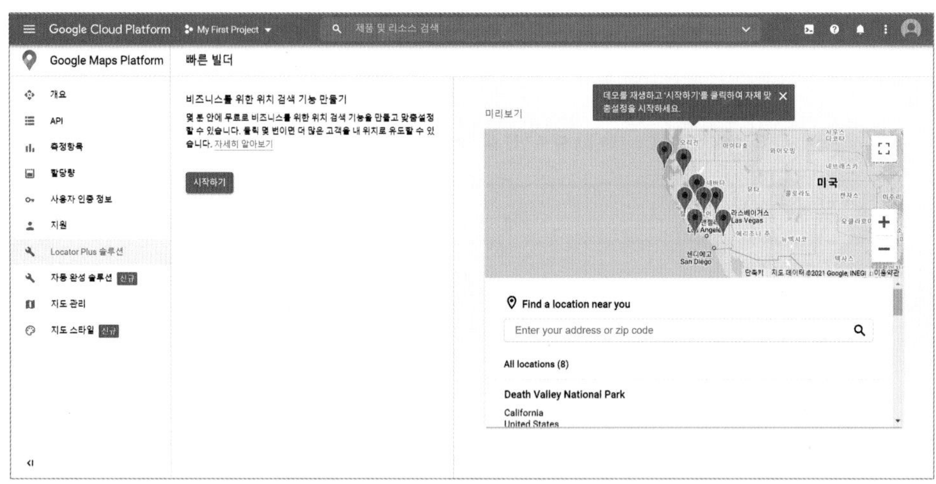

+ 여기서 잠깐 API 키 다시 확인하기

API 키 발급 과정에서 키를 저장해두지 않았더라도 다시 확인할 수 있습니다. 구글 지도 플랫폼 메인 화면에 있는 왼쪽 메뉴 목록에서 [사용자 인증 정보]를 클릭하면 발급받은 API 키를 관리할 수 있습니다. 여기에서 API 키를 변경하거나 삭제할 수도 있습니다.

ggmap 패키지로 구글 지도 활용하기

ggmap 패키지는 구글 지도 API 서비스를 활용할 수 있는 패키지입니다. 여러 함수 중에서 주로 사용하는 함수를 알아보겠습니다.

register_google() 함수는 발급받은 구글 지도 API 키를 등록합니다.

```
register_google(key = "사용자 API 키")
```

get_googlemap() 함수는 설정한 위치를 지도로 가져오는 함수입니다. center에는 위도와 경도 값을 넣거나 위치를 포함하는 문자열(지명 혹은 주소)를 넣고, maptype 옵션에는 가져올 지도 유형을 지정합니다. 지도 유형에는 terrain(지형), satellite(인공위성), roadmap(로드맵), hybrid(인공위성+로드맵)가 있으며, 기본값은 terrain입니다.

```
get_googlemap(center, maptype = "지도 유형")
```

- **위도와 경도 값으로 지도 가져오기**

  예시 get_googlemap(c(lon = 127, lat = 37.6), maptype = "roadmap")

- **위치를 포함하는 문자열로 지도 가져오기**

  예시 get_googlemap("seoul", maptype = "roadmap")

ggmap() 함수는 위치 데이터를 지도로 시각화합니다.

```
ggmap()
```

geocode() 함수는 위치를 포함하는 문자열(지명 혹은 주소)을 위도와 경도 값으로 반환합니다.

```
geocode()
```

그러면 함수를 사용하여 지도를 가져오겠습니다. 먼저 ggmap 패키지를 설치하고 로드합니다.

ggmap 패키지 설치 및 로드하기

```
install.packages("ggmap")
library(ggmap)
```

패키지를 로드했다면 지도 사용을 위해 **register_google() 함수**로 구글 지도 API 키 인증을 합니다. 앞에서 발급받은 API 키 값을 변수에 할당하여 키 인증을 받은 후 **get_goolglemap() 함수**에 서울 위치를 넣어줍니다. 이때 center 값에 위도와 경도 좌표 대신 지명을 넣을 수도 있습니다. 지명은 seoul로, 지도 유형은 roadmap으로 지정하여 gg_seoul 변수에 할당한 후 gg_seoul 변수를 **ggmap() 함수**에 넣으면 변수에 할당된 위치 데이터로 구글 지도를 가져옵니다.

구글 지도에서 서울시 지도 가져오기

```
register_google(key = "사용자 API 키를 입력하세요.")

gg_seoul <- get_googlemap("seoul", maptype = "roadmap")
ggmap(gg_seoul)
```

```
Source : https://maps.googleapis.com/maps/api/staticmap?center=seoul&zoom=10&
size=640x640&scale=2&maptype=roadmap&key=xxx
Source : https://maps.googleapis.com/maps/api/geocode/
json?address=seoul&key=xxx
```

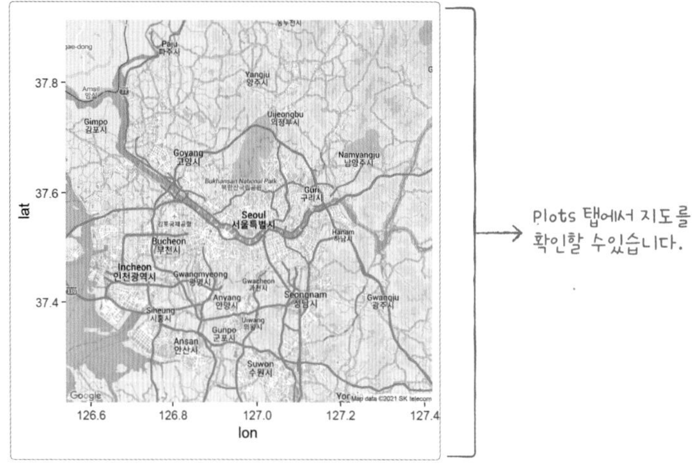

Plots 탭에 지도가 출력되는 것을 볼 수 있습니다. 지도에서 x축의 **lon**은 경도, y축의 **lat**은 위도를 의미하며, 지도에 위도와 경도가 표시되는 것을 보아 지명에 위치 데이터가 있다는 것을 알 수 있습니다. 이처럼 위도와 경도 데이터가 있다면 앞에서 실습한 ggplot2 패키지의 그래프를 추가해서 다른 정보도 함께 보여줄 수 있습니다.

지도를 처음 가져오는 경우 Plots 탭에 지도를 로드하는 데 다소 시간이 걸릴 수 있습니다.

이번에는 지명 대신 좌표로 지도를 가져옵니다. 지도에 대전역의 위치를 표시해 보겠습니다. **geocode() 함수**를 이용해 대전역의 위도와 경도 값을 가져오고, **geom_point() 함수**를 이용해 지도에 해당 위치를 점으로 표시합니다.

지도에 대전역 좌표를 점으로 표시하기

```
library(dplyr)
library(ggplot2)

geo_code <- enc2utf8("대전역") %>% geocode()
geo_data <- as.numeric(geo_code)
```

```
Source : https://maps.googleapis.com/maps/api/geocode/json?address=%EB%8C%80%EC%A0%84%EC%97%AD&key=xxx
```

%>% 연산자를 사용하기 위해 dplyr 패키지를 로드하고, **geom_point() 함수**를 사용하기 위해 ggplot2 패키지를 로드합니다. 그리고나서 geocode() 함수로 위도와 경도 데이터를 가져옵니다. 이때 지명은 한글로 입력하였으므로 Windows 사용자는 **enc2utf8() 함수**로 먼저 인코딩하고, **as.numeric() 함수**로 geo_code 값을 숫자형 벡터로 변환해야 합니다. 이후에 지도를 불러올 get_googlemap() 함수에 위도와 경도 값을 숫자형 벡터로 전달해야 하는데 geo_code 변수가 데이터 프레임 형태이기 때문입니다.

note macOS 사용자는 enc2utf8() 함수를 사용하지 않고 geo_code <- geocode("대전역")으로 작성해도 코드 실행에 문제없습니다.

오류

```
Warning message: geocode failed with status OVER_QUERY_LIMIT, location = "대전역"
```

만약 위와 같은 메시지가 나온다면 구글 API 호출 제한 때문입니다. 잠시 후 다시 시도해 보세요.

✚ 여기서 잠깐 enc2utf8 () 함수

enc2utf8() 함수는 인코딩을 UTF-8로 변환하는 함수입니다. macOS는 기본 인코딩이 UTF-8 방식이지만 Windows 운영체제는 기본으로 사용하는 인코딩 방식이 CP949(EUC-KR)입니다. 따라서 위치 데이터를 한글 문자열로 가져오려면 Windows 사용자는 인코딩을 UTF-8로 변환해 주는 과정을 거쳐야 합니다.

✚ 여기서 잠깐 데이터 유형 변환하기

데이터 유형은 원하는 유형으로 강제 변환할 수 있습니다. 다음과 같은 함수를 사용합니다.

- as.character() 함수: 데이터 유형을 문자형 벡터로 변환합니다.
- as.numeric() 함수: 데이터 유형을 숫자형 벡터로 변환합니다.
- as.logical() 함수: 데이터 유형을 논리형 벡터로 변환합니다.

다만, 데이터 유형에는 문자형 〉 숫자형 〉 논리형 순으로 우선 순위가 있습니다. 우선 순위가 낮은 숫자형을 우선 순위가 높은 문자형으로는 변환이 가능하지만, 그 반대의 경우에는 변환이 안 되거나 일부만 변환될 수 있습니다.

위치 데이터를 얻었으니 대전역 구글 지도를 가져오겠습니다. **get_googlemap() 함수**와 **ggmap() 함수**로 지도를 시각화한 후 **geom_point() 함수**로 대전역 위치에 점을 표시합니다.

손코딩

```
get_googlemap(center = geo_data, maptype = "roadmap",
              zoom = 13) %>% ggmap() +
  geom_point(data = geo_code, aes(x = geo_code$lon, y = geo_code$lat))
```

〉

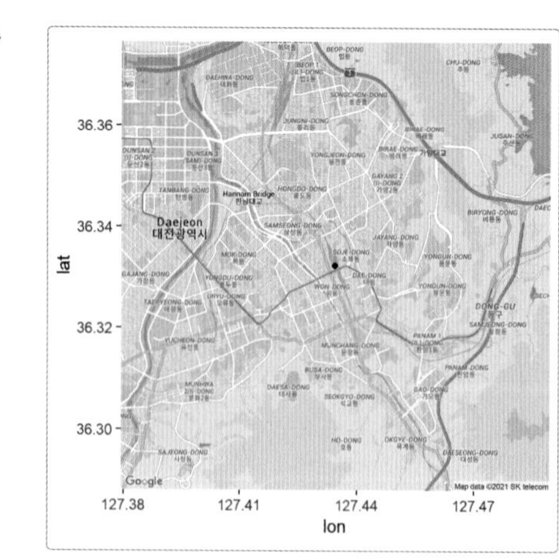

get_googlemap() 함수의 center 값에는 앞에서 위도와 경도 값을 할당한 geo_data 변수를 넣어 줍니다. 그리고 zoom = 13 옵션을 추가하여 서울시 지도를 불러왔을 때보다 실행 결과를 확대하여 출력합니다. **zoom 옵션**은 지도를 확대하거나 축소하는 옵션입니다. 지도 사이즈를 적절하게 조절하면 점을 정밀하게 표시할 수 있습니다.

zoom = 9일 때

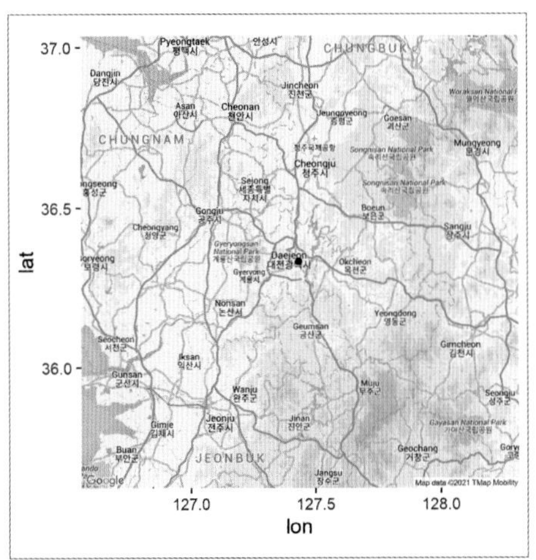

zoom = 17일 때

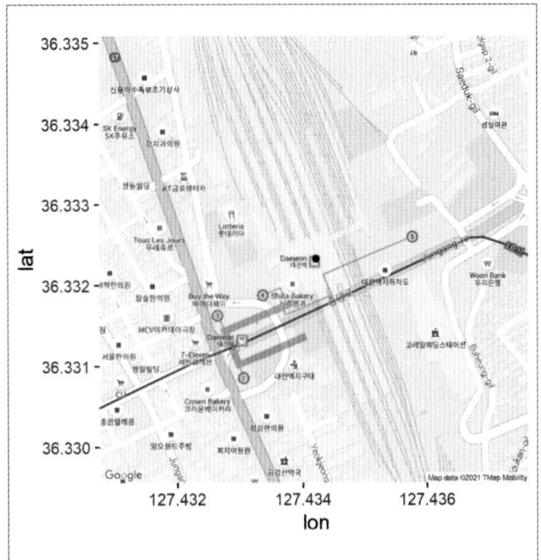

눈여겨볼 점은 geom_point() 함수입니다. 데이터 인자에 숫자형 벡터인 geo_data를 사용하지 않고 geo_code를 사용하였는데 이는 geom_point() 함수가 데이터 프레임 형태의 데이터를 받을 수 있기 때문입니다. 따라서 데이터 프레임인 geo_code 데이터의 경도(lon)와 위도(lat) 변수를 각각 x축과 y축에 매핑하여 좌표를 지도 위에 점으로 표시한 것을 알 수 있습니다.

지금까지 R 데이터 시각화를 위한 몇 가지 주요 패키지와 그 사용 방법에 대해서 알아보았습니다. 이제 이어지는 장에서는 지금까지 배운 내용을 바탕으로 다양한 프로젝트 실습을 진행해 보면서 실제 데이터를 분석하는 방법과 그것을 표현하는 방법을 익힐 수 있습니다.

마무리

▶ 3가지 키워드로 정리하는 핵심 포인트

- 위치 데이터를 시각화하는 **지도 시각화**는 지도 위에 직접 데이터를 표시할 수 있어 위치를 쉽게 파악할 수 있습니다.
- **구글 지도 API**에서 발급받은 API 키를 사용하면 R 스튜디오에 구글 지도를 가져올 수 있습니다.
- **ggmap 패키지**는 지도 시각화를 위한 패키지로 구글 지도를 활용할 수 있는 여러 함수를 포함합니다.

▶ 표로 정리하는 핵심 함수

함수	기능
register_google()	ggmap 패키지 구글 지도 API 키를 등록합니다.
get_googlemap()	ggmap 패키지 위치 데이터로 구글 지도를 가져옵니다.
ggmap()	ggmap 패키지 위치 데이터를 구글 지도로 시각화합니다.
geocode()	ggmap 패키지 위치를 포함하는 문자열(지명 혹은 주소)을 위도와 경도 값으로 반환합니다.

▶ 확인문제

1. 다음 함수를 올바르게 연결하세요.

① get_googlemap( ) •	• 구글 지도 API 키를 등록합니다.
② ggmap( ) •	• 위치 데이터로 구글 지도를 가져옵니다.
③ register_google( ) •	• 위치 데이터를 구글 지도로 시각화합니다.

2. 구글 지도 API를 사용할 때 주소로 위도와 경도 값을 가져오려면 어떤 함수를 사용해야 할까요?

① ggmap()
② get_googlemap()
③ register_google()
④ geocode()
⑤ enc2utf8()

3. 경도가 127.0276, 위도가 37.49795인 위치를 구글 지도로 가져오는 코드를 작성해 보세요. 이때 지도 유형은 로드맵으로, 크기는 15 사이즈로 확대합니다.

```
get_googlemap(                                                    )
```

4. 다음 코드의 빈칸을 채워서 실행 결과처럼 출력해 보세요.

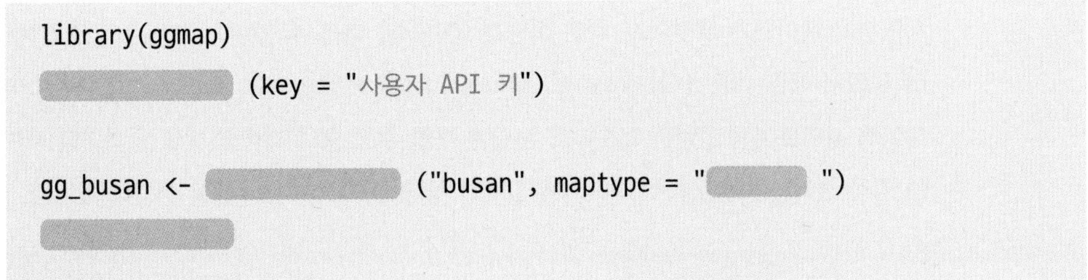

```
library(ggmap)
              (key = "사용자 API 키")

gg_busan <-              ("busan", maptype = "        ")

```

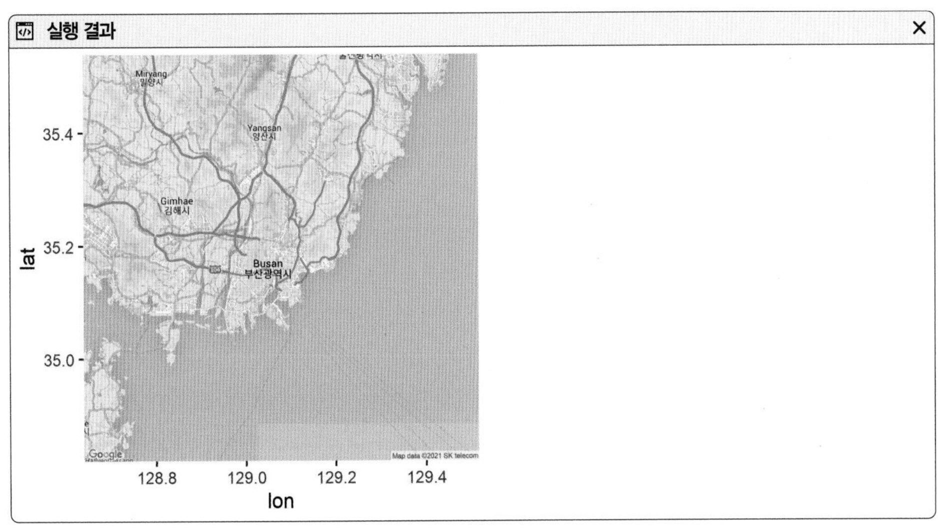

Chapter

07

지금까지 데이터가 무엇인지, R로 어떻게 데이터를 다룰 수 있는지 배웠으니 프로젝트를 해보며 앞에서 배운 내용을 실제 데이터 분석에 적용해 보겠습니다. 학습에 사용할 데이터는 공공 데이터 사이트에서 다양한 데이터를 손쉽게 구할 수 있으니 걱정할 필요 없습니다. 이번 장에서는 공공 데이터를 활용해서 데이터 수집부터 가공, 분석까지 단계별로 진행해 봅니다.

프로젝트로 실력 다지기

학습목표

- 지역별 국내 휴양림 분포를 비교합니다.
- 해외 입국자 추이를 확인합니다.
- 코로나19 선별진료소 위치를 지도에 나타냅니다.
- 서울시 지역별 미세먼지 농도 차이를 비교합니다.

07-1 지역별 국내 휴양림 분포 비교하기

핵심 키워드

빈도분석 | freq() 함수 | table() 함수 | 막대 그래프 | count() 함수 | arrange(desc()) 함수

공공데이터포털에서 제공하는 전국 휴양림 표준 데이터를 활용하여 휴양림 분포 현황을 파악하고 비교해 봅니다.

시작하기 전에

공공데이터포털에서는 전국 휴양림에 대한 상세 정보가 담겨있는 표준 데이터를 제공합니다. 전국 휴양림 표준 데이터에서는 휴양림명, 시도명, 주소, 면적, 수용 인원수, 입장료 등과 같은 세부 정보를 확인할 수 있습니다. 이번 절에서는 데이터를 활용하여 데이터 분포를 확인할 수 있는 **빈도분석**을 실습해 보겠습니다.

공공데이터포털 홈페이지

URL https://www.data.go.kr

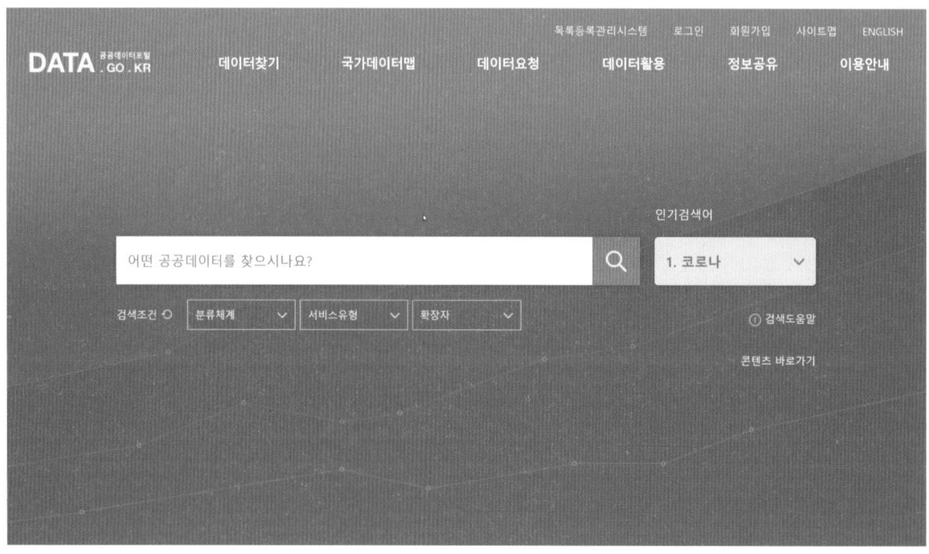

데이터 수집: 전국 휴양림 표준 데이터 다운로드하기

전국 휴양림 표준 데이터를 다운로드하여 데이터 분석에 활용합니다.

01 공공데이터포털 메인 화면의 검색 창에 [전국휴양림표준데이터]를 입력합니다.

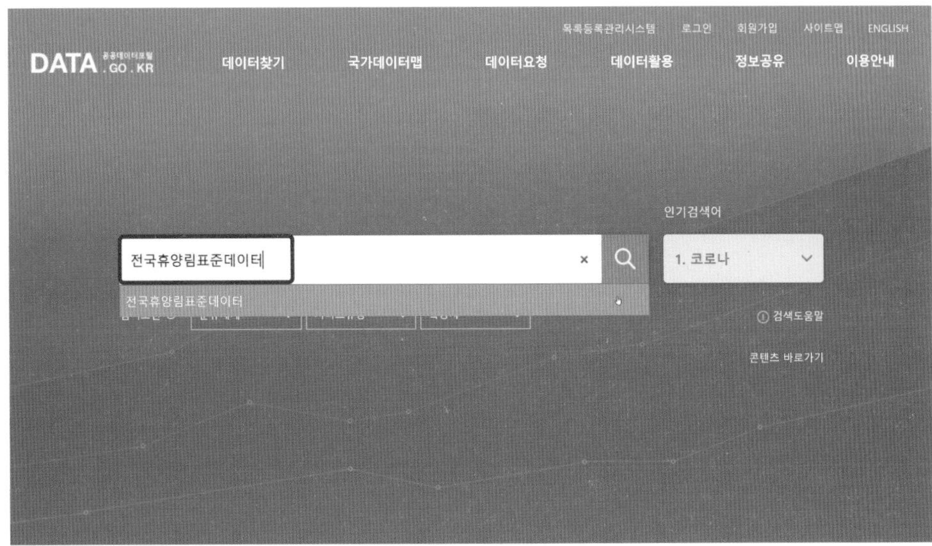

02 데이터 목록 페이지에서 [표준데이터셋] 탭을 클릭한 후 [전국휴양림표준데이터]를 클릭합니다.

03 표준데이터 상세 페이지의 [그리드] 탭에 있는 [XLS]를 클릭하여 데이터를 다운로드합니다.

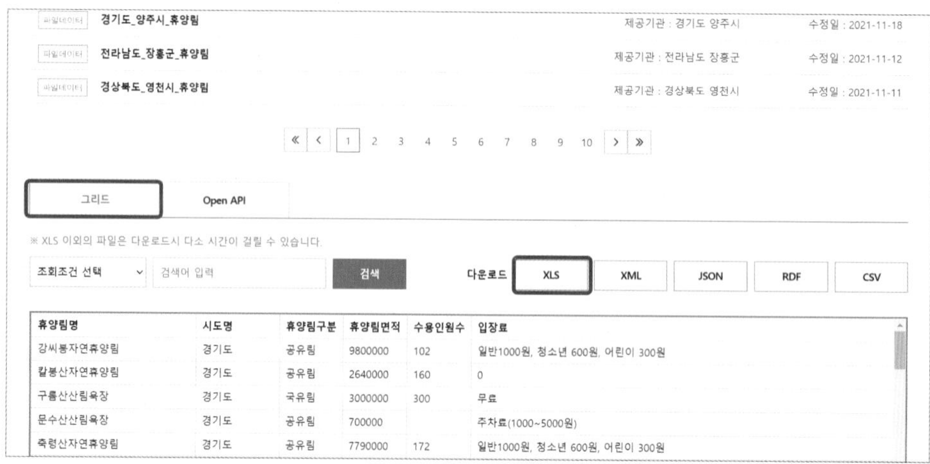

데이터 가공: 엑셀로 전처리하기

다운로드한 파일은 먼저 엑셀에서 확인해 보겠습니다. 모든 데이터 처리를 R로도 할 수 있지만, 간단한 전처리는 엑셀을 이용하는 것이 효율적입니다. 실습에 필요한 데이터를 엑셀에서 분석하기에 적절한 데이터인지 먼저 확인하고 가공한 후에 R에 업로드하겠습니다.

01 전국 휴양림 표준 데이터 파일을 열어 확인해 보면 데이터 항목은 휴양림명, 시도명, 휴양림구분, 휴양림면적, 수용인원수, 입장료, 숙박가능여부, 주요시설명 외 9개 항목으로 구성되어 있는 것을 확인할 수 있습니다.

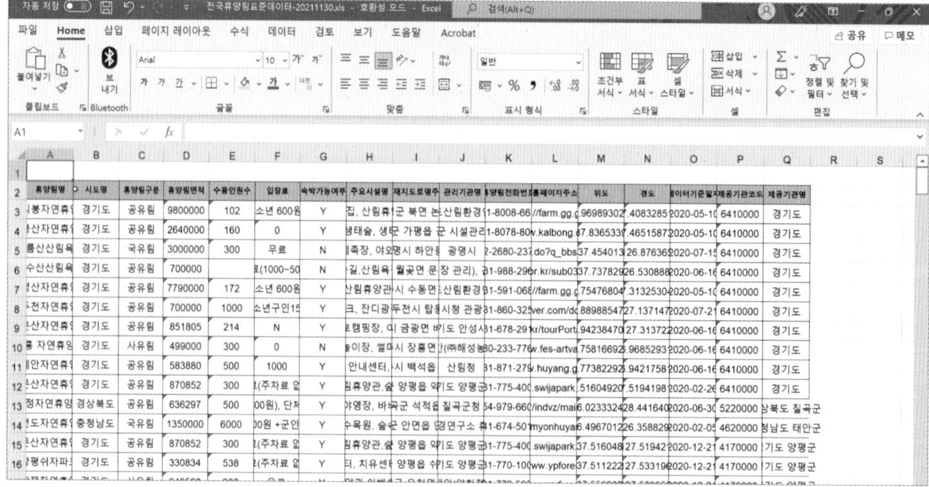

02 먼저 비어 있는 1행 전체를 제거합니다. 행 번호 1을 클릭하여 1행 전체를 선택한 후 마우스 오른쪽 버튼을 클릭하여 [삭제]를 선택합니다.

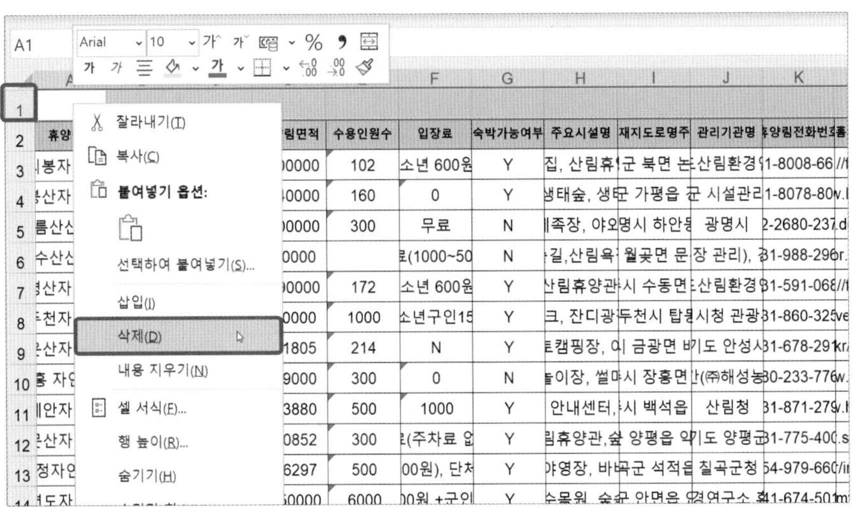

03 분석에 필요한 항목만 남기고 사용하지 않는 데이터는 삭제하겠습니다. F열과 H열 그리고 J부터 O열까지 삭제하여 휴양림명, 시도명, 휴양림구분, 휴양림면적, 수용인원수, 숙박가능여부, 소재지도로명주소, 제공기관코드, 제공기관명 항목만 남깁니다.

04 G열의 소재지도로명주소에서 '시'와 '도'를 분리한 새로운 컬럼명을 생성합니다. 먼저 H열부터 M열까지 블록 설정한 후 마우스 오른쪽 버튼을 클릭하여 [삽입]을 선택하면 G열 뒤로 6개의 새로운 열이 삽입됩니다.

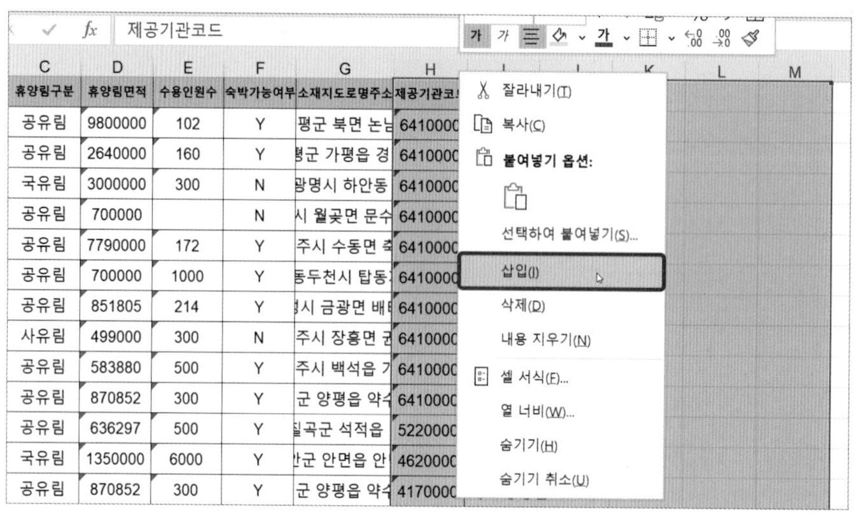

05 그런 다음 G를 클릭해 G열 전체를 선택하고 엑셀 메뉴에서 [데이터] 탭으로 이동하여 [텍스트 나누기]를 클릭합니다.

06 텍스트 마법사 대화상자가 나타나면 1단계 원본 데이터 형식 항목을 [구분 기호로 분리됨]을 선택하고 [다음]을 클릭, 2단계 구분 기호 항목은 [탭]과 [공백]을 선택하고 [다음]을 클릭한 후 [마침]을 클릭하여 대화상자를 종료합니다. '해당 영역에 이미 데이터가 있습니다. 기존 데이터를 바꾸시겠습니까?'라는 대화상자가 나타나면 [확인]을 클릭합니다.

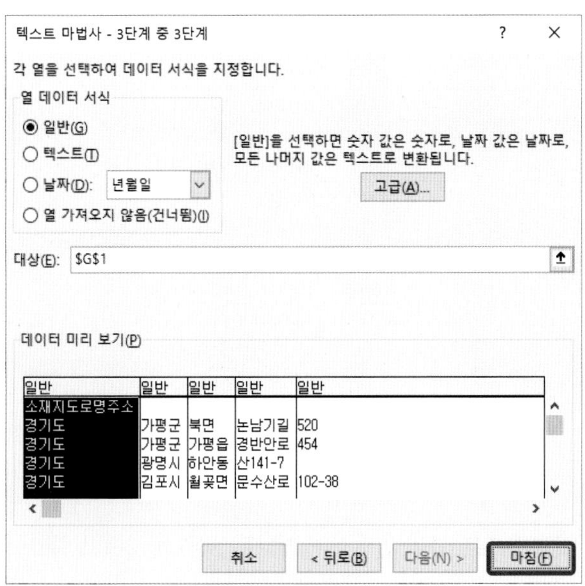

07 G열의 소재지도로명주소 항목의 주소 텍스트가 분리되어 새로운 열에 삽입됩니다. 하지만 우리가 필요한 열은 G열뿐이므로 H열부터 M열은 다시 삭제합니다.

주소

F	G	H	I	J	K	L	M	N
숙박가능여부	소재지도로명주소							제공기관코드
Y	경기도	가평군	북면	논남기길	520			6410000
Y	경기도	가평군	가평읍	경반안로	454			6410000
N	경기도	광명시	하안동	산141-7				6410000
N	경기도	김포시	월곶면	문수산로	102-38			6410000
Y	경기도	남양주시	수동면	축령산로	299			6410000
Y	경기도	동두천시	탑동가산로	1				6410000
Y	경기도	안성시	금광면	배티로	185-39			6410000
N	경기도	양주시	장흥면	권율로	594			6410000
Y	경기도	양주시	백석읍	기산로	472			6410000
Y	경기도	양평군	양평읍	약수사길	78-14			6410000
Y	경상북도	칠곡군	석적읍	반계3길	88			5220000
Y	충청남도	태안군	안면읍	안면대로3195-6				4620000
Y	경기도	양평군	양평읍	약수사길	78-14			4170000

08 '도' 주소만 남은 G열 명칭을 [소재지_시도명]으로 변경합니다.

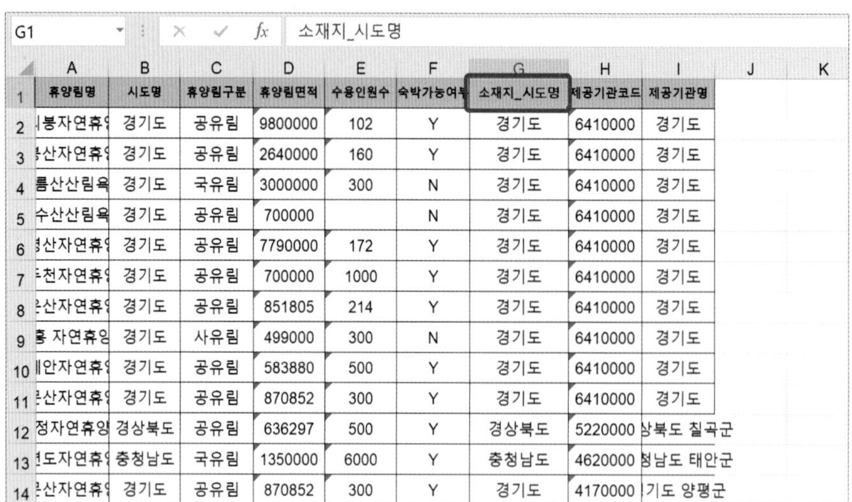

	A	B	C	D	E	F	G	H	I
1	휴양림명	시도명	휴양림구분	휴양림면적	수용인원수	숙박가능여	소재지_시도명	제공기관코드	제공기관명
2	봉자연휴	경기도	공유림	9800000	102	Y	경기도	6410000	경기도
3	산자연휴	경기도	공유림	2640000	160	Y	경기도	6410000	경기도
4	롬산산림욕	경기도	국유림	3000000	300	N	경기도	6410000	경기도
5	수산산림욕	경기도	공유림	700000		N	경기도	6410000	경기도
6	산자연휴	경기도	공유림	7790000	172	Y	경기도	6410000	경기도
7	천자연휴	경기도	공유림	700000	1000	Y	경기도	6410000	경기도
8	산자연휴	경기도	공유림	851805	214	Y	경기도	6410000	경기도
9	홍 자연휴	경기도	사유림	499000	300	N	경기도	6410000	경기도
10	안자연휴	경기도	공유림	583880	500	Y	경기도	6410000	경기도
11	산자연휴	경기도	공유림	870852	300	Y	경기도	6410000	경기도
12	정자연휴양	경상북도	공유림	636297	500	Y	경상북도	5220000	상북도 칠곡군
13	도자연휴	충청남도	국유림	1350000	6000	Y	충청남도	4620000	청남도 태안군
14	산자연휴	경기도	공유림	870852	300	Y	경기도	4170000	기도 양평군

09 컬럼이 정리되었으니 마지막으로 데이터 유형을 정리합니다. D열의 휴양림면적 값인 D2 셀이나 E열의 수용인원수 값인 E2 셀을 선택하면 셀 옆에 작은 느낌표 상자가 나타납니다. 이는 현재 숫자가 있는 셀의 서식이 문자형으로 되어 있어서 나타나는 오류 메시지 상자로 셀 서식을 숫자형으로 변환하면 해결됩니다. [D2] 셀을 클릭한 후 E열 가장 마지막 셀을 Shift 키를 누른 상태로 클릭하여 범위 지정합니다. 그런 다음 다시 D2 셀로 돌아와 앞에 있는 느낌표 상자를 클릭하여 [숫자로 변환]을 선택합니다.

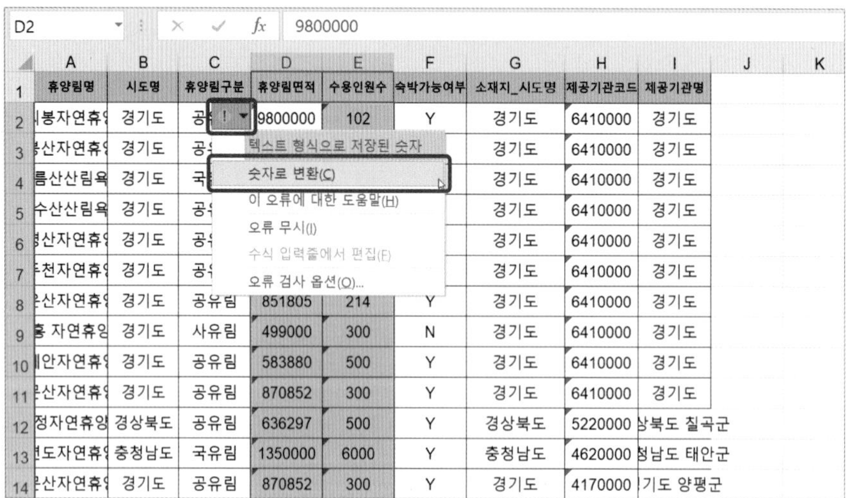

	A	B	C	D	E	F	G	H	I
1	휴양림명	시도명	휴양림구분	휴양림면적	수용인원수	숙박가능여부	소재지_시도명	제공기관코드	제공기관명
2	봉자연휴	경기도	공	9800000	102	Y	경기도	6410000	경기도
3	산자연휴	경기도	공				경기도	6410000	경기도
4	롬산산림욕	경기도	국				경기도	6410000	경기도
5	수산산림욕	경기도	공				경기도	6410000	경기도
6	산자연휴	경기도	공				경기도	6410000	경기도
7	천자연휴	경기도	공				경기도	6410000	경기도
8	산자연휴	경기도	공유림	851805	214	Y	경기도	6410000	경기도
9	홍 자연휴	경기도	사유림	499000	300	N	경기도	6410000	경기도
10	안자연휴	경기도	공유림	583880	500	Y	경기도	6410000	경기도
11	산자연휴	경기도	공유림	870852	300	Y	경기도	6410000	경기도
12	정자연휴양	경상북도	공유림	636297	500	Y	경상북도	5220000	상북도 칠곡군
13	도자연휴	충청남도	국유림	1350000	6000	Y	충청남도	4620000	청남도 태안군
14	산자연휴	경기도	공유림	870852	300	Y	경기도	4170000	기도 양평군

10 이제 데이터 전처리 과정이 끝났습니다. 파일은 실습 폴더(C:/Rstudy)에 파일명 [forest_example_data.xls]로 저장합니다.

A1 | 휴양림명

	A	B	C	D	E	F	G	H	I
1	휴양림명	시도명	휴양림구분	휴양림면적	수용인원수	숙박가능여부	소재지_시도명	제공기관코드	제공기관명
2	강씨봉자연휴양림	경기도	공유림	9800000	102	Y	경기도	6410000	경기도
3	칼봉산자연휴양림	경기도	공유림	2640000	160	Y	경기도	6410000	경기도
4	구름산산림욕장	경기도	국유림	3000000	300	N	경기도	6410000	경기도
5	문수산산림욕장	경기도	공유림	700000		N	경기도	6410000	경기도
6	축령산자연휴양림	경기도	공유림	7790000	172	Y	경기도	6410000	경기도
7	동두천자연휴양림	경기도	공유림	700000	1000	Y	경기도	6410000	경기도
8	서운산자연휴양림	경기도	공유림	851805	214	Y	경기도	6410000	경기도
9	장흥 자연휴양림	경기도	사유림	499000	300	N	경기도	6410000	경기도
10	아세안자연휴양림	경기도	공유림	583880	500	Y	경기도	6410000	경기도
11	용문산자연휴양림	경기도	공유림	870852	300	Y	경기도	6410000	경기도
12	송정자연휴양림	경상북도	공유림	636297	500	Y	경상북도	5220000	경상북도 칠곡군

note 데이터 전처리 과정이 끝난 forest_example_data.xls는 예제 파일로 제공하므로 엑셀 프로그램이 없다면 해당 파일로 다음 실습을 진행하세요.

데이터 분석: 빈도분석하고 시각화하기

이제 엑셀에서 가공한 forest_example_data.xls 파일을 R로 가져옵니다. **readxl 패키지**를 로드한 후 **read_excel() 함수**를 사용하여 데이터는 forest_example_data 변수에 저장하고, 한글 오류가 발생하지 않도록 컬럼명을 영문으로 변경합니다. 가져온 데이터가 지정한 변수에 잘 저장되었는지 확인하려면 View() 함수나 str() 함수를 활용하여 확인합니다. 여기에서는 **str() 함수**로 데이터 속성을 확인하고 **head() 함수**로 데이터 일부분도 확인해 보겠습니다.

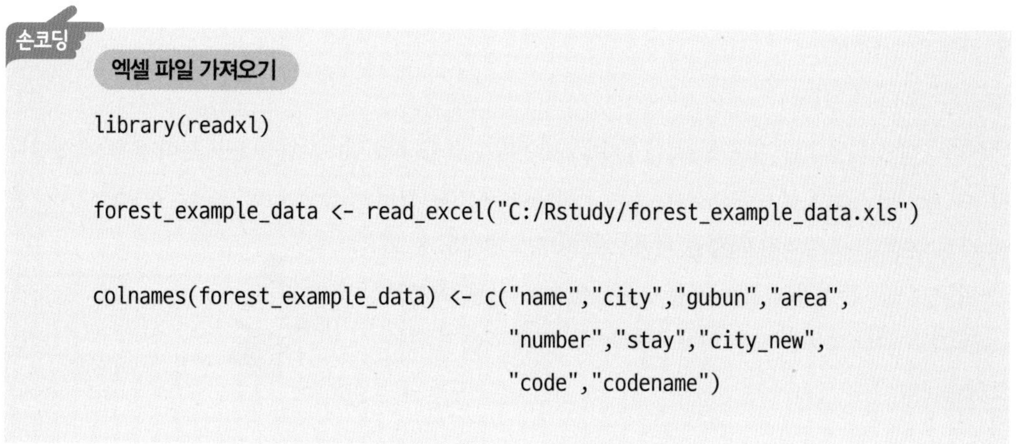

손코딩 엑셀 파일 가져오기

```
library(readxl)

forest_example_data <- read_excel("C:/Rstudy/forest_example_data.xls")

colnames(forest_example_data) <- c("name","city","gubun","area",
                                   "number","stay","city_new",
                                   "code","codename")
```

```
str(forest_example_data)
head(forest_example_data)
```

```
tibble [201 x 9] (S3: tbl_df/tbl/data.frame)
 $ name    : chr [1:201] "강씨봉자연휴양림" "칼봉산자연휴양림" "구름산산림욕장" "문수산산림욕장" ...
 $ city    : chr [1:201] "경기도" "경기도" "경기도" "경기도" ...
 $ gubun   : chr [1:201] "공유림" "공유림" "국유림" "공유림" ...
 $ area    : num [1:201] 9800000 2640000 3000000 700000 7790000 ...
 $ number  : num [1:201] 102 160 300 NA 172 1000 214 300 500 300 ...
 $ stay    : chr [1:201] "Y" "Y" "N" "N" ...
 $ city_new: chr [1:201] "경기도" "경기도" "경기도" "경기도" ...
 $ code    : chr [1:201] "6410000" "6410000" "6410000" "6410000" ...
 $ codename: chr [1:201] "경기도" "경기도" "경기도" "경기도" ...

# A tibble: 6 x 9
  name             city   gubun     area number stay  city_new code    codename
  <chr>            <chr>  <chr>    <dbl>  <dbl> <chr> <chr>    <chr>   <chr>
1 강씨봉자연휴양림 경기도 공유림 9800000    102 Y     경기도   6410000 경기도
2 칼봉산자연휴양림 경기도 공유림 2640000    160 Y     경기도   6410000 경기도
3 구름산산림욕장   경기도 국유림 3000000    300 N     경기도   6410000 경기도
4 문수산산림욕장   경기도 공유림  700000     NA N     경기도   6410000 경기도
5 축령산자연휴양림 경기도 공유림 7790000    172 Y     경기도   6410000 경기도
6 동두천자연휴양림 경기도 공유림  700000   1000 Y     경기도   6410000 경기도
```

각 항목의 속성을 확인하니 컬럼은 총 9개, 관측치 201개로 엑셀 파일과 동일한 결과가 나오면 제대로 가져온 것입니다.

데이터가 준비되었으니 바로 **freq() 함수**로 데이터 분포를 확인할 수 있는 **빈도분석**을 해 보겠습니다. 이 데이터 세트에서 눈여겨볼 부분은 지역 정보가 있는 컬럼인 city, city_new, codename 총 세 가지 컬럼입니다. 어떤 컬럼을 기준으로 지역별 휴양림 분포를 비교할지는 분석가의 분석 기준에 달려있습니다. 이 책에서는 세 가지 컬럼 모두 빈도분석하여 결과가 어떻게 다른지 살펴보겠습니다.

빈도분석이 생각나지 않으면 180쪽을 참고하세요.

먼저 city 컬럼을 빈도분석하겠습니다. **descr 패키지**를 로드하고 **freq() 함수**로 city 변수의 빈도와 분포율을 확인합니다.

freq() 함수로 시도별 휴양림 빈도분석하기

```
library(descr)
freq(forest_example_data$city, plot = T, main =  'city')
```

```
forest_example_data$city
              Frequency Percent
강원도               17   8.458
경기도               34  16.915
경상남도             32  15.920
경상북도             23  11.443
대구광역시            2   0.995
대전광역시            2   0.995
울산광역시            4   1.990
인천광역시            2   0.995
전라남도             17   8.458
전라북도             11   5.473
제주특별자치도        8   3.980
충청남도             16   7.960
충청북도             33  16.418
Total               201 100.000
```

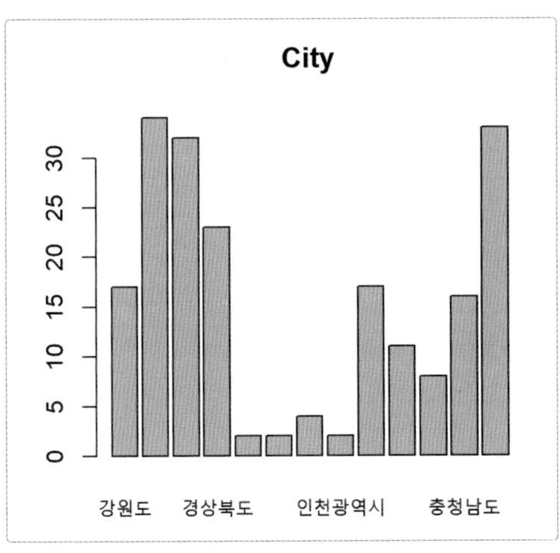

freq() 함수에 plot = T 옵션을 지정하여 막대 그래프를 함께 출력하니 시도별 분포를 시각적으로 확인할 수 있습니다.

note 그래프에 노출되는 내용은 Plots 탭 크기에 따라 다르게 나옵니다. 탭 크기를 조절하면 시도별 컬럼을 전부 볼 수 있습니다.

빈도분석은 table() 함수와 barplot() 함수로도 할 수 있다고 했습니다. **table() 함수**로 빈도를 도출한 후 **barplot() 함수**로 막대 그래프를 그립니다. 그리고 위의 freq() 함수 결과와 어떻게 다른지 비교해 봅니다.

손코딩

table() 함수로 시도별 휴양림 빈도분석하기

```
city_table <- table(forest_example_data$city)
city_table
barplot(city_table)
```

```
>       강원도       경기도     경상남도     경상북도   대구광역시   대전광역시
            17           34           32           23            2            2
    울산광역시   인천광역시     전라남도     전라북도 제주특별자치도   충청남도
             4            2           17           11            8           16
      충청북도
            33
```

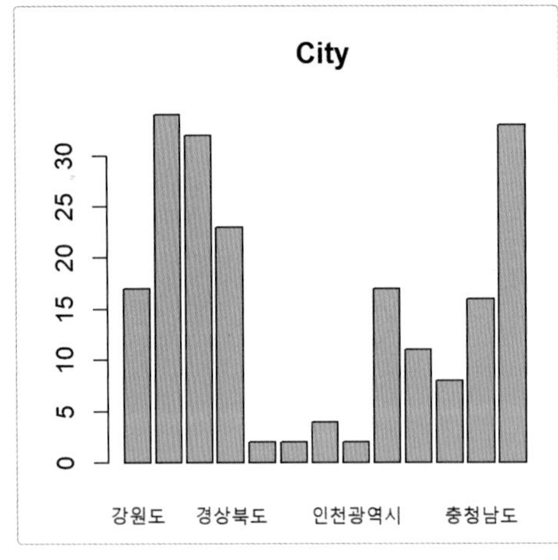

table() 함수에 의해 시도별 빈도가 출력되었습니다. 다만, freq() 함수와 마찬가지로 데이터가 가나다 순으로 정렬되어 있어 어느 지역에 휴양림이 많은지는 한눈에 파악하기 어렵습니다. 휴양림이 가장 많은 지역순으로 정렬하기 위해 **count() 함수**로 시도별 휴양림 개수를 구한 후에 **arrange() 함수**로 내림차순으로 정렬해 보겠습니다.

count() 함수로 시도별 휴양림 빈도분석하고 내림차순 정렬하기

```
library(dplyr)
count(forest_example_data, city) %>% arrange(desc(n))
```

```
# A tibble: 13 x 2
   city               n
   <chr>          <int>
 1 경기도            34
 2 충청북도          33
 3 경상남도          32
 4 경상북도          23
 5 강원도            17
 6 전라남도          17
 7 충청남도          16
 8 전라북도          11
 9 제주특별자치도     8
10 울산광역시         4
11 대구광역시         2
12 대전광역시         2
13 인천광역시         2
```

13행 2열의 데이터 프레임이 반환됩니다.

count() 함수는 결괏값으로 지역명이 있는 city 열과 빈도수가 있는 n 열을 데이터 프레임으로 반환합니다. 따라서 n 열, 즉 변수 n을 **arrange(desc())** 함수로 정렬할 수 있습니다. 휴양림이 많은 지역 순으로 내림차순 정렬되어 가장 많은 지역은 경기도, 두 번째는 충청북도임을 쉽게 확인할 수 있습니다.

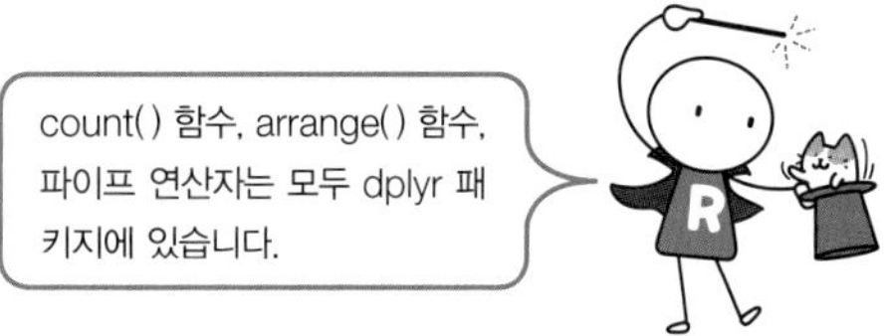

count() 함수, arrange() 함수, 파이프 연산자는 모두 dplyr 패키지에 있습니다.
R

이번에는 city_new 컬럼으로 시도별 분포를 확인해 보겠습니다. 마찬가지로 **count() 함수**와 **arrange(desc()) 함수**를 사용하여 빈도를 확인하고 내림차순으로 정렬합니다.

소재지_시도명 컬럼으로 시도별 분포 확인하기

```
count(forest_example_data, city_new) %>% arrange(desc(n))
```

```
# A tibble: 15 x 2
   city_new           n
   <chr>          <int>
 1 경기도            34
 2 충청북도          33
 3 경상남도          31
 4 경상북도          23
 5 강원도            17
 6 전라남도          17
 7 충청남도          15
 8 전라북도          11
 9 제주특별자치도     8
10 울산광역시         4
11 대구광역시         2
12 대전광역시         2
13 인천광역시         2
14 경상남도하동군     1
15 세종특별자치시     1
```

역시 휴양림이 가장 많은 지역은 경기도, 두 번째는 충청북도임을 확인할 수 있습니다. 그러나 앞의 실습에서 city 컬럼으로 구했던 빈도분석과 달리 결괏값에 다소 차이가 있는 것을 알 수 있습니다. 경상남도, 충청남도 빈도수가 다르고 14행과 15행이 새로 추가된 것을 보아 경상남도 하동군이 경상남도에 포함되지 않았고, 세종특별자치시 또한 충청남도에 포함되지 않아 결과에 차이가 생겼다는 것을 확인할 수 있습니다.

이번에는 제공기관 지역 변수인 codename 컬럼으로 시도별 분포를 확인해 봅니다.

제공기관명 컬럼으로 시도별 분포 확인하기

```
count(forest_example_data, codename) %>% arrange(desc(n))
```

```
# A tibble: 118 x 2
   codename           n
   <chr>          <int>
 1 충청북도          18
 2 경기도            17
 3 경상남도          16
 4 강원도 횡성군      4
 5 제주특별자치도     4
 6 충청남도 금산군    4
 7 경기도 양평군      3
 8 경상남도 함양군    3
 9 충청북도 충주시    3
10 경기도 양주시      2
# ... with 108 more rows
```

'도'를 기준으로 나누었던 city나 city_new 컬럼과 달리 codename 컬럼에는 '군'이나 '시' 단위의 데이터가 섞여서 빈도분석이 실행된 것을 알 수 있습니다.

이처럼 어떤 값이 들어있는 컬럼을 분석하느냐에 따라 데이터 분석 결과가 달라질 수 있습니다. 데이터 컬럼과 컬럼 값에 대해 명확하게 정의한 후 도출하고자 하는 결괏값을 분석해야 데이터를 가공하는 시간 또한 단축할 수 있다는 것을 기억하세요.

마무리

▶ 분석 단계로 정리하는 핵심 포인트

- **주제 선정**: 국내 휴양림이 어느 지역에 가장 많을까요?
- **데이터 수집**: 공공데이터포털에서 전국 휴양림 표준 데이터를 다운로드합니다.
- **데이터 가공**: 엑셀로 불필요한 행과 열을 제거하고, 분석할 변수를 정의합니다.
- **데이터 분석**: 지역별 분포를 비교하기 위해 지역 데이터를 갖고 있는 변수를 **빈도분석**합니다. 그리고 빈도를 **막대 그래프**로 시각화하여 지역별 휴양림 분포를 시각적으로 확인합니다.
- **결론 도출**: 경기도에 가장 많습니다.

▶ 표로 정리하는 핵심 함수

함수	기능
freq()	descr 패키지 빈도를 구합니다.
table()	표 형태로 데이터 빈도를 보여줍니다.
count()	dplyr 패키지 빈도를 구합니다.
arrange(desc())	dplyr 패키지 지정한 열을 기준으로 내림차순 정렬합니다.

▶ 확인문제

1. 다음 함수 중에 빈도를 구할 수 있는 함수가 아닌 것은 무엇일까요?

① count()
② freq()
③ table()
④ ncol()

2. 앞에서 실습한 forest_example_data 데이터 세트의 휴양림 구분 컬럼의 빈도와 비율을 확인하는 코드를 작성하여 실행 결과처럼 출력해 보세요.

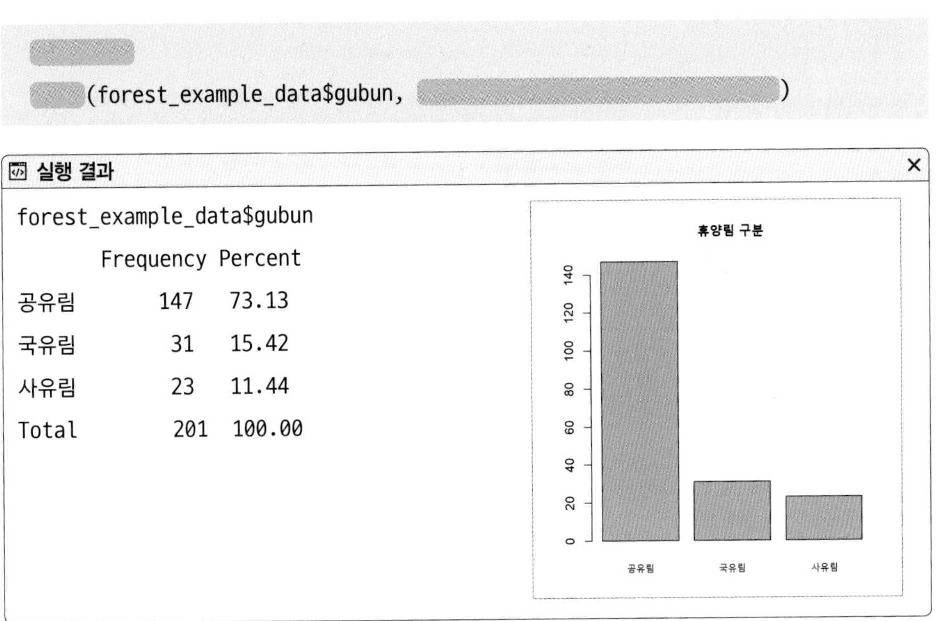

```
(forest_example_data$gubun, )
```

실행 결과

```
forest_example_data$gubun
        Frequency Percent
공유림        147   73.13
국유림         31   15.42
사유림         23   11.44
Total         201  100.00
```


3. 휴양림 구분 컬럼의 빈도를 오름차순으로 정렬하는 코드를 작성하여 실행 결과처럼 출력해 보세요.

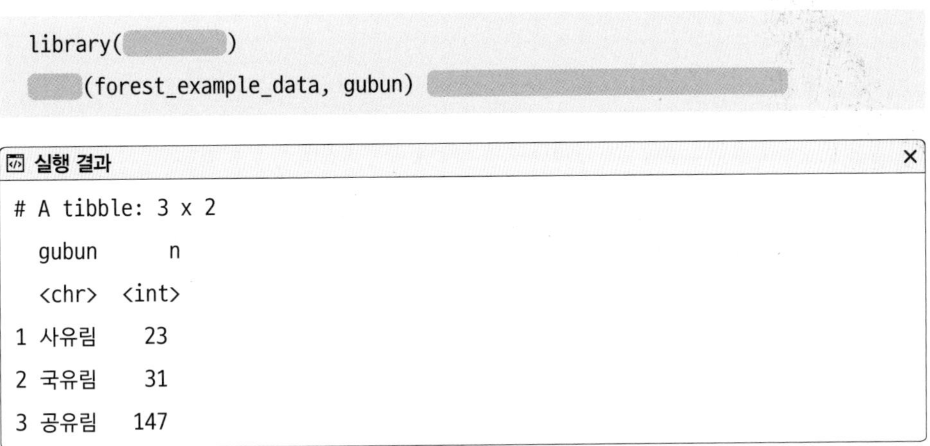

```
library( )
(forest_example_data, gubun)
```

실행 결과

```
# A tibble: 3 x 2
  gubun      n
  <chr>  <int>
1 사유림    23
2 국유림    31
3 공유림   147
```

07-2 해외 입국자 추이 확인하기

핵심 키워드

데이터 재구조화 melt() 함수 네이티브 파이프 연산자 선 그래프 누적 막대 그래프

한국문화관광연구원에서 제공하는 관광지식정보시스템의 입국자 수 통계 데이터를 이용해 해외 입국자 추이를 확인해 봅니다.

시작하기 전에

코로나19 감염병 확산은 우리 생활에 많은 변화를 가져왔습니다. 그 중에서도 국가 간의 이동 제한은 해외 입국자 수 감소에 큰 영향을 끼쳤습니다. 이번 절에서는 이러한 데이터 변화를 한눈에 파악할 수 있도록 **데이터 재구조화**를 진행하여 그래프를 그려 보겠습니다. 관광지식시스템 투어고는 관광 관련의 여러가지 통계 데이터를 제공하는 공공 데이터 사이트로 관광객 입출국 통계는 물론, 숙박시설이나 주요 관광지의 입장객 통계 정보 등을 제공합니다.

투어고 홈페이지

URL https://know.tour.go.kr

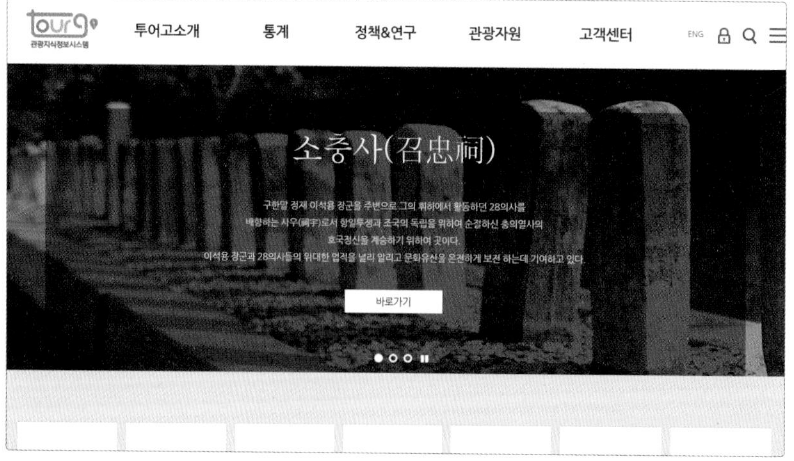

데이터 수집: 입국 통계 데이터 다운로드하기

코로나19가 처음으로 확산되었던 2020년 데이터를 기준으로 입국자 수를 분석해 보겠습니다.

01 메인 페이지 상단 [통계] 메뉴에서 [관광객통계] – [입국관광통계]를 클릭합니다.

02 입국 관광통계 페이지로 이동하면 통계 유형에서 [국적별 입국]을 선택하고, 기간 구분은 [월별], [2020년 1월]부터 [2020년 12월]까지 선택한 후 [조회]를 클릭합니다.

03 데이터가 조회되면 조회 버튼 옆에 있는 [엑셀내려받기]를 클릭해서 엑셀 파일을 다운로드합니다. 이때 셀병합을 유지할 것인지 해제할 것인지를 묻는 대화상자가 나타나면 [셀병합 유지]를 클릭합니다.

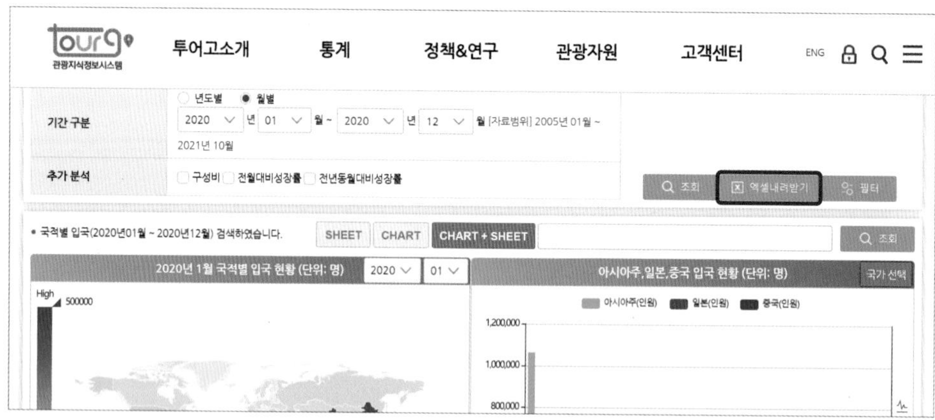

데이터 가공(1): 엑셀로 전처리하기

01 다운로드한 파일은 데이터가 정상인지 먼저 엑셀에서 파일을 열어서 확인합니다.

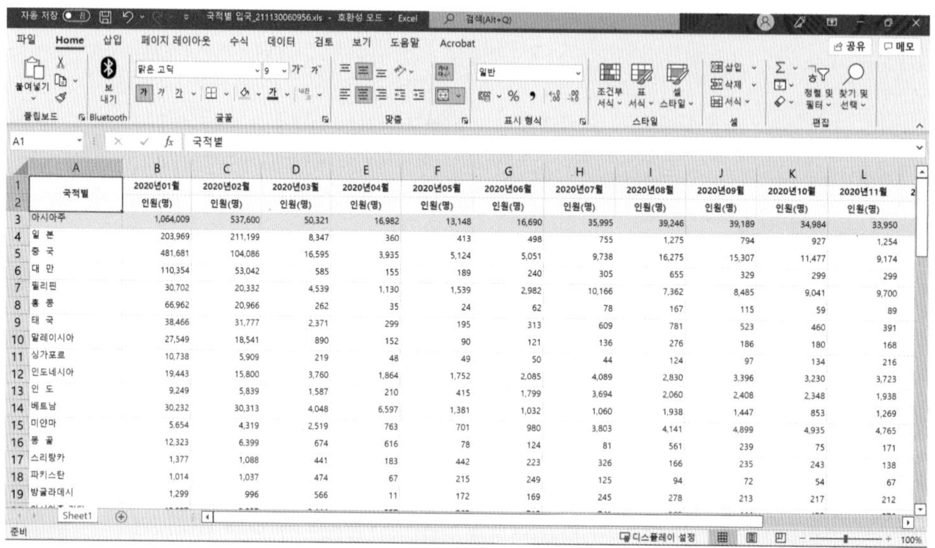

note 예제 파일에 01~03번까지 엑셀로 전처리한 파일을 제공합니다. 해당 파일을 실습에 바로 사용해도 되지만, 파일 다운로드부터 엑셀로 데이터를 전처리하는 과정도 직접 해 보세요.

02 병합되어 있는 A1 셀과 O1 셀의 병합을 해제하고 '인원(명)', '계'와 같이 불필요한 데이터가 있는 2행과 N열을 제거합니다.

병합을 해제하고

삭제합니다.

	A	B	C	D	E	F	G
1	국적별	2020년01월	2020년02월	2020년03월	2020년04월	2020년05월	2020년06월
2		인원(명)	인원(명)	인원(명)	인원(명)	인원(명)	인원(명)
3	아시아주	1,064,009	537,600	50,321	16,982	13,148	16,690
4	일 본	203,969	211,199	8,347	360	413	498
5	중 국	481,681	104,086	16,595	3,935	5,124	5,051
6	대 만	110,354	53,042	585	155	189	240
7	필리핀	30,702	20,332	4,539	1,130	1,539	2,982
8	홍 콩	66,962	20,966	262	35	24	62
9	태 국	38,466	31,777	2,371	299	195	313
10	말레이시아	27,549	18,541	890	152	90	121
11	싱가포르	10,738	5,909	219	48	49	50
12	인도네시아	19,443	15,800	3,760	1,864	1,752	2,085
13	인 도	9,249	5,839	1,587	210	415	1,799
14	베트남	30,232	30,313	4,048	6,597	1,381	1,032
15	미얀마	5,654	4,319	2,519	763	701	980
16	몽 골	12,323	6,399	674	616	78	124
17	스리랑카	1,377	1,088	441	183	442	223

note 셀 병합 해제는 셀을 선택한 후 [홈(Home)] – [맞춤] – [병합하고 가운데 맞춤]을 클릭하면 병합되어 있던 셀이 해제됩니다.

03 계속해서 대륙별 소계 데이터인 '아시아주', '중동', '미주', '구주', '대양주', '아프리카주', '기타', '전체' 행도 삭제합니다. 연두색으로 배경색이 들어간 행이므로 찾아서 삭제하기 쉽습니다.

1	국적별	2020년01월	2020년02월	2020년03월	2020년04월	2020년05월	2020년06월
2	아시아주	1,064,009	537,600	50,321	16,982	13,148	16,690
3	일 본	203,969	211,199	8,347	360	413	498
4	중 국	481,681	104,086	16,595	3,935	5,124	5,051
5	대 만	110,354	53,042	585	155	189	240
6	필리핀	30,702	20,332	4,539	1,130	1,539	2,982
7	홍 콩	66,962	20,966	262	35	24	62
8	태 국	38,466	31,777	2,371	299	195	313
9	말레이시아	27,549	18,541	890	152	90	121
10	싱가포르	10,738	5,909	219	48	49	50
11	인도네시아	19,443	15,800	3,760	1,864	1,752	2,085
12	인 도	9,249	5,839	1,587	210	415	1,799
13	베트남	30,232	30,313	4,048	6,597	1,381	1,032
14	미얀마	5,654	4,319	2,519	763	701	980
15	몽 골	12,323	6,399	674	616	78	124
16	스리랑카	1,377	1,088	441	183	442	223
17	파키스탄	1,014	1,037	474	67	215	249
18	방글라데시	1,299	996	566	11	172	169

모든 작업을 완료하면 파일을 실습 폴더(C:/Rstudy)에 [entrance_exam.xls] 파일명으로 저장합니다. 이제 엑셀로 하는 간단한 전처리 작업은 완료되었습니다. 공백 문자 처리나 데이터 변형 등의 본격적인 가공은 R에서 진행해 보겠습니다.

데이터 가공(2): 데이터 재구조화하기

readxl 패키지를 로드하고 read_excel() 함수를 이용하여 엑셀 파일을 R로 가져온 후 데이터가 지정한 변수에 잘 저장되었는지 str() 함수와 head() 함수로 확인해 봅니다.

손코딩

엑셀 파일 가져오기

```
library(readxl)
entrance_xls<- read_excel("C:/Rstudy/entrance_exam.xls")

str(entrance_xls)
head(entrance_xls)
```

```
tibble [67 x 13] (S3: tbl_df/tbl/data.frame)
 $ 국적별    : chr [1:67] "일  본" "중  국" "대  만" "필리핀" ...
 $ 2020년01월: num [1:67] 203969 481681 110354 30702 66962 ...
 $ 2020년02월: num [1:67] 211199 104086 53042 20332 20966 ...
 $ 2020년03월: num [1:67] 8347 16595 585 4539 262 ...
 $ 2020년04월: num [1:67] 360 3935 155 1130 35 ...
 $ 2020년05월: num [1:67] 413 5124 189 1539 24 ...
 $ 2020년06월: num [1:67] 498 5051 240 2982 62 ...
 $ 2020년07월: num [1:67] 755 9738 305 10166 78 ...
 $ 2020년08월: num [1:67] 1275 16275 655 7362 167 ...
 $ 2020년09월: num [1:67] 794 15307 329 8485 115 ...
 $ 2020년10월: num [1:67] 927 11477 299 9041 59 ...
 $ 2020년11월: num [1:67] 1254 9174 299 9700 89 ...
 $ 2020년12월: num [1:67] 951 7987 264 9718 59 ...

# A tibble: 6 x 13
  국적별 `2020년01월` `2020년02월` `2020년03월` `2020년04월` `2020년05월` `2020년06
월` `2020년07월` `2020년08월` `2020년09월` `2020년10월` `2020년11월` `2020년12월`
  <chr>        <dbl>        <dbl>        <dbl>        <dbl>        <dbl>
<dbl>        <dbl>        <dbl>        <dbl>        <dbl>        <dbl>        <dbl>
1 일  본      203969       211199         8347          360          413
498          755         1275          794          927         1254          951
2 중  국      481681       104086        16595         3935         5124
5051         9738        16275        15307        11477         9174         7987
```

```
3 대  만        110354        53042          585          155          189
240           305          655          329          299          299          264
4 필리핀        30702        20332         4539         1130         1539
2982         10166         7362         8485         9041         9700         9718
5 홍  콩        66962        20966          262           35           24
62            78           167          115          59           89           59
6 태  국        38466        31777         2371          299          195
313           609          781          523          460          391          383
```

원시 데이터와 비교하였을 때 컬럼 총 13개의 컬럼과 관측치가 67개의 관측치 데이터 세트를 제대로 가져온 것을 확인할 수 있습니다. 하지만 데이터를 자세히 살펴보니 컬럼명이 너무 길고, 관측치에도 띄어쓰기가 있어 데이터를 알아보기 어려우므로 분석 편의를 위해 데이터를 정돈할 필요가 있습니다.

컬럼명 변경과 공백 제거하기

컬럼명에 숫자와 한글이 뒤섞여있어 컬럼을 알아보기 어려우므로 컬럼명을 간단한 영문으로 변경하겠습니다. 또한 '국적별' 컬럼의 국가명에 불필요한 띄어쓰기도 제거하겠습니다. 컬럼명을 지정하는 **colnames() 함수**를 이용해 전체 컬럼명을 간단한 영문으로 지정해주고, 국가명은 **gsub() 함수**로 띄어쓰기를 제거합니다.

컬럼명 변경과 띄어쓰기 제거하기

```
colnames(entrance_xls) <- c("country", "JAN", "FEB", "MAR", "APR", "MAY",
                            "JUN", "JUL", "AUG", "SEP", "OCT", "NOV", "DEC")

entrance_xls$country <- gsub(" ", "", entrance_xls$country)
entrance_xls
```

```
# A tibble: 67 x 13
  country    JAN    FEB   MAR   APR   MAY   JUN   JUL   AUG   SEP   OCT   NOV   DEC
  <chr>    <dbl>  <dbl> <dbl> <dbl> <dbl> <dbl> <dbl> <dbl> <dbl> <dbl> <dbl> <dbl>
1 일본    203969 211199  8347   360   413   498   755  1275   794   927  1254   951
2 중국    481681 104086 16595  3935  5124  5051  9738 16275 15307 11477  9174  7987
3 대만    110354  53042   585   155   189   240   305   655   329   299   299   264
```

```
 4 필리핀     30702  20332  4539  1130  1539  2982 10166  7362  8485  9041  9700  9718
 5 홍콩       66962  20966   262    35    24    62    78   167   115    59    89    59
 6 태국       38466  31777  2371   299   195   313   609   781   523   460   391   383
 7 말레이시아 27549  18541   890   152    90   121   136   276   186   180   168   261
 8 싱가포르   10738   5909   219    48    49    50    44   124    97   134   216   381
 9 인도네시아 19443  15800  3760  1864  1752  2085  4089  2830  3396  3230  3723  4790
10 인도        9249   5839  1587   210   415  1799  3694  2060  2408  2348  1938  2283
# ... with 57 more rows
```

컬럼명이 간결해지고 불필요한 공백이 제거되어 데이터 파악이 훨씬 용이해졌습니다. 이제 2020년 1월부터 12월까지의 데이터 변화 추이를 살펴보겠습니다.

✚ 여기서 잠깐 **gsub() 함수**

gsub() 함수는 문자열을 대체하는 함수입니다. 엑셀에서 '찾기 및 바꾸기' 기능으로 특정 문자(열)를 찾아 원하는 문자(열)로 바꿀 수 있는 것처럼 R에서는 gsub() 함수로 특정 문자(열)를 찾아 원하는 문자(열)로 한 번에 변경할 수 있습니다.

```
gsub("찾을 문자열", "대체할 문자열", 데이터)
```

예를 들어 띄어쓰기를 제거하려면 찾을 문자열에는 띄어쓰기로 큰따옴표 안에 공백을 넣어주고, 대체할 문자열에는 공백 없는 큰따옴표를 넣어 함수를 실행합니다. 그러면 지정한 데이터 안의 띄어쓰기가 한 번에 제거됩니다.

국가 수 확인 및 상위 5개국 추출하기

그래프로 시각화할 때 모든 국가를 다 담으면 좋겠지만, 모든 국가를 한 그래프에 표현하기는 어려우므로 상위 5개 국가만 추출해 보겠습니다. 먼저 데이터 세트에 모두 몇 개의 국가가 있는지 확인하기 위해 **nrow() 함수**를 사용합니다. 그리고 2020년 1월을 기준으로 입국 상위 5개국을 추출하기 위해 **order() 함수**로 데이터를 내림차순 정렬한 후, **head() 함수**로 5개 행만 출력합니다.

1월 기준 상위 5개국 추출하기

```
entrance_xls |> nrow()

top5_country <- entrance_xls[order(-entrance_xls$JAN),] |> head(n = 5)
top5_country
```

```
> [1] 67

  # A tibble: 5 x 13
    country    JAN    FEB   MAR   APR   MAY   JUN   JUL   AUG   SEP   OCT   NOV   DEC
    <chr>    <dbl>  <dbl> <dbl> <dbl> <dbl> <dbl> <dbl> <dbl> <dbl> <dbl> <dbl> <dbl>
  1 중국    481681 104086 16595  3935  5124  5051  9738 16275 15307 11477  9174  7987
  2 일본    203969 211199  8347   360   413   498   755  1275   794   927  1254   951
  3 대만    110354  53042   585   155   189   240   305   655   329   299   299   264
  4 미국     67255  42439 10570  6417  8735  9717 11922 13368 12426 12366 13100 12102
  5 홍콩     66962  20966   262    35    24    62    78   167   115    59    89    59
```

order() 함수는 기본값이 오름차순입니다. 보통 내림차순으로 정렬 하기 위해 **decreasing = T** 옵션을 사용하지만, 변수 앞에 – 기호를 사용하는 것으로도 쉽게 내림차순 정렬할 수 있습니다. 코드에 사용된 |> 기호는 **네이티브 파이프 연산자**입니다. %>% 기호와 같은 의미로 사용할 수 있습니다.

+ 여기서 잠깐 **네이티브 파이프 연산자 |>**

R 4.1.0 버전부터 새로운 파이프 연산자인 네이티브 파이브 연산자 |>가 추가되었습니다. 기존에는 파이프 연산자 %>%를 사용하려면 magrittr 패키지나 dplyr 패키지를 이용해야 했지만, 이제는 패키지가 필요없는 네이티브 연산자로 파이프 연산자를 사용할 수 있게 되었습니다.

시각화를 위한 데이터 재구조화하기

데이터 시각화를 위해 가로로 나열되어 있는 월별 데이터를 아래로 나열되는 관측치 데이터로 재구조화해야 합니다. 데이터 구조 변형에는 **melt() 함수**를 사용합니다. **reshape2 패키지**를 로드하고 melt() 함수를 사용한 후 **head() 함수**로 변형된 데이터 세트 앞부분을 살펴보겠습니다.

손코딩

데이터 구조 재구조화하기

```
library(reshape2)
top5_melt <- melt(top5_country,  id.vars = 'country', variable.name = 'mon')
head(top5_melt)
```

```
>   country mon  value
  1    중국 JAN 481681
  2    일본 JAN 203969
  3    대만 JAN 110354
  4    미국 JAN  67255
  5    홍콩 JAN  66962
  6    중국 FEB 104086
```

컬럼명 country 변수를 기준으로 현재 가로로 나열된 월별 데이터를 관측치로 변형합니다. melt() 함수의 id.vars 값에는 기준이 되는 country 변수를, variable.name 값에는 새로운 컬럼이 될 mon을 변수명으로 지정하면 국가명을 기준으로 하는 월별 데이터가 가로에서 세로로 나열됩니다. 변형 과정을 그림으로 살펴보면 다음과 같습니다.

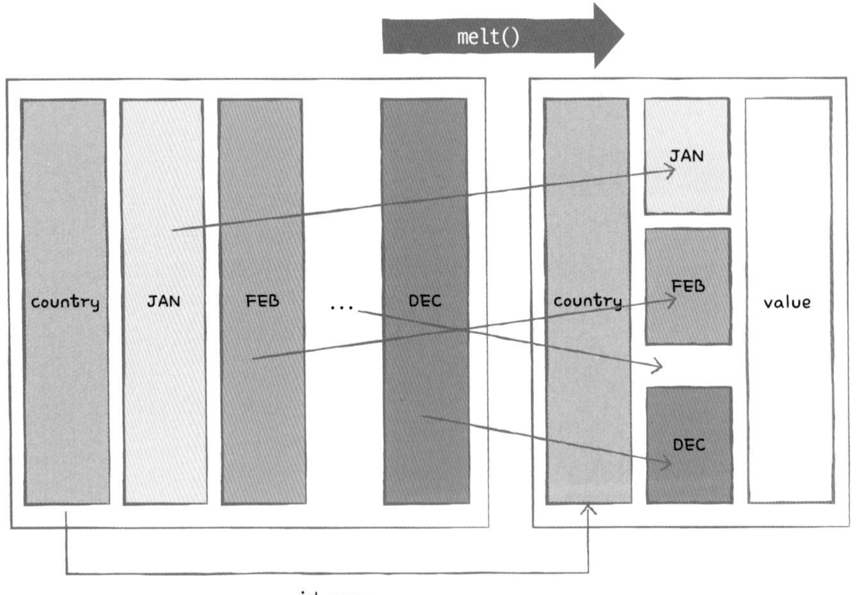

데이터 분석: 시각화하기

이제 모든 준비 작업은 끝났습니다. ggplot2 패키지를 이용해 시각화를 진행해 보겠습니다. 데이터 변화 추이를 확인하기 가장 좋은 그래프는 **선 그래프**입니다. 선 그래프는 각 항목을 선으로 연결하므로 변화를 추적하기 쉽습니다.

시간 흐름에 따른 변화량을 확인해야 하므로 x축은 mon 컬럼, y축은 value 컬럼으로 지정합니다. 그리고 국가별 변화 추이를 확인해야 하므로 group 옵션에는 country 컬럼을 지정합니다. 선 그래프를 그리는 **geom_line() 함수**의 color 옵션에 country 컬럼을 지정하면 국가별로 다른 색상의 선 그래프가 그려집니다.

손코딩

선 그래프 그리기

```
library(ggplot2)

ggplot(top5_melt, aes(x = mon, y = value, group = country)) +
  geom_line(aes(color = country))
```

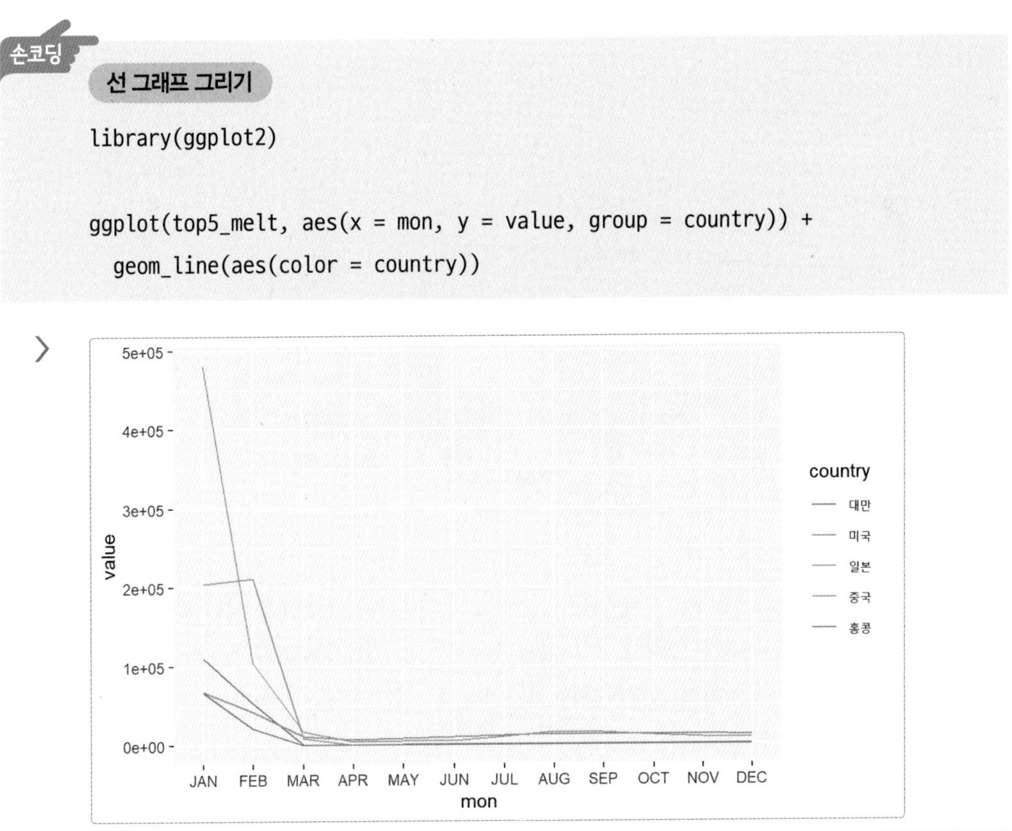

그래프를 보면 확실히 해외 입국자가 많이 줄어든 것을 확인할 수 있습니다. 특히 1월에 비해 2월과 3월에 급격하게 해외 입국자가 줄어들고 이후에는 크게 변동이 없는 것을 한눈에 알 수 있습니다. 그러나 중국의 value 값이 다른 국가와 차이가 커 y축 숫자를 알아보기 어려우므로 y축의 범위 조정이 필요해 보입니다.

ggplot() 함수로 그래프를 그리면서 y축의 범위를 조정할 때는 **scale_y_continuous() 함수**를 사용합니다. 그래프 가독성을 위해 **ggtitle() 함수**로 그래프 제목도 넣어보겠습니다.

손코딩

그래프 제목 지정하고 y축 범위 조정하기

```
ggplot(top5_melt, aes(x = mon, y = value, group = country)) +
  geom_line(aes(color = country)) +
  ggtitle("2020년 국적별 입국 수 변화 추이") +
  scale_y_continuous(breaks = seq(0, 500000, 50000))
```

>

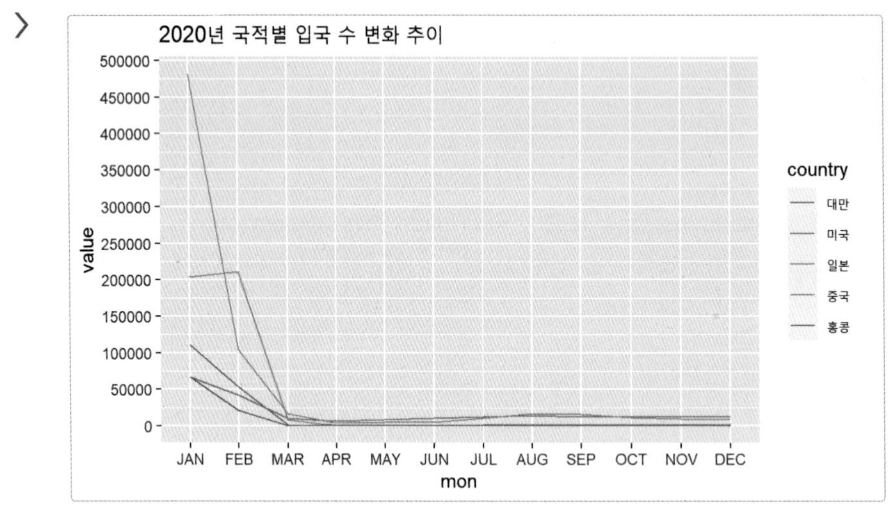

scale_y_continuous() 함수는 y축 범위를 조정할 수 있습니다. 특히 **seq() 함수**를 함께 사용하여 y축 범위를 일정한 간격으로 조정할 수도 있습니다. 즉 seq(0, 500000, 50000) 코드는 축 범위를 0부터 500000까지 50000씩 지정한다는 의미입니다. y축 범위를 조정하니 국가별 차이를 수치로도 확실하게 구분할 수 있습니다.

선 그래프는 시간의 흐름에 따라 국가별 변화 추이를 보기에는 좋지만, 5개국 전체 해외 입국자 수의 변화를 파악하기 어려운 점은 아쉽습니다. 이번에는 누적 막대 그래프로 변화량을 확인해 보겠습니다. 먼저 기본 막대 그래프를 그립니다. 데이터는 top5_melt를 그대로 사용하고 **geom_bar() 함수**로 그래프를 그립니다. 국가별로 구분할 수 있도록 막대에 색상도 넣어 보겠습니다.

손코딩

막대 그래프 그리기

```
ggplot(top5_melt, aes(x = mon, y = value, fill = country)) +
  geom_bar(stat = "identity", position = "dodge")
```

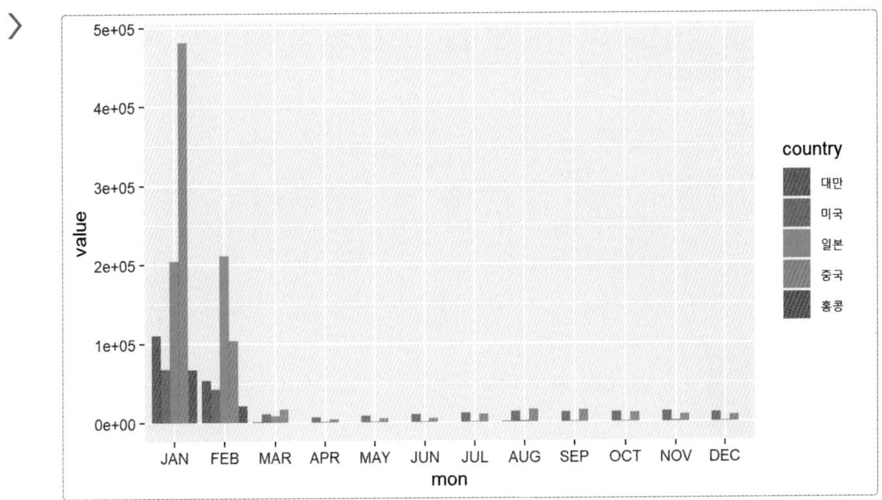

막대 그래프 색상을 다르게 표시할 때는 ggplot() 함수에 **color 혹은 fill 옵션**을 사용합니다. fill 옵션으로는 막대 안의 색상을, color 옵션으로는 막대 테두리 색상을 지정할 수 있습니다.

위 코드에서 중요한 점은 geom_bar() 함수의 **stat = identity 옵션**과 **position = "dodge" 옵션**입니다. y축 데이터를 막대 그래프로 그릴 때는 **stat 옵션**을 사용합니다. 그리고 막대 위치를 나타내는 **position 옵션**을 **dodge**로 설정해야 데이터별로 막대 그래프가 그려집니다.

+ 여기서 잠깐 **막대 그래프의 stat 옵션**

막대 그래프의 stat 옵션은 statistic의 약자로, 기본값은 count입니다. count는 x축에 따른 빈도에 따라 y값을 그리므로 ggplot() 함수에 x축만 매핑하여 x축의 빈도를 그릴 때는 stat 옵션을 생략할 수 있습니다. 하지만 y축의 데이터를 매핑하여 y축 데이터 값을 그릴 때는 identity 값을 지정해야 합니다. identity 값은 데이터 값에 따라 y축 높이를 표현합니다.

반면에 누적 막대 그래프를 그릴 때는 position 옵션을 stack으로 지정해야 합니다.

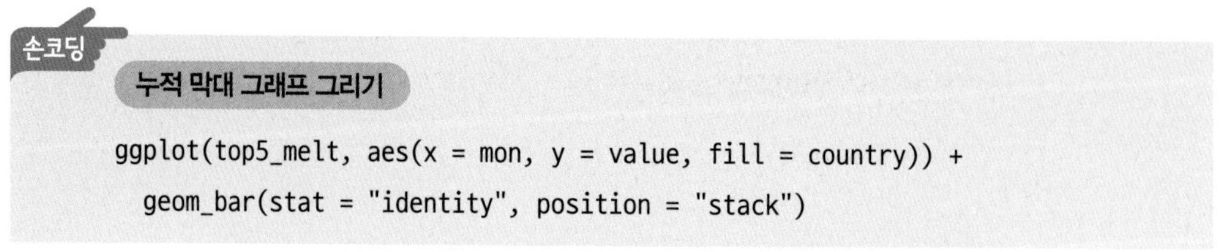

손코딩

누적 막대 그래프 그리기

```
ggplot(top5_melt, aes(x = mon, y = value, fill = country)) +
  geom_bar(stat = "identity", position = "stack")
```

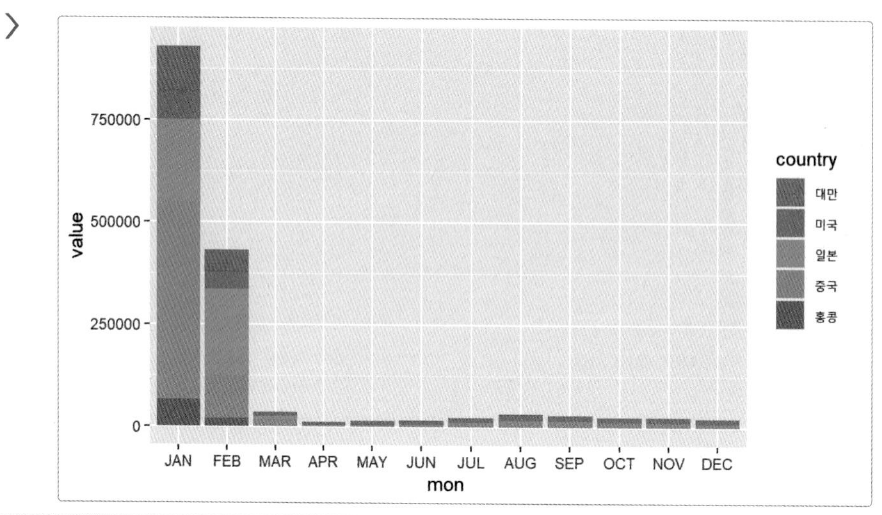

국가별 수치가 모두 하나의 막대에 누적되어 그려집니다. 국가별 변화는 물론 5개국 해외 입국자 수 합계의 변화까지 나타낼 수 있으므로 앞서 그려 본 선 그래프보다 변화량을 한눈에 파악할 수 있습니다.

마무리

▶ 분석 단계로 정리하는 핵심 포인트

- **주제 선정**: 코로나19가 발생한 2020년 해외 입국자 수에 얼마나 변화가 있을까요?
- **데이터 수집**: 투어고 사이트에서 입국 통계 데이터를 다운로드합니다.
- **1차 데이터 가공**: 엑셀로 불필요한 행과 열을 제거합니다.
- **2차 데이터 가공**: 데이터 분석에 오류가 없도록 컬럼명을 변경하고 공백도 제거한 후, 국가별로 1월부터 12월까지의 변화를 살펴봐야 하므로 국가를 기준으로 **데이터 재구조화**를 합니다.
- **데이터 분석**: 국가별 변화 추이를 확인하기 적합한 **선 그래프**를 그려 시각화를 합니다. 그리고 전체 해외 입국자 변화 추이도 함께 확인하기 위해 **누적 막대 그래프**를 그립니다.
- **결론 도출**: 1월부터 감소하기 시작하여 2월, 3월에 급격하게 줄어든 후 큰 변화가 없습니다.

▶ 표로 정리하는 핵심 함수

함수	기능
colnames()	컬럼명(열 이름)을 변경합니다.
gsub()	특정 문자를 원하는 문자열로 대체합니다.
order()	데이터를 정렬합니다(기본값 오름차순).
melt()	reshape2 패키지 데이터 열을 행으로 바꿉니다.
geom_line()	ggplot2 패키지 선 그래프를 그립니다.
scale_y_continuous()	ggplot2 패키지 y축 범위를 조정합니다.
ggtitle()	ggplot2 패키지 그래프에 제목을 지정합니다.
seq()	차이가 일정한 연속값을 생성합니다.
geom_bar()	ggplot2 패키지 막대 그래프를 그립니다.

▶ 확인문제

1. 데이터를 관측할 때 사용하는 기술통계 함수가 아닌 것은 무엇일까요?

① str()

② skewness()

③ mean()

④ median()

⑤ ls()

2. 다음 설명에 맞는 함수를 빈칸에 채워 보세요.

① 선 그래프를 그립니다.

② y축 범위를 조정합니다.

③ 그래프에 제목을 지정합니다.

④ 연속값을 생성합니다.

3. 다음 데이터의 공백을 제거하여 실행 결과처럼 출력해 보세요.

```
carName <- c("Porsche 911", "the new GRANDEUR", "All New Carnival")
```

```
test <- 
test
```

실행 결과

```
[1] "Porsche911"     "thenewGRANDEUR" "AllNewCarnival"
```

hint 3. 데이터의 공백을 제거하는 방법은 345쪽을 참고하세요.

4. 다이아몬드 크기(carat)에 따른 가격(price)을 나타내는 그래프를 그려 보세요. 이때 다이아몬드 투명도(clarity)에 따라 그래프에 색상을 표현하고, 제목과 축 범위를 지정하여 실행 결과처럼 출력해 보세요.

```
library(ggplot2)
ggplot(diamonds,                                     +
```

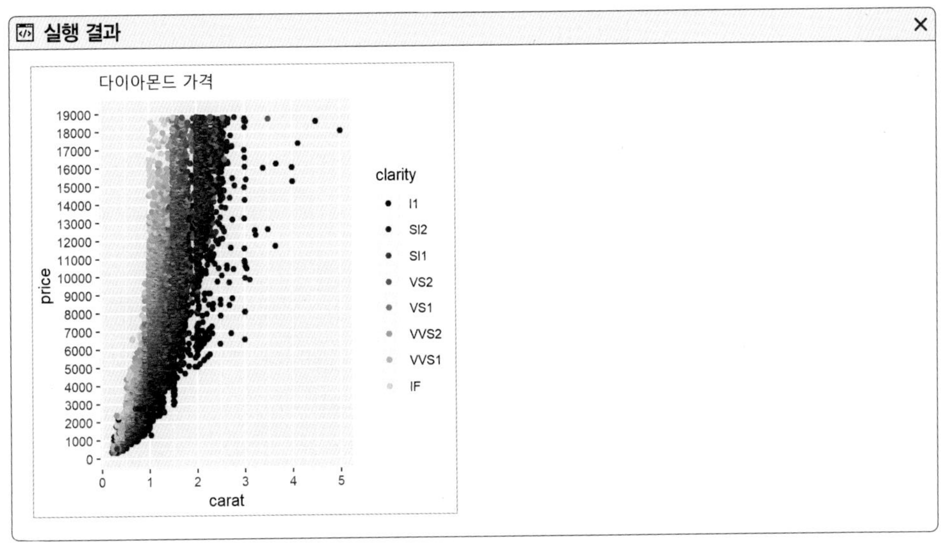

hint 4. ggplot2 패키지로 그래프를 그릴 때 사용하는 옵션은 349쪽과 350쪽을 참고하세요.

07-3 지도에서 코로나19 선별진료소 위치 확인하기

핵심 키워드

지도 시각화 | table() 함수 | 구글 지도 API | mutate_geocode() 함수 | 산점도 | geom_point() 함수

공공데이터포털에서 선별진료소의 위치 데이터를 가져와 구글 지도 위에 표시해 봅니다.

시작하기 전에

이번 절에서는 필요한 데이터만 추출해서 위치 데이터를 지도 위에 표시하는 **지도 시각화**를 실습해 봅니다. 우리가 표시할 데이터는 코로나19 선별진료소 위치입니다. 7-1절에서 사용했던 공공데이터포털 사이트에서 데이터를 다운로드하여 실습을 진행합니다.

공공데이터포털 홈페이지

URL https://www.data.go.kr

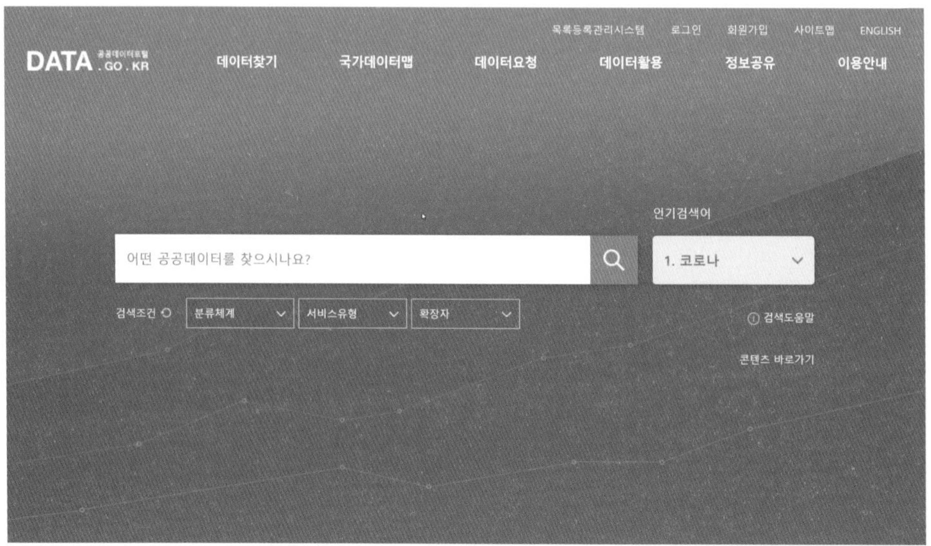

데이터 수집: 코로나19 선별진료소 위치 정보 다운로드하기

01 메인 화면 검색 창에 [선별진료소 현황]을 입력하고 돋보기 버튼을 클릭해 데이터를 검색합니다.

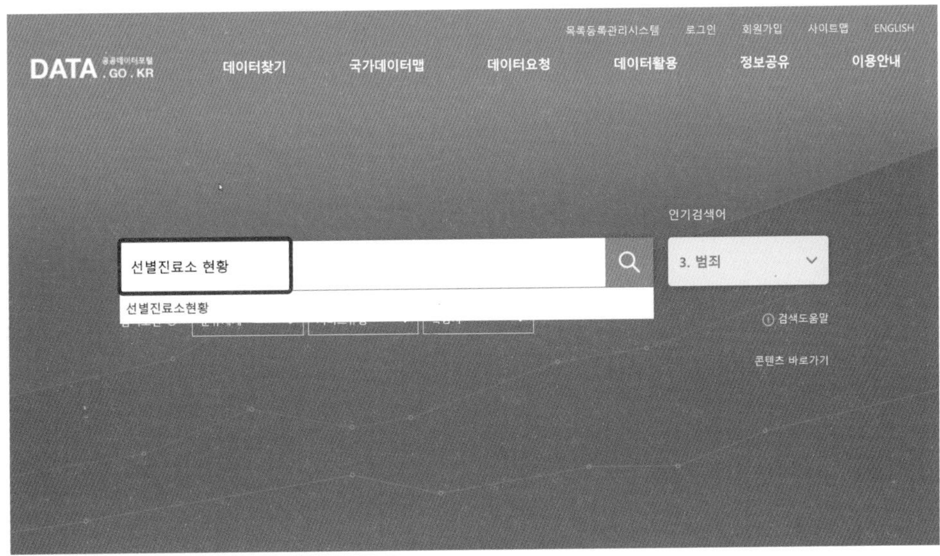

02 파일데이터 목록 중 [보건복지부_코로나19 선별진료소_현황]을 클릭합니다.

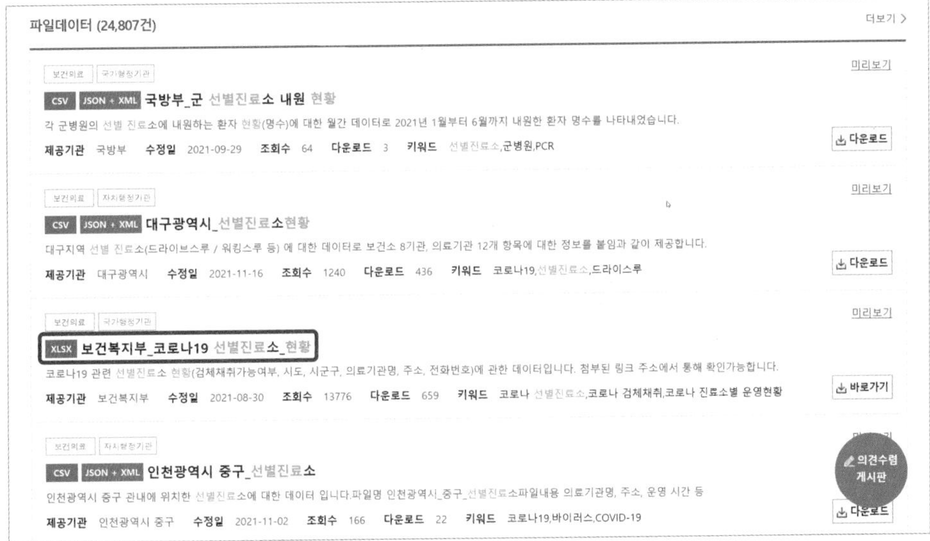

note 검색 시기에 따라 위의 스크린샷과 목록 순서가 다를 수 있습니다.

03 파일데이터 정보 화면에서 메타데이터를 확인할 수 있습니다. 표 중간에 있는 URL 링크를 클릭하여 코로나19 선별진료소 현황 페이지로 이동합니다.

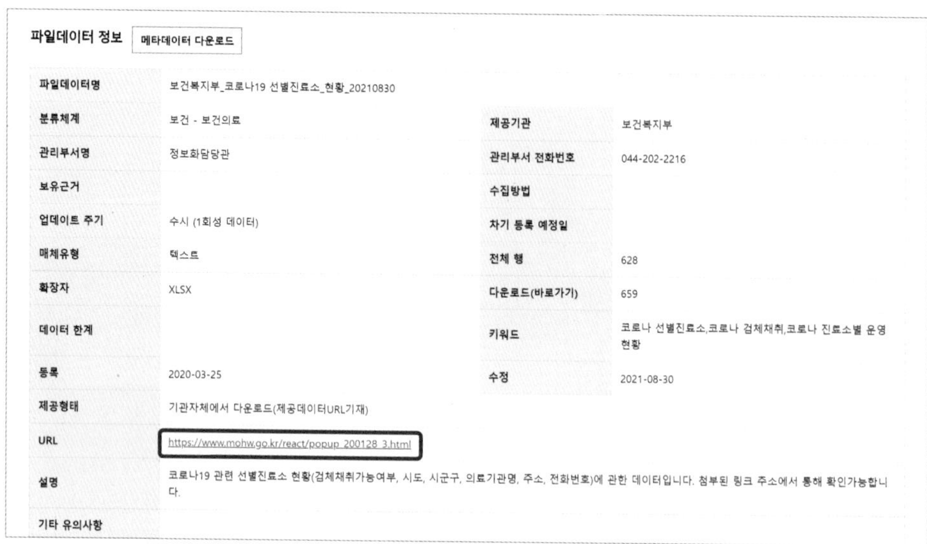

파일데이터 정보 [메타데이터 다운로드]

파일데이터명	보건복지부_코로나19 선별진료소_현황_20210830		
분류체계	보건 - 보건의료	제공기관	보건복지부
관리부서명	정보화담당관	관리부서 전화번호	044-202-2216
보유근거		수집방법	
업데이트 주기	수시 (1회성 데이터)	차기 등록 예정일	
매체유형	텍스트	전체 행	628
확장자	XLSX	다운로드(바로가기)	659
데이터 한계		키워드	코로나 선별진료소,코로나 검체채취,코로나 진료소별 운영현황
등록	2020-03-25	수정	2021-08-30
제공형태	기관자체에서 다운로드(제공데이터URL기재)		
URL	https://www.mohw.go.kr/react/popup_200128_3.html		
설명	코로나19 관련 선별진료소 현황(검체채취가능여부, 시도, 시군구, 의료기관명, 주소, 전화번호)에 관한 데이터입니다. 첨부된 링크 주소에서 통해 확인가능합니다.		
기타 유의사항			

note 메타데이터(metadata)는 데이터에 대한 데이터 즉 데이터 정보입니다. 데이터에 대한 정보를 분석, 분류하여 제공합니다.

04 보건복지부의 코로나19 선별진료소 현황 페이지는 시간대별로 업데이트 되어 데이터 분석 연습에 사용하기 좋은 데이터입니다. 선별진료소 목록 오른쪽 위에 있는 [엑셀파일 다운로드]를 클릭하여 데이터 파일을 다운로드한 후 실습 폴더에(C:/Rstudy) 저장합니다.

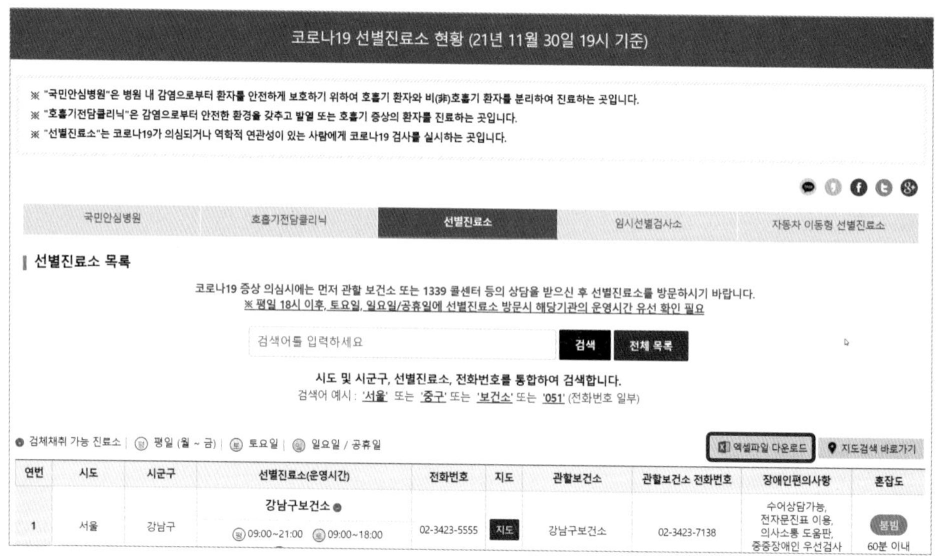

데이터 가공: 필요한 데이터 추출하기

다운로드한 엑셀 파일을 열어 데이터를 먼저 확인해 보겠습니다. 데이터가 업데이트된 기준일, 시도, 시군구, 의료기관명, 주소, 운영시간 등 다양한 정보가 포함되어 있습니다. 이미 정리가 잘 되어 있어서 바로 R로 가공을 해도 충분해 보입니다. 이번에는 데이터 전처리부터 필요한 데이터 추출 등을 모두 R에서 진행해 보겠습니다.

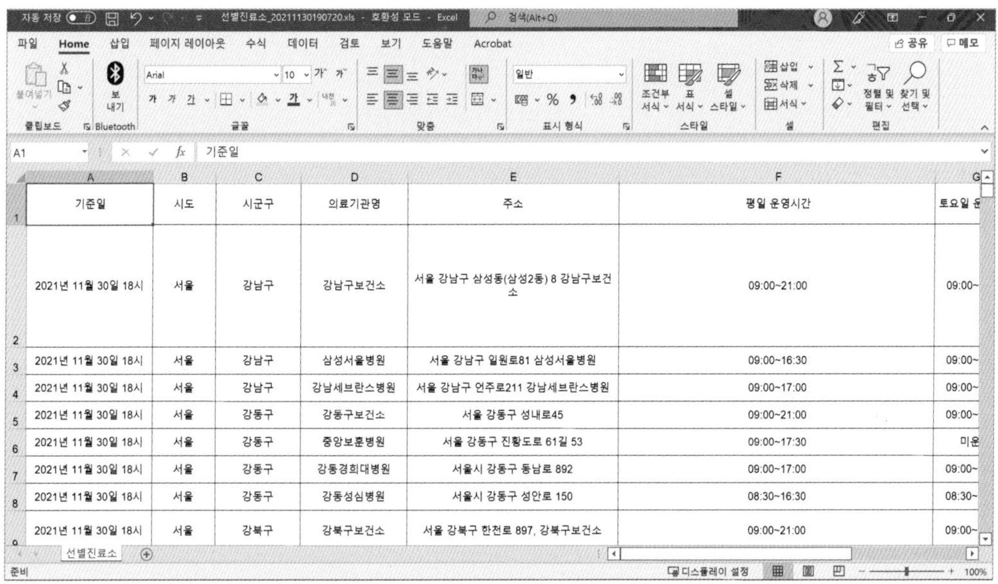

기준일	시도	시군구	의료기관명	주소	평일 운영시간	토요일 운
2021년 11월 30일 18시	서울	강남구	강남구보건소	서울 강남구 삼성동(삼성2동) 8 강남구보건소	09:00~21:00	09:00~
2021년 11월 30일 18시	서울	강남구	삼성서울병원	서울 강남구 일원로81 삼성서울병원	09:00~16:30	09:00~
2021년 11월 30일 18시	서울	강남구	강남세브란스병원	서울 강남구 언주로211 강남세브란스병원	09:00~17:00	09:00~
2021년 11월 30일 18시	서울	강동구	강동구보건소	서울 강동구 성내로45	09:00~21:00	09:00~
2021년 11월 30일 18시	서울	강동구	중앙보훈병원	서울 강동구 진황도로 61길 53	09:00~17:30	미운
2021년 11월 30일 18시	서울	강동구	강동경희대병원	서울시 강동구 동남로 892	09:00~17:00	09:00~
2021년 11월 30일 18시	서울	강동구	강동성심병원	서울시 강동구 성안로 150	08:30~16:30	08:30~
2021년 11월 30일 18시	서울	강북구	강북구보건소	서울 강북구 한천로 897, 강북구보건소	09:00~21:00	09:00~

엑셀 파일을 가져오기 위해 readxl **패키지**를 로드하고 read_excel() **함수**로 파일을 가져옵니다. 가져온 데이터는 View() **함수**로 확인도 해줍니다.

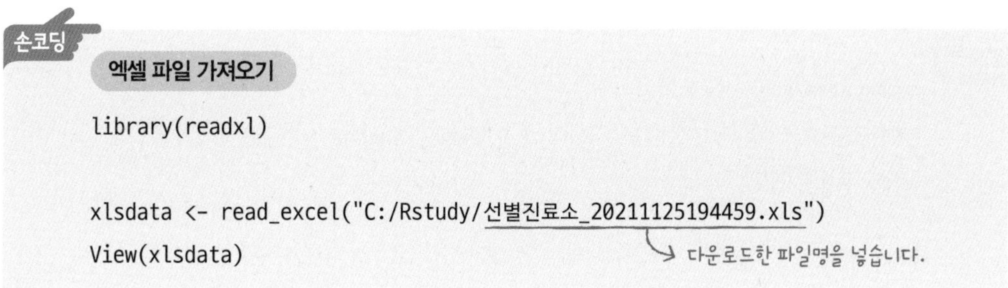

엑셀 파일 가져오기

```
library(readxl)

xlsdata <- read_excel("C:/Rstudy/선별진료소_20211125194459.xls")
View(xlsdata)
```

note View() 함수 실행 결과는 생략합니다.

가져온 데이터가 엑셀 파일과 동일하게 출력되면 제대로 가져온 것입니다. 이제 데이터 세트에서 모든 데이터가 필요한 것은 아니므로 필요한 컬럼만 추출해서 따로 저장해 보겠습니다. 우리가 필요한 정보는 시도, 시군구, 의료기관명, 주소로 데이터 시각화에 필요한 정보만 추출하면 됩니다. xlsdata 데이터 세트의 모든 행 중에 2~5열만 추출합니다.

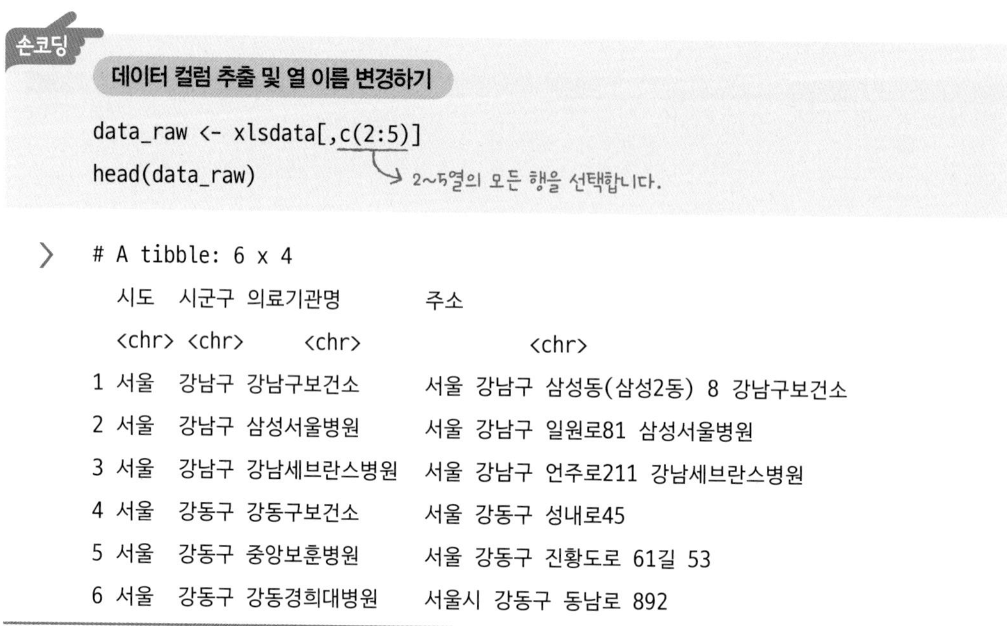

손코딩

데이터 컬럼 추출 및 열 이름 변경하기

```
data_raw <- xlsdata[,c(2:5)]
head(data_raw)
```



```
# A tibble: 6 x 4
  시도  시군구 의료기관명         주소
  <chr> <chr>  <chr>              <chr>
1 서울  강남구 강남구보건소       서울 강남구 삼성동(삼성2동) 8 강남구보건소
2 서울  강남구 삼성서울병원       서울 강남구 일원로81 삼성서울병원
3 서울  강남구 강남세브란스병원   서울 강남구 언주로211 강남세브란스병원
4 서울  강동구 강동구보건소       서울 강동구 성내로45
5 서울  강동구 중앙보훈병원       서울 강동구 진황도로 61길 53
6 서울  강동구 강동경희대병원     서울시 강동구 동남로 892
```

데이터 추출이 잘 되었는지 head() 함수로 일부분을 먼저 확인하고, 문제가 없다면 컬럼명을 변경하겠습니다. 컬럼명이 한글이면 데이터 분석 중에 오류가 발생할 수 있기 때문입니다. 영문로 state, city, name, addr로 각각 변경합니다.

손코딩

```
names(data_raw)
names(data_raw) <- c("state","city","name","addr")
names(data_raw)
```

```
[1] "시도"    "시군구"  "의료기관명" "주소"
[1] "state" "city"   "name"      "addr"
```

한글 컬럼명이 영문으로 출력됩니다. 이제 데이터를 한번 탐색해 보겠습니다. 어느 지역에 선별진료소가 가장 많고 적은지 확인해 봅니다.

데이터 분석(1): 빈도분석하기

어느 지역에 선별진료소가 많고 적은지 비교하려면 **빈도분석**을 해야합니다. table() **함수**로 state 변수의 빈도를 구하고 **막대 그래프**로 그려 보겠습니다.

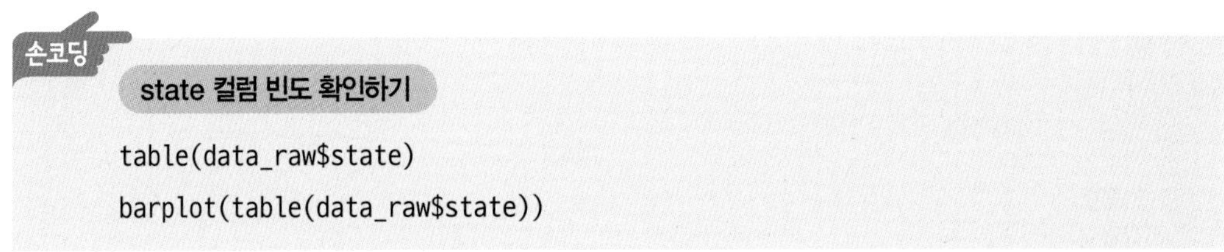

손코딩

state 컬럼 빈도 확인하기

```
table(data_raw$state)
barplot(table(data_raw$state))
```

>

강원	경기	경남	경북	광주	대구	대전	부산	서울	세종	울산	인천	전남	전북	제주	충남	충북
39	111	56	51	12	20	14	46	71	2	13	31	57	27	13	33	31

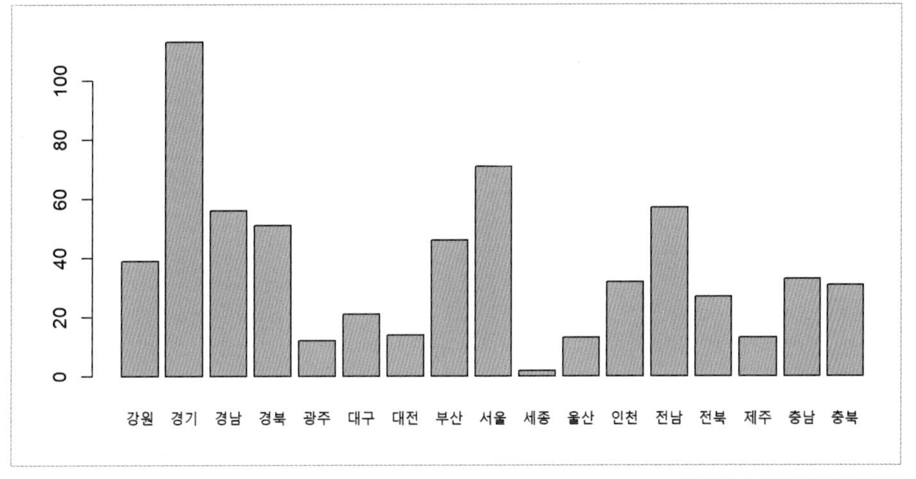

선별진료소가 경기도에 가장 많고 세종시에는 가장 적은 것을 수치로도 알 수 있지만, 막대 그래프로 그려 보면 경기도, 서울, 전남 순으로 많은 것을 시각적으로 알아보기 쉽습니다.

+ 여기서 잠깐 **count() 함수로 범주형 데이터 level 확인하기**

dplyr 패키지의 count() 함수는 열 값 빈도를 구하는 함수로 범주형 데이터의 level을 확인할 수 있습니다. count() 함수로 data_raw 데이터 세트의 city 열 빈도를 구하면 다음과 같습니다.

```
> library(dplyr)
> data_raw %>% count(city)
# A tibble: 208 x 2
   city       n
   <chr>  <int>
 1 가평군      2
 2 강남구      3
 3 강동구      4
 4 강릉시      5
 5 강북구      1
 6 강서구      3
 7 강진군      2
 8 강화군      2
 9 거제시      4
10 거창군      2
# ... with 198 more rows
```

count() 함수에 의해 각 지역별 빈도가 출력됩니다. 이때 각 지역명이 출력되어 city 열의 범주, 즉 범주형 데이터의 level(수준)을 함께 확인할 수 있습니다. 따라서 위 실행 결과에서 city 열은 level이 208이며, state 열에 비해 범주가 아주 다양하여 빈도분석용으로는 적합하지 않다는 것을 알 수 있습니다.

이번에는 시도 중에 대전시 데이터를 추출해서 시각화해 보겠습니다. state 열에서 값이 "대전"인 데이터만 추출해서 daejeon_data 변수에 저장합니다. 그리고 앞에서 table() 함수로 확인했던 빈도 결과와 동일한지 확인합니다.

손코딩 **대전시 선별진료소 데이터 추출하기**

```
daejeon_data <- data_raw[data_raw$state == "대전",]
head(daejeon_data)

nrow(daejeon_data)
```

"대전"이 있는 행의 열 전체를 가져옵니다.

```
# A tibble: 6 x 4
  state city   name                   addr
  <chr> <chr>  <chr>                  <chr>
1 대전  대덕구 대덕구보건소           대전 대덕구 석봉로38번길55 (석봉동)
2 대전  대덕구 근로복지공단 대전병원  대덕구 계족로 637
3 대전  대덕구 대전보훈병원           대덕구 대청로 82번길 147
4 대전  동구   대전광역시 동구보건소  대전광역시 동구 가오동 425
5 대전  동구   대전한국병원           대전광역시 동구 동서대로 1672
6 대전  서구   대전광역시 서구보건소  대전 서구 만년동 340번지

[1] 14
```

관측치 14로 앞에서 구한 빈도값 14와 일치하는 것을 알 수 있습니다. 이제 추출한 대전시 데이터를 지도로 시각화해 보겠습니다. 구글 지도 API를 사용하여 대전시 지도를 가져온 후 각 선별진료소의 위치를 점으로 표시합니다.

데이터 분석(2): 지도 시각화하기

구글 지도를 이용하기 위해 **ggmap 패키지**를 로드한 후 발급받은 **구글 지도 API 키** 인증을 합니다. 그리고 각 선별진료소 위치에 점을 표시하려면 각 위치에 대한 위도와 경도 데이터가 필요합니다. 여러 위치를 표시해야 하므로 한글 주소를 하나하나 입력하여 위도와 경도 데이터를 불러오는 것 대신 데이터 세트에 있는 주소를 한 번에 불러오는 것이 좋습니다. 데이터 프레임에서 주소가 있는 열 전체를 가져와야 할 때는 **mutate_geocode() 함수**를 사용합니다.

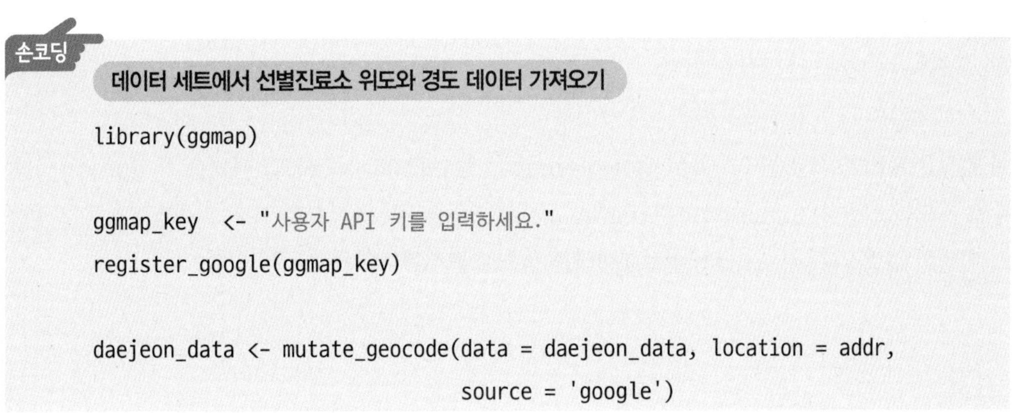

손코딩

데이터 세트에서 선별진료소 위도와 경도 데이터 가져오기

```
library(ggmap)

ggmap_key <- "사용자 API 키를 입력하세요."
register_google(ggmap_key)

daejeon_data <- mutate_geocode(data = daejeon_data, location = addr,
                               source = 'google')
```

```
head(daejeon_data)
head(daejeon_data$lon)
```

```
# A tibble: 6 x 6
  state city   name                    addr                                  lon   lat
  <chr> <chr>  <chr>                   <chr>                                 <dbl> <dbl>
1 대전  대덕구 대덕구보건소            대전 대덕구 석봉로38번길55 (석봉동)   127.  36.4
2 대전  대덕구 근로복지공단 대전병원   대덕구 계족로 637                     127.  36.4
3 대전  대덕구 대전보훈병원            대덕구 대청로 82번길 147              127.  36.4
4 대전  동구   대전광역시 동구보건소   대전광역시 동구 가오동 425            127.  36.3
5 대전  동구   대전한국병원            대전광역시 동구 동서대로 1672         127.  36.3
6 대전  서구   대전광역시 서구보건소   대전 서구 만년동 340번지              127.  36.4

[1] 127.4264 127.4287 127.4394 127.4548 127.4358 127.3811
```

head() 함수로 가져온 데이터 앞부분을 확인해 보면 addr 열 뒤에 경도(lon)와 위도(lat) 열이 추가된 것을 확인할 수 있습니다.

이처럼 **mutate_geocode() 함수**는 데이터 프레임의 컬럼명으로 주소가 있는 열을 기준으로 여러 주소의 경도와 위도 데이터를 한 번에 가져올 수 있습니다. 함수 사용 형식은 다음과 같습니다.

```
mutate_geocode(data = 데이터 프레임명, location = 주소가 적힌 열의 이름,
               source = 'google')
```

note 주소가 한글이므로 인코딩 문제가 발생할 경우 enc2utf8() 함수를 이용해서 UTF-8로 인코딩을 변경하여 주소를 가져옵니다. 함수 사용 방법은 317쪽을 참고하세요.

이제 모든 준비가 끝났습니다. **get_googlemap() 함수**로 대전시 지도를 가져온 후 **ggmap() 함수**로 지도를 그립니다. maptype은 roadmap으로, zoom은 11정도로 지도 크기를 조정하고 앞에서 확인한 선별진료소의 위도와 경도 데이터를 점으로 표시합니다.

대전시 지도 시각화하기

```
daejeon_map <- get_googlemap('대전', maptype = 'roadmap', zoom = 11)
ggmap(daejeon_map) +
  geom_point(data = daejeon_data,
             aes(x = lon, y = lat, color = factor(name)), size = 3)
```

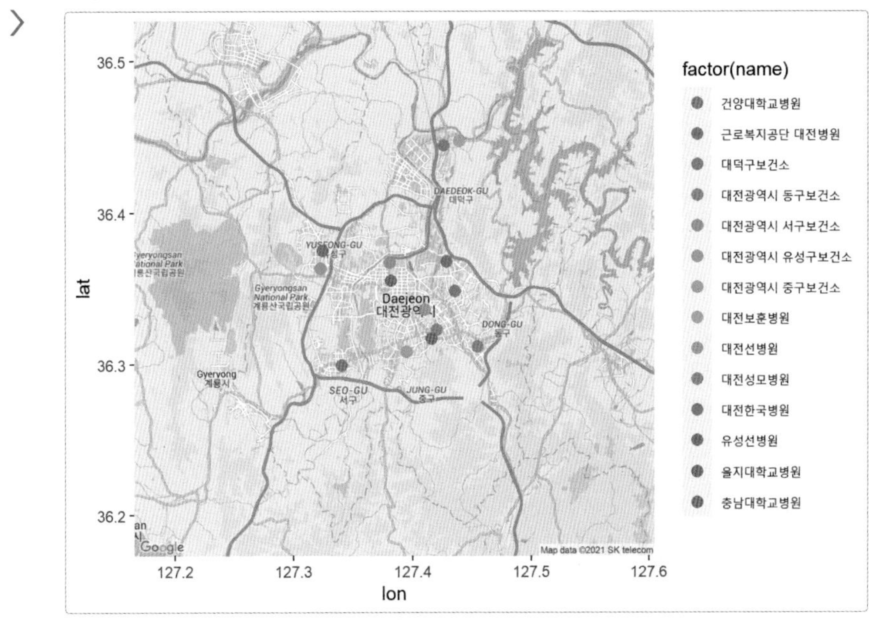

점 표시는 **산점도**로 시각화합니다. **geom_point() 함수**에 daejeon_data 데이터 세트의 lon과 lat 컬럼을 각각 x축과 y축에 매핑하고 선별진료소마다 색상이 다르게 표시되도록 color 옵션에 name 컬럼을 지정합니다. 이때 선별진료소 값은 범주형 데이터이므로 factor() 함수를 사용합니다.

지금까지 지도에 위치를 표시할 때 점으로만 표시했지만, geom_point() 함수를 사용하지 않고도 위치를 나타낼 수 있습니다. 바로 **get_googlemap() 함수**의 **markers 옵션**입니다. markers 옵션은 위치 데이터를 지도 위에 마커 형태로 표시할 수 있습니다. 이번에는 markers 옵션에 위도와 경도 데이터를 넣어 위치 데이터를 표시해 보겠습니다.

손코딩

마커로 위치 표시하고 위치 이름 넣기

```
daejeon_data_marker <- data.frame(daejeon_data$lon, daejeon_data$lat)
daejeon_map <- get_googlemap('대전', maptype = 'roadmap',
                             zoom = 11, markers = daejeon_data_marker)
ggmap(daejeon_map) +
  geom_text(data = daejeon_data,  aes(x = lon, y = lat),
        size = 3, label = daejeon_data$name)
```

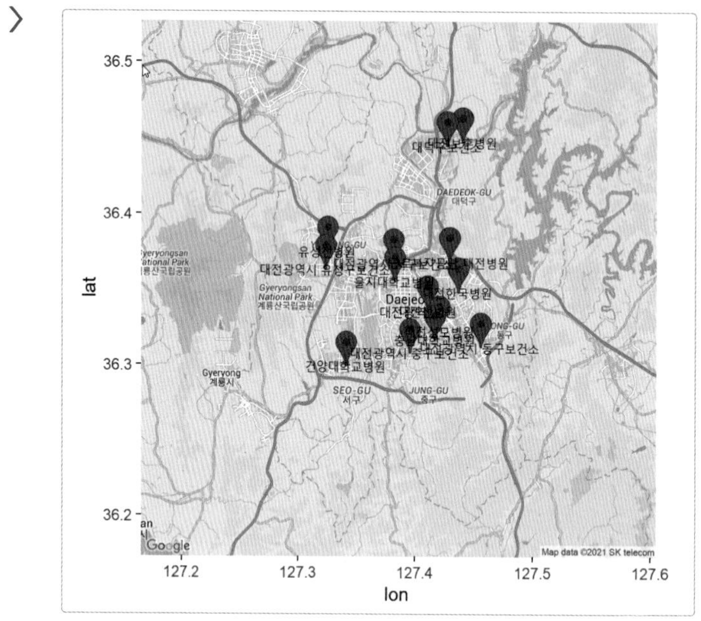

geom_point() 함수를 사용할 때는 x축과 y축에 위도와 경도 데이터가 있는 변수만 각각 매핑하면 되었지만, get_googlemap() 함수의 markers 옵션은 값에 데이터 프레임 유형의 위도와 경도 데이터를 지정해야 합니다. 따라서 get_googlemap() 함수를 사용하기 전에 daejeon_data 데이터 세트의 lon 컬럼과 lat 컬럼을 별도의 데이터 프레임으로 생성하고, 이 데이터 프레임을 markers 옵션에 지정해야 여러 위치를 지도에 표시할 수 있습니다. 추가로 **geom_text() 함수**를 이용해 지도에 장소명을 레이블로 넣어주면 선별진료소의 위치와 이름을 함께 파악할 수 있습니다.

마무리

▶ 분석 단계로 정리하는 핵심 포인트

- **주제 선정**: 대전시에 코로나19 선별진료소가 얼마나 있고, 어디에 있을까요?
- **데이터 수집**: 공공데이터포털에서 코로나19 선별진료소 위치를 다운로드합니다.
- **데이터 가공**: 데이터 시각화에 필요한 컬럼만 추출하고, 컬럼명을 한글에서 영문으로 변경합니다.
- **데이터 분석**: 선별진료소가 어느 지역에 많고 적은지 빈도분석으로 확인하고, 그 중 대전시 선별진료소 데이터를 추출합니다. 그리고 **구글 지도 API**를 이용해 대전시를 **지도 시각화**합니다. 선별진료소 위치는 **산점도**를 그려 표시합니다.
- **결론 도출**: 대전시에는 총 14개의 선별진료소가 있고 그 위치를 지도에 표시합니다.

▶ 표로 정리하는 핵심 함수

함수	기능
names()	컬럼명(변수명)을 지정합니다.
table()	표 형태로 데이터 빈도를 보여줍니다.
barplot()	막대 그래프를 그립니다.
register_google()	ggmap 패키지 구글 지도 API 키를 등록합니다.
mutate_geocode()	ggmap 패키지 여러 주소의 경도와 위도 데이터를 가져옵니다.
get_googlemap()	ggmap 패키지 위치 데이터로 구글 지도를 가져옵니다.
geom_point()	ggplot2 패키지 산점도를 그립니다.
ggmap()	ggplot2 패키지 위치 데이터를 구글 지도로 시각화합니다.
geom_text()	ggplot2 패키지 그래프 위에 레이블을 입력합니다.

▶ 확인문제

1. mtcars 데이터 세트에서 연비, 마력, 무게를 추출하는 코드를 작성하여 실행 결과처럼 출력해 보세요.

```
test <- 
test
```

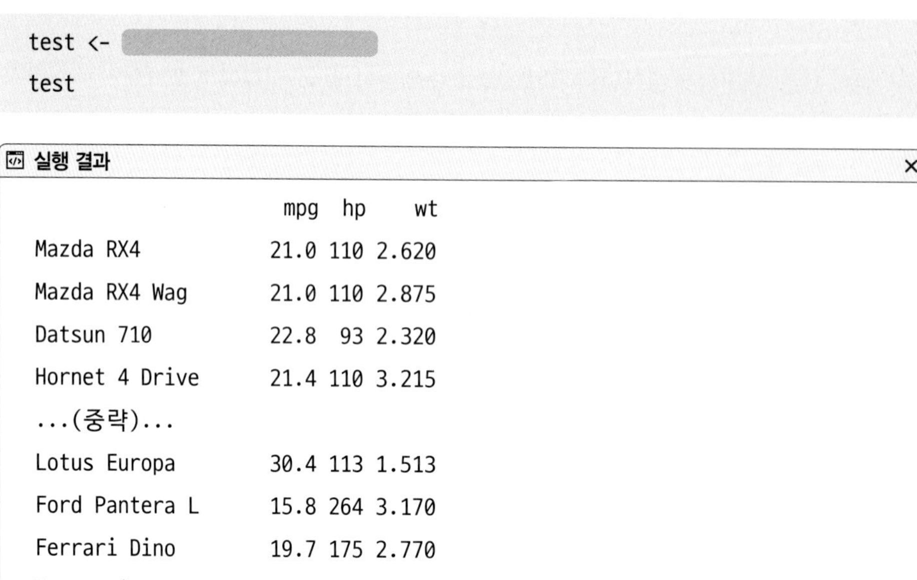
실행 결과

```
                   mpg  hp    wt
Mazda RX4         21.0 110 2.620
Mazda RX4 Wag     21.0 110 2.875
Datsun 710        22.8  93 2.320
Hornet 4 Drive    21.4 110 3.215
...(중략)...
Lotus Europa      30.4 113 1.513
Ford Pantera L    15.8 264 3.170
Ferrari Dino      19.7 175 2.770
Maserati Bora     15.0 335 3.570
Volvo 142E        21.4 109 2.780
```

2. 미국 지도에서 나이아가라 폭포(niagara falls)를 점으로 표시하는 코드를 작성하여 실행 결과처럼 출력해 보세요. (지도 사이즈는 11, 점 사이즈는 3으로 지정합니다.)

```
library(ggmap)
ggmap_key <- "사용자 API를 입력하세요."
register_google(ggmap_key)

niagara_map <- 
niagara_map_data <- 
```

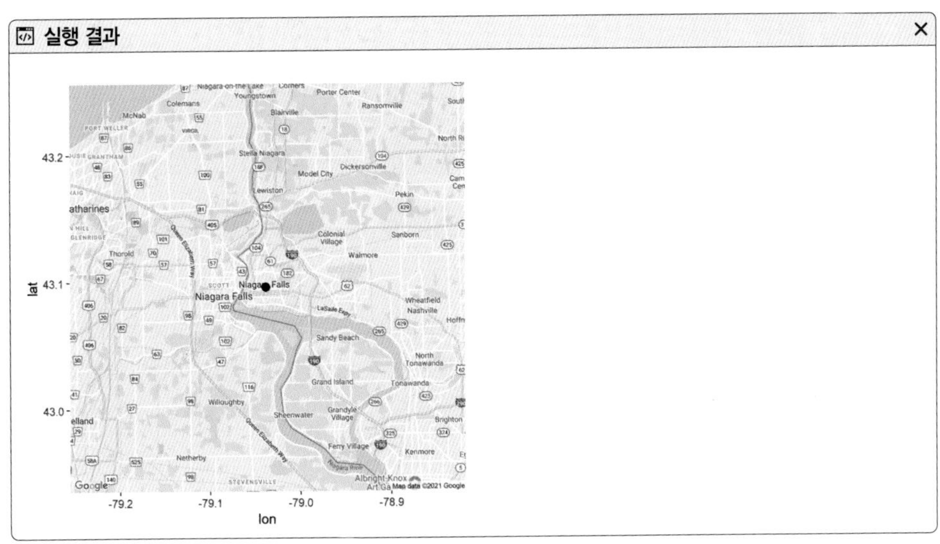

3. 위에서 출력한 지도에 표시한 위치를 마커로 표시하는 코드를 작성하여 실행 결과처럼 출력해 보세요.

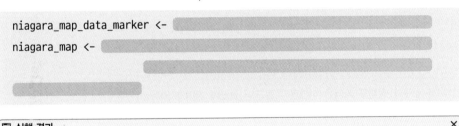

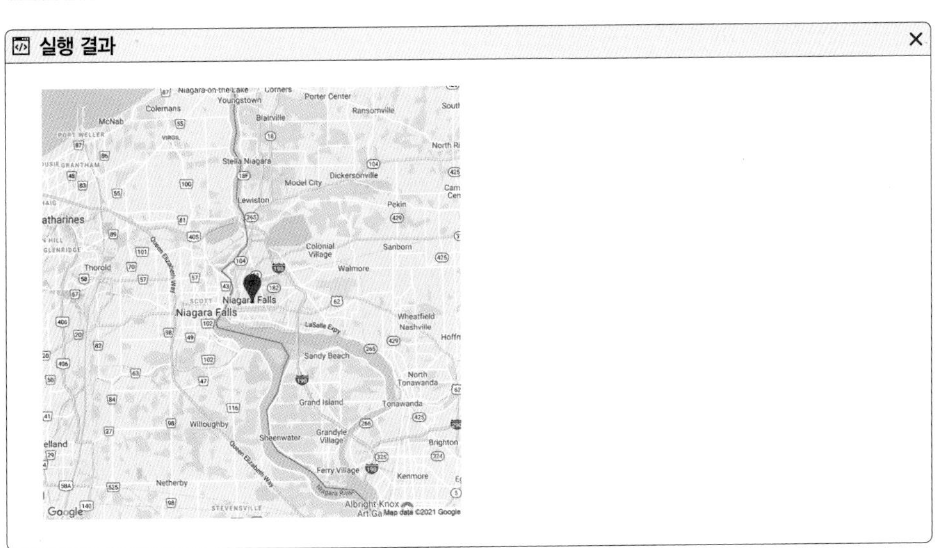

07-4 서울시 지역별 미세먼지 농도 차이 비교하기

핵심 키워드

기술통계량 | describe() 함수 | 상자 그림 | 가설 검정 | 귀무 가설 | 대립 가설 | f 검정 | t 검정

서울특별시 대기환경정보 사이트에 있는 대기질 정보로 서울시의 지역별 미세먼지 농도 분포를 확인한 후 통계 가설 검정 방법을 이용해 지역별 차이를 확인해 봅니다.

시작하기 전에

이번 절에서는 지역별 미세먼지 차이를 비교하기 위해 통계 가설 검정 방법을 사용합니다. **가설 검정**hypothesis test이란 가설이 통계적으로 유의미한지 판단하는 것을 말합니다. 전제할 가설은 다음과 같습니다.

> 서울 중구와 성북구 지역은 미세먼지 농도의 평균에 차이가 있다.

두 집단의 평균을 비교할 수 있는 **t 검정**t-test 분석 기법으로 중구와 종로구 미세먼지 농도의 평균 차이가 있는지 검정해 봅니다.

데이터 수집: 서울시 일별 미세먼지 데이터 다운로드하기

서울특별시 대기환경정보 사이트는 서울 시내 기후 및 기상 상황과 대기 환경 정보를 제공합니다. 구체적으로는 미세먼지, 초미세먼지, 이산화질소, 아황산가스 등의 대기오염도와 기상 예보, 기상 지수 등의 정보를 얻을 수 있습니다.

서울특별시 대기환경정보 홈페이지

URL https://cleanair.seoul.go.kr

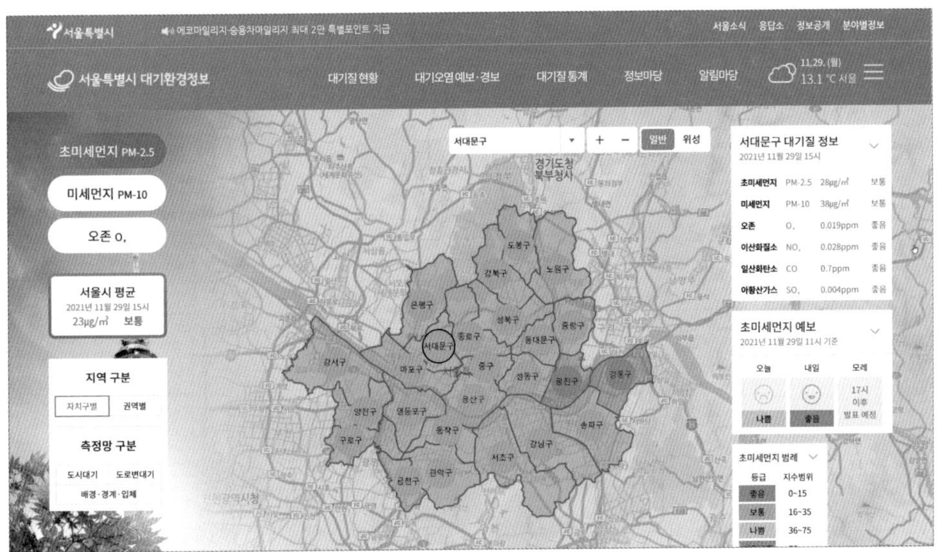

01 서울시의 일별 미세먼지 농도 데이터를 준비해 보겠습니다. 홈페이지 상단 메뉴에서 [대기질 통계]를 클릭합니다.

02 대기질 통계 화면에서는 측정기간과 측정물질, 그리고 지역을 선택할 수 있습니다. 여기에서 [2021], [1월], [미세먼지], [전체]를 선택하고 [검색]을 클릭한 후 [엑셀다운로드]를 클릭하여 데이터 파일을 다운로드합니다.

측정기간 2021 1월 측정물질 미세먼지

전체 강남구 강동구 강북구 강서구 관악구 광진구 구로구 금천구 노원구 도봉구
동대문구 동작구 마포구 서대문구 서초구 성동구 성북구 송파구 양천구 영등포구 용산구
은평구 종로구 중구 중랑구

검색

이 자료는 최종확정자료가 아닙니다.
최종확정자료는 환경부 대기환경정보 홈페이지(http://www.airkorea.or.kr) 통계정보에서 확인 하실 수 있습니다.

측정기간 : 2021년 01월 , 미세먼지 PM-10 (μg/m³)   엑셀다운로드

미세먼지 PM-10 (μg/m³)

구분		1	2	3	4	5	6	7	8	9	10	11	12	13	14	15	16	17	18	19	20
서울시 평균	38	25	31	36	37	27	23	33	19	24	31	43	58	98	76	72	51	19	35	30	41
강남구	33	22	27	30	33	22	20	31	16	21	27	37	49	85	69	65	46	17	31	29	35

데이터 가공(1): 엑셀로 전처리하기

다운로드한 day.xlsx 파일을 먼저 엑셀로 열어 내용을 확인하고 분석에 적절하도록 간단한 전처리를 합니다.

01 day.xlsx 엑셀 파일을 열면 날짜, 지역별 미세먼지 정보가 있는 것을 확인할 수 있습니다.

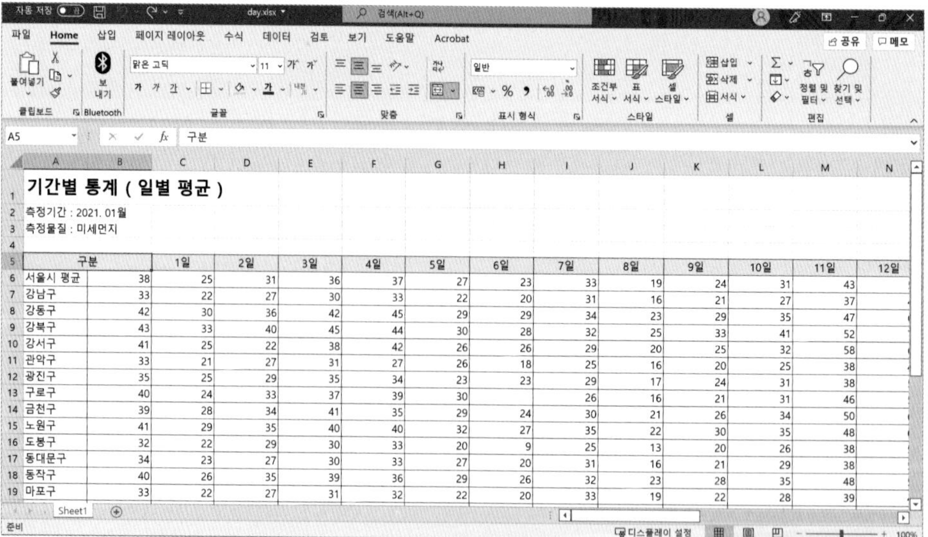
기간별 통계 (일별 평균)
측정기간 : 2021. 01월
측정물질 : 미세먼지

구분		1일	2일	3일	4일	5일	6일	7일	8일	9일	10일	11일
서울시 평균	38	25	31	36	37	27	23	33	19	24	31	43
강남구	33	22	27	30	33	22	20	31	16	21	27	37
강동구	42	30	36	42	45	29	29	34	23	29	35	47
강북구	43	33	40	45	44	30	28	32	25	33	41	52
강서구	41	25	22	38	42	26	26	29	20	25	32	58
관악구	33	21	27	31	27	26	18	25	16	20	25	38
광진구	35	25	29	35	34	23	23	29	17	24	31	38
구로구	40	24	33	37	39	30		26	16	21	31	46
금천구	39	28	34	41	35	29	24	30	21	26	34	50
노원구	41	29	35	40	40	32	27	35	22	30	35	48
도봉구	32	22	29	30	33	20	9	25	13	20	26	38
동대문구	34	23	27	30	33	27	20	31	16	21	29	38
동작구	40	26	35	39	36	29	26	32	23	28	35	48
마포구	33	22	27	31	32	22	20	33	19	22	28	39

02 지역별 분석을 위해 불필요한 데이터는 모두 제거합니다. 1행에서 4행을 삭제하여 일자별 지역과 평균 수치만 남깁니다. 그리고 일 평균 수치만 필요하므로 [구분] 셀의 병합을 해제하여 셀을 A열과 B열로 나눈 후, B열은 삭제합니다.

A1 구분

	A	B	C	D	E	F	G	H
1	구분	1일	2일	3일	4일	5일	6일	7일
2	서울시 평균	25	31	36	37	27	23	33
3	강남구	22	27	30	33	22	20	31
4	강동구	30	36	42	45	29	29	34
5	강북구	33	40	45	44	30	28	32
6	강서구	25	22	38	42	26	26	29
7	관악구	21	27	31	27	26	18	25
8	광진구	25	29	35	34	23	23	29
9	구로구	24	33	37	39	30		26
10	금천구	28	34	41	35	29	24	30
11	노원구	29	35	40	40	32	27	35
12	도봉구	22	29	30	33	20	9	25
13	동대문구	23	27	30	33	27	20	31
14	동작구	26	35	39	36	29	26	32
15	마포구	22	27	31	32	22	20	33
16	서대문구	25	26	36	28	19	17	30

03 분석 편의를 위해 1행의 날짜 서식을 텍스트로 변경하겠습니다. 1일, 2일, 3일…과 같은 날짜 서식에서 텍스트 서식으로 변경합니다. 행 번호 1을 클릭하여 1행 전체를 선택하고 [A1] 셀에서 마우스 오른쪽 버튼을 클릭하여 [셀 서식]을 선택합니다. 셀 서식 대화상자가 나타나면 범주에서 [텍스트]를 클릭한 후 [확인]을 클릭합니다.

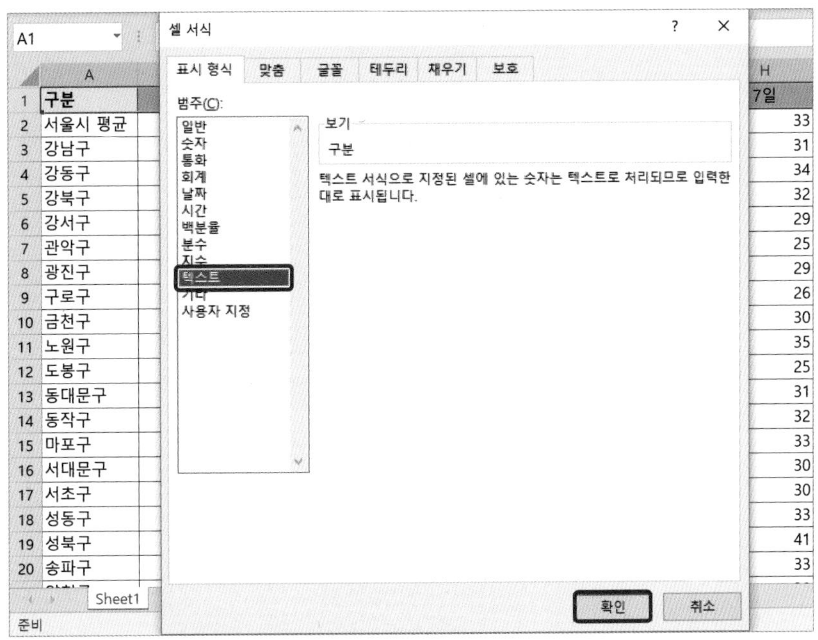

04 이어서 지역을 변수로 사용하기 위해 행과 열을 바꾸어줍니다. [A1] 셀부터 [AF27] 셀까지 데이터 전체를 단축키 Ctrl + C로 복사한 후, 아래에 비어있는 [A30] 셀에서 마우스 오른쪽 버튼을 클릭하여 붙여넣기 옵션 네 번째에 있는 [행/열 바꿈]을 클릭하여 붙여넣기합니다.

20	송파구	21	30	34	37	22	22	33
21	양천구	붙여넣기 옵션:	2	38	41	29	26	30
22	영등포구		6	30	32	25	20	23
23	용산구		4	46	47	33	33	46
24	은평구	22	32	31	31	32	21	43
25	종로구	30	36	38	41	38	26	49
26	중구	30	36	41	44	28	29	38
27	중랑구	26	31	36	37	25	23	28
28								
29								
30	구분	서울시 평균	강남구	강동구	강북구	강서구	관악구	광진구
31	1일	25	22	30	33	25	21	25
32	2일	31	27	36	40	22	27	29
33	3일	36	30	42	45	38	31	35
34	4일	37	33	45	44	42	27	34
35	5일	27	22	29	30	26	26	23
36	6일	23	20	29	28	26	18	23
37	7일	33	31	34	32	29	25	29
38	8일	19	16	23	25	20	16	17

05 그리고 기존 데이터가 남아있는 1행부터 29행을 삭제하여 새로 붙여넣은 데이터가 1행부터 시작하도록 합니다. 이제 A열은 날짜 열이 되었으니 [A1] 셀에 [날짜]를 입력합니다.

	A	B	C	D	E	F	G	H
1	날짜	서울시 평균	강남구	강동구	강북구	강서구	관악구	광진구
2	1일	25	22	30	33	25	21	25
3	2일	31	27	36	40	22	27	29
4	3일	36	30	42	45	38	31	35
5	4일	37	33	45	44	42	27	34
6	5일	27	22	29	30	26	26	23
7	6일	23	20	29	28	26	18	23
8	7일	33	31	34	32	29	25	29
9	8일	19	16	23	25	20	16	17
10	9일	24	21	29	33	25	20	24
11	10일	31	27	35	41	32	25	31
12	11일	43	37	47	52	58	38	38
13	12일	58	49	67	72	61	46	55
14	13일	98	85	108	119	101	89	88
15	14일	76	69	91	80	79	66	74
16	15일	72	65	85	85	71	65	69
17	16일	51	46	60	62	56	45	49
18	17일	19	17	22	25	21	17	19

06 마지막으로 날짜를 알아보기 편하도록 A열의 날짜를 YYYY-MM-DD 형식으로 변경합니다. [A2] 셀에 [2021-01-01]을 입력한 후 선택한 셀의 오른쪽 하단 모서리로 마우스 포인터를 가져가 십자 기호(+)가 나타나면 마우스를 더블클릭합니다. 마지막 행까지 자동으로 날짜 형식이 변경됩니다.

	A	B	C	D	E	F	G	H
1	**날짜**	서울시 평균	강남구	강동구	강북구	강서구	관악구	광진구
2	2021-01-01	25	22	30	33	25	21	25
3	2일	31	27	36	40	22	27	29
4	3일	36	30	42	45	38	31	35
5	4일	37	33	45	44	42	27	34
6	5일	27	22	29	30	26	26	23
7	6일	23	20	29	28	26	18	23
8	7일	33	31	34	32	29	25	29
9	8일	19	16	23	25	20	16	17
10	9일	24	21	29	33	25	20	24
11	10일	31	27	35	41	32	25	31
12	11일	43	37	47	52	58	38	38
13	12일	58	49	67	72	61	46	55
14	13일	98	85	108	119	101	89	88
15	14일	76	69	91	80	79	66	74
16	15일	72	65	85	85	71	65	69
17	16일	51	46	60	62	56	45	49
18	17일	19	17	22	25	21	17	19

07 이로써 간단한 전처리는 완료되었습니다. 이제 파일을 실습 폴더(C:/Rstudy)에 파일명 [dustdata.xlsx]로 저장합니다. 다음 과정은 R에서 진행해 보겠습니다.

	A	B	C	D	E	F	G	H
1	**날짜**	서울시 평균	강남구	강동구	강북구	강서구	관악구	광진구
2	2021-01-01	25	22	30	33	25	21	25
3	2021-01-02	31	27	36	40	22	27	29
4	2021-01-03	36	30	42	45	38	31	35
5	2021-01-04	37	33	45	44	42	27	34
6	2021-01-05	27	22	29	30	26	26	23
7	2021-01-06	23	20	29	28	26	18	23
8	2021-01-07	33	31	34	32	29	25	29
9	2021-01-08	19	16	23	25	20	16	17
10	2021-01-09	24	21	29	33	25	20	24
11	2021-01-10	31	27	35	41	32	25	31
12	2021-01-11	43	37	47	52	58	38	38
13	2021-01-12	58	49	67	72	61	46	55
14	2021-01-13	98	85	108	119	101	89	88
15	2021-01-14	76	69	91	80	79	66	74
16	2021-01-15	72	65	85	85	71	65	69
17	2021-01-16	51	46	60	62	56	45	49
18	2021-01-17	19	17	22	25	21	17	19

note 데이터 전처리 과정이 끝난 dustdata.xlsx는 예제 파일로 제공하므로 엑셀 프로그램이 없다면 해당 파일로 다음 실습을 진행하세요.

데이터 가공(2): 필요한 데이터 추출하기

계속해서 R에서 전처리를 해 보겠습니다. **readxl 패키지**를 로드하고 **read_excel() 함수**를 이용하여 엑셀 파일을 가져옵니다. 가져온 데이터가 지정한 변수에 잘 저장되었는지 확인하기 위해서 **View() 함수**와 **str() 함수**를 활용합니다.

엑셀 파일 가져오기

```
library(readxl)
dustdata <- read_excel("C:/Rstudy/dustdata.xlsx")

View(dustdata)
str(dustdata)
```

```
tibble [31 x 27] (S3: tbl_df/tbl/data.frame)
 $ 날짜       : chr [1:31] "2021-01-01" "2021-01-02" "2021-01-03" "2021-01-
04" ...
 $ 서울시 평균 : num [1:31] 25 31 36 37 27 23 33 19 24 31 ...
 $ 강남구     : num [1:31] 22 27 30 33 22 20 31 16 21 27 ...
 $ 강동구     : num [1:31] 30 36 42 45 29 29 34 23 29 35 ...
...(중략)...
 $ 은평구     : num [1:31] 22 32 31 31 32 21 43 17 21 25 ...
 $ 종로구     : num [1:31] 30 36 38 41 38 26 49 20 26 35 ...
 $ 중구       : num [1:31] 30 36 41 44 28 29 38 23 27 40 ...
 $ 중랑구     : num [1:31] 26 31 36 37 25 23 28 18 24 31 ...
```

컬럼 27개에 관측치 31개로 데이터를 정상적으로 가져왔음을 확인할 수 있습니다.

note View() 함수의 실행 결과는 생략합니다.

이제 서울 중구와 종로구 지역의 미세먼지 농도에 차이가 있는지 검정하기 위해 필요한 데이터만 추출하겠습니다. **dplyr 패키지**를 로드하고 dustdata 데이터 세트의 컬럼 중 날짜, 성북구, 중구만 추출하여 dustdata_anal에 저장하고 데이터를 확인해 봅니다.

성북구와 중구 데이터만 추출하기

```
library(dplyr)
dustdata_anal <- dustdata[, c("날짜", "성북구", "중구") ]
View(dustdata_anal)
```

날짜	성북구	중구
2021-01-01	24	30
2021-01-02	28	36
2021-01-03	31	41
2021-01-04	35	44
2021-01-05	36	28
2021-01-27	37	42
2021-01-28	33	43
2021-01-29	20	25
2021-01-30	48	34
2021-01-31	51	62

dustdata 데이터 세트에서 행은 전부 가져올 것이므로 인덱스에서 행 부분은 비워주고, 열 부분에는 추출하고자 하는 컬럼명을 넣습니다. 이렇게 추출한 데이터를 dustdata_anal로 저장하여 View() 함수를 실행하면 필요한 지역만 따로 저장된 것을 확인할 수 있습니다.

필요한 데이터를 추출하였으니 데이터 분석에 앞서 추출한 3개의 컬럼, 즉 변수 3개 항목에 관한 구체적인 현황 파악해야 합니다. 추출한 성북구와 중구 지역의 데이터에 날짜 누락이 없는지, 미세먼지 수치를 모두 포함하고 있는지 확인합니다. 결측치가 있다면 결측치 처리도 필요합니다.

is.na() 함수를 사용하면 결측치인 값이 TRUE 값으로 표시되기 때문에 결측치가 어디에 있는지 위치를 확인할 수 있습니다. 필요에 따라 is.na() 함수와 **sum() 함수**를 함께 사용하면 결측치 개수도 간단하게 확인할 수 있습니다.

결측치 확인하기

```
is.na(dustdata_anal)
```

```
        날짜 성북구  중구
 [1,] FALSE  FALSE FALSE
 [2,] FALSE  FALSE FALSE
 [3,] FALSE  FALSE FALSE
 [4,] FALSE  FALSE FALSE
...(중략)...
[27,] FALSE  FALSE FALSE
[28,] FALSE  FALSE FALSE
[29,] FALSE  FALSE FALSE
[30,] FALSE  FALSE FALSE
[31,] FALSE  FALSE FALSE
```

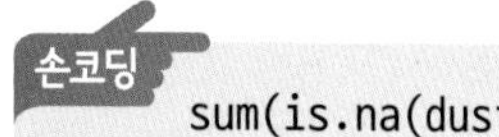

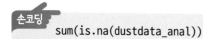

```
sum(is.na(dustdata_anal))
```

```
[1] 0
```

결측치가 0개인 것을 확인할 수 있습니다. 만약 데이터에 결측치가 있다면 특성에 따라 제거하거나 평균이나 예측값 등으로 대체할 수 있습니다.

이로써 데이터 가공이 끝났습니다. 이제 본격적으로 데이터 분석을 할 차례입니다. 이번 실습의 데이터 분석은 크게 2단계로 진행합니다. 먼저 성북구와 중구의 기술통계량을 확인하고, 성북구와 중구의 미세먼지 농도 분포를 상자 그림으로 데이터 시각화합니다. 그런 다음 가설 검정으로 지역에 따라 미세먼지 농도 평균에 차이가 있는지 확인해 보겠습니다.

데이터 분석(1): 데이터 탐색하고 시각화하기

지역별로 **기술통계량**을 살펴보겠습니다. 4-2절에서 데이터 특성을 파악할 때는 의미있는 수치로 도출하기 위해 데이터를 요약해서 보는 것이 중요하다고 배웠습니다. 앞에서 배운 다양한 기술통계 함수를 하나하나 사용하여 최솟값, 표준편차 등 기술통계량을 확인할 수도 있지만, **psych 패키지**의 **describe() 함수**를 사용하면 다양한 기술통계량을 한 번에 확인할 수 있습니다.

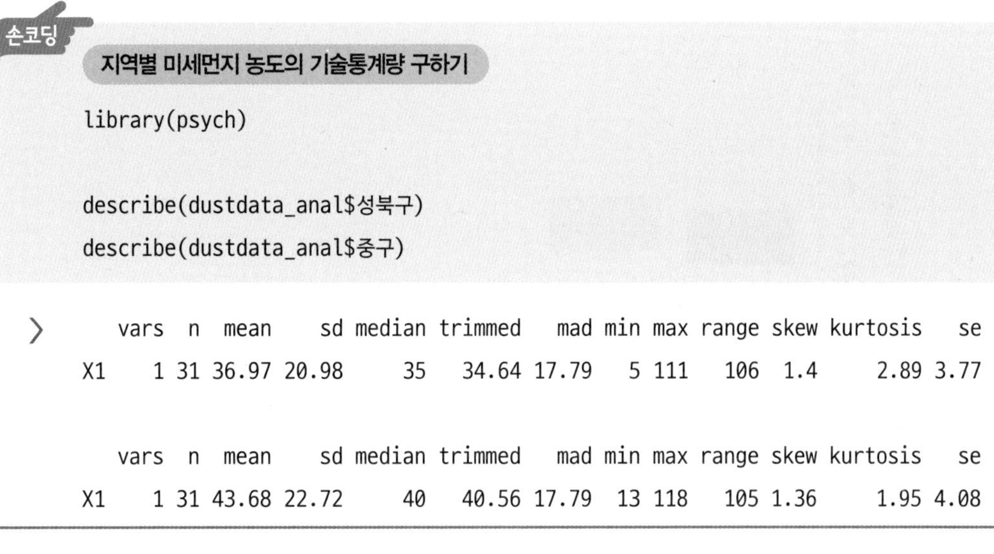

손코딩

지역별 미세먼지 농도의 기술통계량 구하기

```
library(psych)

describe(dustdata_anal$성북구)
describe(dustdata_anal$중구)
```

```
>    vars  n  mean    sd median trimmed   mad min max range skew kurtosis   se
X1      1 31 36.97 20.98     35   34.64 17.79   5 111   106  1.4     2.89 3.77

     vars  n  mean    sd median trimmed   mad min max range skew kurtosis   se
X1      1 31 43.68 22.72     40   40.56 17.79  13 118   105 1.36     1.95 4.08
```

성북구와 중구 변수의 각종 기술통계량이 출력되므로 두 지역의 평균, 중앙값, 최솟값, 최댓값 등의 요약값을 비교하며 데이터 분포 차이를 확인할 수 있습니다.

+ 여기서 잠깐 기술통계량 한번에 출력하기: describe() 함수

describe() 함수는 데이터 프레임이나 행렬의 기술통계량을 구할 때 사용합니다. 관측치 개수(n), 평균(mean), 표준편차(sd), 중앙값(median), 중앙값 절대편차(mad), 최솟값(min), 최댓값(max), 범위(range), 왜도(skew), 첨도(kurtosis), 표준오차(se)를 한 번에 확인할 수 있어 데이터 요약 수치를 확인할 때 편리하게 사용할 수 있습니다. 함수 사용 형식은 다음과 같습니다.

```
describe(데이터)
```

note 중앙값 절대편차는 관측치에서 중앙값을 뺀 값들의 중앙값을 구한 값입니다.

기술통계량은 **상자 그림**으로 시각화할 수 있습니다. 상자 그림은 여러 그룹의 데이터를 한 그래프 안에 출력할 수 있어 데이터 분포를 비교할 때 유용합니다. **boxplot() 함수**에 비교 집단인 성북구와 중구 변수를 넣고 x축은 지역, y축은 미세먼지 농도 값을 기준으로 상자 그림을 그려 보겠습니다.

손코딩

성북구와 중구 미세먼지 농도 상자 그림 그리기

```
boxplot(dustdata_anal$성북구, dustdata_anal$중구,
        main = "finedust_compare", xlab = "AREA", names = c("성북구", "중구"),
        ylab = "FINEDUST_PM", col = c("blue", "green"))
```

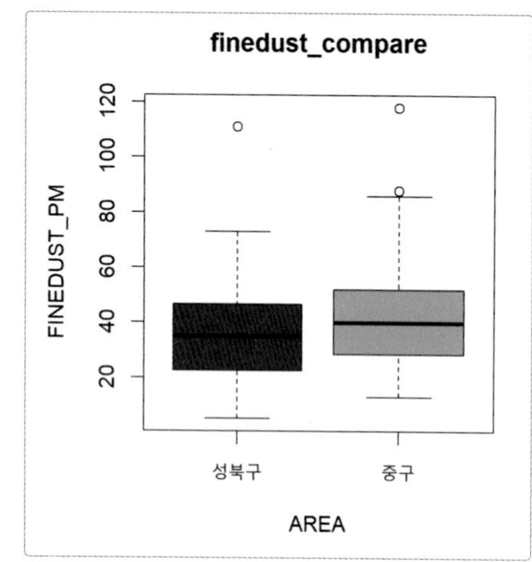

상자 그림 형태로 두 지역의 평균 분포가 다름을 시각적으로 확인할 수 있습니다. 이제 세부적인 분석을 위해 f 검정과 t 검정으로 가설 검정을 진행해 보겠습니다.

데이터 분석(2): 가설 검정하기

앞에서 데이터 특성을 파악하기 위해 기술통계량을 구했다면 이 통계량을 통해 추론을 할 차례입니다. 두 개의 가설을 세워 검정해 봅니다. 기술통계량을 기반으로 전제한 가설은 다음과 같습니다.

- **귀무 가설** null hypothesis, H0: 기존에 알려진 사실을 기준으로 설정하는 가설입니다.

```
서울 중구와 성북구 지역은 미세먼지 농도의 평균에 차이가 없다.
```

- **대립 가설** alternative hypothesis, H1: 귀무 가설과 반대로 새롭게 주장하려는 가설, 즉 입증하려는 가설입니다.

```
서울 중구와 성북구 지역은 미세먼지 농도의 평균에 차이가 있다.
```

가설을 입증하기 위해 두 집단 간 평균에 차이가 있는지를 검정합니다. **t 검정**t-test은 변수가 **정규분포**를 따르고 있을 때 사용 가능한 분석 기법으로, 두 집단 간 평균의 차이가 있는지 검정할 수 있습니다. 따라서 먼저 f 검정으로 두 집단의 분산이 동일한지 다른지 확인한 후 t 검정을 하겠습니다.

f 검정f-test은 두 집단의 분산에 차이가 있는지 검정할 때 사용하는 기법으로 **var.test() 함수**를 사용합니다.

```
var.test(데이터1, 데이터2)
```

var.test() 함수에 중구와 성북구 데이터를 넣어 f 검정을 해 보겠습니다.

f 검정으로 지역별 미세먼지 농도의 분산 차이를 검정하기

```
var.test(dustdata_anal$중구, dustdata_anal$성북구)
```

```
>	F test to compare two variances

data:  dustdata_anal$중구 and dustdata_anal$성북구
F = 1.1728, num df = 30, denom df = 30, p-value = 0.6653
alternative hypothesis: true ratio of variances is not equal to 1
95 percent confidence interval:
 0.5654796 2.4322651
sample estimates:
ratio of variances
          1.172773
```

실행 결과에서 눈여겨볼 부분은 **p-value**입니다. p-value 값이 0.6653으로 0.05보다 크므로 귀무 가설을 기각 할 수 없습니다. 즉 두 집단 간 분산의 차이가 없으므로 '등분산 가정을 만족한다'고 할 수 있습니다. 여기서 **등분산**이란 '집단 간의 분산이 동일하다'는 의미입니다.

note p-value 값이 0.05보다 작으면 '통계적으로 유의하다'라고 해석합니다. 즉 단순한 우연이 아닌 통계적으로 의미가 있다는 뜻입니다.

분산이 확인되었으니 이제 t 검정을 해 보겠습니다. t 검정은 **t.test() 함수**를 사용하며, **t와 p-value** 값을 확인하여 검정 결과를 도출합니다.

```
t.test(data = 테이블명, 변수2 ~ 변수1, var.equal = T)
```

t.test() 함수를 사용할 때 가장 주의할 점은 변수2, 변수1의 위치입니다. 두 변수의 위치가 잘못되면 분석이 정확하지 않습니다. 변수2 위치에는 집단 간 평균을 구할 수 있는 변수, 변수1 위치에는 비교하고자 하는 두 집단으로 나뉜 변수(명목형 변수)를 넣습니다. 예를 들어 남녀 간 키 평균 차이를 비교한다면 변수2에는 키 변수, 변수1에는 성별 변수를 넣습니다. 이때 var.equal = T 옵션은 비교할 두 집단 간의 분산이 동일하다는 가정을 전제하는 옵션입니다.

앞에서 f 검정으로 등분산 가정이 확인되었으므로 t 검정을 **val.equal = T 옵션**으로 지정하여 가설을 검정해 보겠습니다.

t 검정으로 지역별 미세먼지 농도의 평균 차이를 검정하기

```
t.test(dustdata_anal$중구, dustdata_anal$성북구, var.equal = T)
```

```
>       Two Sample t-test

     data:  dustdata_anal$중구 and dustdata_anal$성북구
     t = 1.2079, df = 60, p-value = 0.2318
     alternative hypothesis: true difference in means is not equal to 0
     95 percent confidence interval:
      -4.401547 17.820902
     sample estimates:
     mean of x mean of y
      43.67742  36.96774
```

t 검정 또한 두 집단 간에 평균 차이가 있는지에 대해 p-value 값으로 알 수 있습니다. p-value 값이 0.2318로 0.05보다 크기 때문에 통계적으로 유의하지 않다는 것을 알 수 있습니다. 즉 귀무 가설을 기각할 수 없으므로 성북구와 중구의 2021년 1월 미세먼지 농도의 평균 차이가 없다는 것을 확인할 수 있습니다.

좀 더 알아보기

세 개 이상의 집단 간 평균 차이 검정하기: 분산분석

분산분석ANOVA analysis은 독립성, 정규분포, 등분산성 가정하에 세 개 이상의 집단 간 평균 차이가 있는지를 검정하는 분석 기법입니다. Sample1 데이터로 지역에 따른 20년 카드 이용건수의 차이가 있는지 분산분석을 실습해 보겠습니다. 분산분석에는 anova(lm()) **함수**와 oneway.test() **함수**를 사용합니다.

anova(lm()) 함수

anova(lm()) **함수**는 분산분석표로 F 및 p-value 값을 확인하여 검정 결과를 도출할 수 있습니다.

```
anova(lm(변수2 ~ 변수1, data = 테이블명))
```

anova(lm()) 함수 역시 변수2, 변수1 위치가 중요합니다. 두 변수의 위치를 제대로 작성하지 않으면 오류가 나거나 정확하게 분석되지 않습니다. 반드시 변수2 위치에는 집단 간 평균을 구할 수 있는 변수, 변수1 위치에는 비교하고자 하는 두 집단으로 나뉜 변수(명목형 변수)가 와야 합니다.

엑셀 파일 Sample1 데이터 세트를 가져와 지역(AREA)별로 20년 카드 이용건수(Y20_CNT) 평균을 비교해 보겠습니다.

엑셀 파일 가져오기

```
library(readxl)
exdata1 <- read_excel("C:/Rstudy/Sample1.xlsx")
exdata1
```

세 집단 간 평균 분포를 확인하기 위해 지역에 따른 Y20_CNT를 상자 그림으로 그립니다.

손코딩

경기, 서울, 제주 지역 Y20_CNT를 상자 그림으로 그리기

```
boxplot(formula = Y20_CNT ~ AREA, data = exdata1)
```

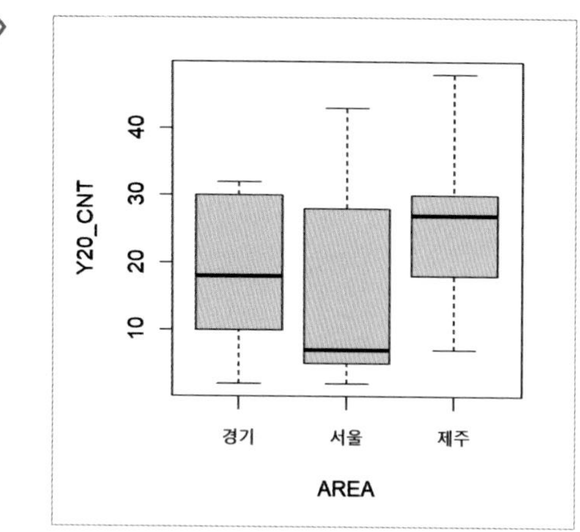

세 집단의 평균 분포가 다름을 시각적으로 확인할 수 있습니다. 이제 지역 간 평균 차이를 **anova(lm()) 함수**로 검정해 보겠습니다.

손코딩

분산분석으로 세 집단 간 평균 차이 검정하기(1)

```
anova(lm(Y20_CNT ~ AREA, data = exdata1))
```

```
Analysis of Variance Table

Response: Y20_CNT
          Df Sum Sq Mean Sq F value Pr(>F)
AREA       2  245.6  122.81  0.5545 0.5844
Residuals 17 3765.3  221.49
```

실행 결과에서 세 집단 간 평균 차이 검정통계량은 **p-value**로 확인합니다. p-value 값이 0.05보다 큰 0.5844로 나타나므로 세 집단 간 차이가 '통계적으로 유의하다'고 해석할 수 없습니다. 귀무 가설을 기각할 수 없으므로 세 지역 간(서울, 경기, 제주) 20년 카드 이용건수 평균의 차이가 없다고 할 수 있습니다.

oneway.test() 함수

앞서 설명했듯이 분산분석 기법은 세 개 이상의 집단 간 평균 차이가 있는지를 분석하는 방법입니다. 좀 더 살펴보면 지역에 따른 이용건수 차이를 검정하는 것은 지역별로 세 집단을 비교해야 하므로 독립 변수 1개에 세 개 이상의 집단을 검정하는 것으로 판단할 수 있습니다. 이처럼 독립 변수가 1개일 때 세 개 이상의 집단 간 평균 차이가 있는지 검정하는 것을 **일원분산분석**oneway anova이라고 합니다.

```
oneway.test(data = 테이블명, 변수2 ~ 변수1, var.equal = T)
```

이번에는 oneway.test() 함수로 세 집단의 평균 차이를 검정해 보겠습니다. 비교 집단이 등분산임을 가정하고 var.equal = T 옵션을 지정하여 분산 검정을 합니다.

손코딩

분산분석으로 세 집단 간 평균 차이 검정하기(2)

```
oneway.test(data = exdata1, Y20_CNT ~ AREA, var.equal = T)
```

```
One-way analysis of means

data:  Y20_CNT and AREA
F = 0.55446, num df = 2, denom df = 17, p-value = 0.5844
```

마찬가지로 p-value 값이 0.05보다 큰 0.5844로 나타나므로 지역 간(서울, 경기, 제주) 20년 카드 이용건수 평균의 차이가 없다고 할 수 있습니다.

만약 '지역별 성별 이용건수에 차이가 있는가?'를 검정하고 싶다면 이원분산분석을 사용합니다. **이원분산분석**twoway anova이란 독립변수가 2개인 경우에 사용하는 분석 기법이며 이 방법론은 고급 과정으로 이 책에서는 다루지 않습니다.

마무리

▶ 분석 단계로 정리하는 핵심 포인트

- **주제 선정**: 서울시 중구와 성북구 지역의 미세먼지 농도 평균 차이가 있을까요?
- **데이터 수집**: 서울특별시 대기환경정보 사이트에서 데이터를 다운로드합니다.
- **1차 데이터 가공**: 엑셀로 불필요한 행과 열을 제거합니다.
- **2차 데이터 가공**: 필요한 데이터만 추출하고 결측치가 없는지 확인합니다.
- **데이터 분석**: 두 지역의 데이터 분포를 **기술통계량**과 **상자 그림**으로 살펴보고 이 통계량을 통해 추론을 합니다. 그리고 **귀무 가설**과 **대립 가설**을 세워 가설을 검정합니다. 분석 기법은 **f 검정**과 **t 검정**을 사용하여 두 지역의 미세먼지 농도 평균 차이를 비교하여 가설이 통계적으로 유의미한지 확인합니다.
- **결론 도출**: 검정 결과가 통계적으로 유의하지 않으므로 서울시 중구와 성북구 지역의 미세먼지 농도 평균 차이가 없습니다.

▶ 표로 정리하는 핵심 함수

함수	기능
is.na()	결측치를 확인합니다.
describe()	psych 패키지 데이터 프레임이나 행렬의 기술통계량을 구합니다.
boxplot()	상자 그림을 그립니다.
var.test()	두 집단 간 분산에 차이가 있는지 f 검정을 합니다.
t.test()	두 집단 간 평균에 차이가 있는지 t 검정을 합니다.
anova(lm())	세 개 이상의 집단 간 평균에 차이가 있는지 분산분석합니다.
oneway.test()	세 개 이상의 집단 간 평균에 차이가 있는지 분산분석합니다.

▶ 확인문제

1. 다음 빈칸을 채워 dustdata 데이터의 날짜, 마포구, 송파구를 추출하는 코드를 완성해 보세요.

```
dustData_Test <- 
dustData_Test
```

2. 앞에서 추출한 데이터를 바탕으로 마포구와 송파구의 미세먼지 농도 차이를 비교할 수 있도록 코드를 작성하여 실행 결과처럼 출력해 보세요.

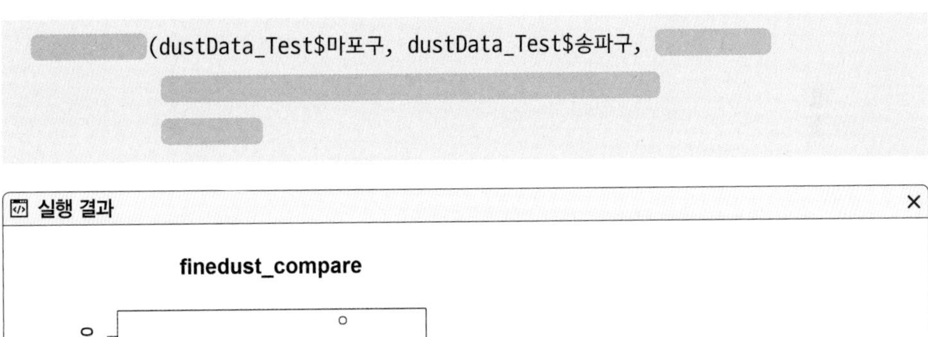

```
(dustData_Test$마포구, dustData_Test$송파구, 
```

실행 결과

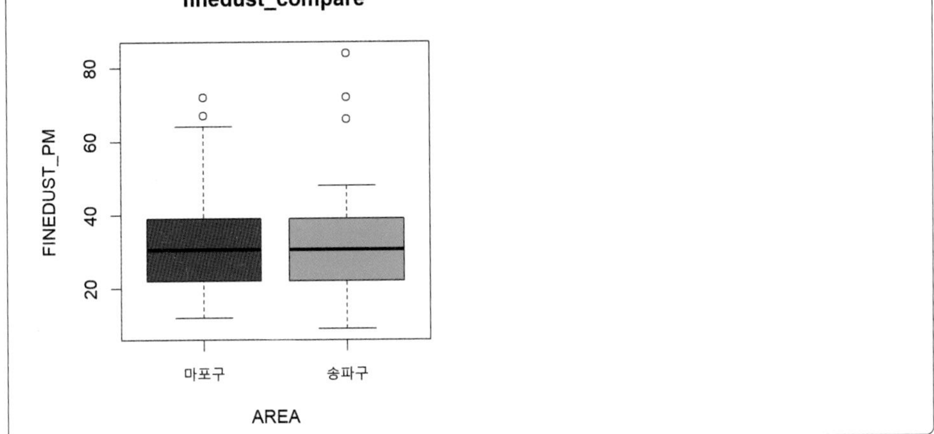

Chapter 08

드디어 데이터 분석의 가장 마지막 단계입니다. 이 모든 과정은 결국 분석한 내용을 바탕으로 올바른 의사 결정을 이끌어낼 수 있도록 타당한 근거 자료를 준비하는 과정이므로 분석한 내용을 잘 표현하고 공유할 수 있어야 합니다. 따라서 이번 장에서는 작성된 보고서를 쉽게 공유 및 배포하는 방법을 알아봅니다.

데이터 분석 보고서 공유하기

학습목표

- R 마크다운으로 데이터 분석 보고서를 작성해 봅니다.
- Rpubs로 데이터 분석 보고서를 공유하는 방법을 알아봅니다.
- 샤이니 앱으로 인터랙티브 웹 앱을 작성해 봅니다.

08-1 RPubs로 데이터 분석 결과 공유하기

핵심 키워드 마크다운 | 마크업 언어 | R 마크다운 | Rpubs

데이터 분석을 잘하는 것도 중요하지만 결과를 잘 표현하여 공유하고 전달하는 것도 매우 중요합니다. 이번 절에서는 분석한 데이터 결과 보고서를 공유할 수 있는 Rpubs를 알아보겠습니다.

시작하기 전에

R에서는 **마크다운**markdown을 이용하여 데이터 분석 내용을 별도 문서로 작성해서 공유할 수 있습니다. 이러한 문서를 **R 마크다운** 문서라고 합니다. R 마크다운을 이용하면 그래프뿐만 아니라 코드와 실행 결과를 보고서 형태로 보기 좋게 작성할 수 있고 Rpubs로 배포할 수 있습니다. **Rpubs는 Rmd 파일**, 즉 R 마크다운 문서를 공유해 주는 서비스로 R 스튜디오에서 문서를 바로 배포할 수 있어 외부에 분석 결과를 공유할 때 유용한 서비스입니다.

Rmd는 R Markdown의 줄임말입니다.
?
R

Rpubs 홈페이지

URL https://rpubs.com

RPubs by RStudio
Sign in Register
Easy web publishing from R
Write R Markdown documents in RStudio.
Share them here on RPubs. (It's free, and couldn't be simpler!)
Get Started
Recently Published
Next Word Prediction

R 마크다운 문서 만들기

마크다운은 일반 텍스트 기반의 **마크업**markup 언어입니다. 텍스트의 서식과 내용을 코드로 작성하여 공유할 때 사용하며, 다른 언어에 비해 문법이 쉽고 HTML 문서로 쉽게 변환이 가능하여 깃허브Github에서 라이브러리 문서를 작성할 때 많이 사용합니다.

R 스튜디오에서는 **R 마크다운**을 이용하여 마크다운을 사용할 수 있습니다. R 마크다운 문서인 Rmd 파일을 생성할 수 있고, 마크다운으로 데이터 분석 결과 보고서를 작성하여 HTML, PDF, Word 형식으로 저장할 수 있습니다.

R 마크다운 홈페이지

URL https://rmarkdown.rstudio.com

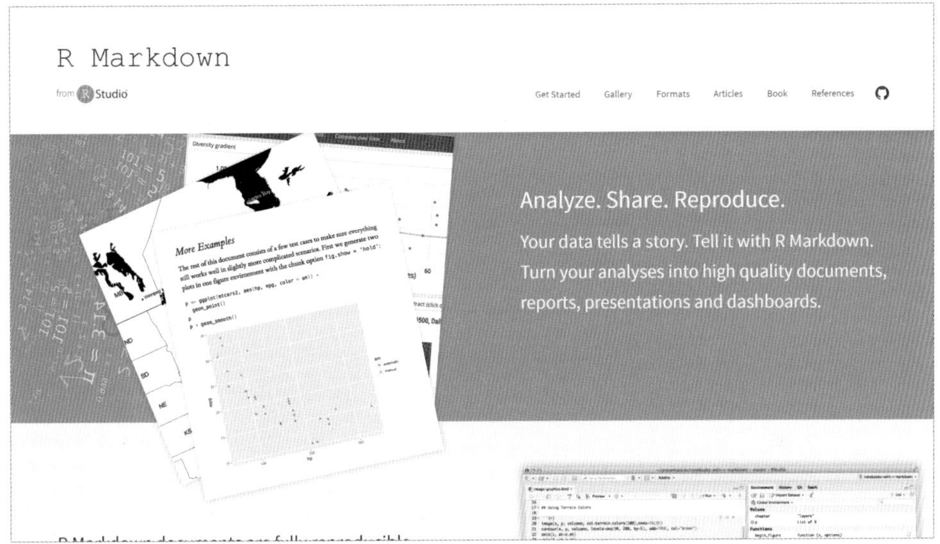

01 R 마크다운 문서를 만들어 보겠습니다. R 스튜디오 메뉴 바에서 [File] – [New File] – [R Markdown]을 선택합니다.

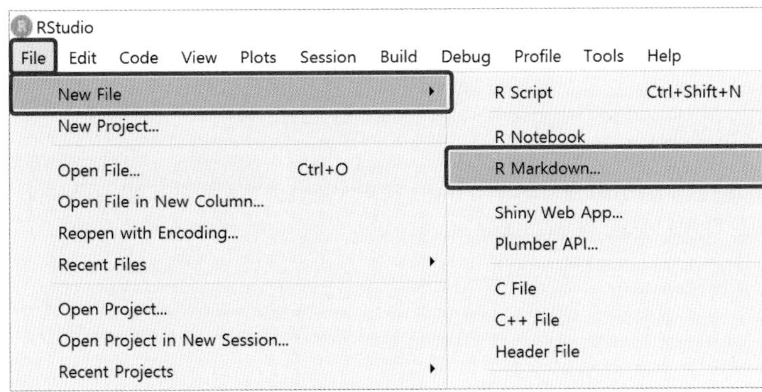

02 R 마크다운 관련 패키지 설치를 안내하는 Install Required Packages 대화상자가 나타나면 [Yes] 버튼을 클릭하여 설치를 진행합니다.

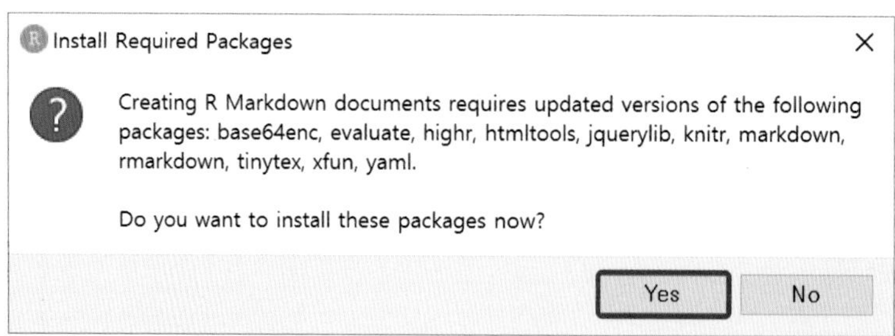

03 패키지 설치가 완료되면 New R Markdown 대화상자가 나타납니다. Title에는 문서 제목, Author에는 작성자 이름을 입력하고, Default Output Format에는 [HTML]을 선택한 후 [OK]를 클릭합니다.

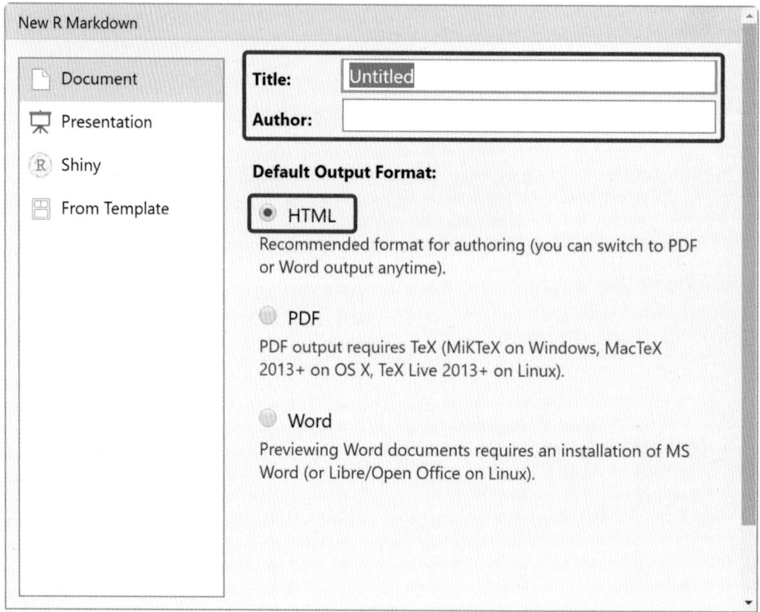

note Author 입력은 생략할 수 있습니다.

note Default Output Format은 문서 내보내기 형식입니다. HTML, PDF, Word 중 원하는 파일 형식을 선택합니다. 혹여나 파일 형식을 잘못 선택했더라도 나중에 변경할 수 있습니다.

04 R 스튜디오에서 기본으로 제공하는 R 마크다운 예시 문서가 생성됩니다. 기본 예시 문서에는 R 마크다운 형식으로 작성된 summary(cars)와 plot(pressure) 코드가 포함되어 있는 서식을 제공합니다.

Untitled1 ×

Knit on Save | Knit | Run

```
---
title: "Untitled"
output: html_document
---

```{r setup, include=FALSE}
knitr::opts_chunk$set(echo = TRUE)
```

R Markdown

This is an R Markdown document. Markdown is a simple formatting syntax for authoring HTML, PDF, and MS Word documents. For more details on using R Markdown see <http://rmarkdown.rstudio.com>.

When you click the **Knit** button a document will be generated that includes both content as well as the output of any embedded R code chunks within the document. You can embed an R code chunk like this:

```{r cars}
```

1:1 | Untitled | R Markdown

05 문서를 살펴보면 음영 처리되어 있는 영역이 있습니다. 이 영역을 **코드 청크**code chunk라고 하며, 영역의 오른쪽 상단에 있는 톱니 모양 아이콘은 청크 옵션을 설정하거나 청크 부분만 실행할 수 있는 아이콘입니다.

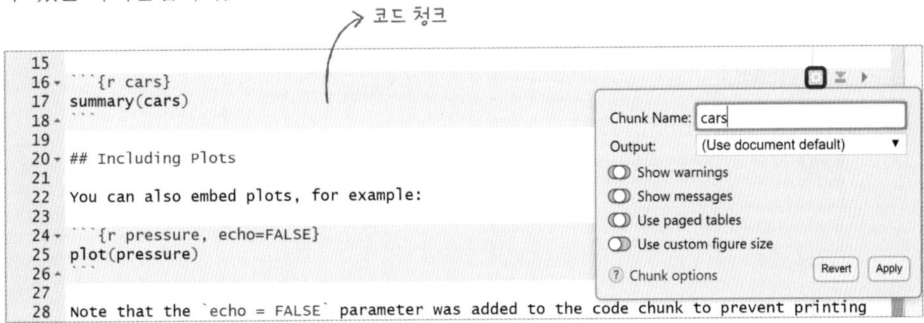

```

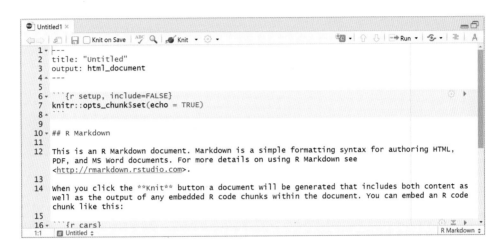

R 마크다운 문서 미리보기

작성한 R 마크다운 문서는 미리보기로 확인할 수 있습니다. 예시 문서를 활용하여 작성한 문서를 미리보기하는 방법을 알아보겠습니다.

01 R 마크다운 문서 탭 상단 메뉴에서 톱니 모양 아이콘을 클릭하면 미리보기를 윈도우 창에서 할 것인지 R 스튜디오 Viewer 탭에서 할 것인지 지정할 수 있습니다. 우리는 미리보기를 윈도우 창에서 확인할 것이므로 [Preview in Windows]를 클릭합니다.

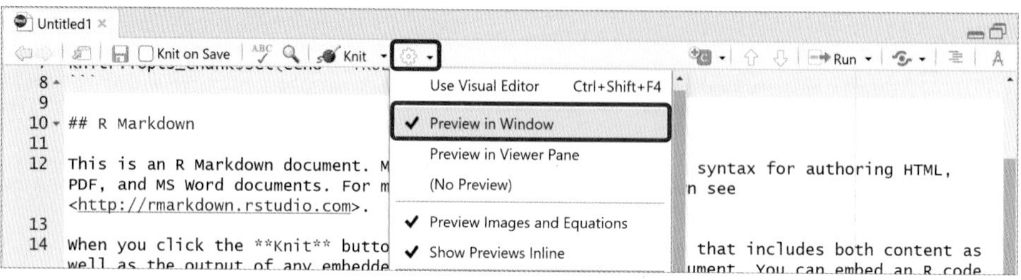

02 설정 후 톱니 모양 아이콘 왼쪽 옆에 있는 [Knit]를 클릭하면 처음에 문서를 만들 때 설정했던 HTML 형식으로 저장되면서 새 창에 문서 미리보기가 나타납니다.

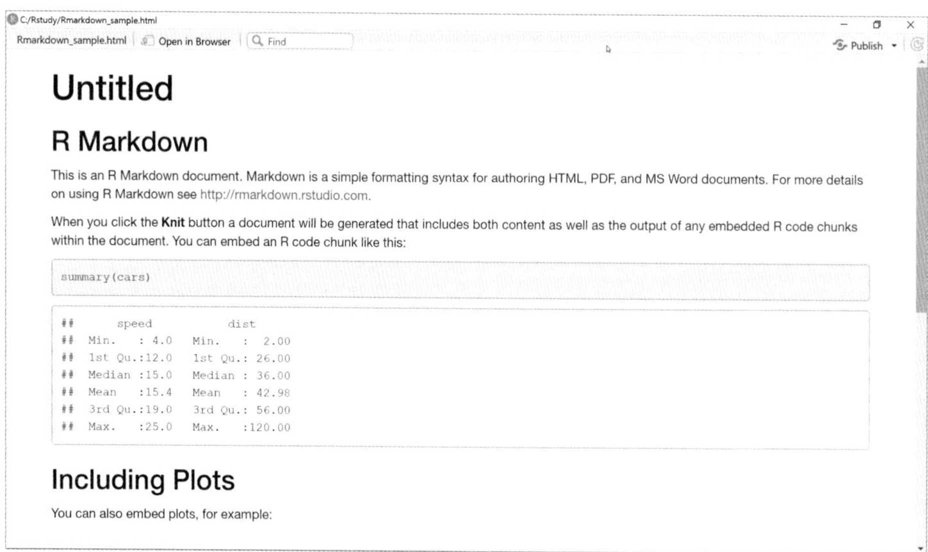

+ 여기서 잠깐 **Preview in Viewer Pane 설정**

미리보기 설정을 선택할 때 [Preview in Viewer Pane]을 선택하면 R 스튜디오 오른쪽 하단 Files 탭의 Viewer 탭에서 미리보기를 확인할 수 있습니다.

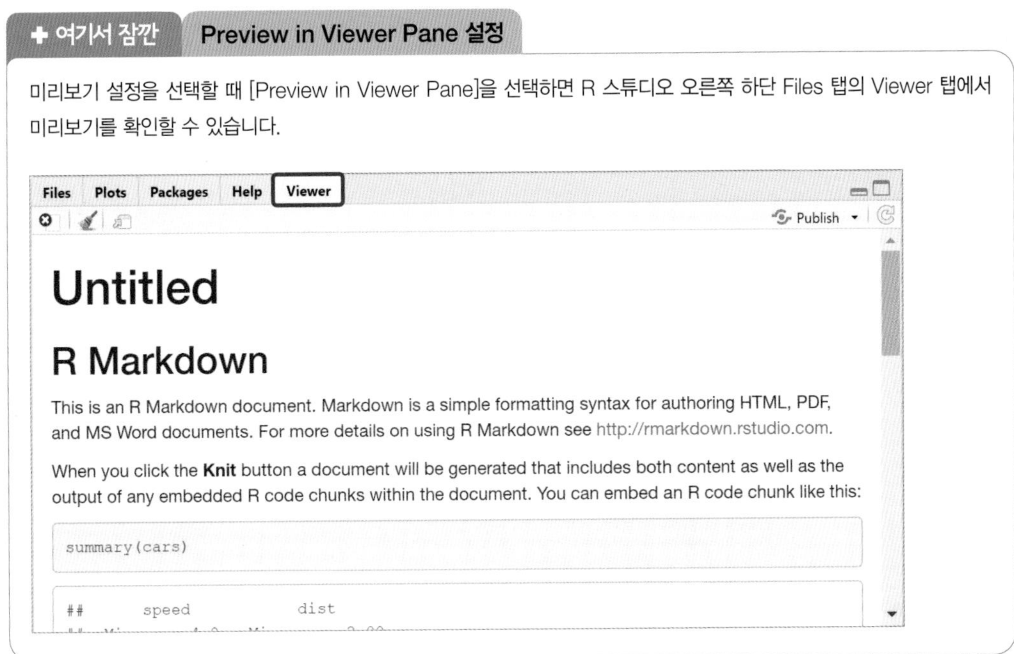

R 마크다운 문서 저장 형식 변경하기

Knit 버튼을 클릭하면 문서를 생성할 때 설정했던 파일 형식으로 문서를 바로 저장할 수 있지만, Knit 버튼 옆에있는 삼각형을 클릭해서 드롭다운 메뉴를 열면 저장할 파일 형식을 선택할 수 있습니다. 이때 파일 형식을 Word 파일과 PDF 파일로 저장할 경우 Preview in Viewer Pane 옵션 상관없이 저장한 문서 형식으로 새로 열립니다.

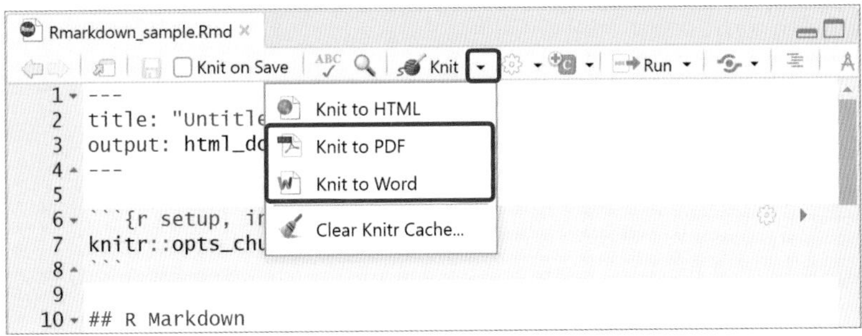

Word 문서로 저장하기

Knit 버튼에서 드롭다운 메뉴를 열어 [knit to Word]를 선택하면 다음과 같이 Word 파일 문서가 생성됩니다.

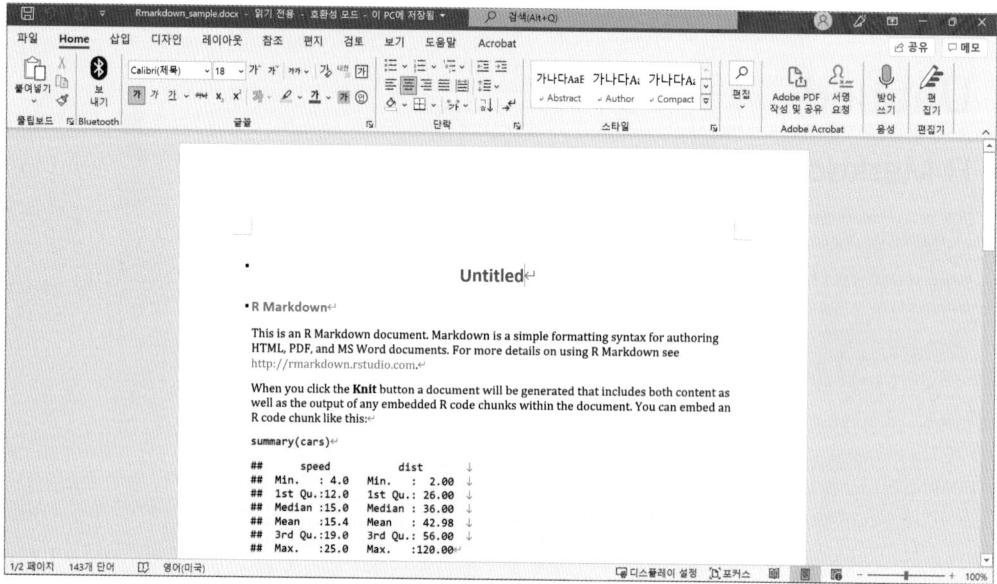

PDF 문서로 저장하기

PDF 파일로 저장하려면 먼저 **tinytex 패키지**가 설치되어 있고 **install_tinytex() 함수**가 실행되어 있어야 합니다. Console 탭에 아래 코드를 입력하고 실행합니다. Script 탭을 열어 코드를 입력한 후 실행해도 좋습니다.

```
> install.packages('tinytex')
> library(tinytex)
> tinytex::install_tinytex()
```

Knit 버튼에서 드롭다운 목록을 열어 [Knit to PDF]를 선택하면 다음과 같이 PDF 파일 문서가 생성됩니다.

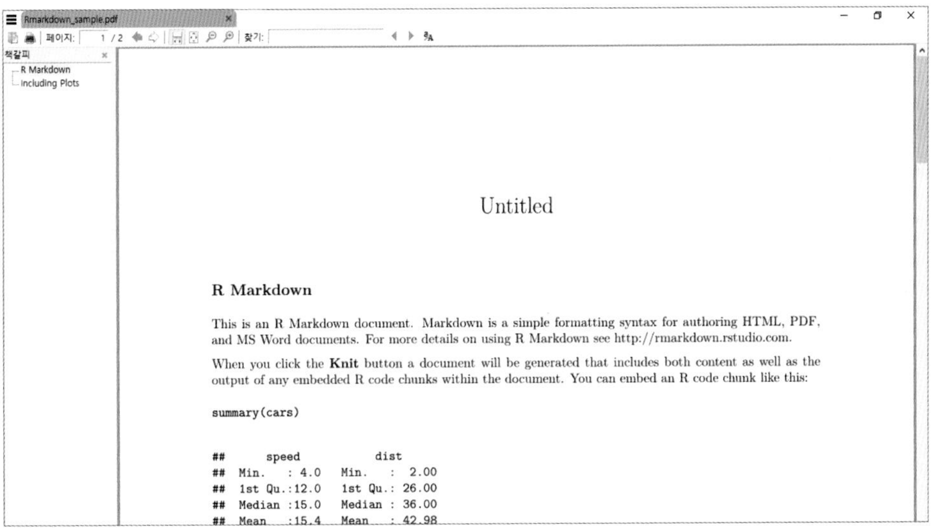

RPubs에 배포하기

Rpubs는 HTML 형식의 R 마크다운 문서를 외부에 공유할 수 있는 프로그램입니다. 앞에서 생성한 R 마크다운 예시 문서를 배포해 보겠습니다.

01 [Knit] 버튼에서 [Knit to HTML]을 클릭하여 실행한 후 미리보기 창의 오른쪽 위에 있는 [Publish]를 클릭합니다.

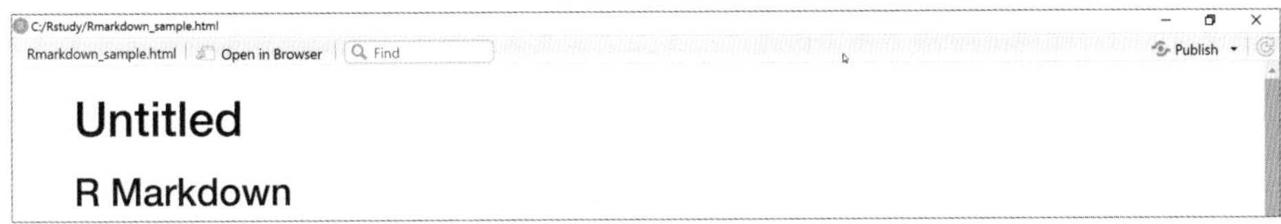

02 이때 Install Required Packages 대화상자가 나타나 필요한 패키지를 설치해야 한다고 하면 [Yes]를 클릭하여 계속 진행합니다.

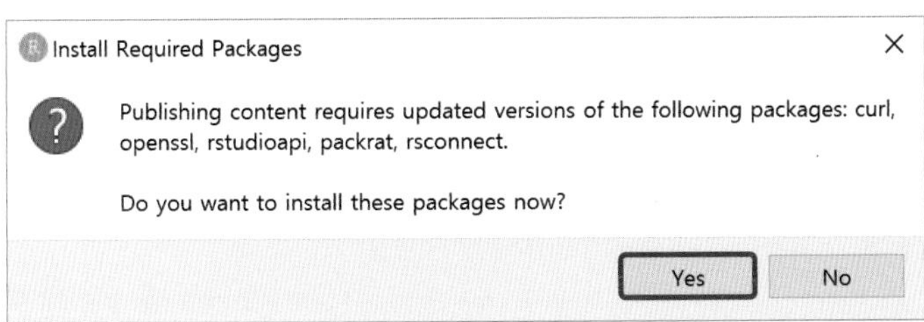

03 패키지가 설치되면 Publish 대화상자가 나타납니다. [Rpubs]를 클릭합니다.

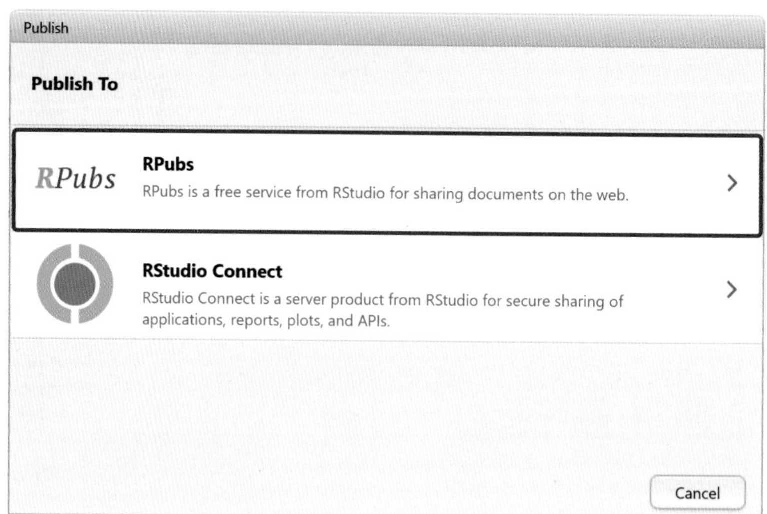

04 이어서 Rpubs로 배포 시 주의사항이 나옵니다. RPubs에 게시된 문서는 모두 외부에 공개되므로 공개적으로 공유할 문서만 게시해야 합니다. 우리가 공유할 문서는 보안에 문제가 없는 문서이므로 [Publish]를 클릭하여 계속 진행하겠습니다.

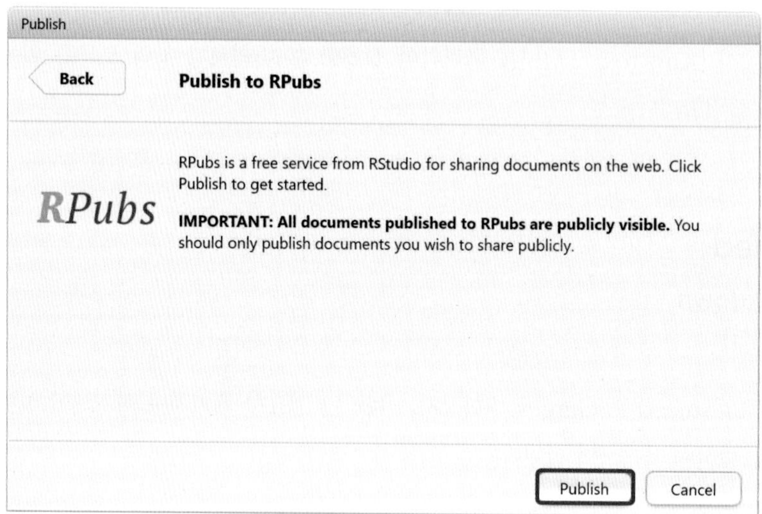

05 RPubs 계정 정보를 입력합니다. 계정이 없을 경우 [Create an account]를 클릭하여 생성합니다.

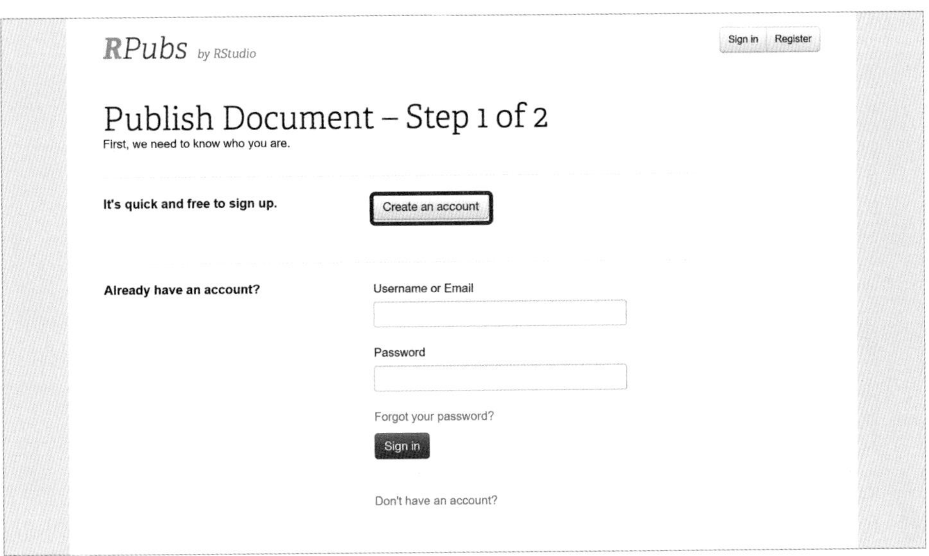

note 계정이 있다면 다음 06번 과정은 생략하고 07번부터 진행합니다.

06 Name에 이름, Email에 이메일 주소, Username에 ID, Password에 비밀번호와 비밀번호 확인 순으로 입력한 후 [Register Now]를 클릭하면 회원가입이 완료됩니다.

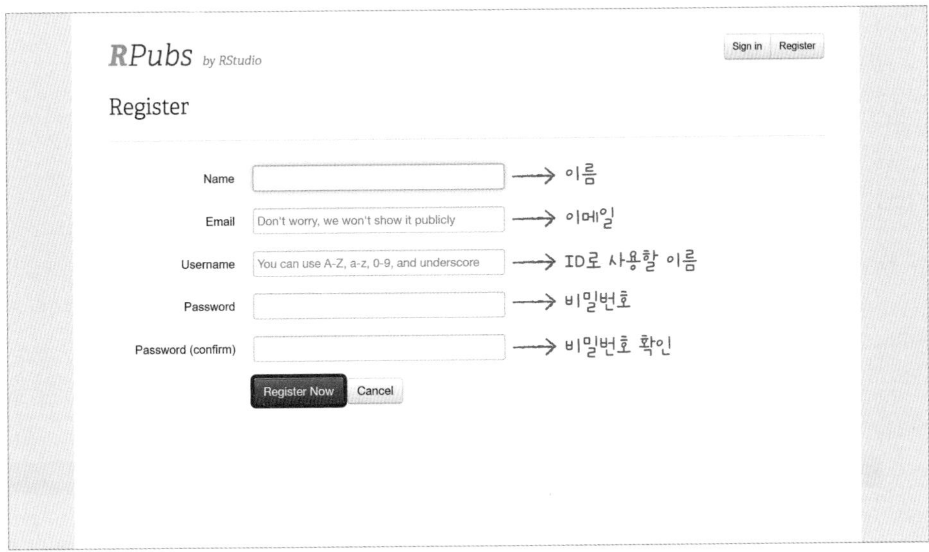

07 로그인이 되면 문서 디테일을 입력합니다. Title에는 문서 제목, Description에는 내용을 넣어줍니다. Slug는 공유할 문서 주소입니다. 별도로 문서 주소를 지정할 때 영문자, 숫자로 입력하면 됩니다. 여기에서는 [self]로 입력하고 진행해 보겠습니다.

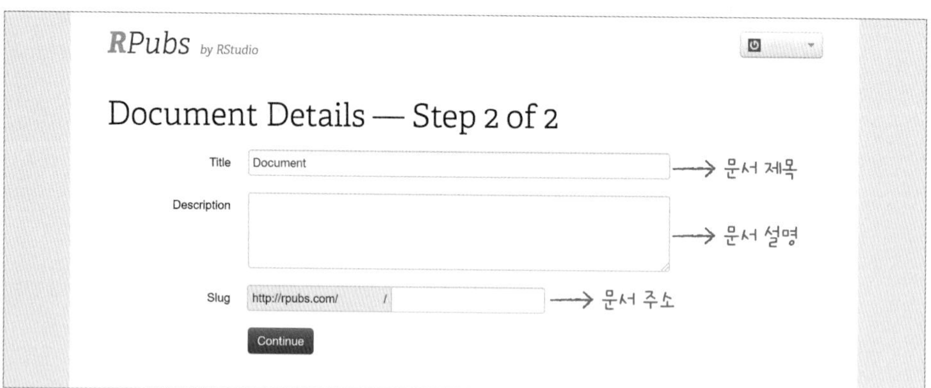

08 R 마크다운 문서 배포가 완료되었습니다. 배포한 문서에는 위아래로 검은색 툴바가 있습니다. 왼쪽의 [Edit Details] 버튼은 문서 내용을 수정할 수 있고, [Delete] 버튼은 문서를 삭제할 수 있습니다. 오른쪽에 있는 [Comments] 버튼은 문서에 댓글을 달 수 있고, [Share] 버튼은 문서를 공유할 수 있습니다. [Hide Toolbars] 버튼은 위아래 툴바를 숨겨 문서만 보이게 할 수 있습니다.

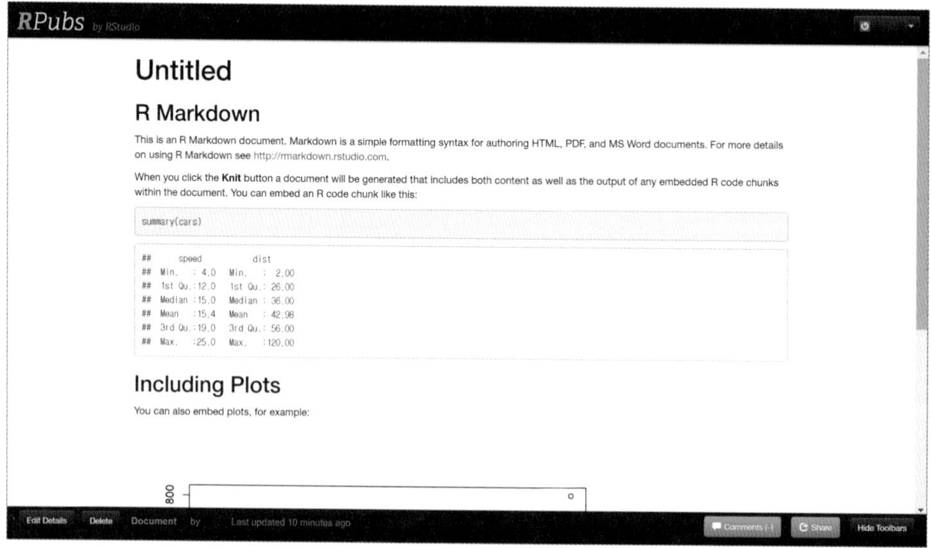

note 숨겨진 툴바를 다시 보이게 하려면 페이지 오른쪽 하단에 있는 대각선 방향의 화살표( )를 클릭하면 됩니다.

좀 더 알아보기

R 마크다운 문법

R 마크다운 기본 문법은 다음과 같습니다. 간단하게 손코딩을 해보며 문법을 익혀보세요. 문서 미리 보기를 Preview in Viewer Pane 설정한 후 HTML로 저장하면 실행 결과를 Viewer 탭에서 바로 확인할 수 있습니다.

단락

```
줄 바꿈: 띄어쓰기 2칸
가로줄(단락 마침): ***
```

```
줄 바꿈    → Enter로 줄 바꿈을 합니다.
줄 바꿈

줄 바꿈␣␣  → 띄어쓰기 2칸을 한 후 Enter로 줄 바꿈을 합니다.
줄 바꿈


***
```

```
줄 바꿈 줄 바꿈

줄 바꿈
줄 바꿈
```

강조

```
이텔릭체: *내용*
볼드체: **내용**
```

```
*이탤릭체*
**볼드체**
```

> *이탤릭체* **볼드체**

제목

```
# 제목1 → 텍스트가 가장 큽니다.
## 제목2
### 제목3
#### 제목4
##### 제목5
###### 제목6 → 텍스트가 가장 작습니다.
```

손코딩

```
# 제목1
## 제목2
### 제목3
#### 제목4
##### 제목5
###### 제목6
```

> # 제목1
> ## 제목2
> ### 제목3
> #### 제목4
> ##### 제목5
> ###### 제목6

링크

하이퍼링크: [표시할 텍스트](주소) 혹은 <주소>
이미지: `![캡션](경로/파일명)` → 캡션은 생략할 수 있습니다.

손코딩

```
[링크](https://rmarkdown.rstudio.com/index.html)
<https://rmarkdown.rstudio.com/index.html>
![](C:/Rstudy/image.png){width=100px, height=100px }
```

→ 이미지 사이즈를 지정할 수 있습니다.

〉

링크
https://rmarkdown.rstudio.com/index.html

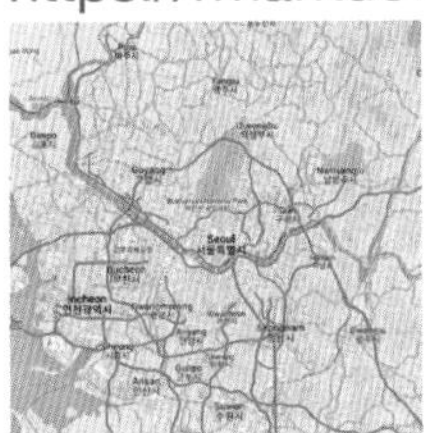

인라인 코드

`코드`

```
`인라인 코드`
```

〉 `인라인 코드`

코드 청크

```
```{r 청크이름}
코드
```
```

손코딩

```
```{r cars}
summary(cars)
```
```

›

```
summary(cars)
```

```
##      speed           dist       
##  Min.   : 4.0   Min.   :  2.00  
##  1st Qu.:12.0   1st Qu.: 26.00  
##  Median :15.0   Median : 36.00  
##  Mean   :15.4   Mean   : 42.98  
##  3rd Qu.:19.0   3rd Qu.: 56.00  
##  Max.   :25.0   Max.   :120.00  
```

note 그레이브(`) 기호는 키보드에서 숫자 1번 키 왼쪽에 있습니다. 작은따옴표를 사용하지 않도록 주의하세요.

더 자세한 R 마크다운 문법은 아래 주소에서 확인할 수 있습니다.
URL https://rmarkdown.rstudio.com/authoring_basics.html
R

마무리

▶ 4가지 키워드로 정리하는 핵심 포인트

- **마크다운**은 일반 텍스트 내용과 서식을 함께 작성하여 공유할 수 있는 마크업 언어입니다.
- **마크업 언어**는 태그를 이용하여 문서의 서식이나 구조를 화면에 표현하는 언어입니다. 대표적인 언어로는 HTML이 있습니다.
- **R 마크다운**은 R에서 사용되는 마크다운이며, R 스튜디오를 이용해서 쉽게 작성할 수 있습니다.
- **RPubs**는 R마크다운 문서를 공유할 수 있는 무료 서비스입니다.

▶ 확인문제

1. 다음 문제를 읽고 맞는 것에는 O표, 틀린 것에는 X표 하세요.

① Rpubs에서는 외부 공개된 보고서의 사용자 제한이 가능하다. (　)
② RPubs를 이용하기 위해서는 HTML, CSS 등의 지식이 필요하다. (　)
③ R 스튜디오에서 RPubs로 직접 공유가 가능하다. (　)
④ RPubs는 유료 서비스다. (　)

2. R 마크다운 기본 문법을 빈칸에 적어 보세요.

① 줄 바꿈: ______
② 가로줄(단락마침): ______
③ 볼드체 강조: ______
④ 이탤릭체 강조: ______

hint 1. 382쪽과 383쪽을 참고하세요.

08-2 샤이니로 인터랙티브 웹 앱 만들기

핵심 키워드

인터랙티브 웹 앱 | 샤이니 | UI | shinyapps.io

샤이니 앱은 R 언어와는 달리 레이아웃을 구성하고 서버를 호출하는 함수를 사용하여 앱 기능을 구현해야 하므로 코드 내용이 다소 어려울 수도 있지만, 데이터 분석 결과를 앱에 쉽게 연동하여 공유할 수 있기 때문에 웹에 대한 지식이 부족해도 인터랙티브한 웹 보고서를 작성 할 수 있습니다.

시작하기 전에

인터랙티브 웹interactive web이란 사용자가 입력한 데이터에 따라 웹이 반응하여 상호 작용하며 동작하는 웹으로, **샤이니**Shiny는 R로 **인터랙티브 웹 앱**interactive web application을 구현할 수 있는 패키지입니다. 샤이니를 이용하면 HTML이나 CSS에 대한 지식이 부족하더라도 사용자의 요청으로 움직이는 대시보드를 만들 수 있고, 작성한 **샤이니 앱**을 shinyapps.io 서비스로 외부에 공개할 수도 있습니다. 이번 절에서는 가장 기본적인 예시 코드로 샤이니 앱 구조를 살펴봅니다. 샤이니 앱은 크게 **UI**User Inerface와 **서버**server로 구성되며 샤이니 앱을 실행하면 UI와 서버를 호출하여 동작합니다. 여기에서 UI는 사용자가 보는 화면이고 서버는 샤이니 앱의 로직입니다. 사용자가 UI를 조작하면 함수가 서버를 호출하고 그 결과를 다시 UI에 출력하는 방식으로 작동합니다.

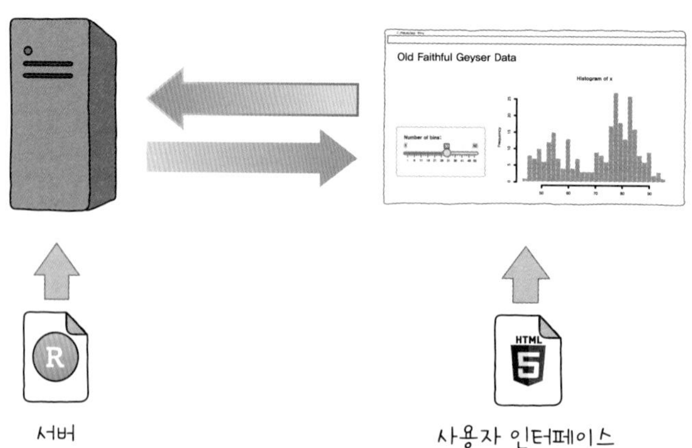

샤이니 파일 생성하기

R 스튜디오에서는 **샤이니 패키지**를 설치하여 샤이니 앱을 작성하고 실행할 수 있습니다. 파일을 생성해 보겠습니다.

01 R 스튜디오 메뉴 바에서 [File] – [New File] – [Shiny Web App]을 선택합니다.

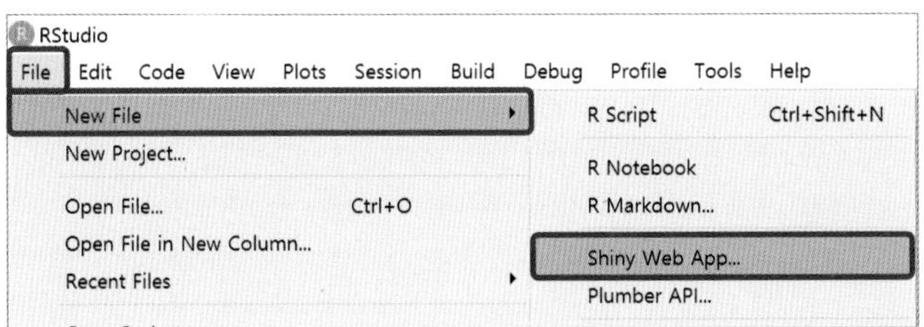

02 Shiny 패키지가 설치되어 있지 않으면 Install Shiny Package 대화상자가 나타납니다. [Yes]를 클릭하여 계속 진행합니다.

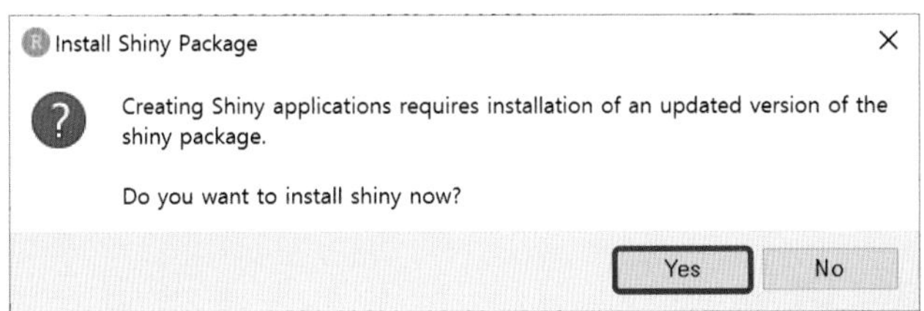

03 New Shiny Web Application 대화상자가 나타나면 Application name에는 앱 이름, Application type에는 앱의 형태, Create within directory에는 파일 경로를 지정합니다. 여기에서 앱 이름은 [app]으로 입력하고 앱의 형태는 [Single File (app.R)]을 선택합니다. 경로는 [C:/Rstudy]로 지정한 후 [create]를 클릭합니다.

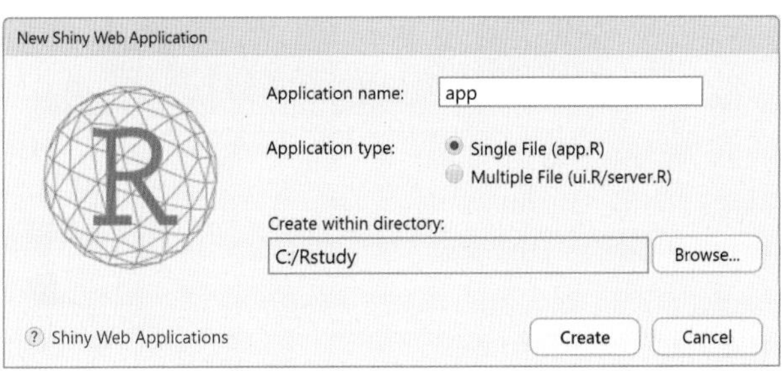

note Application type은 앱 파일을 한개로 만들지, UI와 서버 파일을 각각 만들지를 정하는 옵션입니다. 간단한 앱을 만들 때는 Single File로 진행해도 됩니다.

04 Script 탭에 app.R 파일이 생성되어 샤이니 앱 예시 코드를 확인할 수 있습니다. 이 코드를 실행해 보겠습니다. 샤이니 앱 실행은 문서 메뉴 바 오른쪽 상단에 있는 [Run App]을 클릭합니다.

05 앱을 실행하면 Old Faithful Geyser Data라는 히스토그램 그래프가 실행됩니다. 또한 Number of bins 사이드 바의 슬라이더를 조절하면 히스토그램 도수 범위가 동적으로 조절되는 것을 알 수 있습니다.

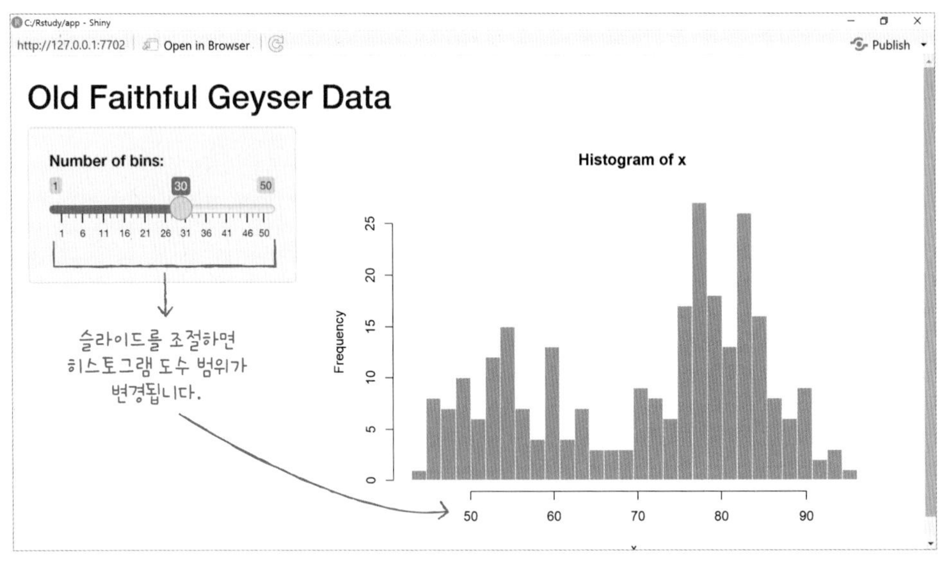

히스토그램 도수는 막대
구간을 의미합니다.

샤이니 앱 구조 살펴보기

앞에서 실행한 샤이니 앱 구조를 자세히 살펴보겠습니다. 예시 코드는 미국 엘로스톤 국립공원의 올드 페이쓰풀 간헐천Old Faithful Geyser 데이터를 다루는 faithful 데이터 세트를 사용하며, 사용자 인터페이스를 설정하는 **fluidPage() 함수**와 서버의 **funtion() 함수**, 그리고 샤이니 앱 실행을 위한 **shinyApp() 함수**로 구성되어 있습니다.

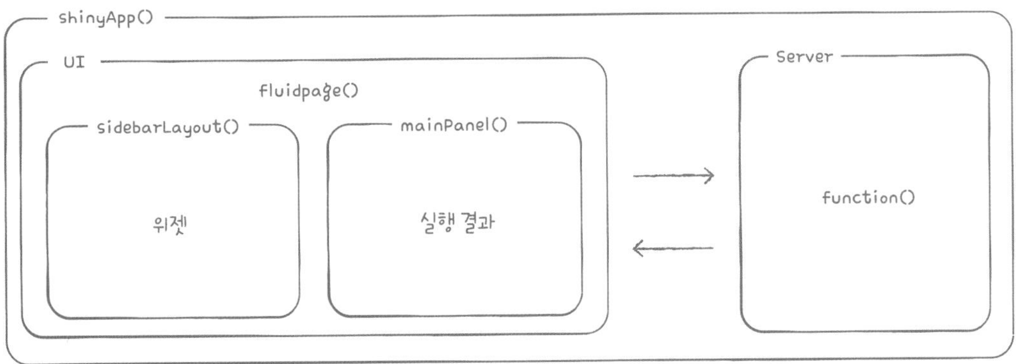

UI: 사용자 인터페이스 설정하기

fluidPage() 함수는 페이지를 구성하는 가장 기본 함수로 브라우저에 따라 UI 크기를 동적으로 변형할 수 있고 레이아웃을 설정할 수 있습니다. fluidPage() 함수는 다시 titlePanel() 함수, sidebarLayout() 함수, mainPanel() 함수로 구성됩니다.

- **titlePanel() 함수**: 앱 제목을 정의합니다.
- **sidebarLayout() 함수**: input 컨트롤 위젯으로 사이드 바 레이아웃을 정의합니다.
- **mainPanel() 함수**: 앱이 동작하는 영역을 정의합니다.

```
# Define UI for application that draws a histogram
ui <- fluidPage(

    # Application title
    titlePanel("Old Faithful Geyser Data"),

    # Sidebar with a slider input for number of bins
    sidebarLayout(
        sidebarPanel(
```

```
            sliderInput("bins",
                        "Number of bins:",
                        min = 1,
                        max = 50,
                        value = 30)
        ),

        # Show a plot of the generated distribution
        mainPanel(
           plotOutput("distPlot")
        )
    )
)
```

사이드 바 영역은 **sliderInput() 함수**로 슬라이더 위젯이 정의되어 있습니다. bins는 사용자가 입력하는 값을 받는 매개변수로 히스토그램의 x축 구간, 즉 막대 개수를 의미합니다. 사용자가 메인 영역에 그릴 히스토그램의 구간을 기본값(value)은 30, 슬라이더로 bins 범위를 1(min) ~ 50(max)까지 변경할 수 있게 합니다. 마지막으로 **mainPanel() 함수**에는 메인 영역에 그래프를 그려야 하므로 **plotOutput() 함수**를 사용합니다. 여기에서 distPlot은 서버의 output 매개변수입니다.

+ 여기서 잠깐 **샤이니 앱의 input과 output**

input은 UI의 사이드 바에 입력한 결과를 받아서 sever에 전달하고, output은 서버가 처리한 결과를 UI로 전달합니다.

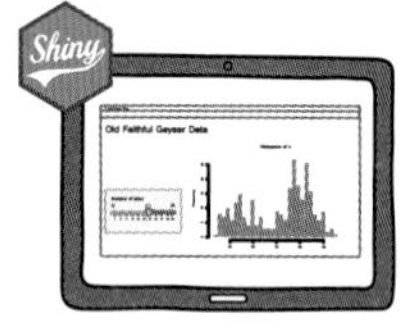

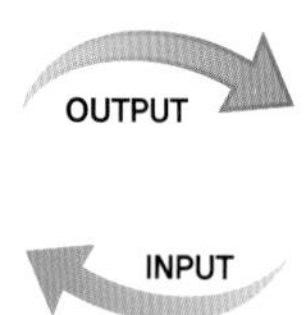

서버: 화면에서 입력한 값을 처리하기

서버는 UI가 데이터와 연동해서 작동하도록 정의하는 부분입니다. 데이터를 어떻게 처리할 것인지에 대한 기능을 **function() 함수**에 정의합니다.

```
# Define server logic required to draw a histogram
server <- function(input, output) {

    output$distPlot <- renderPlot({
        # generate bins based on input$bins from ui.R
        x    <- faithful[, 2]
        bins <- seq(min(x), max(x), length.out = input$bins + 1)

        # draw the histogram with the specified number of bins
        hist(x, breaks = bins, col = 'darkgray', border = 'white')
    })
}
```

UI에서 받은 input 값으로 함수를 실행한 후 그 결과를 output에 저장하여 UI에 보냅니다.

그래프 출력은 **renderPlot() 함수**를 사용합니다. faithful 데이터 세트의 두 번째 변수인 waiting(분출 대기 시간)을 사용하기 위해 인덱스를 faithful[,2]로 지정한 것을 알 수 있습니다. 또한 UI에서 sliderInput() 함수로 입력받은 min, max, input$bins 값을 **seq() 함수**에 넣어 히스토그램의 구간이 input 값으로 조절되도록 구현합니다. 1부터 50까지의 숫자를 input$bins 값에 1을 더한 숫자 개수로 막대 구간을 나눈다는 의미입니다. 만약 사용자가 25를 입력하면 26개의 숫자를 같은 간격으로 배치해 총 25개의 구간, 즉 25개의 막대가 만들어집니다. 이 함수의 결괏값은 output$distPlot에 할당되어 UI에 전달됩니다.

shinyApp() 함수

shinyApp() 함수는 샤이니 앱을 실행하는 함수입니다.

```
shinyApp(ui = ui, server = server)
```

ui와 sever에 각각 객체명을 넣어주면 앞에서 구현한 함수 내용을 바탕으로 UI와 서버 코드가 실행되며 앱이 동작합니다.

샤이니 앱 배포하기

샤이니 앱에도 Rpubs처럼 분석 결과를 공유하는 서비스인 shinyapps.io가 있습니다. 작성한 샤이니 앱을 서비스에 올려서 다른 사람에게 공유할 수 있습니다. 다만, 무료 사용자는 제약이 있어 앱을 5개까지 배포할 수 있고 25시간 동안만 활성화됩니다. 그 이상으로 사용하려면 유료 결제를 진행해야 샤이니 앱을 배포할 수 있습니다.

샤이니 앱 홈페이지

URL https://www.shinyapps.io

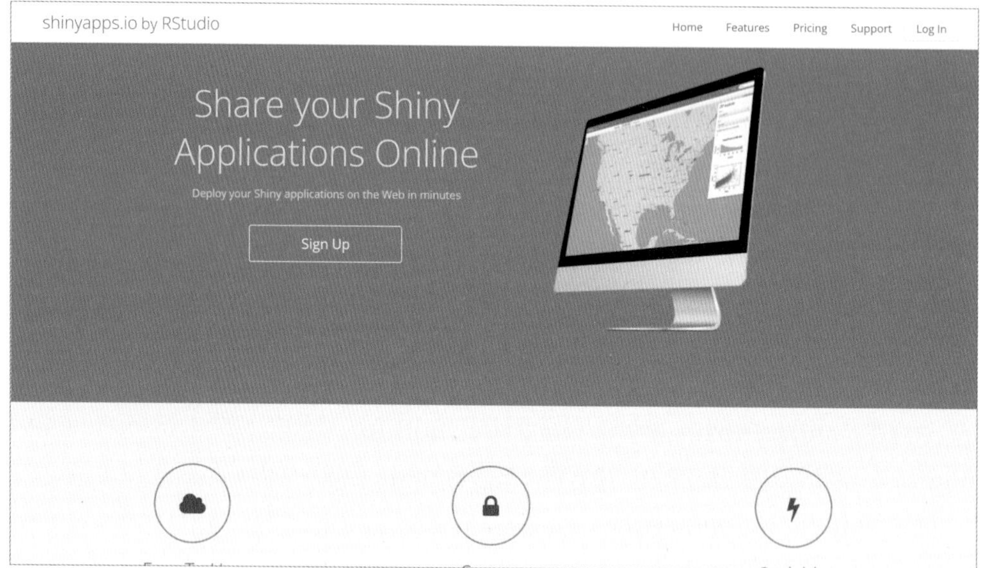

shinyapps.io와 연동해서 앱을 배포해 보겠습니다.

01 앞에서 실습했던 app.R 파일을 다시 실행한 후 실행한 앱 화면 오른쪽 상단의 [Publish]를 클릭합니다.

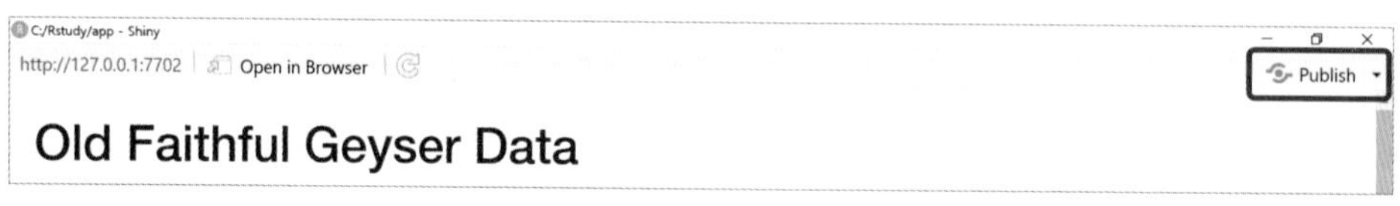

note Install Required Packages 대화상자가 나타나면 [Yes]를 클릭하여 진행합니다.

02 계정을 연결하라는 Connect Account 대화상자가 나타납니다. [Next]를 클릭하여 다음으로 넘어갑니다.

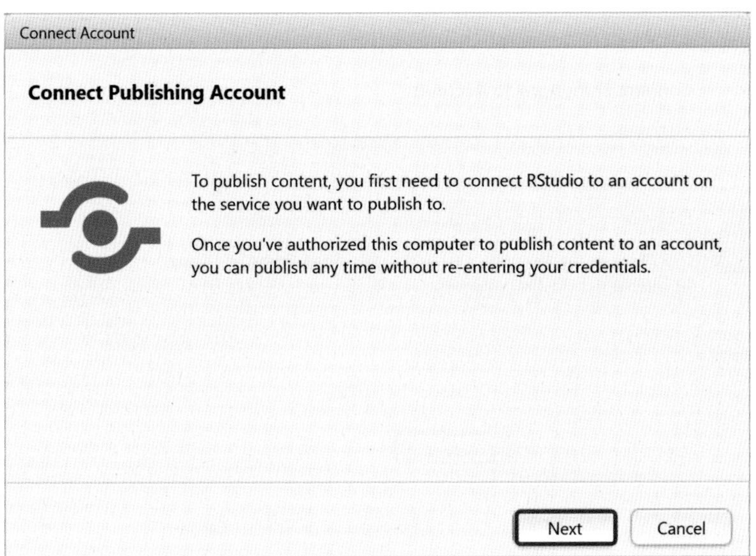

03 계속해서 [ShinyApps.io]를 클릭합니다.

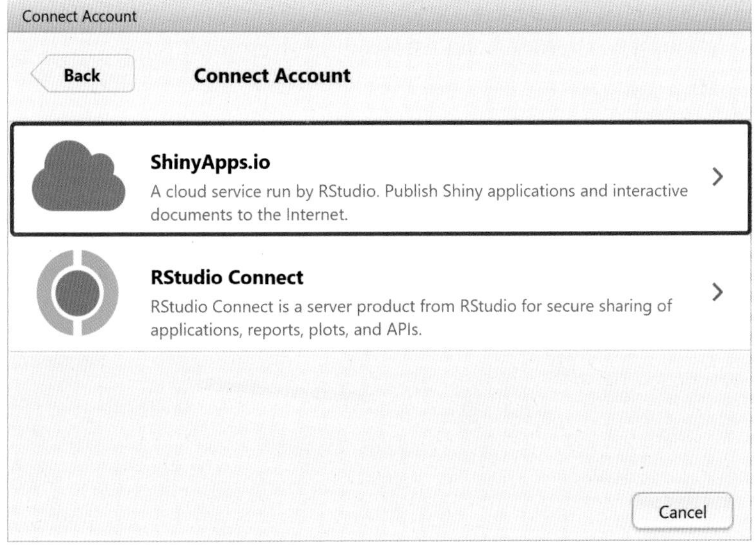

04 shinyapps.io를 연결하려면 shinyapps 사용자 계정 메뉴에 있는 토큰이 필요합니다. 계정이 없으면 [Get started here]를 클릭하여 shinyapps.io 홈페이지로 이동합니다.

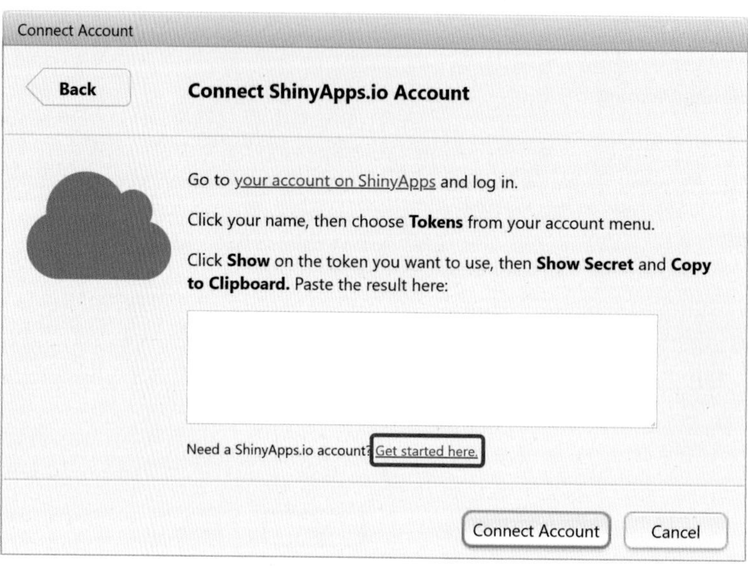

note shinyapps.io 계정이 이미 있다면 [your account on ShinyApps]를 클릭하여 shinyapps.io 홈페이지를 로그인한 후 08번부터 진행하세요.

05 shinyapps.io 회원가입을 진행하겠습니다. 홈페이지 메인 화면에서 [Sign Up]을 클릭하여 회원가입 페이지로 이동합니다.

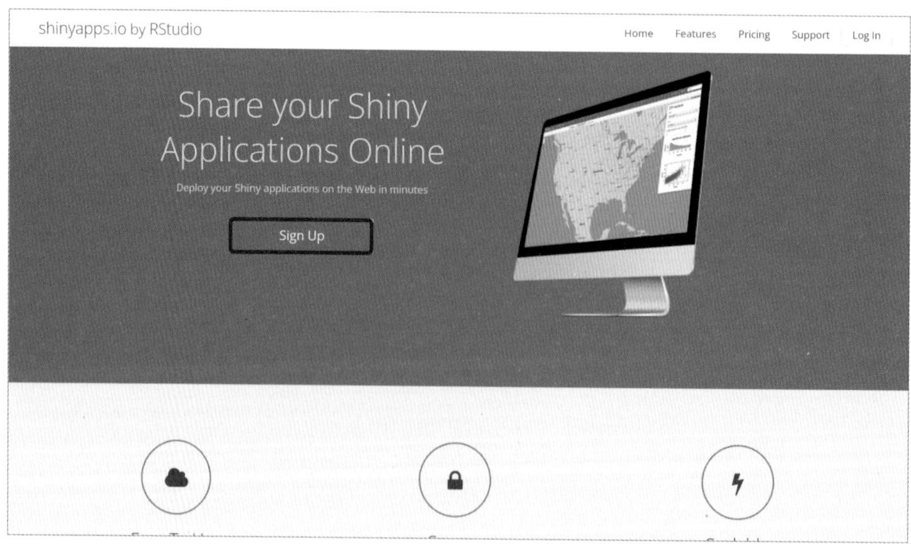

06 Email에 이메일 주소, Password에 비밀번호를 입력한 후 [Sign Up]을 클릭합니다. 혹은 구글이나 깃허브 계정으로 회원가입해도 좋습니다.

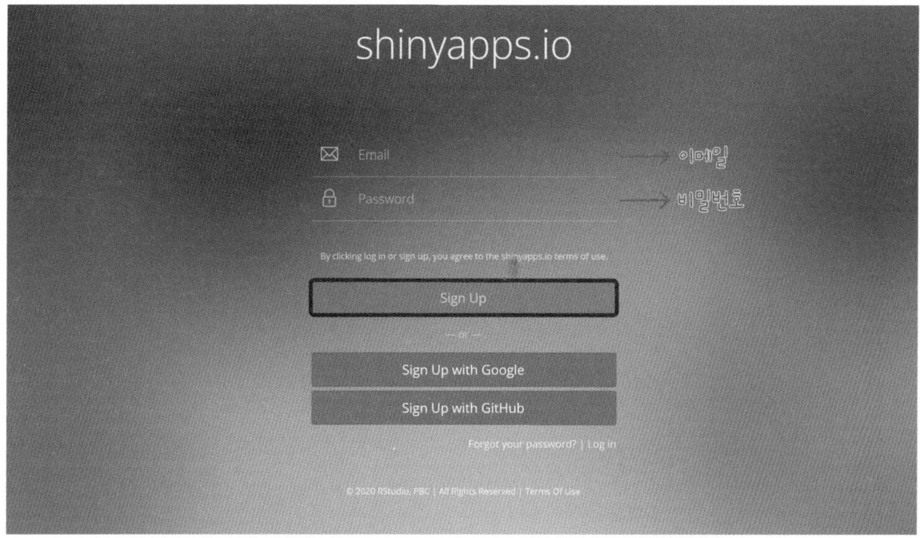

07 이어서 ACCOUNT SETUP 화면으로 이동합니다. 앱을 배포하려면 주소가 될 계정 이름이 필요합니다. 일종의 ID라고 생각하면 됩니다. account에 사용할 계정 이름을 입력합니다.

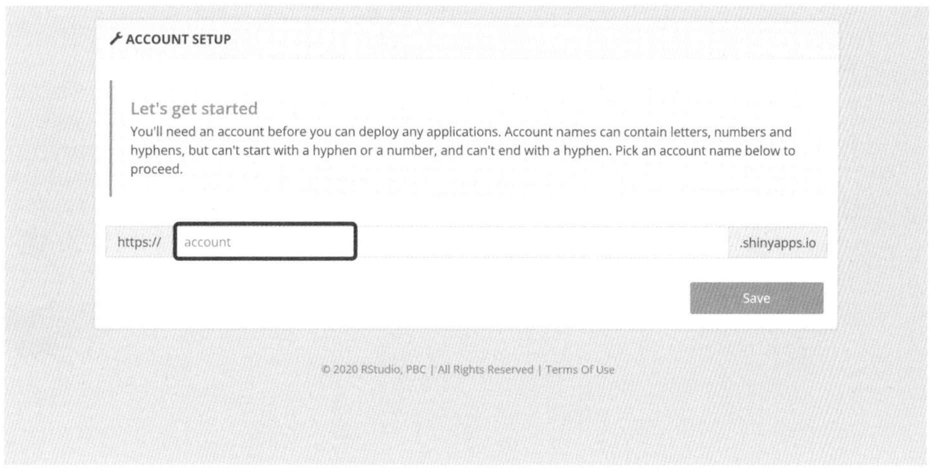

note 계정 이름에는 문자, 숫자, 하이픈을 사용할 수 있지만, 숫자로 시작할 수 없고 하이픈으로 끝날 수 없습니다.

08 계정에 로그인 되면 shinyapps.io 대시보드로 이동합니다. 여기에서 우리가 필요한 것은 R 스튜디오와 shinyapps.io를 연결할 수 있는 토큰입니다. 토큰은 STEP2의 AUTHORIZE ACCOUNT 항목에서 확인할 수 있습니다. [Copy to Clipboard]를 클릭하여 토큰을 복사하겠습니다.

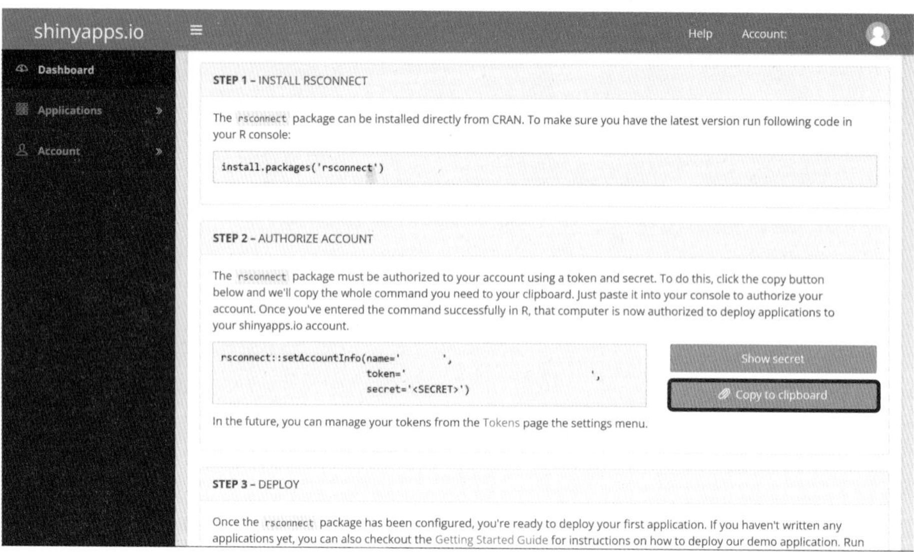

09 다음과 같은 팝업이 나타나면 Ctrl+C 단축키를 눌러 코드를 복사한 후 Enter를 누릅니다.

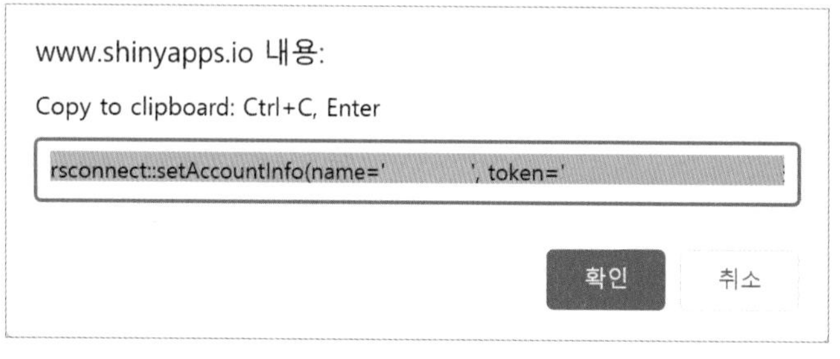

10 다시 R 스튜디오의 샤이니 앱 Connect Account 대화상자로 돌아가 코드를 붙여넣고 [Connect Account]를 클릭합니다.

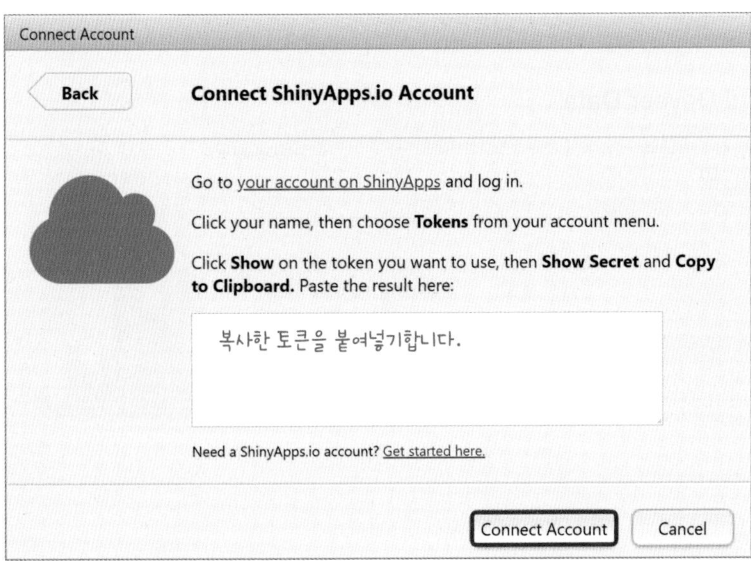

11 Publish to Server 대화상자가 나타납니다. 왼쪽에는 배포할 샤이니 앱 파일 경로가 있고 오른쪽의 Publish From Account 항목에는 shinyapps.io 사용자 계정이 연동된 것을 알 수 있습니다. 아래의 Title은 배포할 앱 제목입니다. 최소 영문 4자 이상이어야 하므로 [sample]을 입력하고 [Publish]를 클릭하면 앱 배포가 진행됩니다.

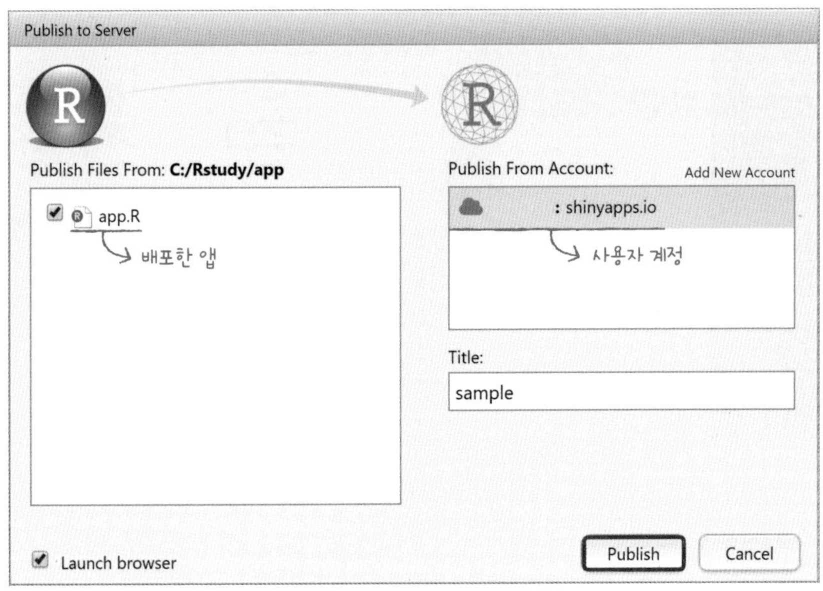

12 R 스튜디오의 Console 탭에 Deploy 탭이 작동하고 조금 기다리면 새로운 웹 브라우저가 실행되면서 샤이니 앱 실행 결과를 웹에서 확인할 수 있습니다.

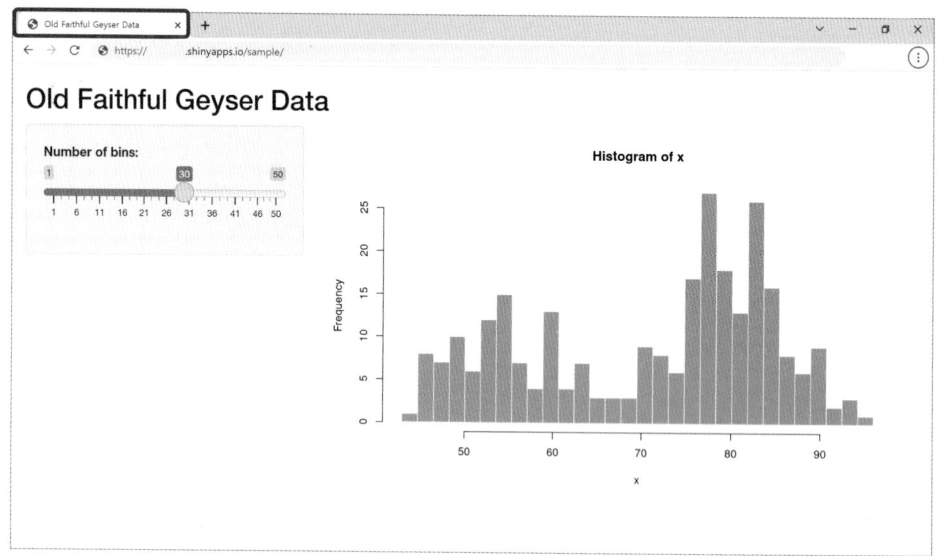

13 배포가 정상적으로 완료되면 shinyapps.io의 대시보드도 변경됩니다. 오른쪽의 RECENT APPLICATIONS 항목에서 배포한 앱을 확인해 보겠습니다. [sample]을 클릭합니다.

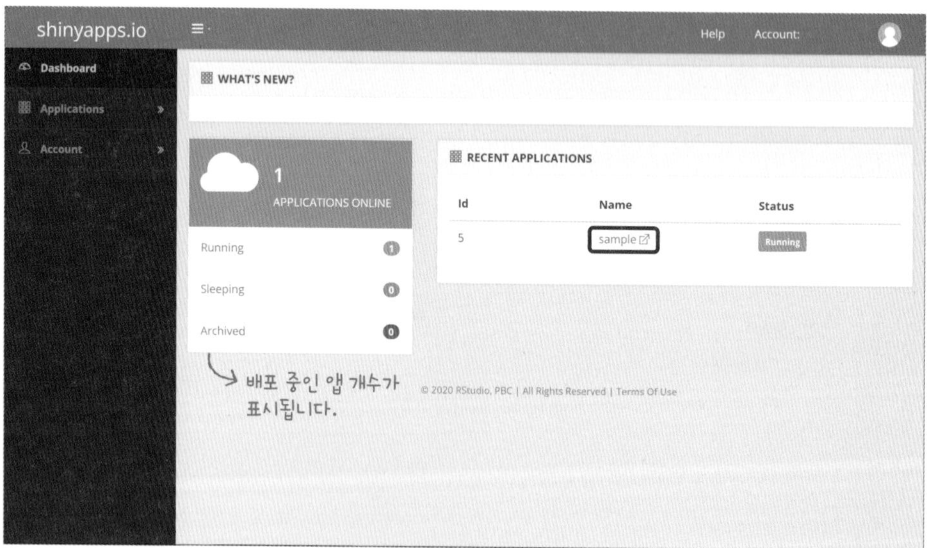

14 배포한 앱의 통계와 로그 등을 확인할 수 있습니다. 다만 무료 버전은 기능 제한이 있으니 추가 기능을 사용하려면 유료 결제를 해야 합니다.

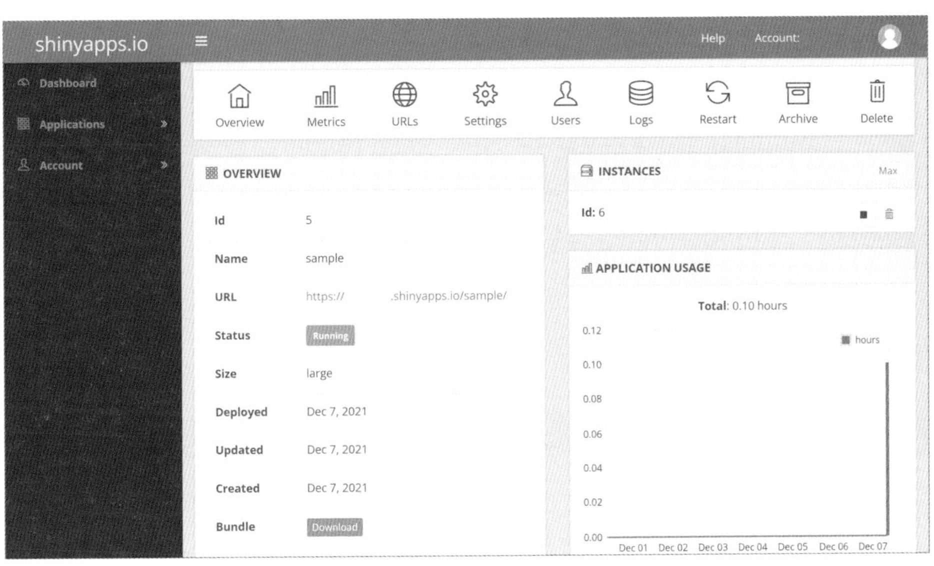

+ 여기서 잠깐 **앱을 여러 개 배포하기**

앱을 여러 개 배포하려면 추가 토큰이 필요합니다. 사용자 계정 화면에서 [Account] – [Tokens]로 이동한 후 [Add Token]를 클릭하여 추가 발급할 수 있습니다.

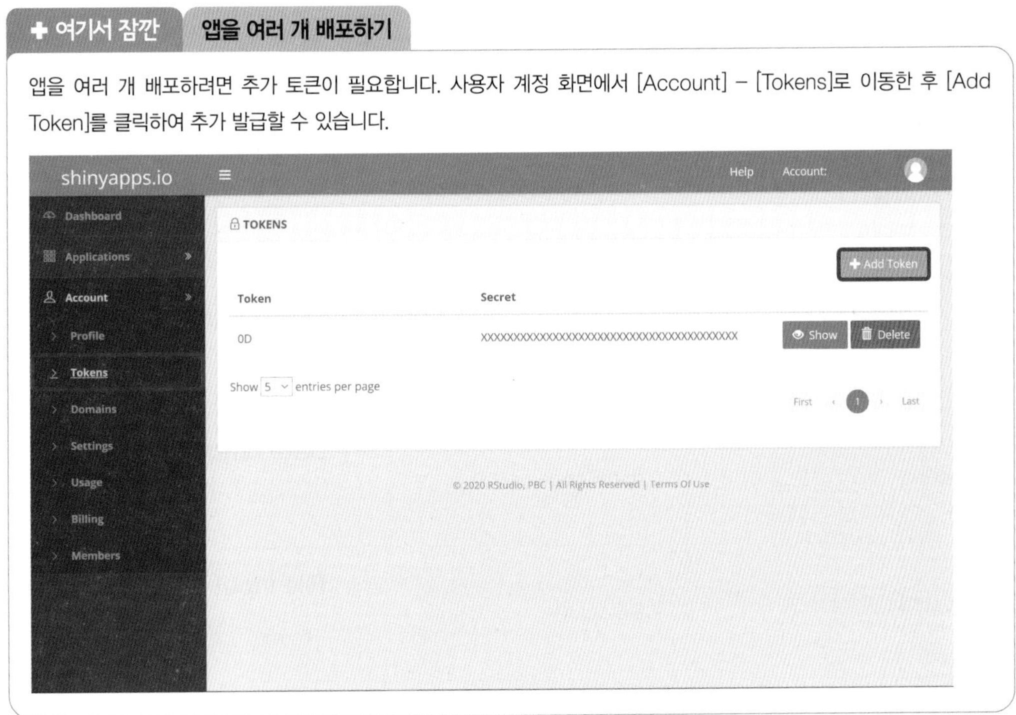

좀 더 알아보기

input 컨트롤 위젯

샤이니 앱에는 슬라이더 외에도 다양한 input 컨트롤 위젯이 있습니다. 그리고 사용하는 위젯에 맞게 출력하는 **output() 함수**가 존재합니다. 특히 서버의 **render() 함수**는 output에 처리 결과를 전달해야 하므로 UI의 output() 함수와 서로 짝이 맞아야 합니다. 다만 서버 함수에는 아무 위젯이나 출력할 수 있는 **renderPrint() 함수**도 있어 다양한 위젯에 사용할 수도 있습니다.

input 컨트롤 위젯 종류

위젯 유형	함수명	UI 형태
버튼	actionButton() submitButton()	Buttons Action Submit
체크 상자	checkboxInput()	Single checkbox ☑ Choice A
체크 상자 그룹	checkboxGroupInput()	Checkbox group ☑ Choice 1 ☐ Choice 2 ☐ Choice 3
날짜	dateInput()	Date input 2014-01-01
날짜 범위	dateRangeInput()	Date range 2017-06-21 to 2017-06-21
파일	fileInput()	File input Browse... No file selected
숫자	numericInput()	Numeric input 1

라디오 버튼	radioButtons()	**Radio buttons** ◉ Choice 1 ○ Choice 2 ○ Choice 3
선택 상자	selectInput()	**Select box** Choice 1 ▾
슬라이더	sliderInput()	**Sliders** 0 50 100 0 10 20 30 40 50 60 70 80 90 100 0 25 75 100 0 10 20 30 40 50 60 70 80 90 100
텍스트	textInput()	**Text input** Enter text...
비밀번호	passwordInput()	**Password input** ••••••••

출력 객체 종류에 따른 출력 함수와 서버 함수

출력 객체 종류	출력 함수	서버 함수
DataTable	dataTableOutput()	renderDataTable()
HTML	uiOutput() htmlOutput()	renderUI()
image	imageOutput()	renderImage()
plot	plotOutput()	renderPlot()
Table	tableOutput()	renderTable()
text	textOutput() verbatimTextOutput()	renderText()
ANY	–	renderPrint()

사용하는 코드에 대한 예시는 샤이니 앱 웹 페이지를 참조하세요.
URL https://shiny.rstudio.com/gallery/widget-gallery.html

마무리

▶ 4가지 키워드로 정리하는 핵심 포인트

- **인터랙티브 웹 앱**은 사용자가 입력한 데이터에 따라 웹이 반응하여 상호 작용하며 동작하는 웹 애플리케이션입니다.
- **샤이니**는 사용자의 요청으로 움직이는 대시보드를 만들어 인터랙티브 웹 앱을 구현할 수 있는 패키지입니다.
- **UI**는 사용자 인터페이스로, 사용자가 컴퓨터와 상호 작용할 수 있도록 도와주는 가상의 매개체를 의미합니다.
- 샤이니 앱은 **shinyapps.io** 서비스를 이용해 외부로 공유할 수 있습니다.

▶ 표로 정리하는 핵심 함수

함수	기능
fluidPage()	shiny 패키지 샤이니 앱의 사용자 인터페이스를 설정합니다.
titlePanel()	shiny 패키지 앱 제목을 정의합니다.
sidebarLayout()	shiny 패키지 input 컨트롤 위젯으로 사이드 바 레이아웃을 정의합니다.
mainPanel()	shiny 패키지 앱이 동작하는 영역을 정의합니다.
funtion()	사용자 정의 함수. 서버에서 데이터를 어떻게 처리할 것인지 정의합니다.
renderPlot()	shiny 패키지 그래프를 출력합니다.
shinyApp()	shiny 패키지 샤이니 앱을 실행합니다.

▶ 확인문제

1. 다음 설명에 맞는 shiny 패키지 함수를 빈칸에 채워 보세요.

① 샤이니 앱 사용자 인터페이스를 정의합니다. ________

② 샤이니 앱을 실행합니다. ________

③ 샤이니 앱 제목을 정의합니다. ________

④ 사이드 바 레이아웃을 정의합니다. ________

2. 서버의 render() 함수는 output에 처리 결과를 전달해야 하므로 UI의 output() 함수와 서로 짝이 맞아야 합니다. output() 함수에 올바른 짝의 render()를 연결해 보세요.

① dataTableOutput() •	• renderUI()
② htmlOutput() •	• renderText()
③ imageOutput() •	• renderPlot()
④ plotOutput() •	• renderTable()
⑤ tableOutput() •	• renderImage()
⑥ verbatimTextOutput() •	• renderDataTable()

3. input 컨트롤 위젯 종류와 함수를 연결해 보세요.

① 버튼 •	• selectInput()
② 체크 상자 •	• dateRangeInput()
③ 날짜 범위 •	• checkboxGroupInput()
④ 파일 •	• fileInput()
⑤ 선택 상자 •	• actionButton()
⑥ 비밀번호 •	• passwordInput()

A 데이터 분석 툴 소개

BI 개요

BI[Business Intelligence]는 기업 내에 산재되어 있는 데이터를 한 곳에 통합하고 분석하여 데이터 기반으로 의사 결정을 할 수 있는 프로세스를 의미하며, 이러한 BI를 지원하는 소프트웨어 도구를 **BI 툴** 또는 **BI 도구**라고 합니다. 단순히 데이터를 모아서 시각화하는 것만이 아니라 각종 예측, 분석 알고리즘 등으로 기업 내외부에서 수집된 데이터를 다각도로 분석하여 다양한 업무에 이용할 수 있습니다.

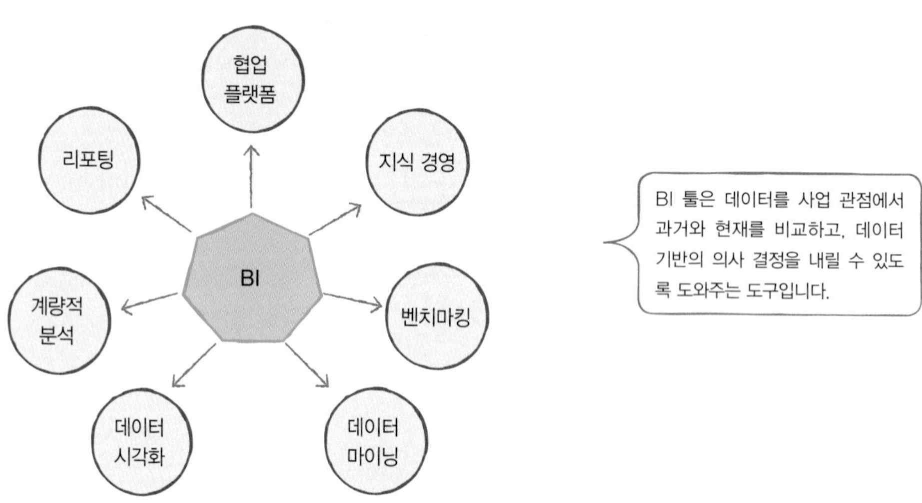

데이터의 중요성이 대두되면서 좋은 BI 툴이 다양하게 출시되고 있습니다. R이나 SPSS, SAS 등의 분석 프로그램은 익히기까지 많은 노력이 필요하지만, BI 툴은 프로그래밍을 잘 몰라도 데이터 시각화는 물론 직접 데이터를 다루어 보고 이해할 수 있도록 도와줍니다. BI 툴 시장에서 대표적인 세 가지를 소개합니다.

마이크로소프트 파워 BI

URL https://powerbi.microsoft.com/ko-kr

마이크로소프트의 **파워 BI**Power BI는 가장 많이 쓰이는 BI 툴입니다. 마이크로소프트에서 만들었기 때문에 윈도우에서만 동작한다는 단점이 있지만, 많은 기업에서 사용하는 MS 오피스와 호환성이 뛰어나므로 가장 널리 쓰입니다.

MS 오피스와 UI가 비슷하여 초보자도 쉽게 접근할 수 있습니다. 특히 데이터 전처리에 익숙하지 않아도 툴에서 엑셀 파일을 지원하기 때문에 데이터 가공이 수월하고, R을 지원하므로 R에서 분석한 데이터를 활용하거나 데이터 시각화도 가능한 것이 장점입니다.

태블로

URL https://www.tableau.com

태블로tableau도 파워 BI처럼 MS 오피스 엑셀 시트처럼 구성되어있습니다. 대부분의 조작을 드래그 앤 드롭 방식으로 할 수 있어 초보자도 손쉽게 데이터 시각화를 할 수 있는 것이 특징입니다. 또한 공식 웹 사이트에 교육 자료가 공개되어 있어서 태블로 사용법을 쉽게 따라할 수 있습니다.

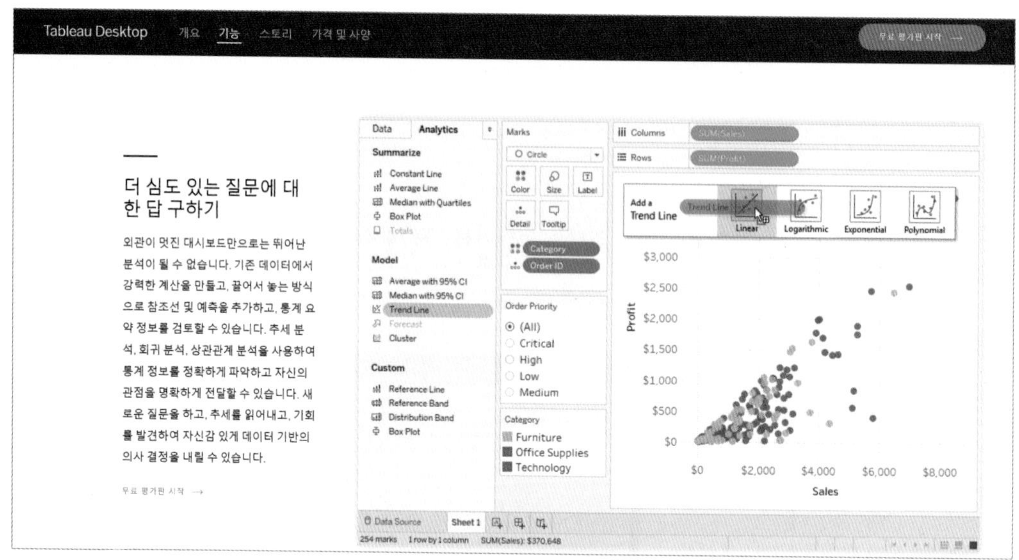

구글 데이터 스튜디오

URL https://marketingplatform.google.com/about/data-studio

구글의 대표적인 BI 툴은 루커Looker이지만 데이터 시각화 도구인 **구글 데이터 스튜디오**Google Data Studio를 대신 소개합니다. 앞에서 소개한 BI 툴과 달리 구글 데이터 스튜디오는 무료입니다. 대시보드 생성 개수도 5개 제한에서 현재는 무제한으로 생성할 수 있어 누구나 접근하기 쉽습니다.

구글 데이터 스튜디오는 대시보드 갤러리를 제공하여 다양한 대시보드를 복사한 후 데이터를 연결하기만 하면 고품질의 데이터 시각화를 할 수 있습니다. 그리고 다른 구글 서비스뿐만 아니라 다양한 커넥터를 무료로 사용할 수 있는 것이 장점입니다.

note 파워 BI와 태블로의 경우 무료 버전에서는 데이터 연동 기능이 제한되므로 다양한 데이터 커넥터를 사용하려면 유료 버전을 사용해야 합니다.

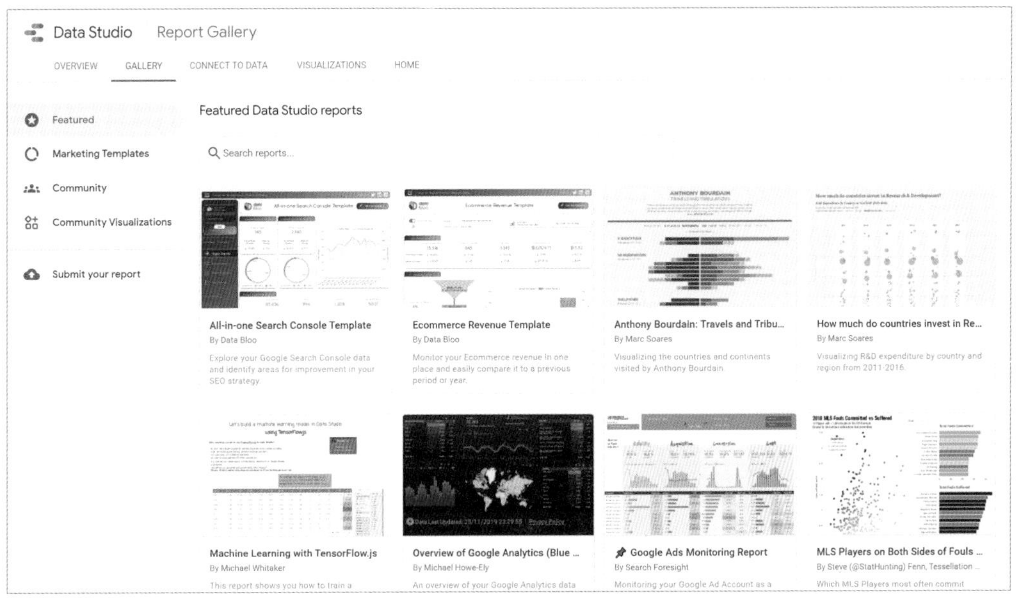

또한 기본적으로 구글 애널리틱스와 연동되고, 로그인하지 않아도 데이터를 확인할 수 있습니다.

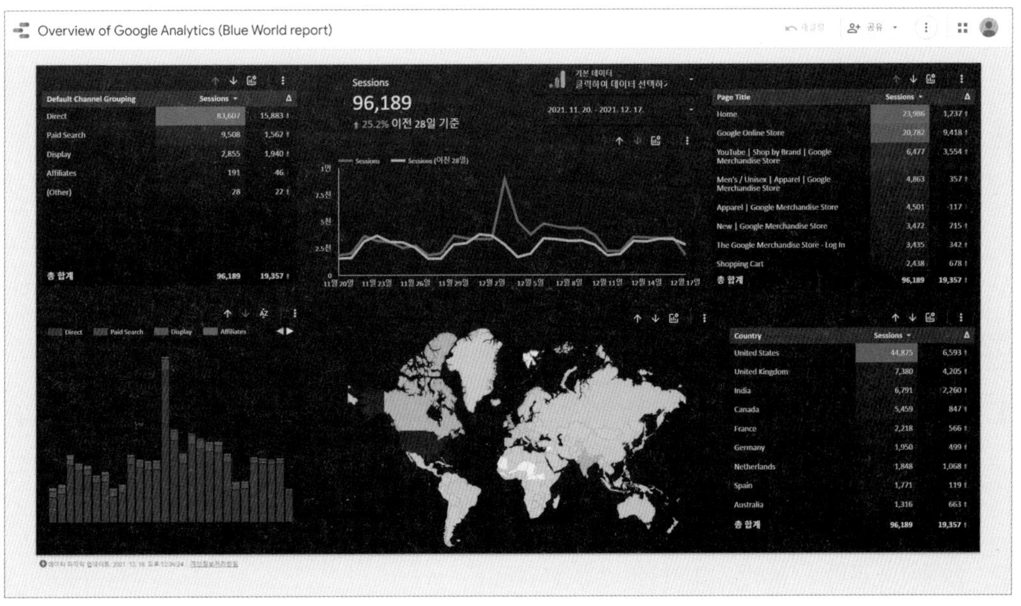

이외에도 다양한 BI 툴이 있습니다. 기업마다 규모, 환경, 목적 등에 따라 BI 툴의 사용 방향이 달라질 수 있으므로 사용 목적에 맞는 BI 툴을 선택하면 됩니다. 모든 툴에는 장점과 단점이 함께 있기 마련이기에 여러 BI 툴을 알아보고 다뤄보는 것도 앞으로의 데이터 분석 여정에 도움이 될 것입니다.

01-1 빅데이터와 R 언어

1. ④ R은 무료로 이용할 수 있습니다.

2. ① 4V는 Volume(규모), Variety(다양성), Velocity(속도), Veracity(정확성)입니다.

01-2 개발 환경 설치

1. ④ R은 프로그래밍 언어입니다.

2. ① R Console에서 코드를 출력하려면 > 기호 옆에 코드를 입력하고 Enter 키를 눌러 실행하면 됩니다. ② RGui와 R 스튜디오는 R 언어를 실행할 수 있는 통합 개발 환경입니다.

01-3 R 스튜디오 인터페이스와 환경 설정

1. ① RGui의 Console 창에서 help() 함수를 실행하거나, ② R 스튜디오의 Console 탭에서 help() 함수를 실행합니다. 또는 R 스튜디오의 Help 탭 메뉴 검색 필드에서 검색합니다.

2. ③ R 스튜디오의 Console 탭에서도 코드를 작성할 수 있지만, Script 탭에서 여러 줄의 코드를 한번에 작성하고, 한번에 실행하거나 원하는 부분만 실행할 수 있기 때문에 주로 Script 탭에서 코드를 작성합니다.

02-1 데이터 분석 과정

1. ⑤ 데이터 분석은 데이터로 예측하거나 일어날 상황에 대한 근거 자료를 준비하는 과정입니다. 데이터를 수집하고 필요 없는 데이터를 제거하거나 추출하는 등의 가공 과정을 거쳐 데이터를 분석하고 가설을 검정하여 완벽한 결과를 얻을 수 있을 때까지 모든 과정을 반복합니다.

2. ① 데이터 준비 - 분석할 데이터를 수집합니다.

② 데이터 가공 - 불필요한 변수를 제거합니다.

③ 데이터 분석 - 통계와 시각화 등 다양한 분석 방법을 적용합니다.

④ 결론 도출 - 가설을 검정하고 결과를 도출합니다.

3. 공공 데이터 사이트에 들어가면 다양한 데이터가 있습니다. 분석해 보고 싶은 주제를 찾아 분석 계획을 세워 보세요. 당장은 가설을 세우고 변수를 구성하는 것이 어렵겠지만, 각 단계에서 어떤 작업을 하는지 이해해야 앞으로의 학습에 도움이 됩니다. 이 책을 모두 학습하고 나면 다시 돌아와 설계를 해보는 것도 좋습니다.

02-2 데이터의 생김새

1. ① 행 – 가로 영역, 관측치

② 열 – 세로 영역, 변수

③ 데이터 값 – 관측된 값

2. 1차원인 단일형 데이터는 벡터, 2차원인 다중형 데이터는 데이터 프레임입니다.

3. 각 변수는 문자형 벡터와 숫자형 형태이므로 c() 함수를 사용하여 생성합니다.

```
ID <- c("1", "2", "3", "4", "5")
MID_EXAM <- c(10, 25, 100, 75, 30)
CLASS <- c("1반", "2반", "3반", "1반", "2반")
```

4. data.frame() 함수에 각 변수를 넣은 후 example_test 변수에 할당합니다.

```
example_test <- data.frame(ID, MID_EXAM, CLASS)
example_test
```

03-1 변수와 함수

1. ②

2. 변수명 첫 문자에는 숫자를 사용할 수 없고 중간에는 빈칸을 넣을 수 없습니다. 또한 마침표와 밑줄 문자를 제외한 특수 문자는 사용할 수 없습니다.

①O ②X ③X ④X

3. 답은 다음과 같습니다.

① 변수를 생성합니다.

```
변수명 <- c(값)
```

② 함수를 호출합니다.

```
함수명(인자)
```

③ 사용자 정의 함수를 생성합니다.

```
함수명 <- function(매개변수1, 매개변수2, ...){
  함수가 구현할 내용
  ...
  return(결괏값)
}
```

4. 숫자형 벡터는 c() 함수로 생성합니다.

```
x <- c(1, 3, 5, 7, 9)
x
```

5. 문자형 변수를 생성할 때는 큰따옴표('') 혹은 작은따옴표("")를 사용합니다.

```
y <- "Hello"
y
```

6.

```
num_three_return <- function(x, y, z) {
  sum <- x + y + z
  return(sum)
}
num_three_return(10, 20, 30)
```

03-2 패키지

1. ① install.packages("패키지명") - 패키지 설치하기

② remove.packages("패키지명") - 패키지 삭제하기

③ library(패키지명) - 패키지 불러오기

2. ③ R 스튜디오를 다시 시작한 후 패키지에 있는 함수를 사용하려면 사용 전에 패키지 로드를 해야 합니다.

3.

```
install.packages("reshape2")
```

4.

```
library(reshape2)
```

03-3 조건문과 반복문

1.

관계 연산자	기능
>	크다
>=	크거나 같다
<	작다
<=	작거나 같다
==	같다
!=	같지 않다

2.

```
if(age < 13) {
  print("어린이입니다.")
} else if (age < 19) {
  print("청소년입니다.")
} else {
  print("성인입니다."}
}
```

3. 1부터 100까지 반복하며 더합니다.

실행 결과

```
5050
```

04-1 데이터 수집하기

1. ②

2. 답은 다음과 같습니다.

① read.table() - data.txt

② read.csv() - data.csv

③ read_excel() - data.xlsx

④ xmlToDataFrame() - data.xml

⑤ fromJSON() - data.json

3. txt 파일의 1행이 변수명일 때 header 옵션을 지정하여 데이터를 가져옵니다.

```
exam <- read.table ("C:/Rstudy/exam_1.txt, header = TRUE )
```

4. txt 파일의 구분자를 지정할 때 sep 옵션을 사용합니다.

```
exam1 <- read.table ("C:/Rstudy/exam_1.txt, sep = " ¦ " )
```

5. readxl 패키지에는 엑셀 파일을 R로 가져올 수 있는 read_excel() 함수가 있습니다.

```
install.packages('readxl')
library(readxl)
```

6. 엑셀 파일의 특정 시트를 불러오려면 sheet 옵션을 지정합니다.

```
read_excel ("C:/Rstudy/data_1.xlsx", sheet = 3 )
```

7.

```
install.packages("jsonlite")
library(jsonlite)
```

04-2 데이터 관측하기

1. 내장 데이터 세트를 불러오는 함수는 data() 함수입니다.

```
data (iris)
```

2. 데이터 세트의 컬럼명을 확인할 때는 ls() 함수를, 관측치 개수를 확인할 때는 nrow() 함수를 사용합니다.

```
ls (iris)
nrow (iris)
```

3. quantile() 함수에 probs 옵션을 지정하면 원하는 지점의 사분위수를 구할 수 있습니다.

```
quantile (iris$Sepal.Length, probs = 0.25 )
quantile (iris$Sepal.Length, probs = 1 )
```

04-3 데이터 탐색하기

1.

```
boxplot(y1) → 상자 그림
```

2.

```
stem(y1) → 줄기 잎 그림
```

3.

```
plot(y1) → 산점도
```

05-1 dplyr 패키지

1. ① filter() ② select() ③ arrange() ④ mutate() ⑤ sample_n()

2.

```
sample_n(mtcars, 5)
```

3. 데이터를 요약 확인할 수 있는 summarise() 함수에 기술통계 함수를 사용합니다.

```
summarise (mtcars, gear_mean = mean(gear) ) → 평균을 구하는 mean() 함수
```

4.

```
group_by(mtcars, gear)
```

05-2 데이터 가공하기

1. 답은 다음과 같습니다.

① 변수 추출 - select() ② 행 추출 - filter()

③ 데이터 정렬 - arrange() ④ 데이터 요약 - summarise()

2.

```
exdata2 <- exdata1 %>% filter(AGE <= 30 & Y20_CNT >= 10)
exdata2
```

3. arrange() 함수로 중첩 정렬합니다. desc(AGE)를 기준으로 먼저 내림차순 정렬한 후 Y20_CNT를 기준으로 다시 오름차순 정렬됩니다.

```
exdata2 %>% arrange(desc(AGE), (Y20_CNT))
```

4.

```
bind_col <- left_join(jeju_y21_history, jeju_y20_history, by = "ID")
bind_col
```

↳ left_join() 함수는 왼쪽에 있는 테이블 기준으로 가로 결합합니다.

05-3 데이터 구조 변형하기

1. ② 넓은 모양의 데이터란 열이 많은 데이터를 의미합니다. 열을 행으로 바꾸려면 melt() 함수를 사용합니다.

2.

```
names(iris) <- tolower(names(iris))
head(iris)
```

3.

```
iris_test <- melt(iris, id.vars = "species", measure.vars = "sepal.length")
iris_test
```

4.

```
library(readxl)
middle_mid_exam <- read_excel("C:/Rstudy/middle_mid_exam.xlsx")
View(middle_mid_exam)

library(dplyr)
library(reshape2)

MATHEMATICS <- middle_mid_exam %>% select(CLASS, ID, MATHEMATICS)
MATHEMATICS <- dcast(MATHEMATICS, ID ~ CLASS)
View(MATHEMATICS)

ENGLISH <- middle_mid_exam %>% select(CLASS, ID, ENGLISH)
ENGLISH <- dcast(ENGLISH, ID ~ CLASS)
View(ENGLISH)
```

05-4 데이터 정제하기

1. ③

2.

```
is.na(y2)
```

3.

```
mean (y2, na.rm = T )
```

4.

```
mean (y2 <- ifelse(is.na(y2), 100, y2) )
```

정답 및 해설

06-1 그래프 그리기

1. ③ geom_bar() 함수는 막대 그래프를 그리는 함수입니다. 히스토그램은 geom_histogram() 함수입니다.

2.
```
data("diamonds")
ggplot (diamonds, aes(x = cut) ) + geom_bar (width = 0.5)
```

3.
```
ggplot(diamonds, aes(x = carat, y = price) ) +
  geom_line()
```

06-2 그래프에 객체 추가하기

1. 상관관계는 cor.test() 함수로 확인할 수 있습니다. 실행 결과가 0.8717538이므로 상관관계가 있으며 양의 상관관계를 갖는 것을 알 수 있습니다.

```
cor.test(iris$Sepal.Length, iris$Petal.Length)
```

실행 결과

```
Pearson's product-moment correlation

data:  iris$Sepal.Length and iris$Petal.Length
t = 21.646, df = 148, p-value < 2.2e-16
alternative hypothesis: true correlation is not equal to 0
95 percent confidence interval:
 0.8270363 0.9055080
sample estimates:
      cor
0.8717538
```

2. 꽃받침 길이에 따라 꽃잎 길이가 변한다는 것을 가정하였으므로 lm() 함수에 종속변수~독립변수 순으로 변수를 넣어줍니다.

```
iris_result <- lm(Petal.Length ~ Sepal.Length, data = iris)
iris_result
```

실행 결과

```
Call:
lm(formula = Petal.Length ~ Sepal.Length, data = iris)

Coefficients:
 (Intercept)  Sepal.Length
      -7.101         1.858
```

3.

```
library(ggplot2)
ggplot(iris, aes(x = Sepal.Length, y = Petal.Length )) +
  geom_line() +
  geom_abline(intercept = -7.101, slope = 1.858)
```

06-3 지도 시각화: ggmap 패키지

1. 답은 다음과 같습니다.

① get_googlemap() - 위치 데이터로 구글 지도를 가져옵니다.

② ggmap() - 위치 데이터를 구글 지도로 시각화합니다.

③ register_google() - 구글 지도 API 키를 등록합니다.

2. ④

3.

```
get_googlemap(c(lon = 127.0276, lat = 37.49795), maptype = "roadmap", zoom = 15 )
```

4.

```
library(ggmap)
register_google (key = "사용자 API 키")
gg_busan <- get_googlemap ("busan", maptype = "roadmap ")
ggmap(gg_busan)
```

07-1 지역별 국내 휴양림 분포 비교하기

1. ④

2.

```
library(descr)
freq(forest_example_data$gubun, plot = T, main = '휴양림')
```

3.

```
library(dplyr)
count(forest_example_data, gubun) %>% arrange(n)
```

07-2 해외 입국자 추이 확인하기

1. ③

2. ① geom_line() ② scale_y_continuous() ③ ggtitle() ④ seq()

3.

```
test <- gsub(" ", "", carName)
test
```

4. 산점도의 컬러를 변경할 때는 color 옵션을 사용합니다.

```
library(ggplot2)
ggplot(diamonds, aes(x = carat, y = price, color = clarity)) +
  geom_point() + ggtitle("다이아몬드 가격") +
  scale_y_continuous(breaks = seq(0, 20000, 1000))
```

07-3 지도에서 코로나19 선별진료소 위치 확인하기

1.

```
test <- mtcars[,c("mpg","hp","wt")]
test
```

2.

```
library(ggmap)
ggmap_key <- "사용자 API를 입력하세요."
register_google(ggmap_key)

niagara_map <- get_googlemap('niagara falls', maptype = 'roadmap', zoom = 11)
niagara_map_data <- geocode('niagara falls')

ggmap(niagara_map) +
  geom_point(data = niagara_map_data, aes(x = lon, y = lat), size = 3)
```

3.

```
niagara_map_data_marker <- data.frame(niagara_map_data$lon, niagara_map_data$lat)
niagara_map <- get_googlemap('niagara falls', maptype = 'roadmap', zoom = 11,
                             markers = niagara_map_data_marker)
ggmap(niagara_map)
```

07-4 서울시 지역별 미세먼지 농도 차이 비교하기

1.

```
dustData_Test <- dustdata[, c("날짜", "마포구", "송파구")]
dustData_Test
```

2.

```
boxplot(dustData_Test$마포구, dustData_Test$송파구, main = "finedust_compare",
        xlab = "AREA", names = c("마포구", "송파구"), ylab = "FINEDUST_PM",
        col = c("blue", "green"))
```

08-1 Rpubs로 데이터 분석 결과 공유하기

1. ① X ② X ③ O ④ X

2. ① 띄어쓰기 2칸 ② *** ③ **내용** ④ *내용*

08-2 샤이니로 인터랙티브 웹 앱 만들기

1. ① fluidPage( ) ② shinyApp( ) ③ titlePanel( ) ④ sidebarLayout( )

2. 답은 다음과 같습니다.

① dataTableOutput( ) - renderDataTable( )

② htmlOutput( ) - renderUI( ) ③ imageOutput( ) - renderImage( )

④ plotOutput( ) - renderPlot( ) ⑤ tableOutput( ) - renderTable( )

⑥ verbatimTextOutput( ) - renderText( )

3. 답은 다음과 같습니다.

① 버튼 - actionButton()

② 체크 상자 - checkboxGroupInput()

③ 날짜 범위 - dateRangeInput()

④ 파일 - fileInput()

⑤ 선택 상자 - selectInput()

⑥ 비밀번호 - passwordInput()

찾아보기

ㅈ~ㅎ

A~E

F~K

L~P

No. date / / title

혼공 용어 노트

혼자 공부하는 R 데이터 분석

한빛미디어 Hanbit Media, Inc.

혼자 공부하며 함께 만드는

혼공 용어 노트

목차

가나다 순

ABC 순

01장

□ **빅데이터** | **big data** [01장 026쪽]

여러 종류의 데이터가 결합한 대규모 데이터.

□ **데이터 과학** | **data science** [01장 026쪽]

데이터를 수집하고 가공하여 데이터에서 의미를 찾는 다양한 방법을 말한다.

□ **통합 개발 환경** | **IDE; Integrated Development Environment** [01장 032쪽]

개발을 편하게 할 수 있도록 도와주는 개발도구. 코딩, 디버그, 컴파일, 배포 등을 모두 처리할 수 있다.

R에서는 RGui나 R 스튜디오를 사용한다.

□ **그래픽 사용자 인터페이스** | **GUI; Graphical User Interface** [01장 032쪽]

사용자와 컴퓨터가 서로 상호작용할 수 있도록 알기 쉬운 아이콘이나 그림으로 나타낸 인터페이스.

□ **스크립트** | **script** [01장 051쪽]

코드를 작성한 문서.

R 스튜디오에서는 Script 탭에서 코드를 편하게 작성할 수 있다.

□ **인코딩** | **encoding** [01장 061쪽]

컴퓨터 정보의 어떤 형식을 다른 형식으로 변환하는 것.

그것이 알고싶다 **UTF-8**

유니코드를 표현하는 문자 인코딩 방식 중 하나. 전 세계의 모든 문자를 컴퓨터나 웹 페이지에 표현할 수 있다.

02장

□ **데이터 분석**

data analysis [02장 074쪽]

데이터를 활용하여 수치적으로 검증하고, 의사 결정을 합리적으로 하기 위해 전달하는 정보를 만드는 과정.

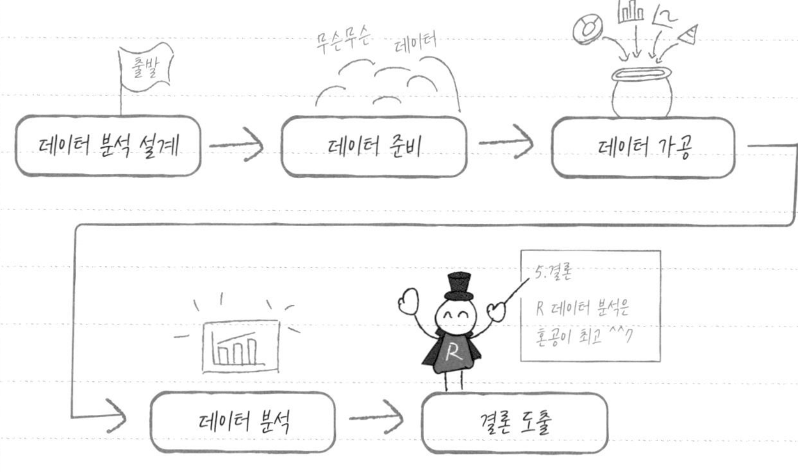

□ **웹 크롤링**

web crawling [02장 076쪽]

프로그램으로 웹사이트에서 원하는 정보를 가져오는 행위.

웹 크롤러라고 한다.

□ **데이터 세트**

data set [02장 082쪽]

각각의 속성을 가진 여러 관측치가 모인 데이터의 집합.

☐ **테이블**

table [02장 082쪽]

행과 열로 이루어진 데이터 세트.

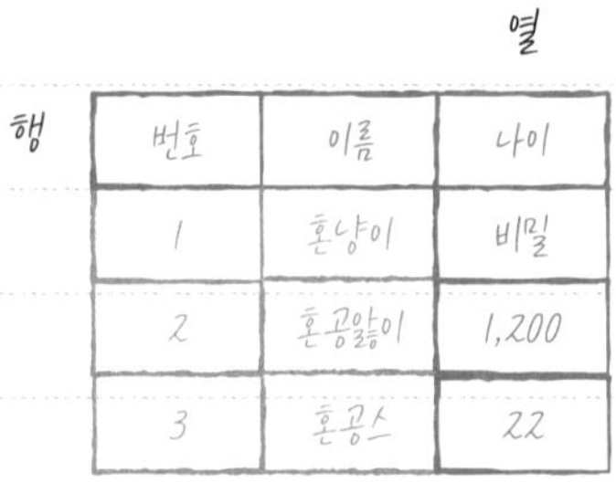

열

행

번호	이름	나이
1	혼냥이	비밀
2	혼공얇이	1,200
3	혼공스	22

☐ **관측치**

observations [02장 082쪽]

데이터 세트를 이루는 행을 말한다.

☐ **데이터 유형**

data type [02장 083쪽]

숫자로만 이루어진 숫자형, 문자로만 이루어진 문자형, TRUE 혹은 FALSE로 이루어진 논리형 등이 있다.

- 단일형: 숫자형, 문자형처럼 한 가지 데이터 유형으로 구성된 데이터
- 다중형: 여러 가지 데이터 유형으로 구성된 데이터

☐ **벡터**

vector [02장 084쪽]

데이터 구조의 가장 기본 형태. 1차원으로 구성된 단일형 데이터.

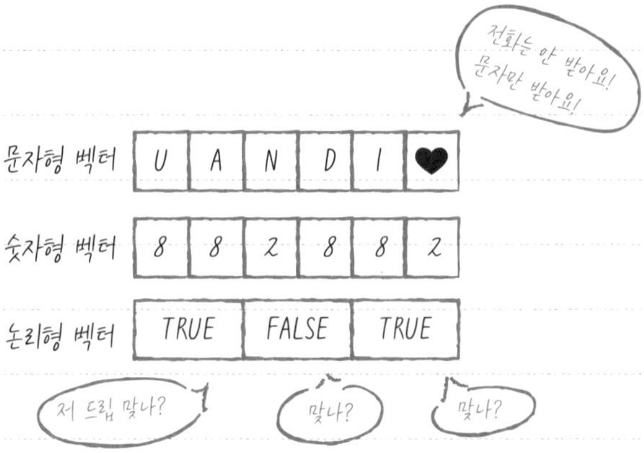

전화는 안 받아요! 문자만 받아요!

문자형 벡터 | U | A | N | D | I | ♥ |

숫자형 벡터 | 8 | 8 | 2 | 8 | 8 | 2 |

논리형 벡터 | TRUE | FALSE | TRUE |

저 드립 맞나? 맞나? 맞나?

□ **범주형 자료** **categorical data** [02장 089쪽]

명목형 자료를 범주화한 특수한 형태의 벡터.

> **그것이 알고싶다** **명목형 자료**
>
> - 명목형 자료: 과일, 나라명, 도서명… 순서가 없는 자료.
> - 수치형 자료: 1, 2, 3… 정수형, 실수형 자료.

□ **행렬** **matrix** [02장 090쪽]

행과 열로 구성된 2차원의 단일형 데이터.

□ **배열** **array** [02장 092쪽]

행렬을 n차원으로 확대한 단일형 데이터.

□ **리스트** **list** [02장 093쪽]

1차원 데이터인 벡터나 서로 다른 구조의 데이터를 그룹으로 묶은 다중형 데이터 세트.

□ **인덱스** **index** [02장 94쪽]

리스트 안에 있는 값의 위치를 의미한다. [ ] 대괄호로 위치를 가리키는데 이를 인덱싱이라고 한다.

□ **데이터 프레임** **data frame** [02장 095쪽]

리스트를 2차원으로 확대한 다중형 데이터.

03장

□ **변수**

variable [03장 103쪽]

이름 그대로 '변하는 값'. 특정 범위 안에서 어떠한 값이라도 저장할 수 있다. 분석 편의를 위해 임시 값을 저장할 수도 있다.

- 첫 문자는 반드시 영문자(알파벳) 또는 마침표(.)를 사용한다.
- 첫 문자에는 숫자, 밑줄 문자(_)를 사용할 수 없다.
- 마침표(.)와 밑줄 문자(_)를 제외한 특수 문자는 사용할 수 없다.
- 대문자와 소문자를 구분한다.
- 변수명 중간에 빈칸을 넣을 수 없다. 빈칸은 밑줄 문자(_)를 활용하여 표현한다.

□ **할당 연산자**

assignment operator [03장 104쪽]

변수를 생성할 때 사용하는 연산자로 <- 기호를 사용한다.

```
> x <- 10
> x
[1] 10
```

□ **함수**

function 참고 용어 매개변수 [03장 105쪽]

특정 기능을 하도록 만들어진 프로그래밍 구문을 묶어 놓은 것.

- 내장 함수

```
함수명(인자)
```

• 사용자 정의 함수

```
함수명 <- function(매개변수1, 매개변수2, ....) {
  함수가 구현할 내용
  ...
  return(결괏값)
}
```

사용자가 함수 기능을 정의한다.

□ **매개변수** **parameter** [03장 107쪽]

함수의 변수. 함수가 호출될 때 전달되는 어떠한 값. 없을 수도 있고 여러 개가 있을 수도 있다.

□ **패키지** **package** [03장 114쪽]

여러 함수를 기능에 따라 묶어서 제공하는 것.

패키지에 있는 함수를 사용하려면 패키지를 설치하고 로드해야 한다.

□ **연산자** **operator** [03장 125쪽]

프로그램에서 데이터를 처리하는 연산 기호.

- 할당 연산자: 특정한 값을 변수에 저장한다.
- 산술 연산자: 숫자를 계산하는 연산자.
- 관계 연산자: 변수 간의 혹은 변수와 값을 비교하여 관계를 TRUE와 FALSE 진릿값으로 알려준다.
- 논리 연산자: 진릿값을 연산한다.

□ **조건문** **conditional** [03장 130쪽]

조건이 TRUE면 실행되는 코드 구문.

그것이 알고싶다 **if-else 문**

```
if(조건) {
  조건이 TRUE(참)일 때 실행되는 구문1
} else {
  조건이 FALSE(거짓)일 때 실행되는 구문2
}
```

← 조건을 더 추가하려면 else if를 추가한다.

□ **반복문** **iteration** [03장 132쪽]

정해진 조건만큼 반복 실행하는 구문.

- apply() 함수: 행렬을 연산한다.
- lapply() 함수: 벡터, 행렬, 리스트, 데이터 프레임을 연산한다. 실행 결과를 리스트로 반환한다.
- sapply() 함수: 벡터, 행렬, 리스트, 데이터 프레임을 연산한다. 실행 결과를 데이터 프레임으로 반환한다.

04장

□ **원시 데이터** **raw data** [04장 146쪽]

가공하지 않은 처음의 데이터.

□ **XML** **eXtensible Markup Language** [04장 160쪽]

사용자가 〈〉 괄호로 직접 정의한 태그에 데이터 내용이 들어있는 파일.

□ **JSON** **JavaScript Object Notation** [04장 161쪽]

데이터 속성과 값이 쌍으로 이루어진 중첩 데이터 구조의 데이터 파일.

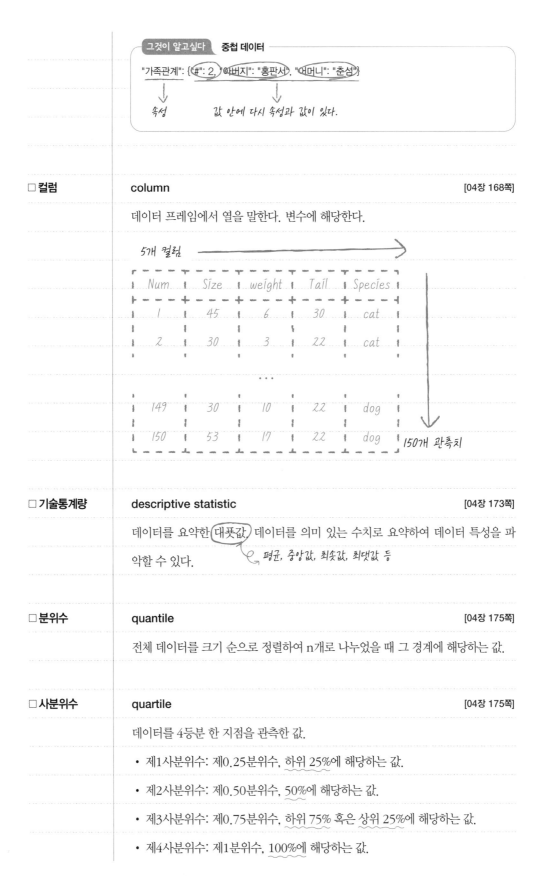

그것이 알고싶다 **중첩 데이터**

"가족관계": {"#": 2, "아버지": "홍판서", "어머니": "춘섬"}

속성 / 값 안에 다시 속성과 값이 있다.

□ 컬럼 **column** [04장 168쪽]

데이터 프레임에서 열을 말한다. 변수에 해당한다.

5개 컬럼 / 150개 관측치

Num	Size	weight	Tail	Species
1	45	6	30	cat
2	30	3	22	cat
...				
149	30	10	22	dog
150	53	17	22	dog

□ 기술통계량 **descriptive statistic** [04장 173쪽]

데이터를 요약한 대푯값. 데이터를 의미 있는 수치로 요약하여 데이터 특성을 파악할 수 있다.

평균, 중앙값, 최솟값, 최댓값 등

□ 분위수 **quantile** [04장 175쪽]

전체 데이터를 크기 순으로 정렬하여 n개로 나누었을 때 그 경계에 해당하는 값.

□ 사분위수 **quartile** [04장 175쪽]

데이터를 4등분 한 지점을 관측한 값.

- 제1사분위수: 제0.25분위수, 하위 25%에 해당하는 값.
- 제2사분위수: 제0.50분위수, 50%에 해당하는 값.
- 제3사분위수: 제0.75분위수, 하위 75% 혹은 상위 25%에 해당하는 값.
- 제4사분위수: 제1분위수, 100%에 해당하는 값.

□ **분산** | **variance** [04장 177쪽]

데이터가 평균으로부터 퍼진 정도를 설명하는 값.

□ **표준편차** | **standard deviation** [04장 177쪽]

데이터 값이 퍼진 정도를 설명하는 값.

□ **첨도** | **kurtosis** [04장 178쪽]

데이터 분포가 정규분포 대비 뾰족한 정도를 설명하는 값.

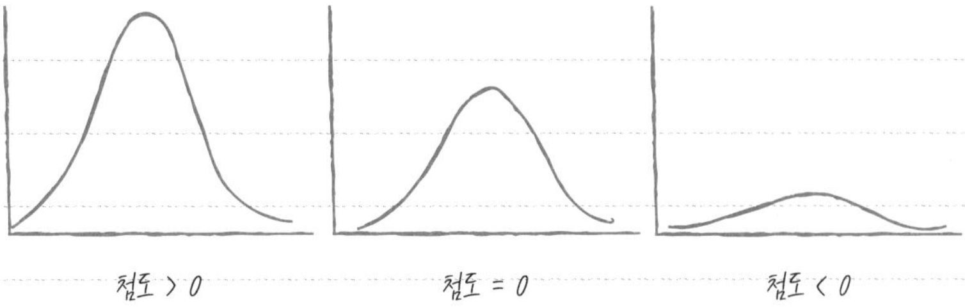

첨도 > 0　　첨도 = 0　　첨도 < 0

□ **왜도** | **skewness** [04장 178쪽]

데이터 분포의 비대칭성을 설명하는 값.

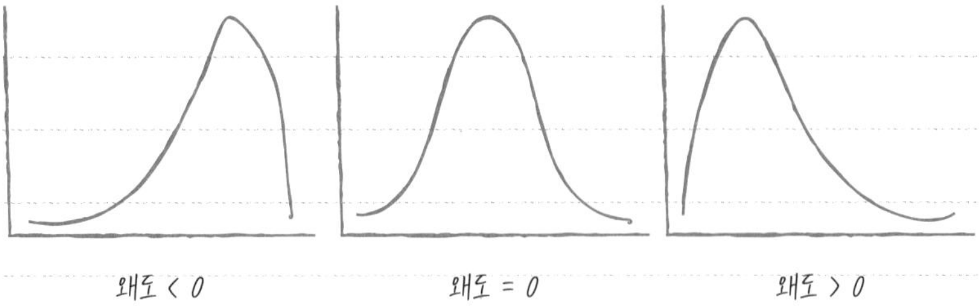

왜도 < 0　　왜도 = 0　　왜도 > 0

□ **정규분포** | **normal distribution** [04장 178쪽]

평균을 중심으로 좌우가 대칭이며 하나의 꼭지를 갖는 종 모양의 분포 형태를 말한다.

□ **빈도분석** | **frequency analysis** [04장 180쪽]

데이터 항목별로 빈도와 빈도 비율을 구하는 분석 방법. 데이터 분포를 파악할 때 가장 많이 사용한다.

□ **막대 그래프**

bar chart [04장 185쪽]

범주형 데이터의 수량이 많고 적음을 나타낼 때 적합한 그래프.

□ **상자 그림**

boxplot [04장 191쪽]

데이터 분포를 확인하고, 데이터 분포에서 벗어난 극단의 데이터를 판단할 때 적합한 그래프.

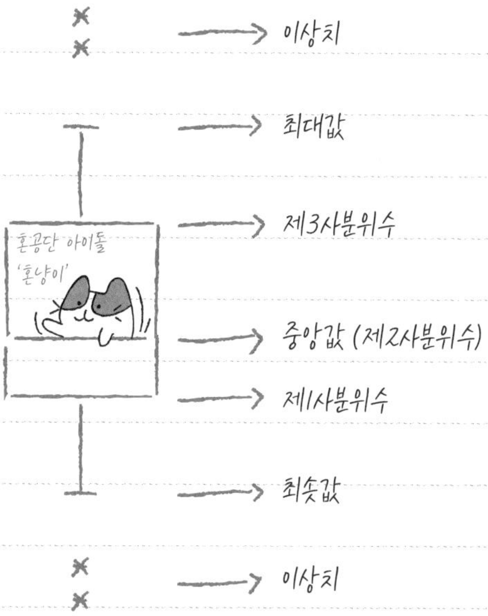

□ **히스토그램**

histogram [04장 193쪽]

연속형 데이터를 일정하게 구간을 나누어 각 구간에 해당하는 데이터 빈도를 그릴 때 적합한 그래프.

□ **파이차트**

pie chart [04장 195쪽]

원을 데이터 범주 구성 비례에 따라 파이 조각 모양처럼 표현할 때 적합한 그래프.

□ **줄기 잎 그림** **stem-and-leaf plot** **[04장 196쪽]**

변수 값을 자릿수로 분류한 것을 시각화하여 데이터 전체 형태를 파악할 때 적합한 그래프.

줄기 잎
1 5 6
2 1 3 3 6 6
3 0 2
4 1

15 16 26 23 21 30 32

줄기 잎 그림 그래프를 90도로 회전하면 히스토그램과 모양이 같다.

□ **산점도** **scatter plot** **[04장 199쪽]**

두 변수 간의 관계를 점으로 나타낼 때 적합한 그래프.

05장

□ **파이프 연산자** **pipe operator** **[05장 219쪽]**

dplyr 패키지

%>% 기호를 사용하여 데이터나 결괏값을 변수로 저장하는 과정을 거치지 않고 데이터와 함수를 연결하여 사용할 수 있다.

파생변수를 만들지 않아도 된다.

□ **데이터 전처리** **data preprocessing** **[05장 224쪽]**

변수를 생성하거나 변수명을 변경하고, 조건에 맞는 데이터를 추출하거나 변경하고, 데이터를 정렬하고 병합하는 일련의 과정.

유사 용어 데이터 가공, 데이터 핸들링, 데이터 마트

그것이 알고싶다 **dplyr 패키지**

데이터 가공 필수 패키지. 사용자 친화적인 방식으로 설계되어, R에서 가장 많이 다루는 데이터 유형인 데이터 프레임을 직관적으로 조작할 수 있다.

□ 키 **key** [05장 236쪽]

데이터를 정렬할 때 다른 데이터와 구별할 수 있는 고유한 식별자. 데이터를 결합할 때 기준이 된다.

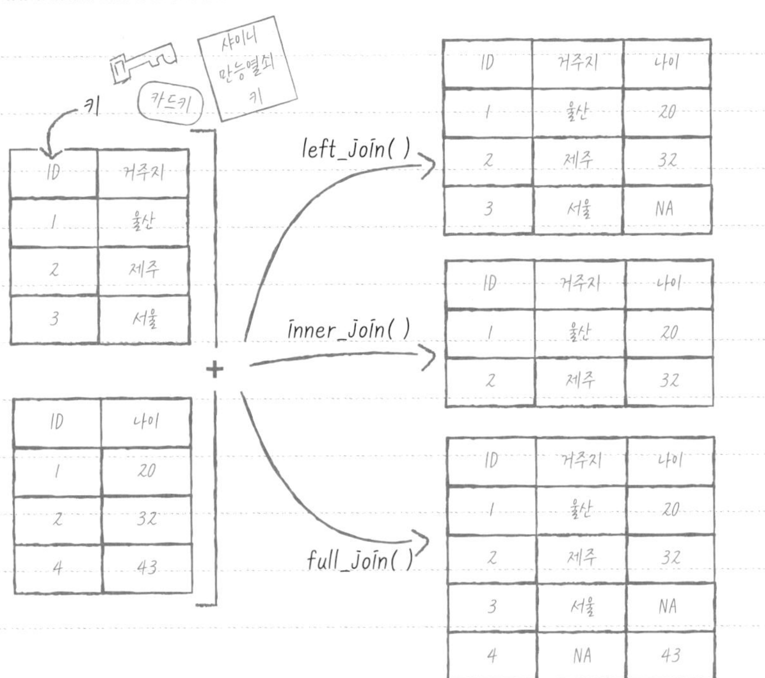

ID	거주지
1	울산
2	제주
3	서울

ID	나이
1	20
2	32
4	43

left_join( )

ID	거주지	나이
1	울산	20
2	제주	32
3	서울	NA

inner_join( )

ID	거주지	나이
1	울산	20
2	제주	32

full_join( )

ID	거주지	나이
1	울산	20
2	제주	32
3	서울	NA
4	NA	43

□ 데이터 재구조화 **reshaping data** [05장 246쪽]

동일한 데이터를 목적에 따라, 분석 기준에 따라 데이터 구조를 변형하는 것.

- melt(): 데이터의 열을 행으로 바꾼다.
- acast(): 데이터의 행을 열로 바꾼다. 결괏값을 벡터, 행렬, 배열로 반환한다.
- dcast(): 데이터의 행을 열로 바꾼다. 데이터 프레임으로 반환한다.

□ 결측치 **missing value** [05장 263쪽]

데이터가 없는 것. 값이 누락된 것을 의미한다.

NA로 표기한다.

☐ 이상치

outlier [05장 268쪽]

정상적인 데이터 분포에서 벗어난 값을 의미한다. 극단치라고도 한다.

06장

☐ 데이터 시각화

data visualization [06장 276쪽]

복잡해 보이는 수치 데이터를 이미지화하여 누구나 쉽게 내용을 이해할 수 있도록 시각적으로 전달하는 것을 말한다. 데이터의 특성을 파악할 때, 분석할 때, 공유할 때 등 데이터 분석 전 과정에서 활용할 수 있다.

> **그것이 알고싶다** ggplot 2 패키지
>
> R의 내장 함수로도 그래프를 그릴 수 있지만, ggplot2 패키지에 있는 함수를 사용하면 더 다양한 기능을 활용할 수 있다.

☐ 누적 막대 그래프

stacked bar chart [06장 283쪽]

전체적인 빈도와 각 변수의 범주의 빈도를 같이 보여줄 때 적합한 그래프. 막대 그래프 안에 색상으로 비율을 표시할 수 있다.

함수에 fill 옵션을 지정한다.

☐ 선버스트 차트

sunburst chart [06장 284쪽]

계층 구조의 데이터를 범주별로 비율을 나타낼 때 적합한 그래프. 누적 막대 그래프와 변환이 가능하다.

☐ 절편

intercept [06장 292쪽]

직선이 x축이나 y축과 만나는 좌표.

□ **기울기** | **slope** [06장 292쪽]

직선의 경사도. 값이 클수록 경사지게 표현된다.

□ **회귀분석** | **regression analysis** [06장 303쪽]

독립변수와 종속변수 간의 인과관계를 구하는 분석 기법.

- 단순회귀분석: 독립변수가 1개일 때
- 다중회귀분석: 독립변수가 2개 이상일 때

□ **독립변수** | **independent variable** [06장 303쪽]

다른 변수의 변화에 영향을 받지 않는 독립적인 변수.

□ **종속변수** | **dependent variable** [06장 303쪽]

독립변수에 영향을 받아 변하는 변수.

- □ **선형성** — **linearity** [06장 303쪽]

  직선 형태를 가지는 것. 독립변수가 종속변수에 영향을 주는 경우 선형관계가 발생하며 그래프에 직선 형태로 나타난다.

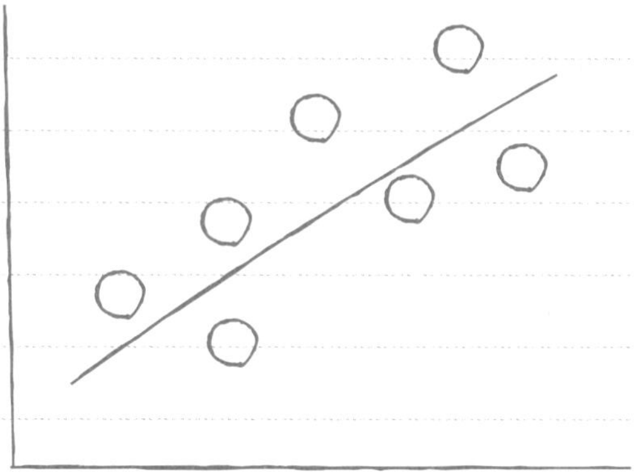

- □ **상관분석** — **correction analysis** [06장 303쪽]

  연속성인 두 변수 간의 연관성을 구하는 분석 기법.

  상관관계를 확인한다.

- □ **검정통계량** — **test statistic** [06장 304쪽]

  가설을 검정할 때 표출에서 산출한 통계량.

- □ **유의 확률** — **p-value** [06장 304쪽]

  두 변수 간 상관관계가 통계적으로 의미가 있는지 판단하는 검정통계량. 일반적으로 0.05보다 작으면 '통계적으로 유의하다'고 해석한다.

  통계적으로 의미가 있다!

- □ **응용 프로그램 프로그래밍 인터페이스** — **API; Application Programming Interface** [06장 308쪽]

  응용 프로그램들이 서로 상호작용할 수 있도록 도와주는 매개체.

07장

□ 네이티브 파이프 연산자 — **native pipe operator** [07장 347쪽]

파이프 연산자와 동일하며 패키지를 설치하지 않아도 사용 가능하다. |> 기호를 사용한다.

□ 가설 검정 — **statistical hypothesis test** [07장 380쪽]

가설이 통계적으로 유의한지 판단하는 검정. 가설을 세우고 그 가설이 맞는지 입증한다.

□ 귀무 가설 — **null hypothesis** [07장 380쪽]

기존에 알려진 사실을 기준으로 설정하는 가설.

□ 대립 가설 — **alternative hypothesis** [07장 380쪽]

귀무 가설과는 반대로 새롭게 주장하려는 가설. 입증하고자 하는 가설이다.

□ 등분산성 — **homoscedasticity** [07장 381쪽]

비교하는 집단 간의 분산이 서로 같다는 것을 의미한다.

□ f 검정 — **f-test** [07장 381쪽]

두 집단의 분산에 차이가 있는지 검정하는 기법.

□ t 검정 — **t-test** [07장 381쪽]

두 집단 간 평균 차이가 있는지 검정하는 기법.

□ 분산분석 | ANOVA; analysis of variance [07장 383쪽]

세 개 이상 집단 간 평균 차이가 있는지 검정하는 기법.

08장

□ 마크다운 | markdown [08장 390쪽]

일반 텍스트 내용과 서식을 함께 작성하여 웹에 공유할 수 있는 마크업 언어.

□ 인터랙티브 웹 | interactive web [08장 406쪽]

사용자가 입력한 데이터에 따라 웹이 상호 작용하며 동작하는 웹 애플리케이션.

MEMO

MEMO

혼자
공부하는
사람들을 위한
용어 노트